認認真真講歷史

天涯社区人气佳作

三国风云

卷一

全二卷

孙峰 孙艺真·著

中国文史出版社

图书在版编目（C I P）数据

三国风云. 第一卷 / 孙峰, 孙艺真著. -- 北京：中国文史出版社, 2017.12
（认认真真讲历史）
ISBN 978-7-5034-9536-6

Ⅰ. ①三… Ⅱ. ①孙… ②孙… Ⅲ. ①中国历史—三国时代—通俗读物 Ⅳ. ①K236.09

中国版本图书馆CIP数据核字(2017)第228667号

责任编辑： 刘 夏
封面设计： 陈欣欣

出版发行： 中国文史出版社
网　　址： www.wenshipress.com
社　　址： 北京市西城区太平桥大街23号　**邮编：** 100811
电　　话： 010-66173572 66168268 66192736（发行部）
传　　真： 010-66192703
印　　装： 北京温林源印刷有限公司
经　　销： 全国新华书店
开　　本： 1/16
印　　张： 22.5　**字　数：** 378千字
版　　次： 2018年8月北京第1版
印　　次： 2018年8月第1次印刷
定　　价： 59.00元

目录

东汉官制简述 / 001

一 黄巾起义（一）/ 007

二 黄巾起义（二）/ 011

三 黄巾起义（三）/ 015

四 黄巾起义（四）/ 019

五 黄巾起义（五）/ 024

六 黄巾起义（六）/ 029

七 黄巾起义（七）/ 034

八 黄巾起义（八）/ 037

九 黄巾起义（九）/ 042

一〇 黄巾起义（十）/ 046

一一 陇西之乱（一）/ 051

一二 陇西之乱（二）/ 055

一三 崭露头角 / 060

一四 祸乱频仍 / 065

一五 刘备出世 / 069

一六 灵帝驾崩 / 073

一七 何进之死（一）/ 077

一八 何进之死（二）/ 081

一九 董卓进京 / 086

二〇 废黜少帝 / 090

二一 关东举义 / 094

二二 迁都长安 / 098

二三 虎头蛇尾（一）/ 103

二四 虎头蛇尾（二）/ 107

二五 孙坚入洛 / 113

二六 大乱天下（一）/ 118

二七 大乱天下（二）/ 122

二八 大乱天下（三）/ 126

二九 大乱天下（四）/ 131

三〇 大乱天下（五）/ 135

三一 界桥之战 / 140

三二 入主兖州 / 144

三三 董卓之死（一）/ 150

三四　董卓之死（二）/ 154
三五　入犯长安 / 158
三六　和解关东 / 163
三七　扫荡黑山 / 168
三八　一伐陶谦 / 172
三九　诛杀刘虞 / 179
四〇　献帝成年 / 182
四一　二伐陶谦 / 186
四二　曹吕交兵（一）/ 190
四三　曹吕交兵（二）/ 194
四四　孙策创业（一）/ 198
四五　孙策创业（二）/ 203
四六　义士臧洪 / 207
四七　李郭交兵 / 212
四八　献帝东归（一）/ 217
四九　献帝东归（二）/ 222
五〇　迁都许昌 / 226
五一　屯田许下 / 230
五二　夺取徐州 / 236
五三　辕门射戟 / 240
五四　一伐张绣 / 245
五五　得失之间 / 250
五六　袁术称帝 / 254
五七　东征袁术（一）/ 258
五八　东征袁术（二）/ 262
五九　三伐张绣 / 266
六〇　东灭吕布（一）/ 271
六一　东灭吕布（二）/ 275
六二　消灭公孙 / 280
六三　坐断江东 / 285
六四　讨伐黄祖 / 289
六五　全取江东 / 293
六六　山雨欲来（一）/ 297
六七　山雨欲来（二）/ 301

六八　官渡之战（一）/ 305
六九　官渡之战（二）/ 310
七〇　官渡之战（三）/ 314
七一　官渡之战（四）/ 320
七二　官渡之战（五）/ 325
七三　官渡之战（六）/ 329
七四　官渡之战（七）/ 334
七五　官渡之战（八）/ 339
七六　官渡之战（九）/ 343
七七　官渡战后 / 348

东汉官制简述

由于我们实际上记述的是东汉末期历史，因此，有必要先了解一下东汉的官制。

最高官职：

上公：太傅，一般在新皇帝即位时加封一名德高望重的大臣为太傅，该人死后，就不再设了。

三公：

太尉，起初称大司马，掌军事。长史一名，一千石，属官四十七名。

司徒，起初称大司徒，掌民事。长史一名，一千石，属官六十七名。

司空，起初称大司空，掌建设。长史一名，一千石，属官七十一名。

比公（三公待遇）：

特进，授予德高望重大臣的荣誉称号。

大将军，到东汉末年，大将军的地位超过了三公。

骠骑将军；

车骑将军；

卫将军；

前将军；

后将军；

左将军；

右将军。（前后左右将军位次九卿）

但大将军、骠骑将军等的位次因人而异，有时也位在三公之上。各位将军有司马、长史各一人，一千石；从事中郎二人，六百石；属官六十人。如果领兵的话，大将军下辖五部，每一部有一名部校尉，比二千石；一名军司马，比一千石。不设校尉的部，仅设军司马。根据颜师古的《汉书注》称，秦汉时期官员工资以发给粮食计算，东汉时改为半粮半钱，两千石一级的官员又分为中二千石、二千石（又称为真二千石）、比二千石三种。其中，中二千石是指实际上可以领到超过二千石的俸禄，最多可达二千一百六十石；二千石要打七二折，实际领到一千四百四十石；比二千石要打六折，实际领到一千二百石。首都博物馆内有东汉的司农铜权，是东汉政府标准的度量衡器，据实际测算，东汉一斤等于现代的半斤；《汉书·律历志》称："一龠容千二百黍，重十二铢，两之为两。二十四铢为两。十六两为斤。三十斤为钧。四钧为石。"《说苑》记载与之大体相同，也就是说一石为一百二十斤，折合现在为六十市斤。《后汉书·百官志五》称："百官受奉例：大将军、三公奉，月三百五十斛。中二千石奉，月百八十斛。二千石奉，月百二十斛。比二千石奉，月百斛。千石奉，月八十斛。六百石奉，月七十斛。比六百石奉，月五十斛。四百石奉，月四十五斛。比四百石奉，月四十斛。三百石奉，月四十斛。比三百石奉，月三十七斛。二百石奉，月三十斛。比二百石奉，月二十七斛。一百石奉，月十六斛。斗食奉，月十一斛。佐史奉，月八斛。凡诸受奉，皆半钱半谷。"斛与石相同。也就是说，比二千石每月领取工资一百石，其中，发给五十石粮食，另外五十石粮食折合成钱发放。按照大米市价1市斤大约3.5元人民币计算，比二千石的工资大致相当于每月21000元。

部下面还有曲一级单位，设一名军候，比六百石；曲下又有屯，设一名屯长，比二百石。另设有军司马、军候的副职，分别称为军假司马、假候。独立营的将领称为别部司马。

度辽将军，二千石，又有使匈奴中郎将、护乌桓校尉、护羌校尉各一人，均为比二千石。

九卿：

一是太常卿：一名，中二千石，掌祭祀；太常丞一名，比一千石。

下设：

1.太史令。六百石，掌天文。有太史丞、明堂丞、灵台丞各一名，二百石。掌占卜、历法等，有太史待诏三十七人，灵台待诏四十二人。

2.博士祭酒。六百石，解疑释惑。博士十四名，比六百石。

3.太祝令。六百石，祭祀。太祝丞一名。属员二三百名。

4.太宰令。六百石，祭祀时安排器皿。丞一名。属员二三百名。

5.太乐令。六百石，祭祀时演奏。丞一名。属员二三百名。

6.各个皇帝陵园各有一名令，六百石，负责护陵。属员数名，卫士一二十人。

二是光禄勋：一名，中二千石，掌宫廷宿卫。丞1名，比一千石。

下设：

1.五官中郎将一人，比二千石。下属又有五官中郎（比六百石）、五官侍郎（比四百石）、五官郎中（比三百石）。

2.左中郎将一人，比二千石。下属中郎（比六百石）、侍郎（比四百石）、郎中（比三百石）。

3.右中郎将一人，比二千石。下属中郎（比六百石）、侍郎（比四百石）、郎中（比三百石）。

4.虎贲中郎将一人，比二千石。下属左右仆射、左右陛长各一人（比六百石）、虎贲中郎（比六百石）、虎贲侍郎（比四百石）、虎贲郎中（比三百石）、节从虎贲（比三百石）。朝会中在殿上值班。

5.羽林中郎将一人，比二千石。下属羽林郎，选汉阳、陇西、安定、北地、上郡、西河良家子弟充当。有羽林左监、羽林右监分别负责羽林左右骑兵。

6.奉车都尉，比二千石。

7.驸马都尉，比二千石。

8.骑都尉，比二千石。

9.光禄大夫，比二千石。

10.太中大夫，一千石。

11.中散大夫，六百石。

12.谏议大夫，六百石。

13.议郎，六百石。

14.谒者仆射一人，比一千石。皇帝出外时，在队列前面导引。下属常侍谒者五人，比六百石，负责殿上秩序；谒者三十人；给事谒者四百石；灌谒者郎中比三百石。

三是卫尉卿：一人，中二千石。掌宫门卫士。

下辖：

1.公车司马令一人，掌皇宫南门，六百石。

2.南宫卫士令一人，掌南宫宿卫，六百石。属官九十五名，卫士五百三十七人。

3.北宫卫士令一人，掌北宫宿卫，六百石。属官七十二名，卫士四百七十一人。

4.左右都候各一人，负责巡逻及奉皇帝命令逮捕人犯。属官分别为二十八、二十二人，卫士分别为三百八十三、四百一十六人。

5.皇宫各门各有一名司马，比一千石，卫士数十名到一百多名不等。

四是太仆卿：一人，中二千石。掌车马。

下辖：

1.考工令一人，六百石，制造武器。

2.车府令一人，六百石，负责车辆。

3.未央厩令一人，六百石，负责御马。

五是廷尉卿：一人，中二千石。掌司法。

六是大鸿胪卿：一人，中二千石。掌接待。下辖大行令一人，六百石，有治礼郎47人。

七是宗正卿：一人，中二千石。掌皇族事务。每位公主有公主家令一人，六百石。

八是大司农卿：一人，中二千石。掌钱粮。

下辖：

1.太仓令一人，六百石。掌全国粮库。

2.平准令一人，六百石。掌物价。

3.导官令一人，六百石。掌舂米。

九是少府卿：一人，中二千石。掌宫中衣物。

下辖：

1.太医令一人，六百石，宫中医药。

2.太官令一人，六百石，皇帝饮食。

3.守宫令一人，六百石，笔墨。

4.上林苑令一人，六百石，管理上林苑。

5.侍中，比二千石，皇帝侍从顾问。

6.中常侍，一千石，皇帝贴身宦官，后增为比二千石。

7.黄门侍郎，六百石，内外传达，皇帝侍从。

8.小黄门，六百石，宦官，内外传达。

9.黄门署长、画室署长、玉堂署长各一人等，四百石，宫中各处头领。

10.中黄门冗从仆射一人，六百石，宦官，扈从皇帝。

11.中黄门，比一百石，宦官，后增为比三百石。

12.掖庭令一人，六百石，宦官，负责后宫事务。

13.永巷令一人，六百石，宦官，管理宫女。

14.御府令一人，六百石，宦官，负责宫中缝制衣服等。

15.祠祀令一人，六百石，宦官，负责宫中小型祭祀。

16.钩盾令一人，六百石，宦官，负责宫中园林。

17.中藏府令一人，六百石，宦官，管理宫中财物。

18.内者令一人，六百石，宦官，管理宫中安置帐幔等物。

19.尚方令一人，六百石，宦官，管理宫中御用刀剑等物。

20.尚书令一人，一千石，负责文案事务，后权力逐渐膨胀，最终成为丞相。尚书仆射1人，六百石。

下设尚书六人，六百石，六曹等于后世的六部。

21.符节令一人，六百石，掌管虎符等。

22.御史中丞一人，一千石，弹劾。

23.兰台令史，六百石，掌图书。

以上为九卿，与九卿地位相当的还有：

执金吾一人，中二千石，卫尉所属部队在宫内巡逻，执金吾部队在宫外巡逻。下辖武库令一人，掌管兵器，六百石。

太子太傅一人，中二千石，辅导太子。

大长秋一人，二千石，皇后宫中宦官头目。下辖中宫仆、中宫谒者令、中宫尚书、中宫私府令、中宫永巷令、中宫黄门冗从仆射、中宫署令、中宫药长等等。

太子少傅一人，二千石。下辖太子率更令（安排庶子、舍人值班）、太子庶子、太子舍人、太子家令（谷物饮食）、太子仓令（仓库）、太子食官令（饮食）、太子仆（车马）、太子厩长（车马）、太子门大夫、太子中庶子（太子侍从）、太子洗马（太子侍卫）、太子中盾（太子外围宿卫）、太子卫率（门卫）等。

将作大匠一人，二千石。辖左校令、右校令，负责建设。

城门校尉一人，比二千石。负责洛阳十二个城门。

北军中候一人，六百石。下辖五校尉军营：屯骑校尉、越骑校尉、步兵校尉、长水校尉、射声校尉（均为比二千石，领兵七百，唯独越骑校尉兵力为乌桓胡骑七百三十六人）。

司隶校尉一人，比二千石，负责纠察百官。

河南尹、京兆尹、左冯翊、右扶风各一人，管理洛阳、长安周边地区，中二千石。

地方郡县：

东汉全国十二个州，每个州中央派出一名刺史，六百石，八月巡行各州，负责考核官员，不负责治理百姓。原本刺史地位比太守低，但逐渐成为太守的上级。

每个州设一名太守，二千石，一名郡丞。百姓满一万户的大县设县令，一千石；中者设县长，四百石；小者亦为县长，三百石。乡设秩［由郡里任命的乡长，一百石；小乡乡长（称啬夫），由县里任命］、三老（教化）、游徼（负责搜捕盗贼）。亭设亭长，负责搜捕盗贼。一百家为一里，设里魁一人；十家设什，五家设伍。

一　黄巾起义（一）

东汉灵帝刘宏光和七年（公元184年）二月，发生了一件影响历史走向、撼动东汉国祚的大事——黄巾大起义。

自光武帝刘秀建武元年（公元25年）六月二十二日在鄗县（今河北省柏乡县）登基称帝起，截至这一年，东汉帝国已经走过了整整一百六十年。光武帝刘秀登基后，利用十余年时间削平群雄，重新统一了中国，此后，他以“柔道”治国，着力发展生产，改善民生，恢复国力，他在位的三十三年时间里，被称为“光武中兴”。

建武中元二年（公元57年）二月五日，刘秀去世，时年三十岁的皇太子（第四子）刘庄继位，史称东汉明帝；永平十八年（公元75年）八月六日，明帝去世，时年十八岁的皇太子（明帝第五子）刘炟继位，史称东汉章帝，章和二年（公元88年）一月，三十一岁的汉章帝去世。明帝苛察、章帝宽厚，在明帝、章帝统治的三十二年里，东汉北征匈奴、统一西域，国力走向鼎盛，史称“明章之治”。

章帝去世时，继位的汉和帝刘肇年仅十岁，嫡母窦太后临朝听政，拜长兄窦宪为侍中、车骑将军，北伐北匈奴，窦氏一门贵盛，四年后，年仅十四岁的和帝利用宦官设计处死了窦宪等人，元兴元年（公元105年），和帝去世，年仅二十七岁。汉和帝时期是东汉历史由盛转衰的转折点，其间，导致东汉最终灭亡的几个因素开始出现：太后临朝、外戚专权、宦官跋扈、君幼臣强、西羌作乱等等，但总体来说，这些因素还没有形成气候，社会也维持了大体上的稳定，因此，范晔在《后汉书》论中说：“自中兴以后，逮于永元（汉和帝年号），虽颇有弛张，而俱存不扰，是以齐民岁增，辟土世广。偏师出塞，则漠北地空；都护西指，则通译四万……”

和帝死时，幼子刘隆刚刚生下百天，被和熹皇后邓绥迎立为皇帝，邓绥以皇太后身份临朝听政。刘隆在位仅九个月时间就夭折了，被谥为汉殇帝。刘隆死后，邓太后与哥哥——车骑将军邓骘决定册立刘隆的堂兄刘祜为帝，这就是东汉历史上的第六位皇帝汉安帝。

汉安帝即位时十三岁，邓太后依然临朝听政。安帝时期，东汉帝国的外部形势开始急转直下：先是西域各国纷纷叛汉，继而羌族叛乱，北匈奴又与车师联合进攻河西西郡；在安帝继位的最初十五年里，安帝就是一个傀儡，大权一直掌握在邓太后的手里，建光元年(公元121年)邓太后死后，安帝亲政，利用宦官集团开始着手清除邓氏家族，宦官集团再次走上政治前台，并与朝中大臣发生激烈冲突，与此同时，关于立储之争也发展到了白热化，安帝皇太子刘保被废，延光四年（公元125年）三月，汉安帝在南巡南阳北返途中病死，年仅三十二岁。阎皇后贪图权位，与哥哥阎显等人迎立安帝的堂兄弟、北乡侯刘懿为帝，史称前少帝，史书一般并未将他作为一任皇帝对待，这是因为，刘懿在即位七个月后就死掉了。刘懿死后，宦官孙程等十九人斩杀了阎皇后的亲信，迎立安帝废太子刘保即位，史称汉顺帝。

十一岁的汉顺帝只是原来不得志的宦官集团反击外戚集团以及亲外戚宦官集团的筹码，汉顺帝即位后，孙程等十九人因拥戴之功被委以重任，权力大大增强，但随着汉顺帝逐渐长大，他意识到维持各派力量平衡的必要，遂重用梁皇后一家，并最终形成了宦官与外戚共治的权力格局。顺帝时期，东汉政治更加黑暗，各地不断出现民变，建康元年（公元144年）八月，汉顺帝死去，年仅三十岁。

汉顺帝去世后，年仅两岁的皇太子刘炳即位，史称汉冲帝。汉冲帝即位仅仅五个月就夭折了，梁太后及其哥哥梁冀决定迎立冲帝的堂兄刘缵为帝，史称汉质帝。刘缵虽然年少，却对梁冀的专横跋扈非常不满，他曾当众指着梁冀说：“这可是个跋扈将军啊！”梁冀怀恨在心，遂在刘缵即位一年半后将其毒死。

汉质帝死后，由于梁冀打算将自己另外一个妹妹嫁给汉质帝的堂叔、汉顺帝的堂弟刘志，遂迎立十五岁的他为皇帝，是为汉桓帝。汉桓帝即位后，梁氏一门：一个皇太后、一个皇后、一个大将军、十分显贵，但随着汉桓帝年龄越来越大，也开始对梁冀不满起来，但碍于梁皇后的面子一直隐忍不发，等到他继位十三年后，梁太后和梁皇后均已去世，汉桓帝遂与单超等五位宦官密谋，一举将梁冀一家斩尽杀绝。梁冀专权长达二十多年，达到东汉外戚专权的顶峰。汉桓帝消灭梁氏后，宦官又把持了大权，单超等人被称为“五侯”，他们的专横与外戚相比有过之而无不及，进而引起了朝廷士大夫们的强烈不满，双方发生激烈冲突，并引发了宦官集团对士大夫阶层的普遍报复，是为第一次“党锢之祸”。永康元年（公元167年）十二月，汉桓帝病死，终年三十六岁。

桓帝死后，皇后窦氏临朝称制，并决定迎立汉桓帝的堂侄、时年十二岁的刘宏为帝，是为汉灵帝。汉灵帝即位后，宦官集团、外戚集团与士大夫集团之间的斗争愈演愈烈，并在熹平五年（公元176年）引发了第二次“党锢之祸”。从此以后，宦官集团彻底把持了东汉的朝廷大权，东汉政治堕入最黑暗的深渊，官吏横征暴敛，百姓流离失所，政府财政枯竭，当权者骄奢淫逸，社会矛盾急剧激化，东汉政权已经到了崩溃的边缘。

从光武帝建立政权到安帝即位是82年，从安帝即位到灵帝去世是82年，年头相当，前者是东汉上升期，后者则是东汉下降期，安帝在位期间恰巧是个转折点，同时，东汉的桓帝灵帝又与唐朝的那两个倒数第四、第三位的皇帝懿宗、僖宗类似，都是昏庸无能，贪淫好色，正是他们没有努力化解过去积累下来的种种社会矛盾，才把帝国推到了万劫不复的深渊。汉桓帝、汉灵帝后宫均有数千人，这一对叔侄在好色方面可谓是一丘之貉，而汉灵帝还十分贪财，他原本是个普通的公侯，素来贫穷，当上皇帝后，还叹息自己的伯父汉桓帝不会敛财，他的生母董太后也劝他通过卖官赚钱，把卖官得来的钱装进自己腰包；灵帝自己大肆存钱，甚至还把钱转存到几个亲信宦官家中，有这样的昏君，国家政治可想而知了，难怪诸葛亮会在《前出师表》中说：“先帝（指刘备）在时，每与臣论此事，未尝不叹息痛恨于桓灵也。”

早在四十年前的顺帝时期，就有一名叫宫崇的琅邪（今山东省临沂市）人来到皇宫门外，献上一本《太平清领书》一百七十卷，这本书就是著名的《太平经》。据宫崇说，此书是他的师父于吉（又记作干吉）在曲阳（上曲阳在今河北省曲阳县，下曲阳在今河北省晋州市，今江苏省邳州市有曲阳，今安徽省寿县还有西曲阳）泉水之上得到的，内容大多为阴阳五行，兼有巫术、占卜等，被朝廷官员认定为荒诞不经，仅仅收藏起来，并未受到重视。晋葛洪《神仙传》称：“宫嵩（宫崇）者，琅邪人也。有文才，著书百余卷。师事仙人于吉。汉元帝时，嵩随吉于曲阳泉上遇天仙，授吉青缣朱字《太平经》十部。吉行之得道，以付嵩。”

唐王松年《仙苑编珠》卷中引《神仙传》佚文称：“于吉，北海人也。患癞疮数年，百药不愈，见市中有卖药公，姓帛名和，因往学之，乃授之素书二卷，谓曰：‘此书不但愈病，当得长生。’吉受之，乃《太平经》也。行之疾愈，乃于上虞钓台乡高峰之上，演此经成一百七十卷。”

《太平经》受到老子《道德经》的很大影响，在书里，宣扬道教道法自然、无为而治的思想，如：“天地之性，万物各自有宜。当任其所长，所能为。所不能为者，而不可强也。”同时，也提出了均贫富等反映穷苦百姓要求的意愿，比如，在第一百零三篇中就说：“财物乃天地中和所有，以共养人也，此家但遇得其聚处，本非独给一人，其有不足者，悉当从其取也。愚人无知，以为终古独当有之，不肯周穷救急，使万家乏绝。”

后来，巨鹿[①]人张角不知通过什么途径得到了这本书，并以此为理论基础，向普通民众传播太平思想，号称“太平道”，经过十余年的传播，《太平经》已在民间被视为拯救苍生的法宝了。

① 西汉郡治在巨鹿，今河北省邢台市平乡县，东汉治所在廮陶，今河北省宁晋县西南。

二　黄巾起义（二）

张角生年不详，我们只知道他在公元184年之前已传播太平道十余年了。

张角的太平道尊奉黄帝、老子，他自称大贤良师，用符咒给百姓治病，令病人跪拜，自述曾经犯过的过错，有的病人竟然真的痊愈了。张角这一招非常高明：如果病人没有痊愈，人们就会认为那人没有诚心；如果病人痊愈了，就会一传十，十传百，产生巨大的轰动效应，因此，众人将其奉若神明，非常相信。其后，张角又向全国各地派出八名弟子，传播太平道，经过十余年的努力，全国信奉太平道的信徒人数达数十万之众，遍及青州（治所在临淄，今山东省淄博市临淄区）、冀州（治所原在高邑，今河北省柏乡县，后迁至邺城，今河北省临漳县）、幽州（治所在蓟，今北京市大兴区西南）、徐州（治所郯县，今山东省郯城县北）、荆州（治所在汉寿，今湖南省常德市东北，后刘表迁至今湖北省襄阳市）、兖州（治所原在昌邑，今山东省金乡县西北四十里，曹操将治所迁至鄄，今山东省鄄城县）、扬州（治所原在历阳，今安徽省和县，后迁至寿春，今安徽省寿县）、豫州（治所在谯，今安徽省亳州市）八个州。

东汉州刺史作为监察地方的官员，原来并无固定的治所，直到东汉末年才有了较为固定的治所。东汉共有十三个州、一百零五个郡（国）。

一是司隶校尉直辖区。治所雒阳，在今河南省洛阳市东，包括：河南尹（治所雒阳，今河南省洛阳市东）、河内郡（治所怀，今河南省武陟县西南）、河东郡（治所安邑，今山西省夏县西北）、弘农郡（治所弘农，今河南省灵宝市北）、京兆尹（治所长安，今陕西省西安市西北）、左冯翊（治所高陵，今陕西省高陵县西南）、右扶风（治所槐里，今陕西省兴平市东南）七个郡（地区级）一级的单位。辖区包括今河南省北部、陕西省中南部、山西省西南部。

二是豫州。治所谯县，在今安徽省亳州市，包括：颍川郡（治所阳翟，今河南省禹州市）、汝南郡（治所平舆，今河南省平舆县北）、梁国（治所睢阳，今河南省商丘市南）、沛国（治所相，今安徽省淮北市西北）、陈国（治所陈，今河南省淮阳县）、鲁国（治所鲁，今山东省曲阜市）六个郡。辖区包括今河南省中东部、安徽省北部、山东省西南部。

三是冀州。治所高邑，在今河北省柏乡县，包括：魏郡（治所邺城，今河北省临漳县西南）、巨鹿郡（治所廮陶，今河北省宁晋县西南）、常山国（治所元氏，今河北省元氏县西北）、中山国（治所卢奴，今河北省定州市）、安平国（治所信都，今河北省冀州市）、河间国（治所乐成，今河北省献县东南）、清河国（治所甘陵，今山东省临清市东）、赵国（治所邯郸，今河北省邯郸市）、渤海郡（治所南皮，今河北省南皮县北）九个郡国。辖区包括今河北省中南部、山东省西北部。

四是兖州。治所昌邑，今山东省金乡县西北。包括陈留郡（治所陈留，今河南省开封市东南）、东郡（治所濮阳，今河南省濮阳市）、东平国（治所无盐，今山东省东平县东）、任城国（治所任城，今山东省济宁市东南）、泰山郡（治所奉高，今山东省泰安市东）、济北国（治所卢县，今山东省济南市长清区南）、山阳郡（治所昌邑，今山东省金乡县西北）、济阴郡（治所定陶，今山东省定陶县）八个郡国。辖区大致在今山东省中西部、河南省东北部。

五是徐州。治所郯县，今山东省郯城县北。包括东海郡（治所郯县，今山东省郯城县北）、琅邪国（治所开阳，今山东省临沂市北）、彭城国（治所彭城，今江苏省徐州市）、广陵郡（治所广陵，今江苏省扬州市西北）、下邳国（治所下邳，今江苏省邳州市南）五个郡国。辖区在今山东省南部、江苏省中北部。

六是青州。治所临淄，今山东省淄博市临淄区。包括济南国（治所东平陵，今山东省济南市章丘区西北）、平原郡（治所平原，今山东省平原县西南）、乐安国（治所临济，今山东省高青县东南）、北海国（治所剧县，今山东省昌乐县）、东莱郡（治所黄县，今山东省龙口市东）、齐国（治所临淄，今山东省淄博市临淄区）六个郡国。辖区在今山东省中东部。

七是荆州。治所汉寿，今湖南省常德市东北。包括：南阳郡（治所宛城，今河南省南阳市）、南郡（治所江陵，今湖北省荆州市）、江夏郡（治所西陵，今湖北省武汉市新洲区西）、零陵郡（治所泉陵，今湖南省永州市）、桂阳郡（治所郴，今湖南省郴州市）、武陵郡（治所临沅，今湖南省常德市）、长沙郡（治所临湘，今湖南省长沙市）七个郡。辖区在今河南省南部、湖北省大部、湖南省全部。

八是扬州。治所历阳，今安徽省和县。包括：九江郡（治所阴陵，今安徽省定远县西北）、丹阳郡（治所宛陵，今安徽省宣城市）、庐江郡（治所舒，今安徽省庐江县西）、会稽郡（治所山阴，今浙江省绍兴市）、吴郡（治所吴县，今江苏省苏州市）、豫章郡（治所南昌，今江西省南昌市）六个郡。辖区江西省一部、江苏省南部、安徽省中南部、浙江省。

九是益州。治所雒县，今四川省广汉市北。包括：汉中郡（治所南郑，今陕西省汉中市）、巴郡（治所江州，今重庆市）、广汉郡（治所广汉，今四川省广汉市北）、蜀郡（治所成都，今四川省成都市）、犍为郡（治所武阳，今四川省宜宾市）、牂牁郡（治所故且兰，今贵州省黄平县西南）、越嶲郡（治所邛都，今四川省西昌市东南）、益州郡（治所滇池，今云南省晋宁县东北）、永昌郡（治所不韦，今云南省保山市东北）、广汉属国（少数民族自治区，治所阴平道，今甘肃省文县）、蜀郡属国（治所汉嘉，今四川省雅安市北）、犍为属国（治所朱提，今云南省昭通市）十二个郡级单位。辖区包括四川省、重庆市、云南省、贵州省。

十是凉州。治所陇城，今甘肃省秦安县东九十里的陇城镇，一说在冀，今甘肃省甘谷县。包括：陇西郡（治所狄道，今甘肃省临洮县）、汉阳郡（治所冀，今甘肃省甘谷县）、武都郡（治所下辨，今甘肃省成县西）、金城郡（治所允吾，今甘肃省永靖县西北）、安定郡（治所临泾，今甘肃省镇原县东南）、北地郡（治所富平，今宁夏回族自治区青铜峡南）、武威郡（治所姑臧，今甘肃省武威市）、张掖郡（治所觻得，今甘肃省张掖市甘州区西北）、酒泉郡（治所禄福，今甘肃省酒泉市）、敦煌郡（治所敦煌，今甘肃省敦煌市西）、张掖属国、张掖居延属国（治所居延，今内蒙古自治区额济纳旗东南）十二个郡级单位。辖区涵盖今甘肃省、内蒙古自治区西部、宁夏回族自治区。

十一是并州。治所晋阳，今山西省太原市西南。包括：上党郡（治所长子，今山西省长子县西）、太原郡（治所晋阳，今山西省太原市西南）、上郡（治所肤施，今陕西省榆林市东南）、西河郡（治所离石，今山西省吕梁市离石区）、五原郡（治所九原，今内蒙古自治区包头市西）、云中郡（治所云中，今内蒙古自治区托克托县东北）、定襄郡（治所善无，今山西省右玉县东南）、雁门郡（治所阴馆，今山西省代县西北）、朔方郡（治所临戎，今内蒙古自治区磴口县北）九个郡。辖区包括山西省、内蒙古自治区中南部、陕西省北部。

十二是幽州。治所蓟县，北京市大兴区南。包括：涿郡（治所涿，今河北省涿州市）、广阳郡（治所蓟县，北京市大兴区南）、代郡（治所高柳，今山西省阳高县）、上谷郡（治所沮阳，今河北省怀来县）、渔阳郡（治所渔阳，今北京市密云区南）、右北平郡（治所土垠，今河北省唐山市丰润区东）、辽西郡（治所阳乐，今河北省抚宁县西）、辽东郡（治所襄平，今辽宁省辽阳市）、玄菟郡（治所高句骊，今辽宁省新宾县西南）、乐浪郡（治所朝鲜，今朝鲜国平壤市）、辽东属国（治所昌黎，今辽宁省义县）十一个郡国，范围包括今北京市、河北省北部、山西省东北部、内蒙古自治区一部、辽宁省大部、朝鲜国大部。

十三是交州。治所龙编，今越南国北宁市。包括南海郡（治所番禺，今广东省广州市）、苍梧郡（治所广信，今广西壮族自治区梧州市）、郁林郡（治所布山，今广西壮族自治区桂平市西南）、合浦郡（治所合浦，今广西壮族自治区合浦县东北）、交趾郡（治所龙编，今越南国北部北宁市）、九真郡（治所胥浦，今越南国北部清化市西北）、日南郡（治所西卷，今越南国中部广治市西北）七个郡。辖区包括今广东省、广西壮族自治区、越南国中北部地区。

三　黄巾起义（三）

据《后汉书·郡国志》记载，顺帝时，东汉人口为49150220人，据伏无忌的记载，质帝本初元年，东汉有居民47566772人，据《帝王世纪》记载，到桓帝永寿二年（公元156年），居民就增至50066856人。按照《后汉书·郡国志》记载，顺帝时，东汉人口分布大致如下。

司隶校尉直辖区：河南尹110万人、河内郡80万人、河东郡57万人、弘农郡19万人、京兆尹28万人、左冯翊14万人、右扶风9万人，共计317万余人。

豫州：颍川郡143万人、汝南郡210万人、梁国43万人、沛国25万人、陈国154万人、鲁国41万人，共计616万人。

冀州：魏郡69万人、巨鹿郡60万人、常山国63万人、中山国65万人、安平国65万人、赵国18万人、河间国9万人、清河国12万人、渤海郡110万人，共计471万人。

兖州：陈留郡86万人、东郡60万人、东平国44万人、任城国19万人、泰山郡43万人、济北国23万人、山阳郡60万人、济阴郡65万人，共计400万人。

徐州：东海郡70万人、琅邪国57万人、彭城国49万人、广陵郡41万人、下邳国61万人，共计278万人。

青州：济南国45万人、平原郡100万人、乐安国42万人、北海国85万人、东莱郡48万人、齐国49万人，共计369万人。

荆州：南阳郡243万人、南郡74万人、江夏郡26万人、零陵郡100万人、桂阳郡50万人、武陵郡25万人、长沙郡105万人，共计623万人。

扬州：九江郡43万人、丹阳郡63万人、庐江郡42万人、会稽郡48万人、吴郡70万人、豫章郡166万人，共计432万人。

益州：汉中郡26万人、巴郡108万人、广汉郡50万人、蜀郡135万人、犍为郡41万人、牂牁郡26万人、越嶲郡62万人、益州郡11万人、永昌郡23万人、广汉属国3万人、蜀郡属国47万人、犍为属国3万人，共计535万人。

凉州：陇西郡3万人、汉阳郡13万人、武都郡8万人、金城郡2万人、安定郡3万人、北地郡2万人、武威郡3万人、张掖郡2万人、酒泉郡1万人、敦煌郡3万人、张掖属国1万人、张掖居延属国0.4万人，共计42万人。

并州：上党郡12万人、太原郡20万人、上郡3万人、西河郡3万人、五原郡2万人、云中郡2万人、定襄郡1万人、雁门郡24万人、朔方郡0.7万人，共计68万人。

幽州：涿郡63万人、广阳郡28万人、代郡12万人、上谷郡5万人、渔阳郡43万人、右北平郡5万人、辽西郡8万人、辽东郡8万人、玄菟郡4万人、乐浪郡25万人、辽东属国无，共计201万人；

交州：南海郡25万人、苍梧郡46万人、郁林郡无、合浦郡8万人、交趾郡无、九真郡20万人、日南郡10万人，共计109万人。

考虑到古代人口流动性较小这一特点，顺帝时期的人口分布状况与东汉末年应该相差不多，张角的太平道所影响到的青州、冀州、幽州、徐州、荆州、兖州、扬州、豫州这八个州的人口约占全国人口总数的84%，可见影响之大。

这八州百姓有的抛弃财产，离开家乡，奔赴冀州，想要见到他们心目中的神灵，他们辗转在道路上因饥寒而死的又有上万人，地方官吏不明就里，反而上书称张角的太平道帮助朝廷教化百姓，是件好事。显然，张角是在与东汉朝廷争夺民心，一旦张角羽翼丰满，后果将不堪设想，东汉朝廷中的有识之士已经敏锐地觉察到了这一点，太尉杨赐就是其中的一位。

杨赐出身名门弘农杨氏，世传儒学。他的祖父杨震，曾任太尉，疾恶如仇，忧国忧民，廉洁朴素，在人格方面是士大夫们的楷模。还是在他担任东莱太守、上任途中经过昌邑时，昌邑县令王密是杨震担任荆州刺史时举荐的茂才，深夜，王密怀揣十斤黄金拜见杨震，杨震说："我这个旧相识还认识你，你却不认识我这个旧相识了，这是为何？"王密说："夜深无人知道。"杨震回答："天知、地知、我知、你知，怎能说无人知道！"这就是"天知地知你知我知"的来历，后杨震在与宦官的斗争中自杀；杨震之子杨秉继承了父亲高尚的品格，为桓帝老师，也官至太尉，曾说过自己生平不会受到三种东西的诱惑：一是酒、二是钱财、三是美色。杨赐就是杨秉的儿子，曾任灵帝的老师，杨赐之子杨彪，后来为曹操所杀的杨修就是杨赐的孙子、杨彪的儿子。

杨赐时任司徒，他召来司徒掾刘陶说：“张角等人虽然蒙受大赦却不改悔，徒众逐渐增多，如今，如果下令州郡逮捕，恐怕会引起大的骚乱，反而加速变乱。我打算严令各地刺史、二千石，查出流民，将他们送还本土，等拆散张角身边党羽后，再一举诛杀了张角等头领，可以不动声色就能达到目的，你看如何？”刘陶回答：“这就是《孙子兵法》上所谓的不战而屈人之兵啊！”于是，杨赐上书请求灵帝照此办理。然而，杨赐于光和四年（公元181年）因病离职，此事也就不了了之了。杨赐病愈后被任命为太常，到光和五年（公元182年），又被晋升为太尉。司徒掾刘陶、奉车都尉乐松、议郎袁贡又上书请求朝廷采纳杨赐过去的建议，他说：“张角等人非常猖獗，各地传来消息说，张角等人偷偷派人潜入京师，偷窥朝廷的动向。人面兽心，相互呼应，州郡官员也害怕得罪他们，只是口头汇报情况，不愿书面上报。朝廷应当颁布诏书，悬赏捉拿张角等人，胆敢推诿躲避，与张角同罪。”但汉灵帝对张角一事毫不在意，反而下诏让刘陶去重新注释《春秋条例》去了。

从杨赐担任司徒时的光和四年以前到如今，在这短短四年左右时间里，由于朝廷方面没有采取积极的措施，致使张角的太平道发展迅猛。张角在全国设置了三十六方，方类似于将军，大方有一万多人，小方也有六七千人，方下面又设置了各级头领，实际上，张角已经在全国建立起了一支庞大的隐形军队。看到时机已逐渐成熟，张角命令大方马元义等人先期将荆州、扬州等南方军队数万人集结起来，等到他们来到邺城与北方军队会师之后，在邺城发动起义。张角预定全国起义的日期是光和七年（公元184年，甲子年）三月五日，他提前派人用白土在京师和各地官府衙门的大门上书写甲子二字，他们提出的口号是：“苍天已死，黄天当立，岁在甲子，天下大吉！”大方马元义多次秘密潜入京师洛阳，以中常侍封谞、徐奉等人为内应，约定在三月五日里应外合，同时发动，一举推翻东汉现政权。

然而，等到光和七年（此年在年尾时，因平定了黄巾起义而被灵帝改元为中平元年）一月，张角的弟子、济南人唐周（又称唐客）叛变，向朝廷上书告发了这一惊天的阴谋！唐周的告密，如平地惊雷，让东汉朝廷大吃一惊，汉灵帝将唐周的告密信交付三公（太尉、司徒、司空）、司隶校尉，当即下令逮捕马元义，将其在洛阳处以车裂酷刑。接着，汉灵帝下诏命令钩盾令（负责宫廷园林事务）周斌率领三府掾属，调查皇宫宦官、禁卫军将士、政府官员以及平民百姓，发现信奉太平道的一律格杀勿论！经过调查，共逮捕一千多人，全部斩杀。另外下诏命令冀州政府派兵捉拿张角等人。

唐周的告发让张角精心准备了数十年的计划在行将成功的前一刻被打乱了，当他得知朝廷已经觉察后，不得不仓促下令立即发动起义，他派人不分昼夜火速赶赴全国各地通知立即起义，各地相继起义。起义军民头裹黄巾，被人称为黄巾军，又被朝廷称为“蛾贼”。二月，张角自称天公将军（《后汉书·灵帝纪》称，张角自称“黄天”），张角的二弟张宝称地公将军，张角的三弟张梁称人公将军，杀人祭祀上天，正式举兵起义。黄巾军所到之处，焚烧官府衙门，劫掠村镇城池，东汉地方官员纷纷逃亡，十天半月之间，平静的东汉帝国突然就狼烟四起，一片大乱，东汉朝廷上下惊得是目瞪口呆。安平国（今河北省冀州市）、甘陵国（今山东省清平县）百姓纷纷抓住诸侯王刘续（汉章帝曾孙、灵帝堂叔）、刘忠（刘续孙子辈，灵帝堂侄），响应黄巾军。

三月三日，汉灵帝任命河南尹何进为大将军，封慎侯，率领左右羽林军、北军（中央常备军）五个军团的将士们把守交通要道，修缮兵器，守卫京师。这五个军团分别由屯骑校尉、越骑校尉、射声校尉、步兵校尉、长水校尉统领。五校尉与羽林中郎将、虎贲中郎将、左右中郎将还有光禄大夫、侍中等均为“比二千石”，五校尉统领的军队具体人数约三千五百人，但战时又有增加。

何进是灵帝何皇后的同父异母哥哥，何皇后的母亲（后封为舞阳君）先嫁给一个姓朱的，生下一个儿子朱苗，后带着儿子改嫁给何进的父亲何真，又生下了何皇后。因此，何进家关系非常复杂，何进是何真的儿子，何苗是舞阳君与前夫所生的儿子，而何皇后则是何真与舞阳君共同生下的女儿，真可谓是“你的儿子（何苗）、我的儿子（何进）、我们的女儿（何皇后）”。（据《后汉书》《三国志·董卓传》注引《英雄记》）

四　黄巾起义（四）

除此之外，汉灵帝还下令在函谷（今河南省新安县境内）、太谷（今河南省洛阳市东南嵩山、龙门山之间的缺口）、广成（在今河南省汝州市西）、伊阙（今河南省洛阳市龙门山与香山之间的缺口）、轘辕（今河南省偃师市与登封市交界处，位于太室山与少室山之间）、旋门（今河南省荥阳市境内，为洛阳东面第一关）、孟津（又称河阳关、富平津，今河南省孟津县境内）、小平津（今河南省孟津县境内）八处险要地段，设置了八关都尉。

汉灵帝召集群臣商议对策，北地太守皇甫嵩认为，朝廷应当解除党禁，拿出皇帝的私人存款、私人御马，赏赐给从军将士们。

说到灵帝的私房钱，话就长了。汉灵帝从光和元年（公元178年）开始下令在西园（御花园）设立西园官邸，明码标价，公开卖官鬻爵，规定：二千石二千万钱、四百石四百万钱，至于其他各级官吏也都标明了价钱；因名望或者资历轮到的，也要缴纳官价的一半，或者三分之一；有人曾经亲自在皇宫外上书要求买某县的县令，汉灵帝根据每个县的贫富程度规定了不同的价钱；能够提前交钱的更好，不能提前交钱的，可以在上任以后双倍给付；汉灵帝还经常撺掇身边的亲信们购买公卿之类的高官，三公一级的定价一千万、卿定价五百万。当时，段颎、张温、樊陵等人虽然有能力、有资历、又有名望，但他们担任三公也都无一例外给灵帝送了钱。冀州名士崔烈（后来，与诸葛亮友善的崔州平是其儿子），曾担任九卿、郡守，通过灵帝的保姆程夫人给灵帝送了五百万钱买来司徒一职，等到拜官之日，灵帝又有点后悔了，对身边的亲信们说："后悔当初没有稍稍吝惜一点了，要不然能换来一千万。"程夫人在身边说："崔烈是冀州名士，岂肯买官？还不是因为我从中说合，陛下现在反而不知足了？"《后汉书·宦者列传》也称，曹操的生父曹嵩，桓帝时曾任司隶校尉（比二千石），灵帝即位后晋升其为大司农（国家财政部、粮食部部长，中二千石）、鸿胪卿（国家礼宾部长，中二千石），由于曹嵩的养父曹腾曾任大长秋（皇后后宫宦官首领、二千石）、特进（《后汉书·百官志》称，位次在车骑将军之下；胡广《汉制度》特意说明，位次在三公之下，不在车骑将军之下），在朝中有着错综复杂的关系，曹嵩通过贿赂宦官、交纳西园钱共计出了一亿万钱，买来了太尉一职。汉灵帝正是通过这种手段囤积了巨额的私房钱。

汉灵帝又征求中常侍吕强的意见。吕强回答："党禁很久了，闹得民怨沸腾，如果不赦免党人，一旦他们与黄巾军同流合污，后果不堪设想，届时后悔都来不及了。如今，请求先诛杀了陛下身边那些贪污腐败分子，赦免党人，然后，再重新考察州刺史、二千石（指省级、地区级的干部）的能力，那么，民变自然就会平息下来。"汉灵帝同意了。三月七日，东汉朝廷下令大赦全国的党人，将流放到边地的放回家乡，唯独张角不在赦免之列。然后，又调发全国精兵，大规模选拔文武双全的领兵将帅，以卢植为北中郎将担任主帅、护乌桓中郎将宗员为副将，率领北军五校尉之军前往讨伐张角；又以皇甫嵩为左中郎将、朱儁为右中郎将率领五校尉之军、三河（河东郡、河内郡、河南尹）骑兵部队以及临时招募的壮丁共计四万人前去讨伐颍川的黄巾军。

卢植，字子干，涿郡涿（今河北省涿州市）人，身高八尺二寸（汉代1尺=0.23米，近1.89米），能饮酒一石［汉代容积单位1石（斛）=2万毫升，约为40斤］，声如洪钟。从小就与郑玄一起师从马融，博古通今，后被朝廷拜为博士，后任九江太守（二千石），召为议郎（六百石），与谏议大夫马日磾、议郎蔡邕、杨彪、韩说等人在东观校正《五经》记传，补续《汉记》，又转为侍中（比二千石），升任尚书（六百石）。此时，卢植担任的北中郎将（比二千石），在《后汉书·百官志》中并未记载，大约正是在此时汉灵帝才创设了北、南、东、西四中郎将职位。马日磾，字翁叔，是东汉著名经学家马融的同族侄儿。

皇甫嵩，字义真，安定朝那（今甘肃省平凉市北）人，是度辽将军皇甫规的侄儿。东汉为了防止已经归降的南匈奴与北匈奴勾结，专门设置了度辽营，由度辽将军（二千石）统领，驻地在五原曼柏（今内蒙古自治区准格尔旗），与设置在幽州（《太平御览》职官部引应劭《汉官仪》称："护乌桓校尉在幽州。"）的护乌桓校尉营并称为"二营"，是东汉政府设在地方上的两大常备军。皇甫嵩文武双全，被举荐为孝廉、茂才，太尉陈蕃、大将军窦武曾请他当自己的属官，但都被他拒绝了。汉灵帝以“公车”征召其为议郎，不久又晋升为北地太守。此时，他担任的左中郎将为比二千石。

朱儁，字公伟，会稽上虞（今浙江省上虞市）人。他为人轻财仗义，受到当地人们的尊敬，被县里推荐到郡里任职，后被郡里举荐为孝廉，担任兰陵（今山东省枣庄市峄城区）县令。在任期间他工作非常称职，被东海相推荐，正巧交趾发生叛乱，灵帝即拜他为交趾刺史，令其到本郡招募家兵、调发地方军队。朱儁组织了五千余人，又与七个郡的地方部队一起很快就平定了叛乱，因此而被封为都亭侯，食邑一千五百户，赏赐五十斤黄金，征召为谏议大夫（六百石）。东汉朝廷群臣都认为朱儁有能力，汉灵帝遂任命其为右中郎将（比二千石），持节，与皇甫嵩一起负责讨伐颍川、汝南、陈国的黄巾军。

唐周的叛变，彻底打乱了张角的原计划，也改变了这次起义的形式、作战方向。由于史料缺乏，我们无法全面了解张角原计划的全貌，但从一些遗留下来的零碎史料中，我们大致能够看出一点蛛丝马迹来：一是以冀州、幽州为根据地，与东汉政权争夺天下；二是暂时不顾偏远的荆州、扬州之地，集中兵力巩固黄河以北根据地，同时兼顾黄河以南，由东向西逼近洛阳；三是控制洛阳周边几个战略要地——豫州的汝南郡、颍川郡、荆州的南阳郡等，南阳郡为东汉人口第一大郡，汝南郡、颍川郡人口数量也非常大，分处洛阳以东、以南，地理位置也非常重要；四是里应外合，突袭京师。由于京师周边地区控制相对严密，太平道在司隶校尉直辖区内影响力非常有限，只能依靠突袭的办法，刺杀汉灵帝，引起东汉最高层的混乱和短暂的休克，为外围作战争取宝贵时间。然而，唐周的告密让整个计划化为泡影，黄巾起义从一开始就变成了各方各自为战的状态，虽然起事之初声势浩大，东汉各处起火，但由于缺乏统一的指挥，只停留在攻取当地郡县阶段，难以形成合力，这为东汉政府各个击破提供了良机。

趁双方即将交手的间隙，我们不妨看一下那些叱咤风云的三国人物们在本年各自的年龄。

程昱，生于公元141年，属蛇，时年44岁。

贾诩，生于公元147年，属猪，时年38岁。

钟繇，生于公元151年，属兔，时年34岁。

王朗，生于公元152年，属龙，时年33岁。

孔融，生于公元153年，属蛇，时年32岁。

曹操，生于公元155年，属羊，时年30岁。

夏侯惇，生于公元157年，属鸡，时年28岁。

华歆，生于公元157年，属鸡，时年28岁。

荀攸，生于公元157年，属鸡，时年28岁。

满宠，生于公元162年，属虎，时年23岁。

荀彧，生于公元163年，属兔，时年22岁。

曹仁，生于公元168年，属猴，时年17岁。

曹洪，生于公元169年，属鸡，时年16岁。

张辽，生于公元169年，属鸡，时年16岁。

陈登，生于公元169年，属鸡，时年16岁。

曹纯，生于公元170年，属狗，时年15岁。

郭嘉，生于公元170年，属狗，时年15岁。

田豫，生于公元171年，属猪，时年14岁。

杨修，生于公元175年，属兔，时年10岁。

文聘，生于公元177年，属蛇，时年8岁。

司马懿，生于公元179年，属羊，时年6岁。

贾逵，生于公元180年，属猴，时年5岁。

曹丕，生于公元187年，属兔，三年后才出生。

黄忠，生于公元148年，属鼠，时年37岁。

关羽，一说生于公元160年，属鼠，一说生于公元162年，属虎，前者关羽是刘备的哥哥，后者为弟弟。

刘备，生于公元161年，属牛，时年24岁。

张飞，生年不详，史称比关羽小数岁。

赵云，生于公元168年，属猴，时年17岁。

魏延，生于公元174年，属虎，时年11岁。

马超，生于公元176年，属龙，时年9岁。

庞统，生于公元179年，属羊，时年6岁。

诸葛亮，生于公元181年，属鸡，时年4岁。

刘禅，生于公元207年，属猪，23年以后才出生。

孙坚，生于公元155年，属羊，时年30岁。
张昭，生于公元156年，属猴，时年29岁。
甘宁，生于公元163年，属兔，时年22岁。
鲁肃，生于公元172年，属鼠，时年13岁。
诸葛瑾，生于公元174年，属虎，时年11岁。
孙策，生于公元175年，属兔，时年10岁。
周瑜，生于公元175年，属兔，时年10岁。
吕蒙，生于公元178年，属马，时年7岁。
孙权，生于公元182年，属狗，时年3岁。
陆逊，生于公元183年，属猪，时年2岁。
凌统，生于公元189年，属蛇，5年后才出生。

陶谦，生于公元132年，属猴，时年53岁。
董卓，生于公元132年，属猴，时年53岁。
王允，生于公元137年，属牛，时年48岁。
刘表，生于公元142年，属马，时年43岁。
华佗，生于公元145年，属鸡，时年40岁。
张仲景，约生于公元150年，属虎，时年35岁。
袁绍，生于公元153年，属蛇，时年32岁。

五　黄巾起义（五）

起义之初，黄巾军在各地均取得了胜利。

一是南阳方向。三月，黄巾军南阳方面统帅张曼成，自称“神上使”，率领数万黄巾军，进攻南阳郡治宛城（今河南省南阳市），杀掉南阳郡守褚贡，占领宛城一百多天。

二是颍川方向。左中郎将皇甫嵩、右中郎将朱儁率领四万军队，一起讨伐颍川黄巾军。皇甫嵩与朱儁各领一军，朱儁所部先行，与黄巾军头领波才交战，一举将其击败，皇甫嵩遂率领官军推进到长社（今河南省长葛市），转攻为守。

三是汝南方向。汝南黄巾军在邵陵（今河南省漯河市郾城区）击败东汉汝南太守赵谦。

四是幽州方向。广阳（今北京市大兴区南）黄巾军杀死了东汉幽州刺史郭勋、广阳太守刘卫。

五是冀州方向。张角三兄弟率领的黄巾军已攻下了广宗（今河北省威县东二十里）。

在黄巾大起义的影响下，在此前后，东汉各地纷纷叛乱，又出现了不少非黄巾势力，他们分别是：

一是巴蜀五斗米道（天师道）起义。关于五斗米道的起源，历来有两种说法：一种是说，五斗米道的创始者叫张道陵（又名张陵），据道书记载，他是汉初三杰之一的留侯张良的第八世孙。他曾在鹄鸣山（又名鹤鸣山，今四川省崇州市西北）学习道术，张道陵死后，传给儿子张衡，张衡死后，又传给了自己的儿子张鲁。五斗米道尊称张道陵为天师，张衡为嗣师，张鲁为系师，合称“三师”。另一种是说巴郡（今重庆市）人张修用巫术给人治病，与张角之法略同，令病家只需拿出五斗米作为疗资，他自称五斗米师，创建了五斗米道。这一说法出自《三国志·魏书·张鲁传》注引《典略》，称："熹平中，妖贼大起，三辅有骆曜。光和中，东方有张角，汉中有张修。骆曜教民缅匿法（可能为一种隐身术），角（张角）为太平道，修（张修）为五斗米道。"

裴松之认为，这里把张修写成了张衡，要么是《典略》记载错误，要么是笔误。根据《汉天师世家》《历世真仙体道通鉴》等资料记载，张衡死于灵帝光和二年（公元179年）一月，而《资治通鉴》则称，灵帝中平元年（公元184年）七月，张修聚众叛乱，攻破州县，当时人称之为"米贼"。由此可知，张衡与张修并非一人，在张修率领五斗米道徒起义时，张衡已经去世五年了。实际情况可能是：五斗米道的确为张道陵创立，在二任教主张衡去世后，五斗米道的实际统治权被张修窃取，并在黄巾军起义不久也在巴郡聚众反叛了，因此，这两种说法并不矛盾。五斗米教的初学者被称为"鬼卒"，以后号"祭酒"。祭酒各领部众，大祭酒又称为"理头"。

二是关中地区叛乱。北地郡（治所富平，今宁夏回族自治区青铜峡南）先零羌以及枹罕（今甘肃省临夏市）、河关（今甘肃省临夏市西）的边民造反，共同推举湟中义从胡（归顺朝廷的月氏人）北宫伯玉、李文侯为将军，杀死了东汉护羌校尉泠徵。先零羌是西羌的一种。

说到西羌叛乱，就不得不简要回顾一下两汉对羌族政策的异同以及东汉一代西羌的频繁叛乱。据《后汉书·西羌传》记载，羌族出自三苗（上古时期的民族，原居住于洞庭湖、鄱阳湖一带，与欢兜、共工、鲧合称为上古"四凶"），被舜帝率领的军队击败，将他们从长江中下游迁至三危（地望有争议，一说为甘肃省敦煌市三危山，但该传称"河关之西南羌地是也"，也就是说在甘肃省临夏市附近）。此后，他们与当地民族融合，在夏商周时期被称为西戎，领地自赐支（又称析支，在今青海省东南境黄河河曲）。一直到黄河源头，东南与蜀地的蛮夷相接，西北与西域鄯善、车师诸国相接，纵横千里。秦厉公（公元前476—前443年在位）时，一个叫无弋爰剑的羌人被秦人俘虏，当成奴隶，后藏匿于山洞中得以逃脱，途中遇到一个被处以劓刑的女子，二人结为夫妻。这位女子因失去了鼻子，经常将头发披散在脸上遮羞，羌族人后来也以此作为本民族的风俗。无弋爰剑逃归后，羌人推举他为头领，他在秦地学习了先进的农耕技术，教会了羌人。因羌人称奴隶为无弋，所以称其为无弋爰剑。到无弋爰剑曾孙忍的时候，秦献公（公元前384—前362年在位）发兵进攻羌人，导致了羌族的一次大分裂，从此以后，羌族分为白马种（广汉羌）、参狼种（武都羌）等支派，而忍与他的弟弟舞还继续留在湟中（今青海省东南部），二人为了本族的兴旺，拼命娶妻生子：忍生了九个儿子，舞生了十七个儿子，湟中的羌族也因此又分为二十六个部落。忍的儿子研立为头领以后，他的部落最强，被称为研种羌。秦始皇时期（公元前247—前210年），始皇帝致力于吞并六国，无暇打击羌族，西羌得以休养生息。

西汉建国后，一直对西羌采取了“揃循和辑”的政策，景帝时因西羌不堪匈奴的压迫，研种羌酋长留何请求内附，汉朝将他们安置在狄道（今甘肃省岷县）、安故（今甘肃省临洮县南）、氐道（今甘肃省礼县西北）、羌道（今甘肃省宕昌县西南）县等地；汉武帝时，北击匈奴，在黄河以西修筑城池，设置酒泉、武威郡，切断了羌族与匈奴人之间的联系。但到元鼎五年（公元前112年），先零羌与封养、牢姐种解仇结盟，与匈奴人联络，合兵十万进攻令居（今甘肃省永登县）、安故，并包围了枹罕。汉武帝于次年发兵进入羌族聚居区，在西平（今青海省西宁市）以西设置了临羌县、以东设置了破羌县，又在河西另行设置了敦煌郡，并设置护羌校尉，加强了对羌族人的管理。由于汉武帝主要精力放在对付匈奴上，因此，对羌族人采取了笼络的政策，这一政策后来在西汉时期一直延续了下来，在汉昭帝、汉宣帝时期，又在河西分别设立了金城郡和武威郡，最终形成了河西五郡的格局。西羌从始祖无弋爰剑五传至研，最为兴盛，又传至研的十三世孙烧当，又很强盛，后世改称为烧当羌。王莽建立新朝后，好大喜功，暗示羌族人献出西海（青海湖）之地，羌族人不得不举族再往西迁徙，新朝在西海之地设置州郡，新朝边境得以向西拓展。绿林赤眉起义时，西羌内侵，又返回了西海之地，并进而继续东进，进攻金城、陇西郡。从烧当到玄孙滇良，部落弱小，经常受到先零、卑湳羌的侵扰，后滇良反击，夺占了先零、卑湳的根据地大榆中（疑为今甘肃省榆中县），从此走向强盛。

东汉时期，东汉政府一改西汉对羌人的怀柔政策，采取了分化瓦解、强制内迁、制造矛盾、残酷压迫的方法，激起了羌族的强烈不满。东汉一朝，羌族叛乱此起彼伏，几乎与王朝相始终，比较大的叛乱有五次：一是建初二年（公元77年）到永元十三年（公元101年）烧当、封养、烧何、当煎等诸羌持续近二十五年的叛乱；二是永初元年（公元107年）到元初五年（公元118年）勒姐、先零、参狼等诸羌的叛乱；三是永和五年（公元140年）到永憙元年（公元145年）且冻、烧何等诸羌叛乱；四是延熹二年（公元159年）到建宁二年（公元169年）烧当、先零、当煎、勒姐、鸟吾、牢姐、零吾等羌族的叛乱；第五次就是这一次。到东汉时期，羌族已经分成大大小小一百五十个部落，其中八十九个为独立部落，小的有数千兵马，大的有十万余众。东汉政府与西羌持续近百年的拉锯战，每次平叛都要浪费东汉政府数十亿甚至几百亿的金钱，到东汉中后期，羌族已经占领陇西不少地盘，甚至不时骚扰三辅地区（长安近郊）。

《后汉书·董卓传》注引《献帝春秋》称：凉州义从宋建（后自称河首平汉王）、王国等人造反，到金城郡（今甘肃省皋兰县西北黄河北岸）诈降，求见凉州当地名人前新安县令边允、从事韩约二人。韩约不愿出城与他们相见，金城太守陈懿劝其前往，等边允、韩约等人出城后，王国等人就将他们数十人扣为人质。此时，金城城内也突然发生了叛乱，陈懿被迫从城内逃出，王国等人将其抓住后杀死，而释放了边允、韩约等人。陇西郡长官遂认为边允、韩约二人投降了变民，悬赏捉拿二人，二人分别改名为边章、韩遂。王国自称合众将军，与宋建等人拥立边章、韩遂为主，拥有十余万之众，劫掠郡县。《后汉书·刘陶传》称："今西羌逆类，私署将帅，皆多段颎时吏，晓习战陈（阵），识知山川，变诈万端。"由此可知，西羌叛军是很有战斗力的。

三是黑山贼。黄巾起义后，河北各地一片大乱，博陵（今山东省茌平县博平镇）张牛角、常山（今河北省元氏县西北）褚燕，还有所谓的黑山、白波、黄龙、左校、五鹿、羝根、苦蝤、刘石、平汉、大洪、司隶、缘城、罗市、雷公、浮云、白爵、杨凤、于毒、郭大贤、左髭丈八等无数支起义军。这些名号都是起的外号，比如，骑白马的，就叫作张白骑；身手敏捷的，就叫张飞燕；胡子相互缠绕就叫于氐根；说话声音洪亮的，叫张雷公；眼睛大的叫作李大目、等等。后来，褚燕有部众一万余人，张牛角自称将兵从事，与之联合，褚燕推举张牛角为统帅，一起进攻巨鹿郡治所廮陶（今河北省宁晋县西南）。在战斗中，张牛角中箭，临死之前他遗命推举褚燕为头领。张牛角死后，众人推举褚燕为主，褚燕因此改姓为张，黄巾起义失败后，张燕的部队人数激增，常山、赵郡、中山、上党、河内诸山谷中的山大王们诸如孙轻、王当等人，各自率众归顺了张燕，部众达到上百万，号称黑山。不久，张燕派人表示愿意归顺朝廷，东汉朝廷遂拜张燕为平难中郎将，让其负责河北各个山谷的治安，并允许他每年向朝廷推荐孝廉，向朝廷派遣奏事官汇报工作。

六　黄巾起义（六）

回到长社前线。

黄巾军与官军各有优劣。

黄巾军的优势在于人数众多，但劣势也十分明显，那就是：没有战斗经验；从全局上来说，各自为战，缺乏协同。

官军与之正好相反，黄巾军的优势正是官军的劣势：兵力较少，初战告负。但优势也非常明显：灵帝选拔了大量文武兼备的优秀将领；部队有着较为丰富的战斗经验；各部队之间在统一领导下能够协同作战；武器精良。

波才大军将皇甫嵩的军队团团包围于长社城内。皇甫嵩兵力较少，加之朱儁初战失利，军中将士非常恐惧。皇甫嵩将下属召来，对大家说：“取胜的关键在于运用谋略，出奇兵，善变化，不在乎人数的多少。如今，敌人在城外草丛中扎营，遇到大风天气，容易受到火攻。如果我们趁夜派人出城纵火，敌人必定会惊慌失措，出现混乱，然后，我们再出城攻击，从四面八方包围他们，那么，就可以立下田单以火牛阵建立的战功。”正巧，当天傍晚天上刮起了大风，皇甫嵩命令士兵们手持火把，登上城墙，又派壮士们偷偷出城，穿过黄巾军的包围圈，在黄巾军军营的外围纵火呐喊，一时之间，城内守军同时点燃火把，遥相呼应，给黄巾军造成已陷入内外夹击的假象，顿时，一片混乱。皇甫嵩趁势擂起战鼓，打开城门，命令城内守军冲出城外，朝黄巾军的阵地杀来。惊慌之余，黄巾军像无头的苍蝇一样乱作一团，四散溃逃。恰在这时，从洛阳前来增援的骑都尉曹操率领的部队也赶到了长社，五月，皇甫嵩与曹操、朱儁的军队合兵一处，再次大破黄巾军，斩首数万级，汉灵帝晋封皇甫嵩为都乡侯（在列侯之下、关内侯之上）。

曹操，字孟德，别名吉利，小字阿瞒，豫州沛国（治所相，今安徽省淮北市西北）谯[①]人。曹操的曾祖父曹节，字元伟，西汉丞相曹参之后，与历仕汉顺帝、汉桓帝、汉灵帝三朝的大宦官曹节同名，但并非同一人；曹节没有当过官，他为人仁爱厚道，邻居丢失一头猪，见曹节家的猪与自己家丢失的相像，到曹节家索要，曹节也不争辩，任由邻居把自己家的猪领走，不久，邻居家的猪自己又跑回家了，邻居非常羞愧，遂把曹节的猪又送了回来，并再三道歉，曹节也只是笑笑接受下来，并没有责备邻居。不过，此事与西汉直不疑偿金一事极其相似，也可能是史家虚构。曹节有四个儿子：曹伯兴、曹仲兴、曹叔兴、曹季兴，曹季兴名字叫曹腾，从小入宫担任小宦官，当时是汉安帝时期（公元107—125年）。永宁元年（公元120年），和帝皇后、安帝伯母、掌握朝廷大权的和熹邓皇后邓绥要求在时年六岁的安帝皇太子刘保身边选拔一些年少、忠诚而又谨慎的宦官陪读，曹腾被挑选出来。在众多小宦官中间，刘保最喜欢曹腾，平时赏赐给曹腾的食物总与他人不同。五年后，安帝去世，安帝阎皇后因自己没有儿子，遂废掉刘保，另立一个婴儿刘懿为帝，刘懿即位七个月后就夭折了，宦官孙程等人发动政变迎立废太子刘保为帝，是为汉顺帝。在汉顺帝的沉沉浮浮中，曹腾一直陪伴着他，等汉顺帝即位后，即晋升曹腾为小黄门、中常侍。汉顺帝死后，曹腾因与长乐太仆州辅等七名宦官参与了梁冀决定迎立桓帝的决策，汉桓帝即位后，就封其为费亭侯，晋升为大长秋，加位特进。曹腾在宫中三十余年，侍奉汉安帝、汉顺帝、汉冲帝、汉质帝、汉桓帝五帝，一直小心翼翼从未犯一点过错；他虽然身为宦官，却喜欢向朝廷举荐海内的名人，陈留的虞放、边韶、南阳延固、张温、弘农张奂、颍川堂谿典等人都是他举荐给朝廷的，这些人后来都登上了公卿高位，曹腾却从未在这些人面前表白自己。蜀郡太守曾趁奏事官入京之机给曹腾送礼，被益州刺史种暠在斜谷关搜出书信，种暠上奏弹劾曹腾内官结交外官，桓帝（种暠在顺帝末年担任侍御史，后担任益州刺史三年，由此推算皇帝可能是汉桓帝）说："书信是从外面写给曹腾的，曹腾又没有往外面写回信，曹腾无罪。"虽然有此过节，但曹腾对种暠并无怨恨，反而还经常在皇帝面前称赞种暠是一位能干的官吏，人们对曹腾的高贵品质都打心眼里佩服。后来，种暠步步高升，从大司

---

① 谯县，今安徽省亳州市，是豫州的治所，谯县原隶属于沛国，曹操掌握大权后，将沛国划出几个县，将自己的家乡升格为郡，成立了谯郡。

农当到司徒，汉桓帝延熹四年（公元161年），种暠当上司徒时，曹腾可能已经去世，五十九岁的种暠感慨地对前来祝贺的宾客们说："我今天能做到三公，这全是曹常侍帮助的结果啊！"曹腾在东汉内廷三十多年，为曹家积累了巨大的人脉关系。曹魏明帝曹叡太和三年（公元229年），曹叡追尊高祖曹腾为高皇帝，由此曹腾也成为中国历史上唯一死后被追尊为皇帝的宦官。

曹腾的养子曹嵩，字巨高，无人知道他究竟是谁家的孩子，但东吴人写的《曹瞒传》、郭颁的《世语》均说，曹嵩是夏侯惇的叔父。对此，不少人提出了质疑，理由是：一、曹腾是曹节的幼子，上面还有三个哥哥，不可能都没有后嗣，按照一般的做法，曹腾会把侄儿过继为子；二、曹氏与夏侯氏同为谯县望族，世代为婚，后来，曹操也将自己的女儿嫁给夏侯惇之子夏侯楙为妻，如果曹操之父曹嵩是夏侯氏之子的话，是不可能同族为婚的。认可的人，理由是：一、陈矫也是刘姓，过继给陈氏，又娶了刘颂之女，同姓为婚，受到舆论的贬低，但曹操特意下令禁止人们进行非议，表面上曹操是在回护陈矫，实际上很有可能是为了自己。二、《三国志·吴主传》注引《魏略》载孙权给浩周的书信称："今子当入侍，而未有妃耦（配偶），昔君念之，以为可上连缀宗室若夏侯氏。"云云，意思是：曹魏的浩周曾给孙权写信称，孙权如果将儿子送到曹魏当人质，起码可以与像夏侯氏这样的宗室联姻，由此可知，在当时，曹魏也是将夏侯氏当作宗室的。三、夏侯惇死后，曹丕曾亲自到邺城东城门哭丧，对此，东晋孙盛曾批评说，根据礼仪，天子对同姓哭丧，应该在宗庙门外，不应在城门外。此言直接将夏侯氏视为曹氏同姓，可知在东晋时期曹氏与夏侯氏是一家为众所周知之事。四、陈寿之所以说不知道曹嵩是谁家的孩子，可能是出于史家的曲笔。

曹嵩继承了曹家的家风，他为人质朴、敦厚、谨慎、孝顺。由于养父的关系，他在桓帝末年就当上了司隶校尉，汉灵帝时又被晋升为大司农、大鸿胪，位列九卿，后来又取代崔烈当上了太尉，位列三公。据说，曹嵩当上太尉是花了一亿万钱买来的，陈琳《为袁绍檄豫州文》中也称："父嵩，乞匄（丐）携养，因赃假位，舆金辇璧，输货权门，窃盗鼎司，倾覆重器。"说的是曹嵩在担任大司农等肥差期间积累了大量财物，买来太尉高位，由此也可看出，曹操家是非常富有的。

曹嵩就是曹操的生父。

曹操的性格、为人又是怎样的呢？起码可以归纳如下。

一是曹操个头不高，但让人看起来神清气爽。他聪明机智，有胆有识，应变能力很强。（《世说新语》刘孝标注引《魏氏春秋》称："操虽姿貌短小，而神明英姿。"）有一件事足以说明这一点：曹操少时经常到处闲逛，无所事事，他叔父给曹嵩说了数次，曹操为此很是头痛。不久，他就心生一计，一天，在路上他遥遥望见叔父后，突然口眼歪斜，叔父吃惊地询问原因，曹操回答："我突然中风了！"叔父赶忙告诉了曹嵩。曹嵩得知儿子突然中风，赶忙派人找回曹操，等曹操回家后，却与平时没什么两样，曹嵩感到很奇怪，就问："你叔父说你在外面中风了，现在已经好了吗？"曹操回答说："我根本就没中过什么风，这全是因为叔父不待见孩儿，所以，他才会背后说孩儿的坏话，欺骗父亲您。"从此以后，曹操的叔父再在曹嵩面前说曹操又在外面干了什么坏事，敦厚的曹嵩再也不相信了。《三国志集解》注引刘昭《幼童传》称：曹操十岁时经常到谯河里洗澡，一次，遇到一条大水蛇，他在水中与水蛇搏斗，将水蛇逼退，事后，对此闭口不谈，此后，又有人看到那条大水蛇，吓得四散而逃，这时，曹操却说："我被大蛇追击还不怕，瞧你吓成这样！"以曹操的性格，看到别人惊慌失措的样子，他极有可能是故意在说大话。

二是崇尚侠义，喜欢打猎，四处嬉戏，放浪形骸，不太在意舆论的评价，当时的人们对他也没有太高的评价。

孙盛《异同杂语》称，曹操曾私下闯入中常侍张让的内室，张让发现后，曹操挥舞手戟（一种随手携带的短戟），无人能挡，随后一跃而起，跳上墙头而去。史书称其："才武绝人，莫之能害。"《世说新语》直接或者间接涉及曹操的有多处，分别散见于《假谲》《容止》《识鉴》《言语》《惑溺》《贤媛》《夙惠》《忿狷》《轻抵》等篇中，其中在《假谲》中记载，曹操年少时，曾与袁绍二人好为游侠，总是干出一些出格的事。一次，二人去看一对新人结婚，趁机潜入主人家的花园中，入夜后，二人在花园中大喊："有强盗！抓小偷啊！"在青庐[①]中闹房的人们和新郎都出来抓贼，曹操趁机进入青庐，抽出佩刀劫持了新娘非礼，而后与袁绍一起逃去。黑暗中，二人迷失了道路，跌落在荆棘之中，袁绍摔得不能动弹。曹操见状，又大喊："小偷就在这里！"袁绍听了大吃一

① 结婚时在宅院西南角空地上用青布幔临时搭建的帐篷。段成式《酉阳杂俎·礼异》：称"北朝婚礼，青布幔为屋，在门内外，谓之青庐，于此交拜。"

惊，吓得魂不附体，顿时身上来了力气，从荆棘丛中一跃而出，二人遂得以顺利脱逃。曹操在他的诗歌《善哉行》（二）中曾自叹说：“自惜身薄祜，夙贱罹孤苦。既无三徙教，不闻过庭语。其穷如抽裂，自以思所怙。虽怀一介志，是时其能与。”“三徙教”，是孟母三迁的故事；“过庭语”是指孔子对儿子的教育，说的是自己从小就没有得到母爱父爱。也许曹操的母亲早死，早年教育孔鲤的缺失才让他在年少时做出一些荒唐的事吧。

七　黄巾起义（七）

三是年纪稍长一些的曹操特别喜爱读书学习。这与年少时放浪形骸、四处嬉戏的他相比，仿佛换了一个人。

孙盛《异同杂语》上称，曹操博览群书，特别喜欢研究兵法，他亲手抄写汇编古代各家兵法，取名《兵法接要》，他还曾为《孙子兵法》作注，这两部书都流传于世。除了这两部书之外，《太平御览·经史图书纲目》有《魏武兵书辑略》《隋书·经籍志》有曹操写的《太公阴谋解》三卷、《文选注》又有曹操的《司马法注》。曹丕在《典论》中记载，他的父亲曹操非常喜爱阅读诗书文章，即使在军中，也是手不释卷。曹丕每次向父亲问安，曹操总是谆谆告诫他说："人们从小就好学的话，学习起来就会专心致志，而年长以后再去学习，记忆力衰退，常常会遗忘。长大以后还能勤学的人，只有我与袁伯业二人而已啊！"山阳（今山东省金乡县西北）太守袁遗，字伯业，是袁绍的堂兄。

曹操为何会发生如此脱胎换骨的转变？他人的帮助和鼓励也能影响到一个人的成长。桥玄以能甄别人才著称，《后汉书·桥玄传》记载，曹操年轻时没有什么名气，他前去拜见桥玄，桥玄见到曹操后就发现他异于常人，说道："如今，天下将要大乱，能让天下黎民百姓安居乐业的人将是你吧！"桥玄对曹操的评价还有不同的版本，《三国志》记载，当时桥玄说："天下将乱，不是天命之才根本无法驾驭，能安定天下的，是你吧！"《魏书》记载，桥玄说："我见过无数天下名士，没有一人像你这样。你要好自为之。我已经老了，希望将妻子儿女托付给你！"说法不同，意思一样。后来，曹操征战路过桥玄的坟墓，亲自前去祭奠，并写下祭文，在祭文中，他写道："……操以幼年，逮升堂室，特以顽质，见纳君子。增荣益观，皆由奖勖，犹仲尼称不如颜渊，李生厚叹贾复。士死知己，怀此无忘。又承从容约誓之言：‘殂没之后，路有经由，不以斗酒只鸡过相沃酹，车过三步，腹痛勿怨。’虽临时戏笑之言，非至亲之笃好，胡肯为此辞哉？”

桥玄当时还与曹操开玩笑说，自己死后，假如你曹操路过我的坟墓，不用鸡酒祭奠的话，车子离开三步之外，你肚子痛了可别怨我！可见，桥玄确实赏识并极力帮助过曹操。南阳人何颙是一位著名的士人，第二次党锢之祸中，他因为与窦武、陈蕃私交很好而受到宦官集团的打击，隐名埋姓逃往汝南。袁绍仰慕他的大名，暗中与之来往，何颙也数次潜入京师，与袁绍商议想方设法解救党人。何颙曾见到曹操后，说道：“汉家将要灭亡，安定天下者必是此人！”他还曾品评荀彧道：“颍川荀彧，王佐之器。”

虽然桥玄、何颙都对曹操有过很好的评价，但二人的评价影响力还十分有限。当时在全国士人中有很大影响力的是许靖、许劭堂兄弟二人在汝南主持的“月旦评”。

许劭，字子将，善于品评人物，士人经过他的品评常常能知名全国；此人还非常高傲，袁绍是他的同乡，袁绍卸任濮阳县令回老家，随行车马众多，进入汝南郡后，他就遣散了送行的宾客，说道：“我这样张扬，岂能让许子将来见我？”遂单车回到了家里。桥玄给曹操建议说：“你还没有什么名气，可以去结交许子将。”曹操就带上很多礼物，去汝南找到许劭，在许劭面前低声下气，许劭终于接纳了曹操，曹操大喜。曹操一直要跻身士林，但屡受挫折。《世说新语·方正》称：“南阳宗世林，魏武同时，而甚薄其为人，不与之交。”刘孝标注引《楚国先贤传》称：“魏武弱冠，屡造其门……捉手请交，承（宗世林）拒而不纳。”因此，许劭答应与其交往，曹操是多么高兴。

受到许劭的接纳，曹操在士人中间有了一定的名气，但曹操还不满足，他再三请求许劭品评一下自己，而许劭从内心深处对宦官家庭背景的曹操不以为然，一直不肯作答。曹操瞅准一个机会，露出流氓本色，胁迫许劭必须给自己一个评价，许劭无奈，遂说道：“你是治世之能臣，乱世之奸雄。”曹操听了，哈哈大笑而去。这是孙盛《异同杂语》说法，《后汉书·许劭传》则称，当时许劭对曹操的评价是：“你是清平之奸贼，乱世之英雄。”对比二者，其实是有很大不同的：《异同杂语》的说法肯定了曹操是治国的能臣，又是乱世中的奸雄，可以说褒多于贬；而《后汉书》的说法，则更倾向于把曹操归类于喜乱乐祸的混世魔王，贬过于褒，因此，结合许劭鄙视曹操的为人这一事实，也有人认为《异同杂语》的说法是经过了魏晋以后有所避讳而进行了篡改，应当以《后汉书》的说法为准。

桥玄、何颙、许劭等人的评价让曹操逐渐被士大夫们接受，而在努力进入士人圈子以及进入之后要想出人头地，读书学习就成了一个必然的选择。

四是曹操力图摆脱宦官家世的影响，站在士大夫集团一边。

曹操不是省油的灯，袁绍同样如此。《后汉书·袁绍传》称他："有姿貌威容，爱士养名……内官皆恶之。中常侍赵忠言于省内曰：'袁本初坐作声价，好养死士，不知此儿终欲何作？'"袁绍一家作为士大夫的代表，在宦官与士大夫集团激烈的矛盾冲突这一东汉特定的历史背景下，袁绍四处拉帮结派显然是冲着宦官集团来的，立即引起了宦官集团的不安，而曹操与袁绍结交也是为了加入士大夫集团。曹操一家当时的处境非常微妙，毕竟他的祖父曹腾是不折不扣的大宦官，曹家发迹也得益于此，但即便是曹腾也与那些劣迹斑斑的宦官不同，并与士大夫集团有着密切的关系。到了曹操父亲曹嵩一代，曹家已不再是宦官人家，曹嵩成为朝廷九卿，曹家也在向士大夫家庭转型。在当时的社会风气下，宦官集团由于自身及其亲属们为非作歹，已遭到社会舆论的极大反感，十七年以后的建安五年（公元200年），建安七子之一的大文士陈琳在其著名的《为袁绍檄豫州文》中还说曹操是"赘阉遗丑，本无懿德"，可见士大夫集团与宦官集团之间的鸿沟是难以在短时间填平的。为了实现家族的转型，曹操入仕之后也一直将矛头对准宦官集团。

八　黄巾起义（八）

十年前的灵帝熹平三年（公元174年），当二十岁的吴郡（今江苏省苏州市）司马富春（今浙江省富阳市）孙坚率领一千多人讨伐叛乱的许生时，与孙坚同岁的曹操也被举荐为孝廉，担任了郎。

郎应与郎中一样，为比三百石。《韩非子·孤愤》："郎中不因则不得近主，故左右为之匿。"旧注："郎中，为郎居中，则君之左右之人也。"汉代郎官多从高官和富家子弟中选拔，负责宫廷侍卫，在经过一段时间的考察之后，如果此人符合敦厚、质朴、逊让、节俭这四种德行，就可派到地方上担任县长（三百石到一千石）之类的低级官吏。孙坚时任的郡司马是郡长史的属官，郡长史为六百石，司马俸禄不详，但《后汉书·百官志》注引《汉官仪》称："八月，太守、都尉、令、长、相、丞、尉会都试，课殿最……置长史一人，丞一人，治兵民，当兵行长领，置都尉、千人、司马、候、农都尉，皆不治民，不给卫士。"

这里的都尉可能是部校尉的误称，也可能并没有错，参考部校尉、骑都尉均为比二千石，这里的都尉也可能是比二千石，千人俸禄不详，但从汉代官制俸禄递减规律上分析，可能为一千石，候，大约是曲军候的简称，比六百石，结合军司马是比一千石、郡长史六百石、军候比六百石这一情况，可能郡司马的俸禄也为比六百石，甚至更低一点。

根据规定，郡里二十万人才能举荐出一位孝廉，曹操年纪轻轻就被举荐为孝廉，如果换成一介平民，这无论如何也是难以想象的，后来，曹操在《让县自明本志令》中曾称："去官（指自己三十岁辞去济南相）之后，年纪尚少，顾视同岁（同年被举为孝廉的）中，年有五十，未名为老。"也就是说，在曹操的同年中，有四十岁才被举为孝廉当郎的人。比如，韩遂比曹操要大十余岁，可是，曹操与韩遂的父亲是同年孝廉。因此，有人怀疑当初举荐曹操的，是大宦官王甫之子、时任沛国相的酷吏王吉。

曹操担任郎官一段时间后，就被升任洛阳北部尉。汉代超过一万户的县首脑称为县令，低于一万户的县称为县长，大县设置县丞和两名县尉，所谓“命卿三人”，意思是三个朝廷在编的佐官；应劭《汉官》称，洛阳县令一千石，丞三人、孝廉左尉、孝廉右尉均为四百石，县衙有工作人员七百九十六人，其中俸禄为四百石的工作人员共有十三人。《汉旧仪》《唐六典》则称：东汉洛阳“置四尉，皆孝廉作，有东部、西部、南部、北部尉。”曹操担任的北部尉应为四百石，是这十三人中的一位。

《三国志》注引《四体书势序》称：“于是，公欲为洛阳令，梁鹄以公为北部尉。”《曹瞒传》称：“为尚书右丞司马建公所举。及公为王，召建公到邺，与欢饮，谓建公曰：‘孤今日可复作尉否？’建公曰：‘昔举大王时，适可作尉耳。’王大笑。建公名防，司马宣王之父。”王隐《晋书》也称：“赵王篡位，欲尊祖为帝，博士马平议称京兆府君昔举魏武帝为北部尉，贼不犯界”云云。梁鹄，字孟皇，又记作孟黄，安定乌氏（今宁夏回族自治区固原市东南）人，是东汉末年曹魏初年著名的书法家，被举荐为郎。汉灵帝酷爱书法，将其召入鸿都门学（灵帝设立的专门培养书画人才的场所），又晋升为凉州刺史，后又召回京师，担任侍中，继而晋升为选部尚书。《文献通考》将汉武帝时期的待诏金马门与汉灵帝的鸿都门学做一比较，认为，汉武帝设置的待诏金马门也网罗了诸如司马迁、司马相如、枚乘等著名文士，但汉武帝只是将他们看作俳优之辈，并没有让他们担任要职，而汉灵帝时，鸿都门学出身之人甚至被封侯赐爵了，梁鹄就是其一。正史中并没有给梁鹄立传，其事迹散见于一些史料中，梁鹄担任选部尚书，由其推荐曹操担任北部尉，也在情理之中。后来，天下大乱，梁鹄前往荆州投靠了刘表。曹操也非常喜爱梁鹄的书法，占领荆州后，他授予梁鹄军假司马，并经常将梁鹄的书法作品悬挂在帐中反复品味，遂有“孟皇功尽笔势，字入帐中”“太祖（曹操）忘寝，观之丧目”的美誉。

关于曹操是否系司马懿之父司马防推荐，尚有一丝疑问。《三国志·司马朗传》注引司马彪《序传》称：朗“父防……少仕州郡，历官洛阳令、京兆尹，以年老转拜骑都尉……年七十一，建安二十四年终”。而同书《武帝纪》注引《曹瞒传》却称：“尚书右丞司马建公”云云，根据前者，司马防就没有担任过尚书右丞，因此，怀疑《曹瞒传》的记载不实。正史没有给司马防立传，究竟他是否曾担任过尚书右丞（四百石）已无从查考了。尚书右丞负责“假署印绶”，管理人事，由选部尚书提名，尚书右丞同意举荐，这符合常理，也没有问题。司马彪《序传》没有记载司马防担任过尚书右丞，因其与《曹瞒传》是一对一的证据，并不必然地意味着司马防真的没有担任过这一职务，且《曹瞒传》还记载了若干年后曹操与司马防就此的一段有趣对话，另有王隐《晋书》的佐证，因此，司马防也参与举荐了曹操应该是没有问题的。司马防与曹操的渊源存在两种可能：一是举荐关系，即与梁鹄一起举荐；二是上下级关系，即曹操被梁鹄举荐时，司马防担任洛阳县令，一个举荐，一个接受。其实，不论是梁鹄还是司马防也都是做的顺水人情，曹家在朝中盘根错节，曹操的堂叔伯曹鼎（曹洪伯父、曹休祖父）任尚书令，曹操的堂叔曹炽（曹仁、曹纯之父）任侍中、长水校尉，曹炽的弟弟曹胤任谒者，他们还都没有曹操父亲曹嵩的职位高，一个九卿的儿子混个出身，还不是一件稀松平常的事？

曹操当上洛阳北部尉后，即命令部下重新修缮洛阳四门，并制造了二十余个五色棍棒，分别悬挂在县衙的门口，只要有谁胆敢违反禁令，不论地位高低，一律用棍棒打死。曹操上任几个月后，汉灵帝的亲信小黄门蹇硕的叔父违反宵禁禁令深夜出行，曹操当即命人将其乱棍打死，从此以后，京师权贵无不遵纪守法，不敢犯禁。曹操为何如此生猛？《让县自明本志令》中曹操道出了原委，他写道：“孤始举孝廉，年少，自以本非岩穴知名之士，恐为海内人之所见凡愚，欲为一郡守，好作政教，以建名立誉，使世士明知之。”曹操也知道自己的这个孝廉来路不正，因此，最怕世人看低了自己，处处想要干出一番事业来，这一心态从他二十岁当郎开始一直持续到他三十岁当骑都尉、济南相。

汉灵帝身边的宠臣们都厌恶曹操，可又没办法加害于他，遂采取以退为进的策略，齐声称赞他能力强，想把他调离洛阳，由此，在熹平六年（公元177年），时年二十三岁的曹操就被晋升为顿丘（今河南省清丰县西南二十五里，属兖州东郡）县令。《三国志·魏书·曹植传》中曹操曾对曹植说自己二十三岁当的顿丘令。

从熹平三年（公元174年）到光和元年（公元178年）这四年里，曹操从郎官到洛阳北部尉，再到顿丘令，实现了仕途上的三级跳，可谓一帆风顺。但到了光和元年，曹操受到一件事情的影响而被免官，那就是灵帝宋皇后被废。灵帝建宁四年（公元171年），扶风宋贵人被灵帝立为皇后，宋皇后的父亲宋酆被任命为执金吾，封不其乡侯，哥哥宋奇也被封为潩强侯。第二年，宋奇迎娶了侍中、长水校尉曹炽之女。曹炽的父亲、颍川太守曹褒是曹嵩养父曹腾的亲哥，因此，曹炽与曹操的父亲曹嵩是堂兄弟关系，也是曹操的堂叔；曹炽还有两个儿子曹仁、曹纯，二人分别是曹操的堂弟。宋奇成了曹操的堂妹夫后，与曹操也成为好友。宋氏被立为皇后后并不得宠，灵帝后宫爱妃众多，纷纷向灵帝说宋皇后的坏话，再加上中常侍王甫曾害死了宋皇后的姑姑渤海王刘悝的王妃宋氏，因此担心宋皇后会对自己报复，也向灵帝进谗言，称宋皇后以左道诅咒，灵帝听信了谗言，光和元年（公元178年）十月，灵帝下诏废黜了宋皇后，将其打入冷宫，并诛杀了宋皇后的父亲宋酆、哥哥宋奇。由于曹氏家族与宋氏家族是姻亲关系，曹操也受到牵连被免官。连曹操的顿丘令就被罢免了，像宋奇的岳父、曹仁父亲、长水校尉曹炽，甚至于曹操的父亲曹嵩肯定都会受到牵连，此事令曹氏家族受到一定程度的打击，也让曹操认识到朝廷的险恶。

但一年以后，王甫父子就被司隶校尉阳球、京兆尹杨彪合谋诛杀了，朝中宦官集团受到一定程度的打击，同年，在宦官集团的反扑下，阳球等人被处死，此后，朝廷士大夫集团与宦官集团暂时处于和平状态。由于曹操过去得罪过权贵，深恐长期在地方上会给家族带来灾祸，遂千方百计地请求能回京任职，经过努力，不久，他就因“能明古学”而被征召回京，被拜为议郎（六百石）。当初，灵帝即位时，大将军窦武、太傅陈蕃曾阴谋诛杀宦官，反为宦官王甫等人所害，曹操被拜为议郎后，就向灵帝提出建议，请求为窦武、陈蕃平反，但灵帝没有采纳。光和五年（公元182年），汉灵帝下诏朝中公卿大臣根据自己听到的民间歌谣举报那些危害百姓的刺史、二千石们。太尉许馘、司空张济不敢得罪宦官们，同时又接受了宦官们的贿赂，对于那些担任地方官的宦官子弟们，就算声名狼藉，也不敢提出弹劾，反而对二十六名边地的廉洁勤政官员提出弹劾充数。这一混淆是非的做法引起了众人的普遍不满，不少百姓结伴来到皇宫门外申诉。司徒陈耽与议郎曹操一起上书称："公卿们弹劾的，都是为了掩护各自的私党，这就叫释放了枭鸟，却囚禁了凤凰。"汉灵帝如梦方醒，责备许馘、张济等人，将二十六名免官的人全部改任为议郎。此后，曹操看到东汉朝政日益混乱，也开始学会明哲保身，不再建言献策，时常请假回到谯县老家读书、打猎。

九　黄巾起义（九）

《抱朴子》称：“汉末俗弊，朋党分部。许子将之徒，以口舌取戒，争讼议论，门宗成仇。故汝南人士，无复定价，而有月旦之评。”

《意林》称：“桓灵之际，阉寺专命于上，布衣横议于下；干禄者殚货以奉贵；要名者倾身以事势；位成乎私门，名定乎横巷，由是户异议，人殊论。论无常检，事无定价。长爱恶，兴朋党。”

曹丕《典论》：“孝灵帝末，朝政堕废，群官有司并湎于酒，贵戚尤甚，斗酒千钱。常侍张让子奉为太医令，与人饮，去衣露形为乐。”

这三则史料为我们描绘出一个东汉末年真实的社会状况：一是权力把持在宦官集团手中；二是士人对此非常不满，但又无可奈何，遂控制舆论，对朝政说三道四；三是社会黑暗，货贿公行；四是朋党兴起，相互之间争论不休，反目成仇，社会呈现分裂态势；五是百官尸位素餐，沉湎酒色，似乎他们已经预感到大祸即将临头，而进行着最后的疯狂。社会分裂、政治黑暗、无所作为，在黄巾起义的打击下，东汉帝国就像一位行将就木的老人，皇甫嵩等人在颍川前线取得的那点胜利，也不过如同将死前的回光返照一般，对于整个历史走向根本起不到一丝一毫的作用。

当时，中常侍赵忠、张让、夏恽、郭胜、孙璋、毕岚、栗嵩、段珪、高望、张恭、韩悝、宋典十二人都被封侯，受到灵帝的宠爱，灵帝经常说：“张常侍是我爸，赵常侍就是我妈。”宦官子弟散布全国，他们担任地方官吏，无不贪婪残暴，无恶不作。有了皇帝的宠爱，宦官们更是无所顾忌，竞相修建豪华宅院，堪与皇宫媲美。有一次，灵帝打算登上永安宫的瞭望台赏玩，宦官们害怕灵帝登高望见他们豪华的宅院，就请中大人（非官职名，对宫中年迈的宦官、宫女的称谓，见《后汉书·邓禹传附邓康传》）尚但劝谏说："天子不该登高望远，天子登高，百姓们就会虚弱、星散。"灵帝听了，心里很恐惧，从此就不敢再登高台了。等到封谞、徐奉勾结黄巾军之事败露后，灵帝当面斥责各位中常侍："你们经常说党人意欲不轨，朝廷遂将党人剥夺政治权利，甚至予以捕杀。可是，现在党人们反而为国效命，而你们却与张角勾结，你们说你们该杀不该？"诸位常侍吓得纷纷跪地叩头，说："这都是王甫、侯览他们干的。"把一切罪过都推到了死人头上。此后，中常侍们收敛了很多，个个请求退休、休假，暂避风头，还将家里在地方上任职的子弟、亲戚们都召了回来。

在宦官们中间，当然也有好人，吕强、丁肃、徐衍、郭耽、李巡、赵祐、吴伉等人就被人公认为清廉忠诚。中常侍吕强原本也被灵帝封为都乡侯，但他坚决予以推辞，并趁机上书称："臣听说，高祖（指刘邦）皇帝曾严格规定，不是功臣，不能封侯，其目的就是看重爵位、起到引导作用。中常侍曹节等人出身宦官，人品卑劣，谄媚奸佞，像赵高一般给国家带来巨大的灾祸，却没有受到车裂的惩罚。陛下执迷不悟，还授予他们爵位，小人得道，鸡犬升天，朋比为奸，致使阴阳错乱，农田荒芜，人事不和。臣也知道封侯已成事实，无法更改，臣之所以冒死劝谏，是想让陛下能不再继续犯错。臣听说后宫有数千宫女，吃饭穿衣每天要花费数百金，近来，粮食价格一直很低，百姓们却吃不饱，按道理说粮食价格应该上涨，如今反而下降，其中的原因就在于官府的赋税太多，百姓们寒不敢买衣服穿，饥不敢吃饱，百姓有如此痛苦却无人解救。宫女百无一用，却填塞后宫，天下百姓努力劳作，也无法满足……外戚亲幸以及宦官之家，竞相修筑亭台楼阁，有上万雕梁画栋这样的住宅，极其奢华，至于婚丧嫁娶，也极尽奢华，超过制度……去年，陛下在金商门召见议郎蔡邕（蔡文姬之父），蔡邕不敢隐瞒实情，直言回答陛下的提问，指责朝中权臣，攻击内廷宦官，可是，陛下没有替他保密，致使蔡邕的话泄露了出来（当时，灵帝看过蔡邕的奏章，不禁叹息一声，起身上厕所，就在这当儿，曹节偷看了奏章，内容遂外泄）。一群奸佞小人个个伸长了脖子，恨得咬牙切齿，想把蔡邕一口吃掉。他们争先恐后地写匿名信进行诬陷，陛下反而采纳了他们的诬陷之词，将蔡邕下狱，处以流放之刑。如今，群臣都以蔡邕为戒，陛下再也听不到忠言了啊！太尉段颎勇冠当代，熟悉边事，平定西羌，却被司隶校尉阳球诬陷，自己被处死，一家遭到流放，令天下之人惆怅，功臣们失望。应当把蔡邕征召回朝，恢复职务，召回段颎的家眷，这样一来，忠臣进身之路就打开了，众人的怨恨也就消弭了。”汉灵帝虽然知道吕强一片忠心，却没有采纳他的建议。

小人道长，君子道消。

吕强还能直言强谏，丁肃等人虽然不与张让等同流合污，却明哲保身，退居里巷，从容养志，无所是非。这样，在中常侍中间，吕强就成了张让等人的众矢之的。赵忠、夏恽等人结伙共同诬陷吕强，称其与党人一起非议朝廷，数次阅读《霍光传》，意欲行废立大事，并称吕强家族子弟在州郡横行不法。灵帝命令中黄门手持兵器召吕强入宫问话。吕强听说后，怒道：“我死以后，大乱就要起来了！大丈夫欲尽忠为国，岂能面对狱卒！”遂自杀。赵忠、夏恽等人又对灵帝说：“吕强听说被召见，还不知陛下要问他什么事，就自杀了，这更说明他犯了罪。”于是，灵帝下诏逮捕了吕强的亲属，没收其家全部财产。

侍中向栩曾上书抨击宦官们，张让遂诬陷向栩与张角勾结，打算充当内应，灵帝下诏将其投入黄门北寺大牢，杀掉。谏议大夫刘陶上书指斥宦官，宦官集团合起伙来在灵帝面前进谗言道：“自从张角事发以后，诏书予以训导，现已各自改悔，如今，四方安定，而刘陶却非议朝政，州郡并未上报，他刘陶如何得知？我们怀疑刘陶与黄巾贼人有联系。”灵帝下令将刘陶打入大牢，拷打致死。郎中张钧上书说：“我认为，张角之所以能兴兵作乱，万民归附，就是十常侍（实际是十二常侍）往全国各地派去了大量亲戚、子弟、宾客担任官吏，这些人在地方上垄断经营，盘剥百姓，百姓之冤，无处申诉，这才图谋不轨，犯上作乱。应该斩杀十常侍，将他们的人头高悬于南郊，向天下百姓谢罪，然后，派遣使者向天下公告这一消息，不用一兵一卒就可平定大乱。”灵帝把张钧的奏章让十常侍们观看，众人均脱去鞋帽，光着脚跪地求饶，请求自行投入洛阳大狱，并愿意拿出全部家财充当军费。灵帝再次被这些人的假面具蒙蔽，下诏让他们官复原职，反而对张钧不满道：“这人真是个疯子！十常侍中间难道连一个好人都没有吗！”御史们看出皇帝的心思，遂诬陷张钧也学习太平道，灵帝下令将张钧押入大牢，张钧很快就死在了狱中。

灵帝询问太尉杨赐该如何应对黄巾军，杨赐直言劝谏，灵帝听了，心生不悦。四月，灵帝罢免了杨赐太尉一职，以太仆邓盛为太尉，不久，灵帝翻阅群臣过去的奏章，看到杨赐、刘陶过去就曾提出要对张角采取防范措施，又晋封杨赐为临晋侯、刘陶为中陵乡侯。

皇甫嵩等人击败颍川黄巾军之后，又乘胜进攻汝南（今河南省平舆县）、陈国（今河南省淮阳县）的黄巾军，在阳翟（今河南省禹州市，颍川郡治所）追上了波才残部，在西华（今河南省西华县）又击败了另一支黄巾军彭脱部，颍川、汝南、陈国三郡的黄巾军全部被平定。在西华之战中，朱儁所部佐军司马孙坚率军乘胜深入，在激战中，官军失利，孙坚受伤落马，僵卧在草丛之中，人事不省。他所骑的青骢马跑回军营，踏地嘶鸣，将士们在那匹神驹的指引下，最终找到了孙坚。孙坚回营十几天后，伤情稍有好转，又率军出战，击败了敌人。汝南、陈国的黄巾军残部向南阳方向败退。

北地郡人傅燮时任护军司马，与皇甫嵩一起出征颍川黄巾军，他素来对宦官专权非常不满，也就在这前后，他在军中上书灵帝说："臣听说天下发生灾祸，并非来自外面的原因，根源全在朝廷内部，因此，虞舜当政，先去除'四凶'，然后，重用了十六个贤人，这说明，不把坏人排除掉，好人就无法在朝中立足。如今，张角在赵州、冀州起事，黄巾军扰乱了六个州，这都是皇帝身边出现了问题，致使四海受到祸害。臣受命出征，刚到颍川，就战无不胜，黄巾军虽然强大，但陛下不用多虑。臣担心的在于治水不去治理源头，结果下游水势会越来越大。陛下仁爱宽容，很多事情上不愿狠下心来，结果导致宦官专权，忠臣绝迹。假如张角被杀，黄巾平定，臣的忧虑将更深一层，这是为何？俗话说，好人坏人不可能搅在一起，就如同冰与火一样不可能放在一起一样。这些奸邪小人看到忠臣们立下大功，他们的地位将岌岌可危，必然会巧言令色，蒙蔽陛下，不遗余力地诬陷这些忠臣们。常言说，屡屡说孝子的坏话，即使母亲也会相信；市场上本无老虎，三个人这么说，大家也都会信以为真了。陛下如果不仔细地查明真伪，臣恐怕忠臣们会遭遇与白起一样被杀的命运了。陛下应当学习虞舜放逐'四凶'的做法，速速收拾朝中的奸佞小人们，这样一来，好人们就会竞相进尽忠言，而奸佞自然就消失了。"傅燮的奏章被赵忠看见，一直怀恨在心。傅燮在讨伐黄巾军中立下了很多战功，理应被封侯，但赵忠说了很多傅燮的坏话。虽然灵帝还记得傅燮曾提醒过自己，没有加罪于他，但也没有给傅燮封侯，只将他任命为安定都尉。

官军平定颍川等三郡之后，皇甫嵩上书把功劳都让给了朱儁，灵帝晋封朱儁为西乡侯，升为镇贼中郎将，并下诏将这一路官军一分为二：左中郎将皇甫嵩率军北上，讨伐兖州的东郡（今河南省濮阳市）黄巾军；镇贼中郎将朱儁率军南下，讨伐荆州的南阳黄巾军。

一〇　黄巾起义（十）

张曼成起义之后在南阳驻扎了一百多天。光和七年（公元184年）六月，东汉新任太守秦颉进攻张曼成，将其斩杀。但不久，张曼成的余党又拥立赵弘为统帅，拥有十余万之众，继续盘踞在宛城。

与此同时，北中郎将卢植率领的官军也屡屡击破张角军，斩杀俘虏上万人，张角等人退守广宗。卢植率军将广宗团团包围起来，下令修筑长墙，开挖壕沟，建造云梯，准备择期对广宗发动总攻。恰在这时，灵帝派小黄门左丰来到军中视察，有人劝说卢植给左丰送上贿赂，但卢植没有同意。左丰在军中一无所获，心中愤愤不平，回到洛阳后，就向灵帝报告说："广宗的黄巾军非常容易被消灭。卢植修筑堡垒，让军队休息，静等上天的惩罚，任其自生自灭。"左丰的话无疑是说卢植在玩寇，这也是灵帝最担心的事。听了左丰的汇报，灵帝不禁大怒，以囚车将卢植押回京师，判处死刑，减一等执行，另外派遣东中郎将董卓接替卢植。

董卓，字仲颖，陇西临洮（今甘肃省临洮县）人。其父董君雅做到颍川轮氏县（今河南省登封市西南七十里）尉。董君雅长子早死，在颍川生下次子董卓、三子董旻，因此，董卓字仲颖，董旻字叔颖。董卓骁勇有谋略，臂力过人，身带两个弓匣子，能左右驰射。《古今刀剑录》称："董卓少时耕野，得一刀，无文字，四面隐起作山云文，削玉如泥。及卓贵，示五官郎将蔡邕，邕曰：'此项羽之刀也。'"年少时，他曾游历羌人聚居区，与诸位羌人头领都结成好友，后来，董卓回到家乡务农，羌人头领前来看望他，他将自己家的耕牛杀掉款待大家，羌人头领非常感激，回去以后，送给董卓一千多头各种牲畜，此后，董卓被郡里召为小吏，负责缉捕盗贼。匈奴人经常掳掠百姓，凉州刺史成就征辟董卓为从事，让他领兵讨伐，董卓率领一千多人大破匈奴人。经并州刺史段颎推荐，董卓被司徒袁隗征辟为司徒掾（三十一人之一）。桓帝末年，他又以六郡良家子的身份被选拔为羽林郎（比三百石）。桓帝末年，鲜卑骚扰边地，先零羌更是深入三辅地区，董卓被提拔为护匈奴中郎将张奂的军司马，讨伐汉阳（今甘肃省甘谷县）的叛乱羌人，尤其是在延熹十年（公元167年），在保卫三辅地区的战斗中，董卓与另一位军司马尹端（后任会稽太守，成为朱儁的上司）一起率领汉军大破羌人，斩俘上万人。董卓因功被拜为郎中，朝廷赏赐给他九千匹布帛，他非常大气，对手下将士们说："立功的虽然是我自己，但让我立下此功的则是大家。"遂将九千匹布帛全部散给大家，自己一匹也不留。不久，董卓又被晋升为广武（今山西省代县西）县令、蜀郡北部都尉（在今四川省茂县）、西域戊己校尉，因犯事被免职。后来，又被征召为并州刺史，升为河东（今山西省夏县北）太守。

黄巾起义后，董卓被晋升为东中郎将。此时，由其取代卢植讨伐张角。

八月，转兵北进的皇甫嵩与东郡黄巾军在苍亭（今河南省范县）激战，官军再次取胜，生擒黄巾军将领卜巳。但此时，在下曲阳（今河北省晋州市）与张角作战的董卓被黄巾军击败，受到朝廷的惩处。八月三日，灵帝下诏命令皇甫嵩继续北上，讨伐张角。

十月，皇甫嵩与张角的弟弟张梁在广宗（今河北省威县）血战。张梁的军队非常骁勇，官军无法取胜。第二天，皇甫嵩紧闭营门，养精蓄锐，观察黄巾军的动向，经过一整天的观察，到了夜晚，皇甫嵩判断黄巾军已经懈怠，遂于当晚偷偷部署军队，等到黎明时分，他率领军队向黄巾军发起了总攻。这场你死我活的搏杀，一直从清晨持续到下午，打了一整天，直杀得天昏地暗，日月无光，大破黄巾军，阵斩张梁，斩首三万级，有五万多黄巾军将士们走投无路，投河淹死。张角已在不久前病死，官军开棺斩尸，将头颅传至京师。

十一月，皇甫嵩乘胜进攻驻守下曲阳的张宝部，再次取得了辉煌的胜利，斩杀张宝，俘斩十余万人。河北黄巾军主力被消灭。朝廷晋升皇甫嵩为左车骑将军，领冀州牧（二千石），封槐里侯。

再看南线的战事。

朱儁与荆州刺史徐璆等人将宛城团团包围，但从六月一直到八月一直无法攻克。有关部门上书要求将朱儁召回问罪，司空张温劝阻说：“过去秦国以白起为大将，燕国以乐毅为大将，都是经过旷日持久的战争，才最终克敌制胜。朱儁讨伐颍川黄巾，已经取得战功，率军南下，谋略已定。临阵换将，兵家所忌，应当再宽缓些时日。”灵帝这才作罢。朱儁进击赵弘，将其斩杀，但黄巾军将领韩忠重新占领了宛城。

朱儁擂鼓进攻宛城西南角，城内黄巾军全部到西南角抵挡，见此情形，朱儁率领五千精兵突然向东北角发起了猛攻，并顺利登上了城墙。韩忠只好退入内城，请求投降。司马张超、荆州刺史徐璆、南阳太守秦颉等将都打算接受，朱儁却说：“军事行动有时候看起来相同，其实质却不同。过去，在楚汉争霸时，百姓们并不属于一个固定的君主，因此，需要奖励那些叛乱后又归附的人。如今四海一家，唯独黄巾军犯上作乱，接受他们的投降，就无以给那些安分守己的百姓们树立榜样，严厉地惩罚他们才能起到惩治罪恶的目的。如今接受了他们的投降，就等于又让他们多了一项选择的余地，他们有利的时候就会与官军作战，失利时又去请降，这种纵容敌人、帮助敌人壮大的做法不是良策啊！”于是，朱儁率领官军对宛城内城发起了猛烈进攻，但经过连续作战一直未能得手。

朱儁登上土山察看，对司马张超说道：“我知道原因了。如今，敌人被团团围住，内城又非常狭隘，求降又不被接受，想突围又突围不成，因此，只好拼死抵抗。万众一心，尚不可抵挡，何况城内有十万之众呢！危害更是不可估量。我们不如暂时撤去包围，全部登上外城城墙，韩忠见我们撤去包围圈，必定会率众冲出内城，一旦敌人出了内城，人心就散了，就容易被击破。”遂撤去包围。韩忠果然出战，朱儁率领官军进击，大破黄巾军，斩杀一万多人，韩忠等人遂投降了官军。

原本南阳黄巾军就此被平定了，但是，节外生枝，南阳太守秦颉把韩忠恨得牙根痒痒，竟然诛杀了韩忠。韩忠一死，唇亡齿寒，黄巾降众人人自危，又推举孙夏为主，再次逃入宛城。朱儁率军猛攻，司马孙坚率众第一个爬上城墙，十一月二十二日，官军再度攻克宛城。孙夏率领残兵败将突围逃走，朱儁跟踪追击，在西鄂县（今河南省南阳市北）精山再次击败黄巾军，斩首一万多级。

于是，全国范围的黄巾军全部被打散，其余各郡每个郡诛杀的黄巾军也都达数千人。十二月二十九日，灵帝大发奇想，将剩余的两天改元为中平元年，第二年（中平二年，公元185年）二月，派使者持节拜朱儁为右车骑将军，朱儁率军凯旋。灵帝改任其为光禄大夫，增加食邑五千户，加特进。朱儁上表奏闻孙坚的战功，灵帝拜孙坚为别部司马（比一千石）。

孙坚，字文台，时年三十一岁，会稽郡富春县（今浙江省富阳市）人。孙氏上辈无闻，据说是孙武之后，世系亦不详。南朝宋刘敬叔《异苑》《太平御览》引《幽明录》《宋书·符瑞志上》，鲁迅《古小说钩沉》辑录《幽明录》均记载了一则故事，内容大同小异，说的是：孙坚的父亲（一说是祖父）名叫孙钟，与母亲一起生活，非常孝顺，以种瓜为生。一天，瓜田里忽然来了三个容貌俊美、衣着艳丽的少年索要瓜吃，孙钟殷勤招待。三人吃完后，对孙钟说："我们三人是掌管命运的，感谢你殷勤相待，无以为报，给你找一个墓地，你是想让后代当世代诸侯呢？还是当几代天子？"孙钟回答："当几代天子当然好玩了。"三人遂对孙钟说："你下山走一百步，不要回头，等到看到我们的时候，那就是墓地。"孙钟下山走了三十步（一说六十步）就回头看去，只见三人化为白鹤飞上天去。此后，孙钟即在看到白鹤飞去的地方安葬了父母（一说父亲，一说母亲，一说他自己）。《三国志》裴注引韦昭《吴书》称：孙氏祖坟在富春城东，坟上经常出现发光现象，五彩云蔓延数里，上达天空，引得众人前去观看。老人们说："这可非同寻常，孙家要出大人物了！"孙坚母亲怀上孙坚时，曾梦见自己的肠子缠绕着阊阖门，醒来后非常害怕，偷偷告诉邻居大妈，邻居大妈说："谁知道这不是吉兆呢！"

孙坚生下后，相貌不凡，性格豁达，喜欢有奇节的人。灵帝建宁四年（公元171年），孙坚十七岁，与父亲一起乘船去钱塘（今浙江省杭州市）办事。途中遇到海盗胡玉等人正在岸上瓜分抢来的财物，过往船只远远望见都停了下来，不敢前进。孙坚对父亲说："让我去搞定这帮蟊贼！"孙坚的父亲说："你哪能办到！"孙坚不听，遂持刀跳上岸来，挥舞手臂东西指点，仿佛在指挥兵丁包围海盗们。海盗们远远望见，误以为官军前来抓捕，吓得扔掉财物，仓皇而逃。孙坚一人追了上去，一刀结果了一个海盗，提着人头，安全回来。其父见状大惊失色，从此，孙坚声名鹊起，吴郡征召其为假尉（尉的副手）。那时，会稽太守尹端，郡主簿就是朱儁。

还是在灵帝熹平元年（公元172年）十一月的时候，会稽妖贼许生在句章（今浙江省慈溪市西南三十一里城山渡东）叛乱，自称阳明皇帝（一说越王），其子许昭自称大将军，煽动郡县，拥众一万余人，灵帝下诏派扬州（治所历阳，今安徽省和县）刺史臧旻、丹阳（治所宛陵，今安徽省宣城市）太守陈寅发兵讨伐。第二年，会稽太守尹端讨伐许昭失利，论罪当死，会稽郡主簿朱儁带上数百黄金来到京师，贿赂主管官吏，偷偷改换了扬州的奏章，尹端得以减死，改判劳役。熹平三年（公元174年）十一月，时年二十岁的孙坚以吴郡司马的身份招募一千余名壮士，与州郡部队一起消灭了许生。扬州刺史臧旻上报孙坚的战功，孙坚也因之被任命为徐州广陵郡盐渎县（今江苏省盐城市西北）丞。在此前后，孙坚听说吴郡（今江苏省苏州市）人吴氏有才有貌，遂向其提亲。吴氏之父吴辉曾任奉车都尉，父母早死，吴氏与弟弟吴景侨居在钱塘，吴氏亲戚们嫌弃孙坚轻佻狡诈，不愿与其结亲。孙坚听了非常羞愧，怀恨在心。吴氏听说后，对亲戚们说："你们为何要爱惜一个微不足道的女子而给家门招来大祸呢？如果我这辈子遇不到一个好人，那也是我的命。"遂答应了这门婚事。第二年，孙策出生。吴氏一生给孙坚生下四男一女：四男分别为孙策、孙权、孙翊、孙匡，一女为孙权的姐姐，嫁给曲阿（今江苏省丹阳市）人弘咨为妻。孙坚另有两个庶生女儿，分别是孙权的姐妹：一个为陈氏所生，是孙权的姐姐，嫁给了潘濬之子潘祕；一个是孙权的妹妹，嫁给了刘备。据《宋书·符瑞志》《搜神记》的记载，吴夫人在怀上孙策时，梦见月亮进入怀中；七年之后，到光和五年（公元182年）吴夫人怀上孙权时，又梦到太阳进入怀中，她告诉孙坚说："过去，我怀上策儿时，梦见月亮进入怀中，如今，我又梦见太阳进入怀中，这是何故？"孙坚说："日月是阴阳的精华，是最尊贵的，我的子孙们大概要兴旺了吧！"

担任盐渎丞数年后，孙坚被调任徐州下邳国盱眙县（今江苏省淮安盱眙县东北）丞，又调任徐州下邳国下邳（今江苏省邳州市）丞。在三个县担任县丞期间，孙坚都留下了美名；他每天都要迎来送往数百名老家前来的旧交和一些游手好闲的少年，孙坚对他们都像亲兄弟一般亲热。

黄巾起义后，灵帝下诏命令："公卿出马、弩，举列将子孙及吏民有明战阵之略者，诣公车。"朱儁与孙坚是一个州的老乡，并且对孙坚平定许生的叛乱印象深刻，遂举荐他为佐军司马。随孙坚在下邳的老乡们都愿意随其一同前往，孙坚又在当地招募了一千多精兵，加入了朱儁军中。最初追随孙坚的人有：程普、朱治、张允（张温之父，与车骑将军张温不是同一人）等。

一一　陇西之乱（一）

经过中平元年一年的作战，黄巾军主力基本上被官军消灭了，随着黄巾军一起崛起的“黑山贼”也表示归顺朝廷，关东地区局势粗定，但关中、陇西的局势持续恶化。

据《后汉书·董卓传》的记载，北地先零羌及枹罕河关群盗的反叛，是发生在灵帝中平元年的冬天，也就是说，在关东的黄巾军主力刚刚被平定后，或即将被平定时，关西就发生了叛乱。关西叛乱的原因大致如下：一是东汉政权与羌人固有的矛盾。见前述。二是黄巾起义后关中汉军东调，兵力空虚。三是当地郡守刺史腐败，对各族民众欺压太甚。

边章、韩遂等人造反后，先占领金城，消除了后顾之忧，继而发兵东下，将凉州刺史左昌包围于冀（今甘肃省甘谷县，凉州汉阳郡治所）。左昌派人征召屯戍在河阳（今甘肃省静宁县）的汉阳长史盖勋、从事辛曾、孔常等人率军回援。辛曾等人心存疑虑，不愿救援，盖勋大怒道：“春秋时监军庄贾迟到，司马穰苴当即下令将其斩杀，如今的从事官难道比监军还尊贵吗！”辛曾等人吓得只好服从。盖勋等人率领援军来到之后，斥责边章等人的背叛行为。边章等人均说：“左使君（对州刺史、郡太守一级的尊称）如果早听从您的劝告，发兵讨伐我们，我们可能早就改过自新了，如今，我们已经罪孽深重，不可能再投降了。”遂撤离冀，转攻他处去了。

盖勋是敦煌广至（今甘肃省酒泉市瓜州县）人，世代为二千石官，以孝廉被任命为汉阳长史。武威太守有朝中权贵撑腰，横行不法，从事苏正和经过调查取得了他的罪证。苏正和此举得罪了朝中权贵，时任凉州刺史的梁鹄畏惧权势，想杀死苏正和自保，就此征询盖勋的意见。盖勋原本与苏正和积怨很深，有人劝他借机落井下石，盖勋却说："诛杀贤良，不忠；趁人之危，不仁。"遂劝阻了梁鹄。事后，苏正和向盖勋道谢，盖勋却拒之不见，说："我是替梁使君着想，不是为你。"仍像过去那样怨恨苏正和。边章等人作乱后，新任凉州刺史左昌趁朝廷征调军队盗窃贪污数千万军用物资，盖勋劝谏，左昌非常恼火，命盖勋率军前往河阳，想借刀杀人，盖勋率军来到河阳后，却屡战屡胜。等到北宫伯玉等人围困金城时，盖勋劝左昌发兵援救，但左昌不从。

左昌很快就因贪污军需物资而被朝廷召回，朝廷又任命宋枭接任凉州刺史。谁知，这个宋枭却是个十足的书呆子，他对盖勋说："凉州学术氛围不浓，所以才屡屡发生叛乱，如今，我打算多印一些《孝经》，让家家户户都去学习，可能会让人懂得礼仪吧。"盖勋劝谏道："过去，姜太公封到齐国，但齐国也出现了崔杼弑君之事；周公的儿子伯禽封到了鲁国，鲁国后来也发生了庆父篡位的事件。难道说这二国没有学者？如今大人不急着思考平定大乱的方略，却仓促搞这种事，既会让一州百姓怨恨，又会取笑于朝廷，我认为不可行。"但宋枭不从，果然，朝廷得知后，下诏严厉斥责了他一通，将其召回。

边章等人绕开凉州，继续东进，在畜官（牧马场，今陕西省兴平市）包围了新任护羌校尉夏育。盖勋遂带郡兵前去救援，但刚行至狐槃（今甘肃省甘谷县南）就被叛羌击败。盖勋身边所剩不足百人，身上三处受伤，他坐在地上一动不动，指着路边的路标说道："把我埋在这里！"句就种羌族头领滇吾手持武器挡在众人面前，说道："盖长史是位贤人，你们如果杀了他，就辜负了苍天！"盖勋仰天骂道："你这该死的叛贼，你知道什么！快来杀我！"滇吾下马将自己的马交给盖勋，但盖勋不骑，遂被叛羌抓住。叛羌不敢杀掉盖勋，将他送回汉阳（今甘肃省甘谷县），后来，凉州刺史杨雍上书推荐他担任汉阳太守。

正如郎中张钧、护军司马傅燮等人说的那样，如果灵帝果断杀掉十常侍，天下将不用出兵即可平定，这话虽然说的有些过头，但也不无道理。还在黄巾起义之初，边章曾任督军从事，他来到京师汇报工作，大将军何进久闻边章的大名，特意安排与他相见，见面后，边章就劝说何进诛杀宦官，但何进没有听从。边章回去后，就发生了北宫伯玉等人的叛乱，他自己也被拥立为主，因此，在边章等人率众越过陇山、进入关中时，就以入朝诛杀十常侍为名。但是，对于灵帝而言，十常侍们毕竟是阉人，且没有军权，并无多大的威胁，而让灵帝不安的却是那些领兵将领们，他一再催促卢植、朱儁等人加快军事行动，就是担心这些在外的领兵将领们会趁机作乱，而且，灵帝的这种担心也并非空穴来风，就在皇甫嵩平定张角之后，前信都（今河北省冀州市）县令、汉阳人阎忠就曾劝说皇甫嵩："难得而易失的是机会，不存在不转瞬即逝的机会，因此，圣人都会见机而作，顺时而动。如今，将军遇到难得之机，却无所作为，将如何才能保持大名？"皇甫嵩问怎么办。阎忠继续说道："上天不会亲近任何人，百姓也只服从有才能的人。将军您受命于暮春时节，到冬末就立下了大功，兵动如神，摧枯拉朽，威震本朝，扬名四海，今将军立下了不赏之功，又有高尚的道德，却甘心服从平庸之主，将如何能平安呢？"皇甫嵩回答："我不分昼夜一心为公，岂能不安？"阎忠说道："不然。过去韩信忘不掉汉高祖的小小恩惠，而放弃了三分大业，等到利剑刺穿喉咙之时，才发出后悔的叹息，就是丧失了良机啊。如今，皇上的力量比刘邦、项羽弱了很多，而将军的权势却比韩信要重，足以喑呜叱咤，兴云吐雾。将军征发冀州之士，号召七州之众，先发布檄文，后出动大军，强渡漳河，饮马孟津，诛杀阉宦，斩除群凶，功业既成，天命已归，南面称孤，建立新朝。朽木不可雕，衰败之世不可辅佐。如果大人真想辅佐难辅之朝，在朽木之上雕刻，这就仿佛要让泥块逆行上坡、逆风行船，谈何容易！况且，如今宦官结为朋党，恶人如云，上令不行，权力被佞幸把持，在昏庸之主手下做事，难以长久，不赏之功，又令人侧目而视，如果不早作打算，将悔之无及。"皇甫嵩听了，不禁恐惧道："在寻常的情形下，不能适用不同寻常的谋划；创立大业，岂是庸才所能办到的？黄巾不过是些蠡贼，与秦朝、项羽不可同日而语，他们刚刚集结起来，所以容易被打散，难以成功。况且，如今的百姓还没有忘记汉朝的恩德，上天不会保佑叛逆之人。如果图谋不轨，只能加速灾祸的降临，倒不如尽忠本朝，守住臣节。即使身遭谗言，也不过是受到流放之刑，还在青史上留下美名，反常之言，我不敢接受。"阎忠见状，只得逃去。

阎忠的建议恰恰是灵帝所担心的，在这种情况下，即使灵帝明白宦官们已为千夫所指，也不愿轻易自剪羽翼。当北宫伯玉等人率军侵扰三辅之地时，灵帝即任命征尘未洗的皇甫嵩率军西进，镇守长安，又任命中郎将董卓为副将，以抵御叛羌的进攻。

战乱频仍，国库空虚，东汉政府不得不增加天下税赋，司徒崔烈认为应当放弃凉州。灵帝下诏命令群臣拿出意见，前护军司马、议郎傅燮厉声说道："杀掉司徒，天下才会安定！"尚书郎杨赞上奏傅燮当庭侮辱朝廷大臣，理当问斩。灵帝让傅燮说出自己的理由，傅燮回答："过去，匈奴冒顿南下，樊哙为上将，自称能以十万之众横行匈奴之中，言语之间，激奋昂扬，并未失去人臣的气节，只是计策可行不可行而已，即便如此，季布还斥责道：'该杀了樊哙！'如今凉州为天下要冲，国家的屏障，高祖刚刚兴起时，就派郦商平定陇右，武帝时又设置了河西四郡，人们认为是折断了匈奴人的右臂。现在，由于当地郡守刺史统御不当，致使全州叛乱，四海骚动，陛下寝食不安，崔烈位居宰相，不思为国想出平定大乱的良策，却要割去一方万里之地，这是臣疑惑的地方。如果让胡虏盘踞此地，再发动大的叛乱，这才是国家的大患。如果崔烈看不出这个道理，那是太愚蠢了；如果他知道此情却故意那么说，就是不忠！"灵帝认为傅燮说得对，遂决心认真对付叛羌。

皇甫嵩讨伐张角时，途经邺城，发现中常侍赵忠老家的宅邸规模宏大，超出了规定，遂上书将其没收。中常侍张让曾私下向皇甫嵩索要军费五千万钱，皇甫嵩不给，于是，二人对皇甫嵩恨之入骨，上奏皇甫嵩讨伐北宫伯玉等人一直没有成效，且费用巨大，灵帝下诏将皇甫嵩召回，收缴了他的左车骑将军印绶，削去六千户食邑。

中平二年（公元185年）八月，灵帝任命司空张温为车骑将军，执金吾袁滂为副将，率军西征；拜中郎将董卓为破虏将军，与荡寇将军周慎均受张温的统辖。

一二　陇西之乱（二）

张温上表请求朝廷任命幽州刺史陶谦、别部司马孙坚等人为参军事。

陶谦，字恭祖，丹阳[1]人。陶谦年幼就成了孤儿，非常贪玩，都十四岁了，还举着破布当旗帜，领着一帮儿童骑着竹马嬉戏。曾任苍梧太守的同县人甘公见到陶谦后，却对他的相貌啧啧称奇，遂将其叫到身边问话，当即答应将自己的女儿嫁给他。回到家中后，甘夫人说：“陶家小儿非常贪玩，为何要将女儿许配给他？”甘公说：“此儿容貌非同一般，长大之后肯定会有所作为的。”婚后不久，陶谦变了一个人似的，非常好学，又到州郡担任小吏，被政府举荐为茂才、孝廉，历任卢县（今山东省济南市长清区西南）县令、舒县（今安徽省庐江县西）县令。陶谦性格刚直、自尊，庐江太守张磐是陶谦父亲的老友，对陶谦很是亲昵，陶谦却并不买账。宴会时，张磐让陶谦起舞，陶谦不从，张磐再三要求，陶谦勉强起身舞动一下，却又不旋转。张磐问为何不旋转，陶谦回答：“不能转，转起来就超过别人了。”从此二人逐渐产生了矛盾，陶谦辞官而去。后来，陶谦又被晋升为幽州刺史，在张温的请求下，灵帝征召陶谦为议郎，参车骑将军军事。

张温来到长安以后，以诏书召董卓来见。过了很久，董卓才来拜见张温，张温责备董卓讨伐不力，董卓却毫不服气，态度傲慢。孙坚当时在场，他来到张温面前，附耳私语道：“董卓不惧朝廷怪罪，而张牙舞爪，口出狂言，应当以不按时报到，依军法将其斩首。”张温回答：“董卓素来在陇西蜀地之间享有大名，今日杀了他，恐怕我军西进就失去了依靠。”孙坚说道：“大人亲自率领朝

---

① 汉代丹阳郡治所在宛陵，即今安徽省宣城市；此处为丹阳县，在今安徽省马鞍山市博望区丹阳镇，亦称小丹阳。

廷大军，威震天下，何必指望一个董卓！我看董卓之言，根本没有把大人放在眼里，轻视上级，无礼之极，这是他的第一条大罪；边章、韩遂叛乱已持续一年，理当及时进剿，董卓却说不可，打击军心士气，这是他第二条罪过；董卓受命以来，没有战功，大人召见，他又推推拖拖，来到之后又目中无人，这是他第三条大罪。古代的名将，代表皇帝出征，未有不依靠杀伐树立威信的，这也是司马穰苴之果断斩杀庄贾、魏绛杀死晋侯之弟杨干的原因，大人如今屈从于董卓，如果不果断将其诛杀，将损害元帅的威严，军法也将会被置于无用之地，一切全在于此。”张温不忍，就说：“你暂时退下，要不董卓会产生怀疑的。”孙坚只得退下。

张温率领各郡军队共计十余万人，推进到美阳（今陕西省武功县）。边章、韩遂等人也进兵美阳，张温与之交战，却屡战屡败。在美阳亭北，孙坚率领一千余众与敌人遭遇，几乎全军覆没，孙坚的印绶也在激战中丢失了（见《山阳公载记》董卓长史刘艾对话）。到十一月一天的夜晚，天上出现一颗明亮的流星，照得边章、韩遂军营内骡马尽鸣，边章、韩遂等人认为不吉利，商议撤回金城。董卓听说后大喜，决定对叛军发起总攻，第二天，董卓率军与右扶风鲍鸿等人合兵一处，大破叛军，斩杀了数千人，边章、韩遂逃回榆中（今甘肃省榆中县）。

张温命令周慎率领三万军队追击，董卓对张温建议，自己率领本部人马担任周慎所部后援，但张温自以为陇西指日可定，打算让董卓率部进攻叛羌，只用周慎所部即可消灭边章、韩遂，遂没有答应董卓的请求。

参军事孙坚告诫周慎说：“敌人城内没有粮食，需要从城外转运粮草，我愿意率领一万人切断敌人的粮道，将军率领大军紧随其后，敌人肯定会因断粮而不敢出城作战，而逃到羌族聚居区，然后，我们再集中兵力前去讨伐，这样一来，凉州就能平定了。”但周慎不从，率军包围了榆中城，而边章、韩遂却分出一部兵力驻扎在葵园峡（在今甘肃省榆中县东北），反而切断了汉军的粮道。汉军被切断粮道后，周慎担心全军覆没，只好丢弃辎重，狼狈退去。

在周慎进攻榆中城的同时，张温又命令董卓率领三万军队讨伐先零羌，数万先零羌、湟中胡将董卓的汉军包围在望垣（今甘肃省天水市西北）峡谷以北地区，汉军断粮。董卓命令士兵们在撤退的要道上修筑围堰，形成了一个方圆数十里的大水塘，假装让士兵们捕鱼。围堰建成后，他却率军从围堰下面的浅水渡过河去，然后，掘开了围堰。等到敌人发现后，追至河边，河水已经很深了，无法渡过，董卓军得以安全撤回。当时，汉军西征的共有六支部队，其他五支部队全部战败，唯独董卓一支部队没有损失，撤回后，董卓驻扎在扶风（今陕西省兴平市）。董卓因此功被拜为前将军，封斄（今陕西省武功县南）乡侯。

中平二年张温对边章、韩遂的讨伐，先胜后败，到中平三年（公元186年），双方陷于僵持，这一年年底，张温被朝廷召回京师。经过中平三年一年的休养，中平四年（公元187年），韩遂等人得知张温回京后，卷土重来。

不久，叛军内部发生火并，韩遂杀死了边章（《典略》称其病死）、北宫伯玉、李文侯，兼并了三人的军队，然后组织起一支十余万人的大军，包围了陇西郡（今甘肃省临洮县），陇西太守李相如投降，与韩遂联合。凉州刺史耿鄙信任治中程球，而程球却贪污腐败，凉州军民个个对他恨之入骨，耿鄙打算率领六个郡的郡兵前往讨伐韩遂。汉阳太守傅燮劝阻道："使君莅临本州时间尚短，百姓对您并不了解。敌人听说我大军将至，必定会齐心协力，这些人长期居住在边地，骁勇善战，其势不可抵挡；而我军却是新招募的军队，上下还未和睦，万一出现内乱，后悔就来不及了。不如暂时养精蓄锐，严明军纪，敌人见我没有出战，必定会认为我们胆怯，他们内部将争权夺利，肯定很快就会发生内讧，然后，大人再率领训练有素的军队，前去讨伐离心离德的叛匪，必将一举成功。"但耿鄙不听。

中平四年四月，耿鄙率领汉军推进到狄道（今甘肃省临洮县）。果然，汉军内部发生叛乱，州别驾反而响应叛军，先杀掉了程球，接着又杀害了耿鄙，韩遂的叛军趁势又包围了汉阳。

汉阳城内兵少粮尽，但傅燮依然率众固守不降。当时，北地郡的数千胡骑也在叛军军中，他们感念傅燮的厚恩，来到汉阳城下，跪地叩头，请求护送傅燮回到家乡。傅燮的儿子傅干年仅十三岁，也劝说父亲道："朝廷腐败混乱，致使大人无处容身，如今，城内之兵不足以固守，应该听从羌胡的恳求，回到家乡，等到天下清明之时，再出来辅佐。"傅干话音未落，傅燮叹息一声，慷慨说道："你难道认为我一定要死吗！身为臣子，最高贵的是完成使命，次之是坚守立场。商纣王虽然暴虐，但伯夷依然不吃周朝的粮食饿死。我遭逢乱世，不能养浩然之气，既然吃了朝廷的俸禄，又想逃避责任吗！我离开此地后，又能去哪里呢？你有聪明才智，好好努力！"狄道人王国让前酒泉太守黄衍说服傅燮道："汉朝已丧失了天下，大人是否有意当我们的头领呢？"傅燮手握宝剑，厉声呵斥道："你曾为朝廷命官，难道现在来充当叛贼的说客吗！"于是，傅燮率领守军出城迎战，战死在沙场。耿鄙的司马马腾也率众投降了韩遂，与韩遂合兵一处，共推王国为主，继续东进，侵扰三辅。

马腾，字寿成，为伏波将军马援之后，右扶风茂陵（今陕西省兴平市东北）人。汉桓帝时，马腾的父亲马子硕曾任天水郡兰干（今甘肃省陇西县境内）县尉，后被免官，遂定居在陇西，因家贫娶不来妻子，就娶了一个羌族女人，生下了马腾。马腾身高八尺，相貌雄武，个性宽厚，因家贫以到山中伐木运至城市里贩卖为业。王国叛乱后，州郡招募壮丁，马腾也参加了军队而被任命为军从事。

韩遂卷土重来，让灵帝勃然大怒，下诏罢免了太尉张温，又以司徒崔烈为太尉，以司空许相为司徒，以光禄勋丁宫为司空。许相虽然是著名的士大夫许劭、许靖的同族，但他依附宦官，因此，才被提拔为司徒，许劭看不起他的为人，一直不与他来往。

一波未平，一波又起。

当初，张温调发三千幽州乌桓突骑讨伐凉州，前中山相张纯请求担任这支部队的主官，张温没有答应，而让涿（今河北省涿州市）令公孙瓒当了，张纯一直愤愤不平。公孙瓒率领这支乌桓突骑来到蓟中（今河北省中北部地区），因当地郡县物资供应不及时，乌桓人纷纷逃归本国。张纯对幽州乌桓的实际情况非常清楚，他对同郡人泰山太守张举说："乌桓屡屡被朝廷调发，死亡殆尽，如今已疲惫不堪，人人愿意造反；凉州叛乱，朝廷无力平定；另外，洛阳妇人生下两颗脑袋的怪胎，这都预示着汉朝就要完蛋，天下将出现两个君主。你如果与我一起率领乌桓之兵一定能够成就一番大业！"张举与张纯一样也是官场失意之人，他当即表示同意，二人借机煽动乌桓人的不满情绪，与乌桓大人丘力居等人联合起兵造反。他们纵兵劫掠蓟中各地，并杀死了护乌桓校尉公綦稠、右北平太守刘政、辽东太守阳终等人，聚众至十余万人，屯兵肥如（今河北省卢龙县）。张举自称天子，张纯自称弥天将军、安定王，他向东汉各地发出檄文，称自己将取代汉朝，要求灵帝自动退位，并命公卿大臣前来迎接。张纯又让乌桓峭王等人率领五万步骑进入青州、冀州，攻破了清河郡和平原郡，杀害官民。

公孙瓒，字伯珪，是辽西郡令支（今河北省迁安市西）人。他身材魁伟，声音洪亮，起家为郡门下书佐。辽西郡的侯太守对他非常看重，把自己的女儿嫁给了他，并将他送到涿郡卢植那里读书，后来，公孙瓒一直在辽西郡任职。此后的辽西郡太守刘基犯罪，被押往京师，因法律规定下属不得与上级过于亲近，公孙瓒就假扮成奴仆，一路侍奉，再后来，公孙瓒被郡里举荐为孝廉，晋升为辽东属国（今辽宁省义县）长史。一次，他曾经与数十骑出塞，见数百鲜卑骑兵，公孙瓒遂退入一座空亭内，对大家说："如今不拼死一搏，我们会被杀光。"于是，他手持长矛，冲入敌阵，杀伤数十人，自己人也死伤过半，但总算逃出一命。后来，公孙瓒被晋升为涿令。

乌桓与鲜卑一样都是东胡的一种，所谓的东胡，就是指居住在匈奴东部的少数民族。公元前200年匈奴击破东胡之后，乌桓人迁至乌桓山（疑在今内蒙古自治区阿鲁科尔沁旗北部），鲜卑人迁至鲜卑山。到汉武帝击破匈奴后，乌桓人和鲜卑人才逐渐南迁，乌桓人迁至老哈河（西辽河南源）一带，鲜卑人迁至西拉木伦河（西辽河北源）一带。东汉初年，匈奴、乌桓曾联手进攻东汉，不久，乌桓趁匈奴虚弱，进攻匈奴，将匈奴赶到了漠北。此后，光武帝采取封官许愿的办法说降了乌桓人，将他们从塞外迁到辽东属国（今辽宁省义县）、辽西郡（今河北省卢龙县）、右北平（今河北省唐山市丰润区）、渔阳（今北京市密云区）、广阳郡（今北京市大兴区）、上谷郡（今河北省怀来县）、代郡（今山西省阳高县）、雁门郡（今山西省代县）、太原郡（今山西省阳曲县）、朔方郡（今内蒙古自治区杭锦旗）十郡，塞外原乌桓之地则被鲜卑人占领。据史书记载，上谷乌桓有九千余落（帐篷群，为计算游牧民族人口的单位），辽西乌桓有五千余落，辽东乌桓有一千余落，右北平乌桓有八百余落，加上渔阳乌桓，总称为幽州乌桓。东汉政府经常征发乌桓出征，担任乌桓突骑，担任最先进攻的突击骑兵，幽州、冀州各有三千乌桓突骑。

除了张纯和乌桓的叛乱之外，在此前后，东汉各地还出现了一系列动荡。

中平三年（公元186年）二月，江夏郡（今湖北省黄冈市）赵慈起兵造反，杀死了南阳太守秦颉。六月，荆州刺史王敏率军讨伐赵慈，将其斩杀。十月，武陵山蛮造反，郡兵将其击破。十二月，鲜卑骚扰幽州、并州。

中平四年（公元187年）二月，荥阳人杀死了中牟县令，三月，河南尹何苗率军讨平了叛乱，朝廷晋升其为车骑将军。十月，也就是张纯叛乱之后，长沙区星也自称将军，拥众一万多人，发动叛乱，朝廷下诏任命议郎孙坚为长沙太守，将其讨平，孙坚也因此被晋封为乌程侯。十二月，南匈奴屠各胡造反。

一三　崭露头角

孙坚以攻克宛城的首功而受到朝廷，尤其是东汉军界的注意，张温以其为参军事就是一个明证。在他从陇西前线回到京城后，朝廷大臣在听到他指出董卓的三条大罪后，都以为说得有理，这进而说明朝廷对孙坚的军政素养有了一个更全面的认识。

东汉朝廷将孙坚提拔为二千石的长沙太守，说明了对他个人能力，尤其是作战能力的充分肯定。到任之后，孙坚要求各级官吏必须善待百姓，一切依法办事，至于军事行动全部由他自己处理。他亲自率领将士，筹划应对方略，全郡都对他非常佩服，不到一个月的时间，就迅速平定了区星的叛乱。当时，周朝、郭石等人也在零陵（治所泉陵，今湖南省永州市）、桂阳（治所郴，今湖南省郴州市）起兵，与区星遥相呼应，孙坚在平定了区星叛乱之后，与荆州刺史王叡（西晋太保、“卧冰求鲤”的大孝子王祥的伯父）一起率军越过郡境，一举将二人消灭。王叡出身琅邪王氏，言语之间对身为武将的孙坚颇为轻视，这让孙坚一直怀恨在心，也为以后孙坚趁乱诛杀王叡埋下了伏笔。

当时，庐江（今安徽省庐江县）太守陆康（陆逊的堂祖父）的侄儿担任宜春（今江西省宜春市）县长，被叛党围攻，派使者向孙坚求救。主簿劝谏，认为，宜春是扬州豫章郡的属县，越境讨伐零陵、桂阳二郡也就罢了，毕竟同属荆州，而去宜春就是跨州打击了，这似乎是违背朝廷制度的。孙坚却说：“我身为太守，没有文治，却有武功，越界讨伐，保全他乡，即便因此受到朝廷追究，面对天下人，又有什么羞愧的呢？”遂率军救援，变民听说后，撤围而去。也正是在这个时候，零陵人黄盖结识并跟从了孙坚。

此年，孙坚年仅三十二岁，就因功被朝廷封为乌程（今浙江省湖州市境内）

侯，孙坚的风头从某种程度上已经盖过了与他同岁的曹操，那么，在黄巾起义被扑灭后的这三年里，曹操又做了些什么呢？

其实，这些年来，曹操的仕途一直是与曹氏家族的沉浮紧密相连的。宋皇后被废事件固然对曹氏家族有一定程度的打击，但不久，曹氏家族就咸鱼翻身了，黄巾起义后，曹操被任命为骑都尉就说明了这一点，个中缘由大约在于：一是曹嵩一家在朝廷中有很大的人脉关系；二是曹嵩本人与世无争，没有政敌；三是曹嵩一家与宋氏并非直接的姻亲。平定黄巾和接踵而至的陇西战事，不仅把东汉国库弄得非常空虚，也让灵帝的私房钱花去了不少，于是，他又想起了卖官的老办法，如前所述，灵帝经常鼓动下属来买官。曹嵩看似厚道，却也非常精明，他拿出一亿万钱要买一个帝国第一高官太尉来当当，终于，他如愿以偿了，中平四年（公元187年）十一月，灵帝罢免了崔烈，任命大司农曹嵩为太尉。其实，曹嵩买官一事本身就是可疑的：其一，曹嵩“质性敦慎”，当没有太大的官瘾；其二，太尉一职一般是一千万，崔烈只花了五百万，而曹嵩却花了一亿万，假如史书记载不错的话，曹嵩出价过高，其中必有蹊跷；不过，《资治通鉴》称，就在曹嵩买太尉这一年，东汉政府卖一个关内侯就要价五百万，这可能是官价上涨的缘故。曹嵩花费巨额财产来买官，说好听一点是为国分忧，说难听些是投灵帝所好，至少是花钱买平安，巩固曹氏家族在朝廷中的地位，补一补儿子曹操给自己捅的一个又一个娄子。那么，这些年来，曹操又捅了什么娄子呢？

黄巾起义被扑灭后，曹操也因功被晋升为济南相（二千石）。济南国属于青州，治所东平陵，在今山东省章丘市西北，下辖十个县，人口45万，是全国一个中等州郡。黄巾起义的主战场在豫州汝南郡、颍川郡、陈国，兖州东郡，冀州巨鹿郡，荆州南阳郡一带，青州受到的波及很小，起码没有遭到兵灾，尚不残破，治理起来也容易一些。曹操一直以来就想担任一方郡守，施展一下自己的抱负，在世人面前展示一下自己的才华，取得天下名士们的认可，可惜的是，过去洛阳北部尉、顿丘县令，官职都太小了，无法让他施展拳脚大干一场，如今，他终于如愿以偿，哪还管得了许多？大约在此期间，曹操写下了乐府诗《度关山》：

“天地间，人为贵。立君牧民，为之轨则。车辙马迹，经纬四极。黜陟幽明，黎庶繁息。于铄贤圣，总统邦域。封建五爵，井田刑狱。有燔丹书，无普赦赎。皋陶甫侯，何有失职？嗟哉后世，改制易律。劳民为君，役赋其力。舜漆食器，畔者十国，不及唐尧，采椽不斫。世叹伯夷，欲以厉俗。侈恶之大，俭为共德。许由推让，岂有讼曲？兼爱尚同，疏者为戚。”

曹操一生勤俭节约，在这首诗里，他表达了自己理想中的大同世界，即君主贤明，百姓安逸，国家统一，天下安定。

济南国的各级官吏大多是有后台的，他们依仗朝中有人撑腰，在地方上巧取豪夺，贪赃枉法，前任济南相都不敢追究。曹操到任后，首先拿这些贪官污吏们开刀，大刀阔斧地整顿吏治。经过调查，下属十个县的县令或县长，有八个都被罢免问罪，其余涉案人员也都如惊弓之鸟，吓得逃往他郡，济南国风气大变。西汉城阳王刘章是高祖刘邦的孙子，吕后死后，刘章与周勃、陈平等人诛灭诸吕，立下了大功，因此，青州各郡都为他设立了祠庙，定期祭祀，这种祭祀不属于朝廷常规的祭祀，既浪费大量资财，又容易传播谣言，正如应劭《风俗通·怪神·城阳景王祠》说的那样："备置官属，烹杀讴歌，纷籍连日，转相诳曜，言有神明，其遣问祸福立应，历载弥久，莫之匡纠。"长期以来，济南国的地方长官无人敢于禁止。曹操到任后，下令拆毁各地修建的寺庙，严禁官民继续祭祀。

禁止淫祀倒也没什么，整顿吏治就不一样了，直接触动了朝中权贵和宦官们的利益，十年前他棒杀蹇硕叔父，如今又端掉了一群人的饭碗，曹操持续的政治激情给自己带来很多敌人。到了中平五年（公元188年）四月，情况突然发生了变化——他的父亲曹嵩在担任太尉仅仅不足半年，就被灵帝罢免了，与此同时，曹操也被调任兖州东郡太守！

固然，也许是灵帝出于敛财的目的，也许是由于大事不断，在东汉末年三公变化频繁，但这一次曹嵩的离职稍显不同寻常，他被罢免太尉之后，就离开了洛阳，回到老家谯县，彻底退休了。这也就意味着曹嵩仕途的终结：是曹嵩不愿继续待在洛阳这一政治旋涡的中心自愿离去？还是再也看不到机会黯然离开？抑或受到暗示必须退休呢？曹嵩的离职与曹操在济南的所作所为有关吗？一切都已不得而知了，但我们起码可以知道，朝廷将曹操调任东郡担任太守，肯定是另有深意的。

与济南国相比，东郡可能还要繁荣一些，表面上看也是平调，其实则不然：一、东郡是黄巾军卜巳部与皇甫嵩大战过的地方，经济凋敝，与未经大的战乱的济南国不可同日而语；二、东郡在黑山贼势力范围，虽然黑山贼表示归顺朝廷，但还时常骚扰州郡，地方很不太平，也许朝中某些人是想借刀杀人。

人在人情在。

过去，曹操不管怎么胡来，总有父亲在朝廷里兜着，现在可大不一样了。曹操预感到不妙，他深知自己已树敌太多，虽然好不容易才爬到了二千石的位置，但考虑再三，他还是决定称病辞去这一职务，随父亲一起回老家闲居。[①]促使曹操作出这一决定的原因是：在曹操看来，与其在这一混乱的时候深陷政治旋涡，倒不如回家静观世事的变化，如今的他刚三十出头，看看自己的同年很多五十多岁了才被举荐为孝廉，即便是自己再耽误个一二十年，好好读读书，等世事清平之后再出山，也不过与这些人刚被举荐时持平，也吃亏不到哪去。

于是，就在孙坚在东汉政坛上崭露头角的时候，曹操却选择了隐退。他在老家谯县县城东面五里修筑了一座书斋，打算谢绝宾客，闭门不闻窗外事，一心只读圣贤书，夏天和秋天静心读书，冬天和春天出外打猎。

然而，计划没有变化快。

前任太傅陈蕃的儿子陈逸与占卜师襄楷在冀州刺史王芬那里相遇，席间，襄楷说："星象对宦官不利，这次，宦官们真的要被灭族了！"陈逸的父亲陈蕃就是因为密谋诛灭宦官未遂而被杀的，由此也引起了第二次党锢之祸。陈逸听了，暗中高兴。王芬说："如果真是如此，我愿意充当急先锋！"遂与当地豪强联络，上书朝廷谎称黑山贼劫掠郡县，打算趁机发兵。王芬集结军队后，正巧灵帝打算北巡自己当王爷时的河间旧居，王芬等人就阴谋趁机劫持灵帝，诛杀常侍、黄门，进而废黜灵帝，另立合肥侯为帝。二人又将他们的计划告诉给了在家闲居的曹操。曹操说："废立大事，是天下最大的灾难。古人权衡成败、掂量轻重，然后才去施行的，只有伊尹、霍光二人。他们二人都是怀有一颗赤诚之心，又居于宰相之位，手握大权，顺应人心，因此，才能成功。如今，你们各位只看到人家事成之后显得那么容易，殊不知如今做起来会难上加难，却想干出此等非同小可的大事，还期望一定能够成功，这不是太危险了吗！"王芬等人之所以和曹操联络，可能基于两点：一是曹操一贯反对宦官的立场；二是曹操如今受到排挤的现状，估计曹操会心怀不满。王芬又要拉平原郡的华歆、陶丘洪入伙，陶丘洪想

① 此处有不同的说法：曹操辞去了济南相一职，朝廷任命其为东郡太守，曹操推辞，请求入京任职，朝廷改任其为议郎，又晋升其为都督、典军校尉。

去，但华歆劝阻道："废立大事，伊尹、霍光做起来都感到有难度，王芬性格疏阔又没有武略，肯定不会成功。"陶丘洪也拒绝了。《魏略》称，华歆与北海郡的邴原、管宁是同学，关系很好，三人被人称为一条龙：华歆是龙头，邴原是龙身，管宁是龙尾。

正好北方天空中在夜里出现了一道红色雾气，东西纵贯整个天际，太史上奏说："北方有阴谋，不宜北行。"灵帝遂打消了北巡的计划，下令王芬解散部队，并征召王芬入朝。王芬发现阴谋败露，只好自杀了。

一四　祸乱频仍

时光进入中平五年（公元188年），东汉全国局势如同多米诺骨牌那样，进一步恶化了：

1.关西的韩遂、羌人等叛乱尚未被平定；

2.因平定韩遂等人激起了张纯乌桓丘力居的叛乱；

3.并州屠各胡叛乱，并于本年三月攻杀了并州刺史张懿；

4.黄巾军残部郭大等人又在河西郡（今山西省吕梁市离石区）白波谷起兵，骚扰太原（今山西省太原市）、河东郡（今山西省夏县北）；

5.因东汉朝廷下诏调发南匈奴人讨伐张纯，又引发了南匈奴内乱；

6.益州人马相、赵祗等人自称黄巾军，于五月在绵竹起兵；

7.十月，青州、徐州的黄巾军余众再次起兵，进攻郡县。

还不说时时会南下骚扰的鲜卑人，这已经让灵帝忙得是焦头烂额了，自从黄巾起义以来，灵帝开始将主要精力用在了军事上，这也是他设置西园八校尉的原因之一。

为了应对日益混乱的局势，加强中央对地方的控制，整合地方郡兵的力量，灵帝采纳了太常刘焉的建议，以州牧取代原来的州刺史。

刘焉，字君郎，江夏郡（今湖北省黄冈市西北）竟陵（今湖北省天门市）人，是东汉宗室疏属，历任雒阳令、冀州刺史、南阳太守、宗正、太常。刘焉看到东汉政治腐败，王室多难，遂建议："刺史、太守，贪污腐败，盘剥百姓，致使天下大乱，建议选拔清正廉洁、德高望重的重臣下派到地方上担任牧伯，以镇守四方。"恰巧，益州刺史郤（又写作郄）俭[1]对百姓征收了繁重的苛捐杂税；

[1] 蜀汉秘书令郄正的祖父，郄正是蜀汉灭亡后陪刘禅来到洛阳的两位蜀汉大臣之一。

并州屠各胡又杀死了并州刺史张懿，凉州刺史耿鄙也被韩遂叛军杀死，有鉴于此，灵帝同意了刘焉的建议。从此以后，刺史被州牧取代，州官的权力才开始膨胀起来。

灵帝第一批任命三个州牧，他们分别是：刘焉为监军使者、益州牧，封阳城侯；太仆黄琬为豫州牧；宗正刘虞为幽州牧。这三人都是经过灵帝精心挑选的海内清名之士，同意他们仍然享受原任官职的俸禄（中二千石）。

刘焉原本想躲避兵灾，远远去当个交趾牧，侍中董扶私下对刘焉说："京师将要大乱，益州方面有天子气。"刘焉听了董扶的话，才决定去了益州。刘焉临行之前，灵帝特意召见了他，指示方略说："前任益州刺史刘雋、郤俭都贪婪残暴，大肆收取贿赂，民不聊生，怨声载道，你到任后要立即将他们逮捕处死，并公示百姓，为国家剔去毒瘤。"刘焉受命而去，董扶、太仓令赵韪也弃官随刘焉入蜀。刘焉离京前后，马相、赵祇等人就发动了叛乱，一两天之内就聚合了数千部众，先杀死了绵竹县令李升，又杀死了益州刺史郤俭，并趁势进攻巴郡（今重庆市）、犍为郡（今四川省宜宾市），叛军增至数万，马相自称天子。益州从事贾龙率领当地军民发起进攻，数日之间就击破马相，迎接刘焉。刘焉将益州治所迁至绵竹，招降纳叛，施行宽厚之政，以收揽民心。

豫州牧黄琬是东汉太尉黄琼的孙子，自幼聪慧异常。一次，发生日食，黄琼时任魏郡太守，朝廷询问魏郡这里日食食多少，黄琼不知如何作答，时年七岁的黄琬对祖父说："为何不说日食之余如月之初？"黄琼大惊，依言上报。黄琬成年后，因在朝中与陈蕃等人一党后受到近二十年的禁锢，灵帝解除党锢之后，太尉杨赐举荐他担任议郎，后历任青州刺史、侍中、右扶风、将作大匠、少府、太仆。

幽州牧刘虞，字伯安，东海郯（今山东省郯城县西南三十里）人，宗室疏属。其祖父刘嘉为光禄勋，刘虞被举荐为孝廉后，晋升为幽州刺史，当地各族百姓都感念他的德政，不敢骚扰边地，后因事被免职；黄巾起义后，刘虞被拜为甘陵相，后征召为宗正。《吴书》称：

"虞，东海恭王之后也。遭世衰乱，又与时主疏远，仕县为户曹吏。以能治身奉职，召为郡吏，以孝廉为郎，累迁至幽州刺史，转甘陵相，甚得东土戎狄之心。后以疾归家，常降身隐约，与邑党州间同乐共恤，等齐有无，不以名位自殊，乡曲咸共宗之。时乡曲有所诉讼，不以诣吏，自投虞平之；虞以情理为之论判，皆大小敬从，不以为恨……征拜尚书令、光禄勋，以公族有礼，更为宗正。”

《魏书》称：

“虞在幽州，清静俭约，以礼义化民。灵帝时，南宫灾，吏迁补州郡者，皆责助治宫钱，或一千万，或二千万，富者以私财办，或发民钱以备之，贫而清慎者，无以充调，或至自杀。灵帝以虞清贫，特不使出钱。”

也就是说灵帝对刘虞的清廉以及在幽州的政绩都是清楚的。

灵帝在任命新任幽州牧刘虞的同时，又下诏征调南匈奴之兵，由其率领前去讨伐张举。南匈奴单于羌渠命令左贤王率领匈奴骑兵随刘虞前往幽州去了。然而，南匈奴军民担心朝廷会不断调发本族部队，遂对听命于朝廷的单于羌渠产生了不满，右部醯落部落率先造反，与已经反叛的屠各胡一起杀死了单于羌渠，拥众十余万，国人立羌渠的儿子右贤王于扶罗为单于，号称持至尸逐侯单于。但于扶罗继位后不久，那些杀害羌渠的人担心遭到报复，又发动叛乱，共同推举须卜骨都侯为单于。于扶罗率领亲信南下，想到洛阳面见皇上陈诉。但不久，灵帝就去世了，东汉朝廷根本没有精力顾及于扶罗的诉求，回不去家乡的于扶罗遂与白波贼合兵一处，骚扰河内郡、河东郡等地，靠打劫为生。

匈奴帝国在汉武帝的打击下逐渐走向衰落，后来，匈奴内部又起了内讧，经历了五单于争立的激烈斗争，最终，呼韩邪单于占领了漠北王庭，请求与西汉和亲，娶王昭君为妻，从此，汉匈双方和好了近三十年，一直到西汉灭亡。王莽建立新朝以后，采取了一系列不当措施，招致匈奴的不满，开始与新朝政权为敌。到东汉初年，匈奴内讧再起，呼韩邪单于之孙日逐王比率领四万部众南下，投靠东汉，匈奴遂一分为二，住在漠北的称为北匈奴，南下被东汉安置在河套一带的称为南匈奴。后来，经过汉军的一再讨伐，北匈奴被赶出了漠北，向西迁徙，而南匈奴则成为东汉的藩属。经过三次南迁，最终，南匈奴王庭迁至西河郡美稷（今内蒙古自治区准格尔旗），部众分为八部，单于自领一部外，其余七部分别安置在北地郡（今宁夏回族自治区灵武市，但由于羌人叛乱，一直迁徙不定，到东汉末年最终落到今陕西省富平县）、朔方郡（今内蒙古自治区杭锦旗）、五原郡（今内蒙古自治区包头市）、云中郡（今内蒙古自治区托克托县）、定襄郡（今山西省右玉县南）、雁门郡（今山西省代县西北）、代郡（今山西省阳高县）。匈奴国内最贵的官职依次是：左贤王、左谷蠡王、右贤王、右谷蠡王，这四王被称为“四角”；以下是左右日逐王、左右温禺鞮王、左右渐将王，这六王被称为“六角”。这十个人都是单于子弟，依次当立为单于。异姓大臣有：左右骨都侯、左右尸逐骨都侯，下余还有日逐、且渠、当户等官号，各以权力优劣、部众多少一分高下。单于姓虚连题，异姓有呼衍氏、须卜氏、丘林氏、兰氏四姓，为国中贵族，常与单于婚姻。东汉政府派出使匈奴中郎将，负责协调匈奴各部与东汉中央之间的关系，但后来，使匈奴中郎将开始干预匈奴内部事务，比如，被杀的羌渠单于就是十年前使匈奴中郎将张修看不惯原任单于而擅自诛杀了原任单于拥立的，羌渠等于是由汉朝立的单于，当然更听东汉政府的话，也正因此，可能他在匈奴国内的统治基础并不牢固，这大约也是他轻易被杀的原因吧。

一五　刘备出世

虽然并州地区已经出现了三股叛乱势力：黄巾军余党郭大（“白波贼”）所部、南匈奴叛乱部众以及叛乱的屠各胡，但对于汉灵帝来说，最具威胁的还是关西的韩遂、马腾以及雄心勃勃要推翻汉朝的幽州张纯，然而，要平定这两方的叛乱，又谈何容易！东汉政府军力一直是外强中干，如今，各地叛乱此起彼伏，东汉中央禁卫军兵员已经出现了严重短缺，还是在边章、韩遂叛乱之初，校尉邹靖就曾建议招募鲜卑人参军，但应劭反驳说：“鲜卑天性贪婪，不讲信义，屡屡侵犯边塞，边境几乎没有安宁的时候，唯独在互市之时才停止骚扰，这仅仅是因为他们想得到我们的珍宝，过去，匈奴反叛，度辽将军马续、乌桓校尉王元曾招募鲜卑骑兵，虽然取得了胜利，但鲜卑人无法无天，以军法制裁，他们又怀恨在心，稍稍放纵，他们又劫掠不止，如今大敌当前，再招引鲜卑，无异于引狼入室，到时候后悔都来不及了。”虽然没有到塞外招募鲜卑，但如今，灵帝不得不征调南匈奴部众去应付张纯，可实践证明，南匈奴也是靠不住的。

求人不如求己。

汉灵帝遂在这一年（中平五年、公元188年）的八月，设立了西园八校尉，任命小黄门蹇硕为上军校尉，虎贲中郎将袁绍为中军校尉，屯骑校尉鲍鸿为下军校尉，议郎曹操为典军校尉，赵融为助军左校尉，冯芳为助军右校尉，谏议大夫夏牟为左校尉，淳于琼为右校尉，七校尉全部归上军校尉蹇硕统领。蹇硕人高马大，灵帝对他非常信任，连大将军何进的军队灵帝也都交给了他指挥。

灵帝设置西园八校尉的目的就是增加中央禁卫军的兵力，史料反映，赫赫有名的西园八校尉在设立之初，其实并没有太多现成的部众，东汉朝廷在任命八校尉之后，就让他们各自回到地方上招募兵丁去了。比如：《操别传》称：“拜操典军都尉，还谯。沛士卒共叛，袭击之。操得脱身亡走，窜平河亭长舍。”又如，《三国志·张杨传》称：“并州刺史丁原遣杨（张杨）将兵诣硕（上军校尉蹇硕），为假司马……杨复为进所遣，归本州募兵，得千余人，因留上党，击山贼。”《三国志·先主传》记载：“顷之，大将军何进遣都尉毌丘毅诣丹杨募兵，先主（刘备）与俱行，至下邳遇贼，力战有功，除为下密丞。”《英雄记》记载：“（何）进符使（王）匡于徐州发强弩五百西诣京师。”等等。

由此可见，刚刚成立的西园八校尉根本形不成战斗力，东汉朝廷要想平定各地叛乱，还得依靠当地的郡兵。九月，东汉政府下诏命令中郎将孟益率领晋升为骑都尉的公孙瓒前去讨伐渔阳贼张纯等人，而东汉政府对张纯和丘力居的讨伐，又引出了一位赫赫有名的人物——刘备。

刘备，字玄德，涿郡涿县（今河北省涿州市）人，西汉中山靖王刘胜之后。刘胜是汉景帝的儿子，好酒贪色，一生生下了一百二十多个儿子，后来，汉武帝施行推恩令，刘胜有七个儿子被封侯，其中一个儿子刘贞在汉武帝元狩六年（公元前117年）被封为陆城（今河北省蠡县）侯，后来因酎金[①]被削去爵位。刘贞失去爵位后，其家后来迁至涿县。但刘备自祖父刘雄以上世系不可考，因此，裴松之、司马光都认为刘备究竟是不是刘胜之后“是非难辨”。刘备的祖父刘雄，曾被举荐为孝廉，担任过东郡范县（今河南省范县）县令，刘备的父亲刘弘曾在涿郡任职。

刘备生于桓帝延熹四年（公元161年），比曹操、孙坚小六岁。刘备很小的时候父亲就去世了，他与母亲以贩卖草鞋、编织草席为生。刘备家的东南角有一颗桑树，有五丈多高，远远望去就像是一顶车盖，过往的人们都说这棵树长得不同寻常，一位叫李定的人断言附近可能要出一位贵人。刘备年幼时，经常与同族的小朋友们在树下嬉戏，曾说：“我长大以后肯定会坐上这种华盖车。”叔父刘子敬说道：“别胡说，要灭门的！”《水经注》称：“督亢沟水东经涿县郦亭楼桑里南，即刘备之旧里也。”《读史方舆纪要》也称：“楼桑村在涿州西南十五里。”即今天的河北省涿州市南林家屯乡楼桑村。

刘备十五岁的时候，母亲才让他出门求学，与同族的刘德然、辽西公孙瓒均拜前九江太守同郡卢植为师。刘备十五岁是公元175年，为灵帝熹平四年。据《后汉

---

① 皇室为了祭祀，从大年初一开始酿酒，一直等到八月酿成，名叫酎，说明酿的酒非常纯。八月，在皇帝祭祀祖先时，各地诸侯也要参加，并根据食邑的多少向宗庙献上金子助祭，因此叫酎金。王侯们献上的金子数量不够、成色不好，是诸侯王的，要被削去王国的属县；是侯的，要被免去爵位。

书·卢植传》记载："熹平四年，九江蛮反，四府选植才兼文武，拜九江太守……以疾去官。"可知，刘备是在卢植担任九江太守因病辞职回乡后拜师的，因此，记作故九江太守。刘德然的父亲刘元起经常资助刘备，刘元起的妻子说："我们是两家人，岂能经常如此！"刘元起却说："我们家族中的这孩子可不是寻常之人啊！"公孙瓒也与刘备成为好朋友。公孙瓒年长，刘备像对待哥哥一样敬重他。

刘备身高七尺五寸（约1.73米），手臂很长，史称"垂手下膝"；他的一双耳朵长得也特别大，自己能看到自己的耳朵。刘备不太喜欢读书，就喜欢犬马、音乐和亮丽的衣服。平时的他言语不多，喜怒不形于色，他喜爱结交豪杰，对人总是很谦恭，因此，在他身边聚集了一帮玩伴。中山国的富商张世平、苏双等人经常来往于涿郡做贩卖马匹生意，他们给了刘备很多钱，刘备也因之在自己的身边招徕了更多的人，也就是在这时，关羽、张飞加入刘备的这支队伍中了。

关羽，本字长生，河东郡解（今山西省运城市盐湖区西南解州镇）人。出生年月不详，到了宋元以后，民间开始以五月十三日作为法定祭祀关羽的日子，这一风俗一直延续到明清两朝。元朝人胡琦写的《关羽年谱》明确说，关羽生于桓帝延熹三年（公元160年）六月二十四日，亨年六十岁，此说盛行于当时的荆州地区。到清代康熙年间，在关羽故里的解州常平村发现了记载关羽家族名讳的古砖，证实了这一说法，并称关羽死于汉献帝建安二十四年（公元219年）十二月七日，对此，清朝政府未予置评。关羽逃亡到涿郡，加入刘备的队伍。至于关羽究竟是为何要逃亡，史书没有记载，清代梁章钜《归田琐记》引《关西故事》称，关羽本不姓关，因力大无穷而被父母锁在空屋之中，一天，他跳出屋外，听到一家有人哭泣，询问之下得知这家人的女儿已许配他人，可县令的舅舅却要强娶他的女儿为妾，关羽听了大怒，遂杀死了县令以及舅舅逃亡，路过关卡时，看见通缉令上画有自己的头像，关羽用水洗脸，脸庞顿时变为红色，士兵询问他姓什么，情急之下，指关为姓。这当然更像是演义，不足采信。《三国志·关羽传》称："先主于乡里合徒众，而羽与张飞为之御侮。"这里的"御侮"，出自《诗经·大雅·绵之章》："予曰有御侮。"《毛传》解释道："武臣折冲曰御侮。"御侮，在这里作为名词使用，是保镖的意思。

张飞，字益德（《三国演义》记作翼德），生年也不详，我们只知道，关羽比张飞年长几岁，张飞像对待哥哥那样尊重关羽，至于关羽与刘备二人究竟谁年长，就不知道了。

这里有几个问题需要澄清：一是刘备为何能够在自己身边组织了一帮人？二是刘备组织的这支队伍是干什么的？三是张世平、苏双等人为何要给刘备金钱？四是刘备组织的这支武装是在黄巾起义之前还是之后？这几个问题相互关联，透过史料的一些零星碎片，我们可以进行一些推测：《三国志》在写完张世平和苏双等人给刘备资金后，写道“先主由是得用合徒众”。即刘备拉起了一支队伍，然后，才写道：“灵帝末，黄巾起，州郡各举义兵”云云，由此可知，刘备拉起这支队伍是在黄巾起义之前，也就是说，这支队伍在建立之初并非为了讨伐黄巾军，也不是以后所谓的“义兵”。那么，他们是干什么的呢？这个问题可以与张世平等人资助联系起来研究。张世平等人来涿郡的目的是贩马，当然是从北方将马匹专卖到南方，而不是相反，具体说，就是与塞外的鲜卑人做交易。考察《后汉书》，在东汉末年，鲜卑人屡屡南下骚扰，东汉边境地区很不太平，双方之间正常的贸易一度中断，因此，张世平等人的这种交易极有可能属于高利润的贩马走私贸易，有很大的风险。以情理推断，他们在边境重镇涿郡肯定是需要有一个保护伞的，身为涿令的公孙瓒显然不便出面，而他的小兄弟刘备就成了一个不二的人选。史书在写到张世平、苏双之后特意加了一个“等”字，就说明在涿县贩马的商人们不只这二人给刘备送钱，这两个人不过是贩马商人协会的会长之类，刘备组织的这一个队伍可能就是专门为贩马商人护驾的，甚至不能排除黑社会的性质，这从刘备敢于收容逃犯关羽这一点，多少可以得到印证。

《三国志》称，黄巾起义（中平元年，公元184年）后，各地纷纷组织义军，二十四岁的刘备也带着他的这帮人参加到校尉邹靖军中，立下战功，被任命为中山国安喜县（今河北省定州市东）尉。但《典略》称，张纯反叛（中平四年，公元187年）后，青州地方军队被朝廷调往北方平叛，青州平原郡的刘子平知道刘备“武勇”，当领兵的青州从事路过平原县时，刘子平就向他推荐了刘备。等青州从事率军来到涿县时，刘备就加入了青州军队，与敌人在野外遭遇，刘备受伤后装死，等到敌人撤离后，人们才将他放到车上，逃出一命，后来因军功被朝廷任命为安喜县尉。刘备到底有没有战功，其被任命为安喜县尉究竟是冒领战功还是真有战功，直接关系到后面刘备鞭打督邮一事的正当性，不得不考察一番。如果当时刘备真的立下了战功，史书不会只字不提，可惜的是：不论刘备被任命为安喜县尉是在平定黄巾起义之后，还是在讨伐张纯叛乱以后，除了上述刘备侥幸脱难的记载之外，史书再无刘备究竟立下了什么战功的记载。

一六　灵帝驾崩

望气的人认为，京师将要遭遇大的兵灾，血洗两宫。大将军司马许凉、假司马伍宕建议何进说："太公《六韬》称，天子率军可以威服四方。"何进上奏灵帝，灵帝遂征召各地部队在平乐观（洛阳西门外）下举行盛大的阅兵式，他先行命令在平乐观兴修阅兵台，阅兵台上又建造了高十余丈的十二层阁楼，在阅兵台的东北方又建了一座小台，台上兴修了高九丈的九层阁楼。中平五年（公元188年）十月十六日，灵帝亲自主持阅兵式，他站在大阁楼下，大将军何进站在小阁楼下，数万步骑组成方阵接受检阅。灵帝自称无上将军，绕行方阵三圈后，才结束检阅，将军刀交给了何进。

灵帝问讨虏校尉盖勋说："我如此阅兵，怎么样？"

盖勋回答："臣听说先王只展示恩德，而不炫耀武力。如今，敌人远在边疆，而陛下却在京师阅兵，这不足以展示陛下的威猛，反倒有些穷兵黩武的意味。"

灵帝说："说得好！只可惜和你见面太晚了，过去，群臣从未说过类似的话。"

盖勋退下后对袁绍说："陛下非常聪明，只是被身边的人蒙蔽而已。"遂与袁绍密谋诛杀灵帝身边的佞幸们，蹇硕担心出事，收回了盖勋的兵权，调任京兆尹。

十一月，王国率领叛军包围了陈仓（今陕西省宝鸡市），灵帝下诏拜皇甫嵩为左将军，都督前将军董卓，组织四万军队前去抵挡。董卓对皇甫嵩说："陈仓危急，请速速赶往援救！"皇甫嵩却说："不对，百战百胜，不如不战而屈人之兵。陈仓虽然城池小，但非常坚固，敌人一时难以攻下。王国虽然强盛，但攻不下陈仓，部众就会疲惫，等到敌人疲惫之时，我军再发起攻击，这是全胜之策，为何急着救援！”果然，王国强攻陈仓八十多天，一直无法攻克。

第二年（灵帝中平六年，公元189年）二月，连攻陈仓数月之久的王国所部已经疲惫不堪，只得撤离陈仓，皇甫嵩当即下令汉军追击。董卓劝阻道：“不可。兵法上说：‘不要追赶走投无路的敌人，不要追击折返回家的敌人。’”皇甫嵩说：“你又错了。前不久，我不让你发起进攻，是为了避开敌人的锋芒；如今，我命令部队进攻，是趁着他们衰败之时才要打击的。我们所打击的是疲惫之军，而不是折返的军队。王国的部队将要逃走，早已没有了斗志，我们以整齐的军队去进攻军心大乱的敌人，打的不是走投无路的敌人。”于是，他单独率领本部人马进攻敌人，让董卓率领他的部队当后卫。皇甫嵩连战连胜，大破王国，斩首上万人。董卓过去一直自视甚高，在皇甫嵩面前却丢了大人，羞愧得无地自容，从此便与皇甫嵩结下了仇恨。王国败后，韩遂等人一起废掉了他，另立前信都令阎忠（曾劝说皇甫嵩清君侧的那位）为主，不久，阎忠就病死了，群龙无首的关西诸将开始争权夺利，相互攻杀，关西方面对三辅的威胁也就小了。

与关西地区一样，北方的形势也有所好转。

《英雄记》记载：“瓒与破虏校尉邹靖俱追胡，靖为所围，瓒回师奔救，胡即破散，解靖之围。乘胜穷追，日入之后，把炬逐北。”在刘虞来到幽州之前，公孙瓒、邹靖已经与张纯、乌桓打了几仗了。公孙瓒与张纯、丘力居等在辽东属国的石门（今天津市蓟县）激战，张纯等人大败，抛弃妻子，逃出塞外。张纯等人掳掠的财物、人口全部被截获。公孙瓒乘胜追击，因没有后援，反而被丘力居等人包围于辽西的管子城（今地不详）。公孙瓒坚守二百多天，最后粮食吃完，杀马而食，马匹吃尽，又煮皮革而食，等皮革等物也吃尽了，公孙瓒遂与部众一起分头突围，当时，天降大雪，部众误坠山谷而死的有十之五六，乌桓人也打得筋疲力尽，远走柳城（今辽宁省兴城县西南）。东汉朝廷拜公孙瓒为降虏校尉，封都亭侯，兼领属国长史。公孙瓒经常率领数十名神射手，均骑着白马，号称“白马义从”[①]，自此以后，乌桓遂远窜塞外。

中平六年（公元189年）年初，幽州牧刘虞来到了幽州。到任后，刘虞派人

---

① 后来，随着公孙瓒力量的增强，白马义从的人数也逐渐开始增加，成为他手下的一支精锐骑兵部队，数量在数千人以上。

前去鲜卑部落，晓谕利弊，拿出重赏，要求他们送上张纯、张举二人的人头。幽州各族百姓听说刘虞来到后，都非常高兴，丘力居等人也派人前来拜见，请求投降。张纯、张举原本是依附乌桓的，如今乌桓人归顺了朝廷，二人不得不逃出塞外。刘虞遣散了塞上的各部屯兵，只留下降虏校尉公孙瓒率领一万步骑驻扎在右北平（今河北省唐山市丰润区）。三月，张纯的门客王政诛杀了张纯，将人头献给刘虞。张纯之乱被刘虞平定。公孙瓒已经与乌桓结仇，他一心想斩草除根，将丘力居所部的乌桓人全部杀光，刘虞却打算用恩德和威信来感化乌桓人，由于政略不同，二人之间逐渐产生了矛盾。

刘虞轻松就安定了幽州，灵帝大喜，派人前往幽州，册拜刘虞为太尉，封容丘侯。

就在中平六年年初东汉帝国局势向好的时候，朝廷内部宦官与士大夫集团之间的矛盾却丝毫没有停息下来的迹象。蹇硕忌惮大将军何进，遂与诸常侍们一起劝灵帝命令何进率军西征，讨伐韩遂，灵帝竟然被说动了。何进也知道蹇硕等人的阴谋是想把自己调离中央，于是，上书请求允许中军校尉袁绍前去徐州、兖州调来二州的军队，等袁绍从二州回来以后，再西征，其目的就是想耽误行期，以观其变。

何进并没有等太久，这场巨变就到来了——中平六年（公元189年）四月十一日，年仅三十四岁的汉灵帝竟然在南宫嘉德殿驾崩了！

在汉灵帝生前国内一片大乱时，后宫也是问题不断。汉灵帝在光和元年（公元178年）废黜他的第一任皇后宋氏以后，时隔一年，到了光和三年（公元180年），灵帝又册立生下皇子刘辩的贵人何氏为皇后。何氏出身南阳屠夫人家，身高七尺二寸（1.63米），性格强悍，后宫无不害怕。何氏在灵帝熹平五年（公元176年）生下皇子刘辩，刘辩在其母被立为皇后时已五岁了，因灵帝后宫皇子总是夭折，刘辩被送出皇宫，由道士史子眇抚养，号称“史侯”。何氏被立为皇后不久，灵帝的王美人也有了身孕，王美人知书达理，又非常聪明，当她得知自己怀孕后担心被害，暗地里服下打胎药想打下孩子，但没有成功，光和四年（公元181年）生下皇子刘协。果然，何氏毒死了王美人，灵帝得知后勃然大怒，打算废掉何皇后，经宦官们一再请求，灵帝才作罢。灵帝之母董太后亲自抚养刘协，号称“董侯”。灵帝追思王美人，又心疼刘协很小母亲就去世了，特意写下《追德赋》《令仪颂》进行纪念。群臣建议灵帝早立太子，灵帝见刘辩举止轻佻，没有皇帝的威仪，内心一直想立少子刘协，可是，军国事务繁多，灵帝还要仰仗何进兄弟，灵帝不想因立储之事让朝廷上下再起波澜，遂一直拖着未立太子。

由于立储一事横在其间，灵帝虽然知道宦官的危害，但宦官们仍然是他依靠的一股力量，自然不会轻易清除。其实，灵帝的死本身也是有疑问的，显然，灵帝设立西园八校尉，重用蹇硕，是削弱大将军何进权力的第一步，继而，灵帝又任命母亲董太后的侄儿、卫尉董重为骠骑将军，这是分割大将军何进权力的第二步，然后，灵帝又采纳蹇硕建议命令何进西征，一个以骠骑将军董重取代何进、以宦官蹇硕与外戚联手的新的政治格局已经浮出水面了，对此，何进岂能不知？而就在何进拖延时间时，灵帝突然病重了，因此，不能排除灵帝是何皇后暗害的可能。灵帝病重期间，将刘协托付给蹇硕，想让蹇硕立刘协为帝。

因灵帝留有遗命，且何进兄弟一直对蹇硕轻视、猜忌，所以在灵帝驾崩后，蹇硕打算先诛杀何进，再拥立刘协为帝，遂派人假托商议事务召何进进宫。蹇硕的司马潘隐是何进的旧友，何进入宫后，潘隐迎上前去，暗中给何进使了使眼色，何进立即感觉事情不妙，不禁大惊失色，赶忙抄小路逃回军营，率军驻扎在各郡驻京办事处，并谎称生病，拒绝入宫。何进在宫外，手握重兵，且灵帝没有立太子，按照顺序只能立皇子刘辩为帝。

四月十三日，时年十四岁的刘辩即位，为东汉少帝，尊何皇后为皇太后，何太后临朝称制，大赦天下，改元光熹。封九岁的弟弟刘协为渤海王。以后将军袁隗为太傅，与大将军何进共同参录尚书事。一般来说，新皇帝登基之后，要等到新年才改年号，以表达对老皇帝的哀悼。如今，少帝一即位，何进等人就下令改元，也曲折地反映出灵帝末年与何皇后、何进集团之间的紧张关系。

在灵帝死后的第一场较量中，何进集团暂时占据了上风。

一七　何进之死（一）

何进当然知道宦官集团千夫所指，为天下人所共愤，加上恼怒蹇硕曾想杀害自己，等到掌握朝廷大权以后，就想杀死蹇硕。

中军校尉袁绍也素来有清除宦官之心，遂通过何进的亲信门客张津，劝说何进道：“黄门常侍专权时间久了，又与长乐太后（董太后）结为一党，将军应该选拔贤良之士，为国家除残去秽。”袁氏一门四世三公①，门生故吏遍于天下，而袁绍与堂弟、虎贲中郎将袁术又都为天下豪杰所归心，因此，何进采纳了袁绍的意见，由原来打算只诛杀蹇硕一人的计划，变为要诛杀全体宦官们了。

袁绍，字本初，汝南郡汝阳（今河南省商水县）人。袁安的孙子袁汤生下四个儿子：袁平、袁成、袁逢、袁隗；袁平、袁成早死，《英雄记》称，袁成，字文开，壮健有武干，担任左中郎将，大将军梁冀以下的权贵们都与他要好，当时在京师有“事不谐，问文开”的谚语。袁绍是袁逢的庶子，是袁术同父异母哥哥，过继给袁成为子。这是《三国志·袁绍传》的说法，但这一说法不无疑问：后来，袁术曾给公孙瓒写信说“绍非袁氏之子”，公孙瓒上疏称袁绍的罪过也说：“绍母亲为成婢，地实微贱”。《英雄记》称：“绍生而父（当指袁成）死，二公（当指袁逢、袁隗）爱之……遭母丧，服竟，又追行父服，凡在冢庐六年。”《三国志·袁术传》也称：“术为绍之从弟。”据此，袁绍更有可能是袁成与婢女所生，袁绍生下后，其父袁成就死了，其母找到袁逢、袁隗说出底细，袁逢、袁隗为了门户名誉才对外谎称袁绍是袁逢的庶子，过继给了袁成。这也是

---

① 袁安当过司徒、袁安之子袁敞为司空、袁安孙子袁汤为太尉、袁汤之子袁逢为司空、另一个儿子袁隗现在又为太傅。

以后袁术怀疑袁绍的出身而指责其不是袁家人的原因。皇甫谧《逸士传》称：“袁绍与弟术丧母，归葬汝南，会者三万人。”《献帝春秋》云：“董卓收绍母及姊妹婴孩以上五十余人下狱死。”可知，袁绍服丧三年是为嫡母（可能是袁术之母）服的丧，而后来在自己的生母被董卓杀害后，未见其有什么表示，其人品性也可见一斑。

袁绍容貌俊伟，又礼贤下士，因此名气很大，广泛结交四海名士，与张邈、何颙、许攸、伍琼（一作伍孚）等人为挚友，后为大将军掾、侍御史、虎贲中郎将、中军校尉（一说为佐军校尉），等到何进召董卓进京之后，又任命其为司隶校尉。

袁术，字公路，是司空袁逢的儿子。从小与曹操一样，贵公子习气十足，喜欢飞鹰走狗，好为侠义之事，后来逐渐改好。《北堂书钞》引《魏志》称，袁术曾任长水校尉，盛气凌人，当时人们曾传言说：“路中悍鬼袁长水。”袁术历任折冲校尉、河南尹、虎贲中郎将等职。

为了增强自己的实力，何进征召何颙、荀攸、郑泰等二十余名天下名士，以何颙为北军中候，荀攸为黄门侍郎，郑泰为尚书，全部充任心腹。北军中候虽然俸禄只有六百石，却是屯骑、长水、步兵、越骑、射声五校尉（比二千石）的上级，掌握着兵权。荀攸是颍川颍阴（今河南省许昌市）人，是荀彧的堂侄，荀彧的祖父荀淑，是荀子的第十一世孙，在汉顺帝、汉桓帝时期知名当世，为名士李固、李膺的老师。荀淑生下八个儿子：荀俭、荀绲、荀靖、荀焘、荀汪、荀爽、荀肃、荀专，号称“荀氏八龙”，荀彧即荀绲之子，其叔父荀爽后被董卓提拔为司空。荀淑的侄儿荀昱、荀昙，是荀彧的堂叔；荀昱与李膺、杜密、王畅、刘祐、魏朗、赵典、朱寓为“八俊”①，是党人中的核心人物，而荀攸则是荀昙的孙子。

何进起用的都是有党锢家庭背景的人士，可以说是一股宦官集团的异己势力，这让蹇硕非常不安。他给中常侍赵忠、宋典等人写信说：“大将军兄弟执掌朝廷大权，又与天下党人阴谋诛杀先帝身边的亲信，扫灭我等，只是因为我掌握禁卫军，才一直没有行动。如今，应当立即关闭宫门，火速逮捕诛杀他们。”中

---

① 当时天下名士相互标榜，有三君、八俊、八顾、八及、八厨之名，其中郭林宗为八顾第一、刘表为八及第三、张邈为八厨第二。

常侍郭胜也是南阳人，与何进是同乡，当初何太后能入宫就是仰仗郭胜的引荐，后来何进一家富贵也多亏了郭胜，因此，郭胜与何进家关系很密切。郭胜与赵忠商议后，决定不听从蹇硕的计划，反而将蹇硕的书信交给了何进。

四月二十五日，就在少帝即位十余天后，何进下令黄门令逮捕蹇硕，将其诛杀，并将其军队全部划归自己统领。

自从少帝即位、何太后临朝称制后，并没有将作为何太后婆婆的董太后晋封为太皇太后，董太后一党其实已经处于下风了。董太后及其弟弟骠骑将军董重联络蹇硕等宦官集团与何进、何太后集团抗衡，如今，何进诛杀了蹇硕，正式向董太后等人摊牌。何太后临朝称制，等于是代行皇帝职权，董太后总也想插手政事，却每每被何太后阻止，这让两人的矛盾逐渐公开化了。董太后又急又气，骂道："现在你好嚣张啊！是仗恃你哥哥何进吗？我命令骠骑将军斩了何进的人头，易如反掌！"

言者无意，听者有心。

董太后说的不过是气话，但何太后听了，把这话告诉给了哥哥何进。

五月，何进与三公等朝廷重臣上奏说："孝仁皇后（董太后）让前中常侍夏恽等人与地方州郡联络，搜刮钱财，全部放入长乐宫中。根据旧制，藩王的妻子不得留在京师，请求将其迁回本国。"何太后同意。

六月六日，何进下令发兵包围了骠骑将军府邸，免去董重的官职，逼迫董重自杀。

六月七日，董太后也被迫自杀了。

清除了董太后一党，其实已经解除了何进的心腹大患，但袁绍又向何进建议说："过去，窦武曾打算铲除宦官却反被杀害，原因不仅在于泄露了机密，而且还因为五营军士素来威服宦官。如今，将军不仅是皇帝的大舅，而且，兄弟二人都率领着精兵，手下将吏全都是英雄豪杰、四海闻名的名士，乐意为将军效力，一切都在将军的掌握之中，这是天赐的良机啊！将军要为天下清除大患，名垂后世，即使周朝的申伯又如何能比！如今，皇帝的灵柩就在大殿之上，将军受诏率领禁卫军，不宜轻易进出皇宫。"何进深表同意。六月十七日，东汉朝廷将灵帝安葬在文陵，何进担心发生蹇硕之类的阴谋，对外称病，既不入宫陪丧，也不送葬。

等安葬灵帝以后，何进就与袁绍等人定下了清除宦官的计划。他们决定第一步先夺去中常侍们的权力，于是，何进入宫请求何太后批准，要将中常侍们全部免职，以三署郎（五官中郎将、左中郎将、右中郎将下属的郎官们）替补，可是，何进的这第一步棋就在何太后那里遇到了障碍。何太后说："由宦官负责皇宫事务，这是从古至今的惯例，我们大汉立国以来一直如此，不可废除。况且，先帝刚刚驾崩，我这个寡妇岂能公开与男人们相对共事？"其实，据《后汉书·宦者传》序云：

"汉兴，置中常侍官，然亦引用士人，以参其选。中兴之初，宦官悉用阉人。永平中，始置员数：中常侍四人，小黄门十人。迄乎延平，中常侍增至十人，小黄门二十人"。

由此可知，中常侍之职在东汉以前，既有阉人，也有正常人担任，只是到东汉建立以后才专用阉人。

何进难以说服妹妹，只好退而求其次，改变主意只想诛杀几个飞扬跋扈的宦官了事，可是，袁绍坚持认为，宦官们整天待在皇太后和皇帝身边，出入传达诏命，如今不趁机将他们一网打尽，势必后患无穷，何进集团内部首先就出现了分歧。与此同时，宦官集团们也是见风使舵，赶忙巴结何太后之母舞阳君和车骑将军何苗，给他们送上大量钱财，二人知道何进要清除宦官们，屡屡在何太后面前替宦官们说好话，并说："大将军屠杀左右近臣，目的就是把持朝政，削弱皇帝的权威。"何进是舞阳君后夫之子，与舞阳君没有一点血缘关系，而何苗是舞阳君前夫之子，同样与何进这个哥哥毫无血缘关系，因此，二人对何进并无好感，相反，何苗还时常与何进作对。何太后虽然与何进、何苗都有一半的血缘关系，但如今父亲已死，双亲中只有母亲舞阳君还在，舞阳君的话让何太后半信半疑，也逐渐对哥哥何进心存戒心了。何进出身寒微，骤然大权在握，一时还适应不过来，他素来对宦官们尊敬忌惮，虽然外表上也想建立不朽的功业，内心却犹豫彷徨，不敢当机立断，因此，这件事就一再耽搁了下来。

一八　何进之死（二）

在京师内部何进无法绕过何太后打开僵局，袁绍又给何进出主意，建议他召来四方猛将以及各地豪杰，令他们率军进京，以恐吓何太后，迫使何太后同意清除宦官们，袁绍的这一昏招竟然也得到了何进的赞同。

大将军主簿陈琳劝谏道："《易》称'即鹿无虞'（意思是进山打猎要有熟悉地形的虞官指引才能成功），谚有'掩目捕雀'。即便是小小的生物尚且不能以欺诈的手段得到，何况是国家大事，岂能靠这种手段成功？如今，将军大权在握，龙行虎步，想干什么就能干什么，这就好比是用火炉烧毛发一般容易。即使是违背了经义，但只要符合大道，就会受到上天的护佑和万民的拥护，为何要丢掉手中的武器，反而去寻找外援呢？大兵进京以后，强者为王，正所谓倒拿刀枪，把枪杆拱手让人，这是肯定不会成功的，只能引发大乱。"但何进不听。何进当然不会料到自己会死，大约在他看来，召来诸如董卓等平时桀骜不驯的将领们入京，既能达到威胁何太后、震慑宦官们的目的，自己又可以借机夺去董卓等人的兵权，可谓是一石二鸟的妙计。典军校尉曹操听说后，笑道："自古就有宦官，只是君主不应授予他们权力罢了，既然要惩治他们，只需诛杀首恶分子即可，一个狱吏完全能办到的，何须纷纷攘攘地要从外地召来军队？此事必定要泄露，我断定肯定会失败。"陈琳史书无传，他为"建安七子"之一，年龄大约与孔融相当，他的散文风格雄健奔放，笔力强劲，后来，曹丕在《与吴质书》中曾赞叹道："孔璋（陈琳的字）章表殊健。"其诗歌代表作为《饮马长城窟行》，辞赋代表作为《武军赋》《神武赋》，散文代表作为《为袁绍檄豫州文》《为曹洪与世子书》等。

实际上，在灵帝末年，东汉朝廷已经对董卓起了戒心，对此，何进也有同感。灵帝曾征召董卓为少府，但董卓拒绝赴任，他上书说："我率领的湟中义从以及羌人胡人们都到我跟前哭诉：'政府不发给粮食，也不发给俸禄，妻子儿女饥饿困顿，无法生活。'他们拖住我的车辆，不让我成行。羌人胡人心肠险恶，好像狗一样无赖，我无法制止，擅自留下来安抚他们，等事态平复后，我及时向朝廷汇报。"朝廷也无可奈何。等到灵帝生病后，东汉朝廷对董卓更不放心，专门下诏晋升董卓为并州牧，要求他将自己统领的军队交给皇甫嵩，但董卓仍然拒绝接受，他上书说："臣受皇恩，掌握军队十余年，下辖官兵与我相处很久了，他们怀恋我的恩情，愿意替我卖命，我请求把他们一起带到北方，替国家保卫北疆。"皇甫嵩的侄儿皇甫郦劝皇甫嵩道："本朝失掉人心，百姓有倒悬之危，全国的军权就掌握在您和董卓手里，也只有你们二人能安定天下。如今，您与董卓二人之间已经产生了矛盾，势不两立，董卓受诏交出兵权，他却抗命，这是一种反叛行为；他揣测京师政治混乱，所以才拖延时间，以观变化，这是一种奸诈行为，这两种行为都罪在不赦，况且，此人凶狠残暴，部下并不亲附，大人如今为统军元帅，依仗国威，发兵讨伐，一定会成功！"皇甫嵩却说："抗命虽然有罪，但擅自诛杀地方大员也是罪过。不如公开向朝廷汇报，由朝廷裁夺。"于是，皇甫嵩上书朝廷，灵帝下诏斥责董卓，但董卓仍旧抗命，率军驻扎在河东郡，观察京师的局势。据《典略》记载的董卓奏表中可知，在灵帝去世后，东汉朝廷命令董卓率军讨伐匈奴左贤王于扶罗，但董卓依然心存观望，迟迟不进。

为了吓唬何太后，何进采取了以下四种办法：

一是决定召河东郡的董卓率军入京，并让董卓上书自称入京诛杀宦官；

二是决定命令大将军府掾王匡、骑都尉鲍信回到泰山郡老家以清除宦官为名招募军队；

三是命令东郡太守桥瑁以清除宦官为名，发兵南下，驻守成皋；

四是命令武猛都尉丁原率领数千人假扮盗匪，同样也以清除宦官为名，骚扰河内郡，焚烧孟津，火光照耀京师，想吓唬住何太后。

侍御史郑泰、尚书卢植均劝说何进不宜征召董卓。郑泰说："董卓专横残忍，薄情寡义，又贪得无厌，如果授予他大权，让他染指朝政，后果将不堪设想，肯定会危及朝廷。大人身为皇亲国戚，又身居宰相之位，独断专行，诛杀罪人，根本不需要借助董卓之力啊！况且，犹豫不决的话，将会出现变故，应当从速决断！"尚书卢植也表示反对，但何进不听。郑泰辞官而去，对荀攸说："何大人真是难以辅佐啊！”也许在何进的心里一直有一丝不安，那就是：袁绍以及他身边的这些人就一定可靠吗？

董卓接到何进的命令后，正中下怀，他当即命令部队上路，同时，按照何进的指示，上书朝廷称：“中常侍张让等人蒙受宠爱，扰乱天下。臣听说：‘扬汤止沸，莫若去薪；溃痈虽痛，胜于内食[①]。’臣听说春秋时赵鞅曾出兵驱逐君王身边的佞臣，如今，臣也率军向洛阳进发，请求逮捕张让等人，以扫清奸佞。”但是，接到董卓诏书的何太后并没有被吓倒，她依然没有接受何进诛杀宦官的建议。

何苗对哥哥何进说：“你想想我们家刚从南阳入京时，是多么贫贱，全是靠的宫中宦官们照应，你我兄弟才走到今天。国家大事，又谈何容易！覆水难收，请哥哥深思，还是赶快与宫中宦官们和解吧！”何苗的话让原本没有主见的何进又满腹狐疑，而此时，董卓已经率军推进到了渑池（今河南省渑池县）。何进又命令谏议大夫钟邵携带皇帝诏书命令董卓停下，但董卓拒绝接受诏书，强行推进到洛阳城西，钟邵只好前去抚慰，并亲自说服他退军。董卓怀疑洛阳城内出现了变故，命令士兵们胁迫钟邵，钟邵大怒，喝退了士兵们，当面斥责董卓。董卓理屈词穷，只好率军退到夕阳亭（今河南省洛阳市西）外。

袁绍担心何进改变主意，遂吓唬道：“将军与宦官们之间的矛盾已经公开化了，您还要等待什么？为何不早早作出决断？再拖延，将军就会成为窦武第二了！”何进于是任命袁绍为司隶校尉，假节，有独断专行之权；又任命从事中郎王允为河南尹。王允，字子师，太原祁（今山西省祁县）人。从小就有大志，白天读书，早晚练习骑射，后被征辟为司徒侍御史，黄巾起义后，被选为豫州刺史，将荀爽、孔融等名士纳入府中，与左中郎将皇甫嵩、右中郎将朱儁一起招降了数十万黄巾军。在黄巾军中，王允搜出了张让的门客与黄巾军将领之间的书信，上报给了灵帝。灵帝大怒，斥责张让，张让叩头谢罪，被免于追究，但王允也因此得罪了张让。不久，张让就以其他理由诬陷王允，王允被逮捕下狱，但正巧遇到朝廷大赦，王允也被官复原职，但很快，张让再次找个理由派人前来逮捕王允。司徒杨赐不愿再次看到王允受到侮辱，派门客劝王允自杀算了，不少

① 舀水不让锅里的水沸腾，不如釜底抽薪；挑去脓包虽然很痛，但总比让它侵蚀内脏要好。

王允的下属也哭着捧出毒药，请王允喝药自杀。王允厉声说道："我身为大臣，被君主降罪，理当接受在街市被砍头的惩罚，以向天下人谢罪，岂有自己喝药求死的道理！"当即把毒药泼到地上，从容上了囚车。王允被押到廷尉后，大将军何进、司徒杨赐、司空袁隗一起上书请求，王允遂被免去死罪。当年冬天，灵帝再次大赦天下，但唯独不赦免王允，三公再次请求，直到第二年春，王允才被释放。灵帝死后，何进将王允纳入自己的府中。

袁绍的话坚定了何进的决心，他又命令洛阳县的方略武吏负责监视宦官们的行踪，又命令董卓再次上书，请求推进到洛阳近郊的平乐观。直到这时，何太后才担心起来，下令将中常侍、小黄门全部罢免，宫内只留下一些何进平素亲近的宦官值班。诸常侍、小黄门结伴前往大将军府向何进请罪，纷纷表示何进怎么处置，他们也毫无怨言。何进说道："天下一片大乱，全都是由于你们各位，如今，董卓就要来了，你们何不赶快回到各自的封国里呢？"何进一向仁弱，看到这群过去飞扬跋扈的大宦官们如今在自己面前已经低头认罪了，他顿时生出一丝恻隐之心。

袁绍劝何进就此将自投罗网的宦官们一网打尽，他再三请求，但何进执意不许。袁绍见何进又在摇摆，遂向全国各地郡县长官写信，谎称何进的决定，命令各地逮捕各地的宦官家属们，逼迫何进与宦官决裂。此时的袁绍已经担任司隶校尉，有专杀之权，并不需要何进的许可，袁绍此举有意将何进推到风口浪尖，给自己留了一手。螳螂捕蝉，黄雀在后。假如何进与宦官们彻底决裂后，袁绍怎会心甘情愿地当何进这个屠夫之子的下属？

袁绍的所为等于是把何进即将采取行动这一假消息传递给了宦官们，宦官们如同热锅上的蚂蚁惶惶不可终日，在性命攸关的这一紧要关头，他们决定铤而走险，奋起一搏。张让的儿媳妇是何太后的妹妹（一说是何太后的外甥女），张让向儿媳妇叩头说："老臣有罪，将与儿媳你一起回到家乡。只是老臣受到几代皇帝的厚恩，如今将离开京师，深怀无限眷恋，只盼望再入宫一次，再侍奉皇太后、皇上一天，然后，即使死于水沟之中，也心甘情愿。"这位儿媳妇向舞阳君求情，舞阳君又入宫禀报了何太后。废黜宦官，原本就不是何太后的本意，在舞阳君的请求下，毫无政治斗争经验的何太后当即就下诏让诸位常侍们重新入宫了。

八月二十五日，何进进入长乐宫，请求何太后下诏诛杀诸位中常侍。诸常侍重新入宫这件事，也许何进并不知情，如果他知道的话，岂能大摇大摆地入宫呢？

中常侍张让、段珪等人听说后，立即警觉起来，相互说道：“大将军口称有病已经多日，既不临丧，又不送葬，今日突然入宫，有什么紧急事务？莫非窦武企图诛杀我等的事情又要重演了吗？”遂派人偷听，把何进的话全偷听了去。得知何进将要出手，张让等人恨得咬牙切齿，当即率领数十名亲信手持武器偷偷从侧门进入大殿，在殿门外埋伏。等到何进出来后，又假传太后之命召何进，何进再度入宫，在嘉德殿殿门内等候。张让等人突然出现，盘问何进说：“天下大乱，难道仅仅是我等的罪过吗？先帝曾与太后不和，差一点废掉了太后，是我等哭泣劝说，各自出了千万家财送给先帝，才让先帝欢心，不过是将我们的身家性命托付给你们何家！如今，你竟然要诛灭我等满门，这岂不是欺人太甚了吗！”说完，尚方监渠穆拔出宝剑，当即把何进斩杀于嘉德殿殿前，然后，张让、段珪等人伪造诏书，任命前太尉樊陵为司隶校尉，少府许相为河南尹。

樊陵是名士樊英的孙子，樊英精通术数，世人称之为“樊氏学”，他曾在顺帝时被征召，以有病推辞，顺帝强迫他入朝，入朝之后被抬上大殿。顺帝说：“朕能让你活，也能让你死；能让你富贵，也能让你贫贱，你为何如此怠慢？”樊英反唇相讥道：“臣的命是上天赋予的，活完自己的命，是上天的意思；没有活完，也是上天的意思，陛下岂能让我活、让我死？臣见到暴君如同见了仇敌，连他的朝堂我都不愿站一会儿，他岂能让我富贵？虽然我身为百姓，住在我的陋室之中，却怡然自得，与万乘之君也不换，又岂能让我贫贱？陛下岂能让我富贵、让我贫贱！不符合礼仪的俸禄，即使万钟我也不会接受一点；如果能让我实现志愿，即使是粗茶淡饭我也满心欢喜。陛下岂能让我富贵、又让我贫贱！”顺帝毕竟是个明君，虽然樊英这样倔强，顺帝也没有真的惩罚他，但是，到了东汉末年，樊陵要想往上爬，就必须巴结宦官们，因此，樊陵与宦官集团走得很近，据说，曹操父亲曹嵩的太尉一职就是通过樊陵给宦官们行贿得到的。

尚书拿着诏书草稿，暗地怀疑，说道：“请大将军出宫面议！”中黄门将何进的人头从宫内扔了出来，说道：“何进谋反，已经被杀了！”

一九　董卓进京

一石激起千层浪。

何进的心腹将领吴匡①、张璋在皇宫外等候，听说何进被杀后，当即打算率军攻入皇宫，但宫门已经关上了。虎贲中郎将袁术与吴匡所部一起要砍开宫门，中黄门则手持武器在门内防守，双方一直对峙到天黑，袁术下令焚烧青琐门（一说焚烧九龙门及东西宫），想把张让等人逼出宫来。

张让等入宫向何太后禀报，称："大将军的军队造反，焚烧皇宫，进攻尚书省。"遂裹挟着何太后、少帝刘辩、陈留王（已由渤海王改封）刘协，带上尚书省内的官吏从复道离开逃往北宫。尚书卢植手持长戈站在阁道的窗户下面，仰着脑袋斥责段珪，段珪害怕了，遂释放了何太后。何太后从窗户跳下，才得以脱身。

袁绍与叔父袁隗假传圣旨，召来樊陵、许相，将二人杀死。然后，袁绍又与车骑将军何苗一起率军驻扎在朱雀门外，抓住了赵忠等人，全部斩杀。吴匡等何进的心腹素来怨恨何苗不与何进一心，又怀疑他与宦官们勾结，害死了何进，遂传令军中："害死大将军的就是车骑将军何苗！大家能替大将军报仇吗？"何进素来仁厚，对士兵们有恩，将士们纷纷流下眼泪，齐声说道："愿出死力！"吴匡遂率领本部人马与董卓的弟弟、奉车都尉董旻一起进攻何苗所部，杀死了何苗，抛尸于园林之中。

此时，袁绍率部已经攻入北宫之中，他下令关闭宫门，命令部队见到宦官

---

① 他的儿子吴班、族子吴懿后为蜀汉名将，侄女吴苋先为刘焉之子刘瑁之妻，后改嫁给刘备，为蜀汉穆皇后。

不分老少一律斩杀。杀红了眼的士兵们只要看到没有胡须的就杀，共杀死了两千多人；不少不是宦官的，慌忙露出下体，才捡条性命。袁绍又命令士兵们爬上端门，攻进内廷。

经过二十六日一整天的厮杀，到八月二十七日，张让等人终于顶不住了，遂带着少帝、陈留王一行数十人步行从穀门（洛阳正北门，北面正对着邙山）逃离洛阳城。当天夜里，他们一行人逃至小平津（今河南省孟津县西北），匆忙中，皇帝玉玺也没有携带，公卿无人跟随。尚书卢植、河南中部掾许贡听说皇帝出了城，立即率领骑兵向北追赶，天将破晓，二人追上了张让等人。少帝又饥又渴，许贡宰杀了一只羊让少帝吃，他厉声斥责张让等人："你们不过是刑余之人，竟敢劫持君王，倾覆王室，苟延残喘，逃到这里，自从王莽以来，从未出现过像你们这样的乱臣贼子，还不速速自裁，再磨磨蹭蹭，我将亲手射杀你们！"挥剑斩杀了数人。张让等人吓得瑟瑟发抖，只好跪在地上，叩了两个头，说道："臣等现在就去死，陛下保重！"遂投入黄河淹死了。

许贡搀扶着少帝与陈留王在黑夜里顺着萤火一直向南走，走了数里，借来百姓家一辆没有车篷的马车，少帝和陈留王乘坐着，才回到洛阳北郊的一个驿站里歇息。八月二十八日，少帝独自骑着一匹马，许贡与陈留王共骑一匹，从驿站继续往南走，公卿大臣们陆续前来迎接。《献帝春秋》称，不久前，洛阳儿童们传唱一首童谣："侯非侯，王非王，千乘万骑走北邙。"人们认为是应了这句谶言。

昨夜大乱时，董卓刚刚率军来到洛阳近郊，驻扎在洛阳西郊的显阳苑，看见城中起火，他情知城内发生了变故，立即命令军队火速前进。董卓的军队来到了洛阳城时天还没有亮，听说少帝在北邙山，遂与群臣一起赶往北面迎接，与少帝一行在邙山北侧相遇。少帝见董卓的军队前来，吓得不禁面如土色，竟然哭了起来。群臣对董卓喝道："天子命令军队后撤！"但董卓傲慢地说道："你们众人身为国家大臣，却不能匡扶社稷，致使天子流亡在外，有什么脸叫军队后撤！"董卓上前与少帝交谈，但少帝在惊恐之余是语无伦次，董卓问了半天，也没问出个究竟来。他转而询问一旁的陈留王刘协，九岁的刘协却口齿清晰，把事情的原委说得明明白白。董卓大喜，认为刘协比少帝贤能，且刘协从小是灵帝之母董太后抚养，董卓自认为与董太后是同族，遂产生了废黜少帝、另立陈留王的念头。《英雄记》称，当时太尉崔烈走在队伍的最前列，呵斥董卓避让，董卓骂道：

"我三百里外风尘仆仆赶来，为何让我避开！难道我不敢割下你的脑袋吗！"于是，上前对少帝说："此次陛下让小黄门捣乱，弄到这步田地，受到的惊吓不小吧？"又来到陈留王面前，说道："我是董卓，来让我抱着。"从许贡怀中抱过陈留王。另一说是：陈留王没答应，董卓与陈留王并马而行。

当天，少帝回到了皇宫，下诏大赦天下，改光熙元年为昭宁元年。至此，本年（公元189年）已有三个年号：中平六年、光熙元年、昭宁元年。回宫后，人们找到了皇帝的六颗玉玺，唯独那颗最珍贵的由秦始皇传下来的传国玉玺（和氏璧打造而成，其文为李斯所写"受命于天，既寿永昌"）却找不到了。虞喜《志林》称：天子六玺者，文曰"皇帝之玺""皇帝行玺""皇帝信玺""天子之玺""天子行玺""天子信玺"。又任命骑都尉丁原为执金吾。《英雄记》称，丁原，字建阳，出身寒门，是个大老粗，有武艺，善骑射，粗通文墨，由小吏逐渐晋升为并州刺史，因与何进合谋诛杀宦官而被拜为骑都尉。

骑都尉鲍信刚从泰山招募一支部队也赶到了洛阳，他对袁绍说："董卓手握强兵，心存异志，不趁早除掉他，肯定会被他挟制。趁其初来乍到，十分疲惫，发起偷袭，定能将其活捉！"但袁绍畏惧董卓，不敢行动，鲍信眼看洛阳将发生大乱，遂率军返回了泰山郡。

东汉京师武备似乎并不强。据《后汉书·百官志》的记载，赫赫有名的五校尉中，每个校尉所领之兵才区区七百余人，这与我们想象的相差太大了，其余中郎将所领之兵可能也并不多，至于刚刚设立的西园八校尉之兵大部分可能还在招募之中。灵帝生前组织的那一场有十余万军队参加的阅兵，大部分军队可能也都是从各郡县临时召来的，在阅兵之后不少应当已经使用于北方和西方前线了，大将军何进和车骑将军何苗等直辖的京师禁卫军具体人数不详，但估计十分有限。皇甫郦前不久就曾对皇甫嵩说过，天下兵权在皇甫嵩和董卓二人手里，这也说明了东汉大部分主力部队都在西线。东汉一朝，关西一直与羌族作战，并且，东汉政府在前线大量使用少数民族士兵，因此，边兵战斗力很强，内地的禁卫军无法与之相比，不少大臣都曾说过这种情况，如傅燮曾说："边兵多勇，其锋难当。"郑泰也曾说过："关西诸郡，数与胡战，妇女犹载戟操矛，挟弓负矢，以此当山东忘战之民，譬驱群羊向虎狼……天下强勇，今见在者，不过并、凉、匈奴、屠各、湟中、义从、西羌八种，皆百姓素所畏服。"袁绍不敢贸然行动，大约也出于同一原因，不过，也与董卓采取的一系列预防措施有关。其实，董卓刚来洛阳的时候，仅仅率领三千步骑，他感到自己的部队人数太少，唯恐人心不服，于是，每隔三五天就密令他的部队趁夜从军营里出来，埋伏在附近一个地点，到第二天再大张旗鼓地进入军营，做出后继部队已源源不断抵达京师的假象。另外，董卓加紧了拉拢京师驻军的步伐，不久，原来隶属于何进、何苗的京师禁卫军也都投靠了董卓，董卓还密令丁原的司马吕布杀死了丁原，又吞并了丁原的部队，自此，董卓这才控制了洛阳周边地区全部的军队，实力大增，于是，他暗示朝廷以天旱不雨为借口罢免了司空刘弘，由自己接任了司空一职。

吕布，字奉先，并州五原郡九原县（今内蒙古自治区包头市）人，他起初在并州刺史丁原手下任职，丁原晋升为骑都尉后，任命他为主簿。吕布弓马娴熟，臂力过人，非常骁勇，当时就被人称为“飞将”，不久被董卓晋升为中郎将。随着人们对三国历史的喜爱，民间对三国武将进行了各种各样的排名，比较流行的说法是：一吕二赵三典韦，四关五马六张飞。（或一吕二马三典韦，四关五赵六张飞。）虽然每个人心目中都有各自最喜爱的武将，尽管也有不同的排法，但大多数人还是公认吕布为三国第一猛将。

二〇　废黜少帝

在控制了洛阳的军事力量之后，董卓就开始实施废黜少帝的计划了。董卓这么做，恰恰说明了他是一个不懂政治的人物，即便是想要篡夺帝位，在没有巩固自己的地位之前，哪能随便废立一个皇帝呢？这难道不是给政敌一个口实吗？假如董卓真的想篡位，何必要担这么大的风险去废黜一个懦弱的少帝而改立一个同样年幼但似乎有发展前途的献帝呢？

因袁绍的叔父袁隗为太傅，董卓征询司隶校尉袁绍的意见：“皇帝年幼暗弱，不是合适的君主，陈留王刘协还差不多，如今，我打算拥立他为帝。大凡人年少时显得聪明，但长大以后可能会变得愚不可及，我也知道陈留王可能也会如此，暂且这么办吧！你难道没见灵帝吗？每当我想到这，心里就不由得愤恨之极！姓刘的就不该让他们留种！”袁绍回答：“汉家为天下之主已经四百多年，恩深德厚，万民拥护。如今皇帝虽然年幼，但并没有干过什么坏事，大人想废黜嫡子而拥立庶子，恐怕众人不会同意大人的意见啊。”董卓听了，不禁怒形于色，喝道：“你这小子！天下事难道不是取决于我吗！如今我这样做，谁敢不从！你以为我董卓的刀不够锋利吗？”袁绍也发怒道：“天下的英雄好汉难道只有你董大人一人吗！”遂拔出佩刀，横在肘部，向在座的人作了一个揖，扬长而去。《三国志·袁绍传》称，当时，袁绍只回复董卓说：“这是大事，等我回家与太傅商议后再说。”并无其他表态。董卓因刚刚入京，又见袁绍家族势力很大，并没有立即加害袁绍。袁绍出去后，就将司隶校尉的符节悬挂于洛阳上东门（洛阳东面最北的一个门），逃往冀州去了。

八月三十日，董卓在进入洛阳第三天，就召集朝廷百官开会，他在会上说道：“皇帝昏庸懦弱，无力担当天下之主的重任，如今，我打算依照伊尹、霍光曾废昏立明的先例，另立陈留王为帝，大家以为如何啊？”朝廷群臣听了无不惶恐不安，无人敢言。董卓又说道：“昔日，霍光作出决定时，田延年手握宝剑，胆敢阻扰我的大计的，军法从事！”举座震动，唯独尚书卢植说道：“昔日太甲登基以后昏庸无能，昌邑王即位以后也有百千过失，所以，伊尹、霍光才行废立之事。如今皇上年纪尚轻，并无过失，不能与前例相提并论。”董卓听后大怒，起身离开了会场。

董卓想要杀死卢植，蔡邕替卢植求情，议郎彭伯也劝道：“卢尚书是名闻海内的大儒，名望很高，如今先杀害了他，天下将人人自危。”董卓这才作罢，仅仅免去了卢植的官职，卢植遂逃出洛阳，隐居于上谷郡。蔡邕原被流放，后遇到大赦回来，浪迹江湖十二年，董卓素来听说过蔡邕的大名，请他出山辅佐自己。起初，蔡邕没有同意，董卓说：“我能令人灭门！”蔡邕害怕了，只得从命。蔡邕来到后，董卓对他非常敬重、信任，立即任命为祭酒，三日之内，任命他为侍御史，又晋升为尚书、巴郡太守，又把他留在京师担任侍中。董卓将废黜少帝、另立陈留王的动议告诉太傅袁隗，袁隗表示同意。

九月一日，董卓再次在崇德前殿召集群臣会议，胁迫何太后下令废掉少帝，称：“皇帝在服丧期间，无人子之心，举止不像一个君主，现在，将其废为弘农王，立陈留王刘协为帝。”袁隗上前解下少帝身上佩戴的皇帝玉玺，交给陈留王刘协，扶着少帝走下大殿，向弟弟刘协称臣。何太后哽咽流泪，群臣也都流下了眼泪，但无人敢提出异议。董卓又说：“何太后逼迫婆婆董太后，致使董太后死去，违背婆媳之礼。”遂将何太后迁到了长乐宫。大赦天下，改昭宁元年为永汉元年，至此，本年已有四个年号。

九月三日，董卓派人毒死了何太后。在安葬何太后时，董卓下令朝廷群臣不得穿孝服，仅穿素色衣服。董卓又下令发掘何苗的坟墓，拖出尸体肢解，扔在道路一旁；还派人杀掉何太后之母舞阳君，将尸体扔到御花园的荆棘丛中。董卓以献帝之名下诏命令公卿子弟入宫担任郎官，接替过去值班宦官们的岗位，在大殿上站岗。

九月十二日，东汉政府下诏任命太尉刘虞为大司马，封襄贲侯；董卓自封为太尉，领前将军事，加节钺、斧钺、虎贲，又封为郿侯。次日，任命太中大夫杨彪为司空。又提拔豫州牧黄琬为司徒。

要想牢牢地控制住朝廷大权，掌握军权当然是第一位的，但还必须取得士大夫阶层的拥护。尚书武威人周毖、城门校尉汝南人伍琼对董卓建议说，要改变汉桓帝、汉灵帝时期的政治气候，大量提拔重用天下的名士，以收揽人心，董卓也都采纳了，下令周毖、伍琼与尚书郑泰、何颙等人一起淘汰不称职的官员，选拔一批被埋没的人才，于是，朝廷征召名士荀爽、陈纪、韩融、申屠蟠。拜荀爽为平原相，行至宛陵，晋升为光禄勋，到任才三天又被晋升为司空。荀爽从被征召到位居三公，仅仅九十三天；晋升陈纪为五官中郎将，韩融为大鸿胪。陈纪、韩融分别是东汉名臣陈寔、韩韶的儿子。只有申屠蟠拒绝应命，董卓也不再勉强。董卓又任命尚书韩馥为冀州牧，侍中刘岱为兖州刺史，陈留人孔伷为豫州刺史，东平人张邈为陈留太守，颍川人张咨为南阳太守，而董卓亲信、部下都没有担任高官显职，只是充当部队将领而已。

十一月，东汉政府任命董卓为相国，给予赞拜不名、入朝不趋、剑履上殿的待遇。十二月，又任命司徒黄琬为太尉，司空杨彪为司空，光禄勋荀爽为司空。同月，董卓又下令将本年先前所改的光熹元年、昭宁元年、永汉元年三个年号全部废除，恢复灵帝中平六年年号。

董卓本性残忍，他重用这些天下名士不过是想安抚士人，同时，在他看来，这些人虽然名气很大，但都是些儒生，把他们放到地方上，他们也未必敢于兴风作浪。此时的董卓已是威震天下，志得意满，他对宾客们说："我的面相可是尊贵无比啊！"侍御史扰龙宗前去汇报工作，没有解下佩剑，董卓当即下令将他乱棍打死。当时，洛阳城内的贵族宅第鳞次栉比，家家户户都是堆金积玉，富得流油，董卓放纵士兵们，不分贵贱，四处抢劫，弄得整个洛阳城人心惶惶，朝不保夕。不久，董卓又派郎中令李儒给弘农王刘辩送去毒酒，说："喝了这药，可以辟邪。"刘辩说："我没生病，这是要杀我吗？"不肯喝。李儒强迫他喝下，无奈，刘辩遂与妻子唐姬以及宫女们一起喝酒辞别。席间，刘辩高歌一曲："天道易兮我何艰！弃万乘兮退守藩。逆臣见迫兮命不延，逝将去汝兮适幽玄！"并令唐姬起舞，唐姬边舞边唱道："皇天崩兮后土颓，身为帝兮命夭摧。死生路异兮从此乖，奈我茕独兮心中哀！"遂泣不成声。刘辩对唐姬说："卿，你是王者的嫔妃，不可再做他人之妻，你好自珍重，从此我们永别了！"遂喝下毒药而死。

董卓又下令缉捕逃亡的袁绍，周毖、伍琼劝道："废立大事，不是常人能承受得了的，袁绍不识大体，恐惧出逃，并没有其他想法。如今朝廷搜捕太急的话，势必逼他反抗。袁绍一家四世三公，门生故吏遍于天下，如果袁绍搜罗英雄豪杰起兵的话，那么关东地区恐怕就将从大人手里丢掉了。不如赦免了他，拜他当一个郡守之类的官，袁绍自喜免罪，肯定不会再兴风作浪了。”董卓听信了，遂任命袁绍为渤海太守，封邟乡侯。

董卓又以曹操为骁骑校尉，袁术为后将军。但袁术和曹操都逃离了洛阳，袁术逃往南阳，而曹操则逃往陈留。曹操身边只带了数人，骑马逃出洛阳后，先来到了成皋的老友吕伯奢家（有人怀疑吕伯奢可能与宦官吕强有某种关系，因吕强也是成皋人），于是，就发生了吕伯奢事件。关于此事有三个版本：一是《魏书》称：“太祖以卓终必覆败，遂不就拜，逃归乡里。从数骑，过故人成皋吕伯奢。伯奢不在，其子与宾客共劫太祖，取马及物，太祖手刃击杀数人。”二是《世语》称：“太祖过伯奢。伯奢出行，五子皆在，备宾主礼。太祖自以背卓命，疑其图己，手剑夜杀八人而去。”三是孙盛《杂记》称：“太祖闻其食器声，以为图己，遂夜杀之。既而凄怆曰：‘宁我负人，无人负我！’遂行。”虽然有这三个版本，但《资治通鉴》和《三国志》对此均没有采用。

从吕伯奢家出来后，曹操一行又来到了中牟。在这里，他们引起了一个亭长的怀疑，被抓到了县里。当时，中牟县已经接到了朝廷捉拿曹操的命令，只有县功曹知道此人正是曹操，认为天下已经大乱，不宜拘捕天下英雄，遂建议中牟县令将曹操一行人释放了。曹操很快就回到了陈留。也就是在陈留，曹操拜见了自己的老友、陈留太守张邈，而此时的张邈已经决定起兵讨伐董卓，二人接上头以后，曹操也同意起兵，遂留在了陈留。当地的孝廉卫兹见到曹操后，说：“平定天下的，必定是此人。”曹操对卫兹也是另眼相看，多次到他家中商议。卫兹说：“大乱已久了，已经到了不起兵就无从安定天下的地步了。”遂拿出家财，资助曹操招募了五千人。十二月，曹操在己吾（今河南省宁陵县西南）起兵。卫兹的儿子卫臻后来在曹魏帝国做到司徒。

二一　关东举义

其实，最先鼓动各地起兵反对董卓的人是臧洪。

臧洪，字子源，广陵射阳（在今江苏省淮安市东南）人。臧洪的父亲臧旻，历任卢奴令、扬州刺史、丹杨太守、使匈奴中郎将、长水校尉、太原太守等职，在任期间很称职。臧洪身材魁梧，举孝廉，当上了郎官，后选拔郎官补县长，赵昱（后为广陵太守）被任命为莒（今山东省莒县）长，刘繇（后为扬州刺史）为下邑（今江苏省砀山县东）长，王朗（后为曹魏司徒）为菑丘（今安徽省宿州市东北）长，臧洪被任命为即丘（今山东省临沂市东南）长。灵帝末年，臧洪弃官还家，广陵（今江苏省扬州市）太守张超（陈留太守张邈的弟弟）聘请臧洪为功曹。

董卓废杀少帝后，臧洪对张超说："大人世代受到皇室厚恩，兄弟二人均为太守，如今皇室危险，贼臣未死，这确实是天下忠臣报恩效命之时啊！我郡百姓富裕，如果招兵的话，可以招来二万人，率领这支军队去讨伐逆贼，为天下先，这才是大义啊！"张超同意了，遂与臧洪一起前往陈留，找哥哥张邈商议。张邈早就有这个心愿，兄弟二人一拍即合，又把臧洪介绍给了兖州刺史刘岱、豫州刺史孔伷，二人见到臧洪后，也与臧洪成了莫逆之交，于是，兖州刺史刘岱、豫州刺史孔伷、陈留太守张邈、广陵太守张超、东郡太守桥瑁五人各自率领数万人马，最先在酸枣（今河南省延津县北）盟誓，发誓合力讨伐董卓，兴复王室。盟誓前，众人都相互谦让，最后公推臧洪登坛主持仪式，臧洪词气慷慨，涕泗横流，众人无不深受感动。

酸枣结盟后的五位地方官都将目光投向了河北的一个地方，那就是渤海，他们需要一个影响力大的领袖，此人就是渤海太守袁绍。董卓给了袁绍一个渤海太守的官职，不仅没有安抚住袁绍，相反，给了他一个反击的平台。不过，虽然袁绍也想起兵，但被他的顶头上司、冀州牧韩馥看住了。冀州牧韩馥原为御史中丞，刚被董卓任命为冀州牧，从感情上来说，他应该是感激董卓的，因此，起初他也担心袁绍会起兵，遂向渤海郡派去了几个州从事，把袁绍严密监视了起来。

为了促使韩馥转到义军一边，东郡太守桥瑁（原太尉桥玄的同族侄儿）伪造了一封三公给全国州郡长官写的书信。在信中，桥瑁以身在洛阳的三公们的口气指斥董卓的罪恶，并称：“我们受到迫害，无以自救，期盼兴起义军，解救国难！”韩馥接到书信后，召集诸位从事商议，说道：“如今是帮助袁氏呢？还是帮助董氏呢？”治中从事刘子惠说：“如今，我们兴兵是为了国家，何分袁、董！”韩馥听了面露羞愧之色。刘子惠又建议道：“军事行动是一件极其凶险的事情，我们不可以先出头。如今，应该派人前去其他州郡观察一下情况，如果有人先发动，我们可以起兵追随。冀州与全国其他各州比较起来，实力并不弱，即便是起兵晚了一点，将来我们冀州建立的功业也肯定会比其他州的大。”韩馥同意了，于是，他给袁绍写信，指出董卓的罪恶，听任袁绍起兵了。

袁绍起兵后，兖州刺史刘岱又给冀州治中从事刘子惠写信，威胁道：“董卓无道，天下一起讨伐他，他的死就在旦夕之间，不足为虑，不过，等到董卓死后，义军将回师讨伐韩馥。他韩馥拥强兵，阿附逆贼，岂能放过他？”刘子惠接到书信后，原封不动交给了韩馥。韩馥看后非常害怕，打算归咎于刘子惠，想杀掉刘子惠卸责。别驾从事耿武等人推门趴在刘子惠的身上，愿意与刘子惠一起去死。韩馥最终没有杀刘子惠，但将他判为徒刑。

汉献帝初平元年（公元190年）一月，关东各郡义军共同推举渤海太守袁绍为盟主。袁绍自称为车骑将军，又给其他人各自加封了官职。袁绍与河内（今河南省武陟县西南）太守王匡驻扎在河内；冀州牧韩馥留在邺城（今河北省临漳县），负责给他们筹措军粮；豫州刺史孔伷率军驻扎在颍川（今河南省禹州市）；兖州刺史刘岱、陈留太守张邈、广陵太守张超、东郡太守桥瑁、山阳（今山东省金乡县西北四十里）太守袁遗[①]、济北（范围包括今山东省齐河县、肥城市、宁阳县）相鲍信[②]与奋武将军（袁绍封）曹操均驻扎在酸枣（今河南省延津

① 袁绍堂兄，与张超私交很好，张超曾向太尉朱儁推荐，称其“有冠世之懿，干时之量”。

② 《英雄记》称，鲍信有两万步兵、七百骑兵、五千多辆辎重，另外，此时鲍信仍为骑都尉，在曹操担任东郡太守后，才上书请求任命其为济北相的。

县，当时属兖州陈留郡属县）；后将军袁术驻扎在鲁阳（今河南省鲁山县）；荆州刺史王叡以及长沙太守孙坚也起兵响应。众人各自均有数万之众。此时的袁绍威信如日中天，众位豪杰都愿意听袁绍的指挥，唯独济北相鲍信对曹操说：“谋略盖世、能拨乱反正的人就是你啊，如果才干与地位不相称，就算强大也终将被消灭。大概上天是让他们为你扫清道路吧！”

董卓召开会议研究发兵讨伐义军事宜。尚书郑泰担心董卓的军队人数众多，作战凶悍，关东义军可能会吃亏，遂说：“为政的关键在于德政，不取决于武力的多少。”董卓听了，拉下脸来说道：“如你所云，武力就没有用处了？”郑泰只好掩饰道：“不是说无用，只是我认为对付关东义军不需要使用大军。明公如果不信，我试着给明公说出一二。如今，关东各郡联合在一起，人人响应，声势的确不小，但是，自从光武帝以来，中原内地从未经历过战乱，百姓们优游足岁，早已忘掉了如何去作战。仲尼曾经说过：‘不教导百姓们学会打仗，那是在抛弃他们。’这种忘战之众，人数虽多，又有什么用呢？这是其一。其二，明公出身关西，从小就成为军中将帅，深谙军事韬略，屡经战阵，名闻天下，人人佩服。其三，袁绍不过是一个公卿子弟，从小生长在京师；张邈是一个东平国（今山东省东平县）的宽厚长者，坐不斜视；孔伷只会清谈，能说得天花乱坠，把死的说成活的，这些人都不懂军事，临阵厮杀，都不是明公的对手。其四，关东之人素来懦弱，我观察一下，未见一个勇猛如孟贲、迅捷如庆忌的，亦没有像张良、陈平那样有谋略的人。其五，即使有这样的人，关东乌合之众，尊卑无序，谁都不会听谁的，不会同心协力，只会相互观望。其六，关西各郡军民都熟悉军事，经常与羌人作战，即使妇女都能手持戈矛，何况是饱经战阵的壮士们呢！以之讨伐忘战之人，一定能够取胜。其七，素来被天下百姓畏惧的精兵是并州、凉州之人以及匈奴、屠各胡、湟中义从、西羌八个部落，而这些兵都为明公所拥有，就好比是以猛虎来驱赶羔羊。其八，明公手下的将帅们都是心腹，对大人非常忠诚，以这种军队去对付将要离散之众，就好比是秋风扫落叶一般容易。其九，出现三种情况战争会失败：一是以乱攻整的；二是以邪攻正的；三是以逆攻顺的，都会灭亡。如今明公治国公平、正义，消灭了阉党，立下了忠义，以此三种德行，讨伐三种将灭亡的，谁能抵御！十是郑玄学贯古今，邴原清高正直，他们二人都是天下士人的楷模，关东诸将如果征询一下他们的意见，就会知道彼此的强弱，况且，战国时的六国、西汉时的七国都不是不强盛，但最终都灭亡了，何况如今大人德政闻于天下，郑玄、邴原二人岂能赞同他们的行动？肯定不会的。如果我说的稍有可以采纳之处，就请不要大动干戈、向天下征兵，以免扰动百姓，另外激起叛乱，不用德行安抚天下，只用军事行动进行压服，这只会损害大人自己的威信。”董卓听了这才高兴起来，遂任命郑泰为将军，让其统领各军去讨伐关东义军。有人劝阻道：“郑泰聪明过人，又与关东义军联络，如今再配给他军队，深为大人担心。”董卓又收回了前命，留郑泰担任议郎。

关东义军主要涉及冀州、豫州、兖州、荆州四个州以及司隶校尉直辖区的河内郡、徐州的广陵郡。其中，陈留张邈、东郡桥瑁、山阳袁遗、济北鲍信均属兖州刺史刘岱领导。至于全国的其他州郡，要么已经沦为异族之手，要么比较偏远，要么正与复起的黄巾军作战，要么心存观望。

沦为异族之手的主要有凉州（为韩遂叛羌占领）、并州（为匈奴、白波贼占领），如《舆地广记》称：“朔方郡，汉末没于戎、狄，然新设之县，亦无朔方之名也。”《十三州志》也称：“汉末大乱，匈奴侵边，自定襄以西尽云中、雁门之间遂空。”《皇舆表》引《名胜志》称：“宋建因凉州乱，据河、湟，魏武讨平之。枹罕诸县废，为旷野”，等等。

偏远的有交州、扬州。扬州刺史陈温虽然没有出兵，但也是支持义军的。《三国志·士燮传》记载：“（交州）州刺史朱符为夷贼所杀……”《三国志·薛综传》又称：“故刺史会稽朱符多以乡人分作长吏，侵虐百姓，强赋于民，百姓怨叛，山贼并出，攻州突郡。符走入海，流离丧亡。”

与复起的黄巾军作战的有青州、徐州。《后汉书·孔融传》称：“会董卓废立，融每因对答，辄有匡正之言。以忤卓旨，转为议郎。时黄巾寇数州，而北海最为贼冲，卓乃讽三府同举融为北海相。”《三国志·陶谦传》称：“会徐州黄巾起，以谦为徐州刺史，击黄巾，破走之。”

心存观望的主要是徐州、幽州、益州。《三国志·陶谦传》又称：“董卓之乱，州郡起兵，天子都长安，四方断绝，谦遣使间行致贡献，迁安东将军、徐州牧，封溧阳侯。”《三国志·公孙瓒传》称：“关东义兵起，卓遂劫帝西迁，征虞为太傅，道路隔塞，信命不得至。”《英雄记》称：（益州牧）“刘焉起兵，不与天下讨董卓，保州自守”。

二二　迁都长安

让董卓担心的还有京兆尹盖勋和手握重兵的左将军皇甫嵩。

当时，皇甫嵩率领三万精兵驻扎在右扶风（治所槐里，今陕西省兴平市东南），听说关东起兵以后，盖勋与皇甫嵩也密谋讨伐董卓，恰巧，董卓以朝廷之命征召盖勋为议郎、皇甫嵩为城门校尉。皇甫嵩的长史梁衍劝说皇甫嵩道："汉室微弱，宦官乱政，董卓虽然清除了宦官，却不能尽忠国家，又劫掠京师，废立皇帝，随心所欲。如今，他征召将军，大则有性命之危，小也会受到羞辱。董卓还在洛阳，天子将要西行，将军率领三万精兵，去迎接圣上，以天子之命讨伐逆臣，向各地征兵，袁绍等人在东面进逼，将军在西面压迫，董卓必为所擒。"但皇甫嵩此人只有将帅之才，毫无政治头脑，没有听从，而是顺从地离开军队，回到了洛阳。回到洛阳后，董卓即暗示有关部门弹劾皇甫嵩，将其打入大牢，准备处死。

皇甫嵩的儿子皇甫坚寿素来与董卓关系很好，听说父亲下狱后，从长安回到洛阳，面见董卓。当时，董卓正举办宴会，皇甫坚寿上前质问，以大义责备董卓，继而又叩头、流泪哀求，令在座之人均为之动容，纷纷离席请求饶了皇甫嵩一命。董卓这才从座上站起身来，把皇甫坚寿拉起与自己坐在一起，答应赦免了皇甫嵩，又拜皇甫嵩为议郎，不久，晋升为御史中丞。盖勋手下部队人数太少，皇甫嵩走后，独木难支，也只好从命，乖乖回到了洛阳，董卓任命他为越骑校尉。皇甫嵩顺从交出军队、回到洛阳，原因也许在于：一是董卓专权之初，起用名士，整顿吏治，沙汰冗官，废黜懦弱的少帝，拥立聪明的献帝，史称，"幽滞之士，多所显拔"，在政治上还是清明的；二是皇甫嵩本人循规蹈矩的个性使然；三是畏惧董卓的军事实力；四是可能也想到儿子与董卓是好友，自己不会有性命之忧。

董卓感到关东义军兵力很强，打算迁都长安，而朝廷群臣都不愿离开洛阳，又都不敢明确反对。河南尹朱儁与皇甫嵩一样为一代名将，董卓专权后，表面上对朱儁非常亲近，内心却对他十分猜忌，董卓曾多次提出想迁都的打算，而朱儁总是阻止。董卓虽对朱儁不满，但朱儁名气太大，为了拉拢朱儁，董卓上表请求晋升朱儁为太仆，作为自己的副手。使者命朱儁接受任命，但朱儁说："朝廷西迁，肯定会让天下失望，并会给袁绍等人口实，臣确实认为不应该这么做。"使者问道："召大人接受新任命，大人却拒绝了，并没有问大人迁都之事，大人却提及此事，这是什么原因呢？"朱儁说："副相国之职，不是臣所能担当的；迁都一事，不是当务之急。推辞不能担当的，提及不是当务之急的事，正是臣最合适的做法。"使者又说："迁都之事，并没有公布，你又是从哪听说的？"朱儁回答："相国董卓曾对我说过。"朱儁拒绝后，董卓也不再挑选副手了。

董卓召开群臣会议，他对大家说："高祖建都关中，历经十一代，光武帝定都洛阳，至今也经历十一代了，根据《石包谶》的记载，应当迁都长安，以顺应上天和百姓们的心愿。"朝廷群臣都缄默不语。司徒杨彪说："迁移国都，改变制度，这都是天下大事，因此，盘庚迁都亳邑（今河南省商丘市），商朝的百姓无不怨恨。正是因为过去关中遭到王莽破坏，光武帝才定都洛阳，至今已过去多年，百姓安居乐业。如今无缘无故抛弃洛阳的宗庙，恐怕会引起百姓们的骚动，肯定会引发大乱。《石包谶》是一本邪恶之书，岂能相信！"董卓说："关中土地肥沃，因此，秦国才能吞并六国，统一天下，况且，陇右地区出产木材，杜陵又有武帝时期遗留下来的窑厂，很快就能投入生产。百姓们又算什么？如果他们不从，我出动大军，把他们全部驱赶到大海里淹死！"杨彪又说："天下之事，动起来容易，但要想安定，就很难，还是请明公三思。"董卓拉下脸，说："大人是想阻挠国家大计吗？"太尉黄琬说："这是国家大事，杨大人的话难道就没有一点值得考虑的？"董卓没有回话。司空荀爽见董卓决心已下，担心会加害杨彪，遂从容说道："难道相国是真喜欢这么做吗？山东起兵，不是一时半会就能平定得了的，因此，才考虑先迁都，再予以反击，这就如同秦汉时期的形势一样。"董卓这才稍稍平息了点怒气。

黄琬退下后，又亲自写了一篇反对迁都的奏章。初平元年二月五日，董卓借口出现天文灾异，罢免了黄琬、杨彪的官职，任命光禄勋赵谦为太尉，太仆王允为司徒。城门校尉伍琼、督军校尉周毖强烈劝谏阻止迁都，董卓大怒，说道："我董卓刚入朝时，正是你们二位劝我提拔正人君子，因此，我董卓就听信了你们。可是，提拔的这些人一到地方上任职，立马起兵造反，是你们二人出卖了我董卓，我董卓就是对不起你们又有什么关系！"二月十日，董卓下令逮捕伍琼、周毖，将二人处死。杨彪、黄琬吓得魂不附体，赶忙前去董卓那里谢罪，董卓也后悔杀了伍琼、周毖二人，遂上书献帝又任命杨彪、黄琬二人为光禄大夫。

河南尹朱儁给董卓出谋划策，董卓却轻蔑地说："我百战百胜，心中自有谋略，你不要胡说八道，免得你的血污了我的宝刀！"盖勋说："过去，武丁是那么贤明，尚且屡屡征求他人的意见建议，何况像你这样的人，却想堵上别人的嘴巴吗？"董卓说："我是开玩笑呢。"盖勋反唇相讥："我没听说过发怒的话还是开玩笑的！"董卓这才向朱儁表示歉意。《后汉书·董卓传》称："初，灵帝末，黄巾余党郭太等复起西河白波谷，转寇太原，遂破河东，百姓流转三辅，号为'白波贼'，众十余万。卓遣中郎将牛辅（董卓女婿）击之，不能却。又闻东方兵起，惧，乃鸩杀弘农王，欲徙都长安。"这段记载清楚地说明了董卓迁都的原因：在无法消灭白波贼和南匈奴左贤王于扶罗的十余万大军的情况下，关东义军又纷纷而起，自己又刚刚来到洛阳不足半年，在洛阳的统治基础并不牢固，一旦义军逼近洛阳，城内军民是否会倒戈相向都是未定之数，将朝廷大臣们西迁长安，一则是暂避义军锋芒，二则是挟持朝廷群臣，掐断他们与关东义军的联系。但是，董卓此举其实是一步臭棋，正如杨彪等人说的那样，迁都一事非同小可，不迁都，你董卓高居朝廷之上，还有一定的号召力，一旦迁都，这种仅存的正义性就丧失了。

二月十七日，十岁的汉献帝刘协正式起驾，离开洛阳，踏上了西去之路。董卓将洛阳城内的富豪们全部逮捕，个个扣上一个莫须有的罪名，全部诛杀，没收财产，因此而被诛杀的人数不胜数。强行将洛阳周边数百万百姓全部西迁到长安，董卓的军队在一旁驱赶，百姓们相互推搡践踏，饥饿时又转而劫掠，一路上到处是死尸。蔡琰（蔡邕之女蔡文姬）的《悲愤诗》

（一）记载了当时的惨状：卓众来东下，金甲耀日光。平土人脆弱，来兵皆胡羌。猎野围城邑，所向悉破亡。斩截无孑遗，尸骸相撑拒。马边悬男头，马后载妇女。长驱西入关，迥路险且阻。还顾邈冥冥，肝脾为烂腐。所略有万计，不得令屯聚……”

董卓并没有立即西迁，他率军驻扎在洛阳城内毕圭苑（御花园之一）中，下令把洛阳的宫殿、官衙、民居全部焚毁，洛阳周边方园二百里内的房屋全被焚毁，鸡犬不留。他又命令骑都尉吕布率军掘开洛阳附近的各座帝王陵墓以及公卿大臣们的祖坟，盗取陵寝之中的奇珍异宝。

三月五日，经过二十余天的跋涉，汉献帝一行终于来到了长安，暂居在京兆尹的府衙之内，后来，又整修了未央宫，汉献帝才迁入宫中。当时，董卓还在洛阳，司徒、守尚书令王允主持朝政。王允曲意侍奉董卓，表面上非常顺从董卓，董卓也对王允推心置腹，毫不生疑，上自献帝下到群臣都把王允当作主心骨。

由于袁绍在后来与曹操的争斗中是个失败者，因此，史书有意无意忽略了袁绍在举兵之初的行动，实际上，最初，在各路义军中，只有袁绍和河内太守王匡是最积极的。王匡，字公节，泰山郡人，史称，他轻财好施，以侠义闻名天下。他派遣泰山兵进屯与洛阳一河之隔的河阳津（今河南省孟州市南黄河北岸渡口），直接威胁到对岸的洛阳。当张邈等人还驻扎在酸枣时，袁绍已经率领本部人马前推至河内（今河南省武陟县），增援王匡。《三国志·常林传》记载：“太守王匡起兵讨董卓，遣诸生于属县微伺吏民罪负，便收之，考责钱谷赎罪，稽迟则夷灭宗族，以崇威严。”

当时，河内周边地区情况非常复杂，除了袁绍等部外，还有态度暧昧的张杨所部、白波贼、于扶罗部以及黑山贼等数支力量。张杨，字稚叔，云中（今内蒙古自治区托克托县）人。《英雄记》称：“（张）杨性仁和，无威刑。下人谋反，发觉，对之涕泣，辄原不问。”原为并州刺史丁原下属的武猛校尉，与吕布曾是同僚，私交甚深，灵帝成立西园八校尉时，丁原派其率部进京，灵帝将其划归上军校尉蹇硕，担任假司马。灵帝驾崩后，大将军何进又命其回乡招募部队，张杨招募了一千多人，返回途中，何进被杀，遂滞留在上党郡（今山西省壶关县），率部进攻壶关，但没有得手，遂劫掠上党郡下属各县，部队也增至数千人。在河内，袁绍虽然没有立即与董卓的军队正面交锋，但成功地拉拢张杨、南匈奴于扶罗等人加入了义军，壮大了义军的队伍。

三月十八日，由于袁绍为关东义军首领，董卓迁怒于袁氏家族，命令司隶校尉宣播将袁绍叔父、太傅袁隗，太仆袁基杀害，一同被杀的还有袁家五十多人。又担心有人发掘尸体，又将尸体挖出，送到郿县藏匿起来。原任太尉崔烈长子、西河（治所离石，今山西省吕梁市离石区，此地即白波贼初起之地）太守崔均，也响应袁绍，董卓将崔烈也打入郿县大牢。

二三　虎头蛇尾（一）

大乱之下，强者为王。

荆州刺史王叡素来与武陵（今湖南省常德市）太守曹寅不和，王叡举兵之前曾扬言先杀了曹寅。曹寅决定先下手，遂伪造了一封案行使者光禄大夫温毅的公文，送交长沙太守孙坚，在这封伪造的公文中，痛斥王叡的罪恶，要求孙坚先斩后奏。王叡素来瞧不起孙坚，孙坚一直怀恨在心，如今既然拿到了中央的公文，当然乐于从命，他立即整顿军队扑向荆州治所汉寿[①]，偷袭王叡。

孙坚的前锋来到汉寿城下时，王叡登上城楼，喝问意欲何为。

城下的士兵们回答："部队征战劳苦，所得的赏赐连衣服都买不起，请求面见大人，再发给一些衣服食物。"

王叡回答："刺史我岂能吝惜？现在我就下令大开仓库，让你们自己去看看，就知道仓库里还有东西没有！"

等到部队入城后，王叡突然在军中看见了孙坚，顿时大惊失色，说道："士兵们自己前来求赏，孙使君怎么也在其中？"

孙坚冷冷地回答："接到使者的公文令我杀你。"

王叡问："我有什么罪？"

孙坚答道："犯了不知自己什么罪的罪。"

王叡走投无路，只得刮下金粉喝下自杀。

在襄阳稍事休整后，孙坚的部队继续北进，行至南阳，人数已达数万之众，

---

① 《读史方舆纪要》卷七十九、卷八十："后汉荆州刺史治汉寿。常德府城东四十里有汉寿城。初平二年，刘表为荆州，徙治襄阳。"今湖南省常德市东南。

袁术上书推荐孙坚担任假中郎将。

此时的南阳太守是颍川名士张咨，他虽然也是董卓推荐的，但到任以后，也参加了关东义军。孙坚率部来到南阳后，给张咨送去公文，请求调发军粮。张咨询问郡中纲纪（长史、司马等高级佐吏），纲纪回答："孙坚是邻郡的二千石，与我们是平级，无权指挥我们。"张咨就没有答应。孙坚送上牛和酒拜见张咨，第二天，张咨来到孙坚军中答谢。酒酣耳热之际，孙坚的主簿入帐报告孙坚说："前不久，我们给南阳郡递交了公文，但南阳郡的道路没有平整，军需物资也没有准备，请求逮捕南阳郡的主簿拷问缘故。"张咨顿时吓得魂不附体，想要溜走，但身边布满了士兵，无从逃走。不一会儿，孙坚主簿又进来报告说："南阳太守无故拖延义军进兵，致使无法及时讨伐贼人，请立即逮捕按军法从事。"于是，孙坚喝令将张咨拿下，拉出辕门处斩。孙坚诛杀张咨后，南阳郡从上到下无不震恐，有求必应。对此，《吴历》的记载与此不同，称："初，坚至南阳，咨既不给军粮，又不肯见坚。坚欲进兵，恐有后患，乃诈得急疾，举军震惶，迎呼巫医，祷祀山川。遣所亲人说咨，言病困，欲以兵付咨。咨闻之，心利其兵，即将步骑五六百人诣营省望。坚卧与相见。无何，卒（猝）然而起，按剑骂咨，遂执斩之。"

孙坚在起兵之初就连杀王叡、张咨二人，影响很坏，也开了诸侯相互残杀的序幕。洪迈在他的《容斋续笔》卷十中曾评论道："长沙为荆州属部，受督于刺史王叡，孙坚以私忿杀之。南阳太守张咨，邻郡二千石也，坚又收斩之。是以区区一郡守，乘一时兵威，辄害方伯邻守，岂得为勤王乎？刘表在荆州，乃心王室，袁术志于逆乱，坚乃奉其命而攻之，自速其死，皆可议也。"

孙坚杀了张咨，遂率军继续北上，来到鲁阳，与在此驻军的后将军袁术合兵一处。袁术上书推荐孙坚为行破虏将军，领豫州刺史，袁术遂占领了南阳。东汉朝廷任命北军中候刘表为荆州刺史，却被袁术阻隔，无法来到襄阳。刘表遂上书推荐袁术担任南阳太守，才得以顺利来到襄阳。

刘表，字景升，山阳高平（今山东省邹城市西南）人。从小就非常有名，被称为八俊之一，他身高八尺（1.8米多），容貌非常雄伟。当时，天下大乱，盗贼纵横，孙坚离开长沙后，吴郡人苏代领长沙太守，贝羽为华容（今湖北省监利县西北）长，各自兴兵作乱。刘表单人匹马来到宜城（今湖北省宜城市南），请中庐（今湖北省襄阳市南，《读史方舆纪要》称："今襄阳府南漳县东北五十里中庐镇。”）人蒯良、蒯越以及襄阳人蔡瑁商议。

刘表说：“如今长江以南宗贼很强大，各自拥有部众，不服从朝廷，如果袁术收编了这些人，将危害更大。我打算招募军队，但又担心招募不来，这该如何是好？”刘表所说的宗贼，又见于《吴志》注引《江表传》称，“鄱阳氏帅别立宗部”，又云“海昏县有五六千家相结聚作宗伍”等处。汉末大乱后，长江以南各地的百姓们以宗族势力为核心，组织起来，劫掠郡县，被称为宗部、宗伍。

蒯良说：“百姓不归附，是因为仁德不足；归附以后却治理不好，那是仁义不足，假设大人躬行仁义，百姓们就仿佛水往下流一般，何必担心他们不会前来呢？”

刘表又问蒯越。

蒯越回答：“治理治世当先行仁义，治理乱世就要先行权谋。兵不在多，而主要在于能得到将才。袁术有勇无谋，苏代、贝羽都是武夫，不足多虑。宗贼的头领们大多贪婪残暴，为害一方。蒯越我素来也结交了一些这种人，如果给他们蝇头小利，他们肯定会率众前来，等他们来到以后，大人诛杀那些无法无天之徒，安抚下余的部众，充当大人的军队。一州的百姓听到大人的德行，一定会扶老携幼前来投靠，大人征集到部队以后，百姓们又都归附了大人，南面占据江陵，北面固守襄阳，荆州八郡［南阳郡（今河南省南阳市）、南郡（今湖北省荆州市）、长沙郡（今湖南省长沙市）、零陵郡（今湖南省永州市）、江夏郡（今湖北省武汉市新洲区西）、桂阳郡（今湖南省郴州市）、武陵郡（今湖南省常德市）、章陵郡（今湖北省枣阳市南，为东汉末年新设立的一个郡）］一纸文书就可平定，即使袁术南下，也无能为力了。”

刘表说：“子柔（指蒯良）之言，是雍季之论啊！异度（指蒯越）之计，臼犯之谋也。”雍季、臼犯都是春秋时期晋文公的大臣，在城濮之战前，晋文公曾向二人问计，雍季主张以德服人，臼犯主张以诈谋取胜，城濮之战晋军取胜后，在论功行赏时，晋文公却将雍季排在臼犯之前，称：“雍季之言，百世之利也；臼犯之言，一时之务也。焉有以一时之务先百世之利者乎？”刘表与蒯良、蒯越兄弟二人的对话，显示了他决心以诈谋安定荆州，而以仁义治理荆州的计划。

蒯良、蒯越兄弟足智多谋，是西汉初年的辩士蒯通（曾试图说服韩信脱离刘邦集团，三分天下）的后代。蒯越等被大将军何进征辟为东曹掾，蒯越劝说何进诛杀宦官，但何进犹豫不决，蒯越预感到何进必败，遂请求担任汝阳县令。

十九年后的建安十三年，当曹操平定荆州后，曹操对荀彧写信道："我得到荆州也不很高兴，高兴的是得到了蒯异度啊！"六年后，蒯越去世，临终给曹操写信把家眷托付给曹操。曹操回信道："假设让死去的人再复活，活着的人也不会惭愧。我从小抚养的已很多了，假如魂魄有灵，也会听到我说的这话。"蔡瑁，字德珪。《襄阳耆旧传》称其："性豪自喜，少为魏武（指曹操）所亲。刘琮之败，帝（指曹操）造其家，入瑁私室，呼见其妻子，谓曰：'德珪，故忆往昔共见梁孟星（指选部尚书、幽州刺史梁鹄），孟星不见人时否？闻今在此，那得面目见卿邪？'瑁家在蔡洲上，屋宇甚好，四墙皆以青石结角，婢妾数百人，别业四五十处。汉末诸蔡最盛，蔡讽姊适太尉张温，长女为沔南名士黄承彦的妻子，小女为刘景升（刘表）后妇，瑁之姊也"。

蔡氏家族是襄阳城东蔡洲的大族，蔡瑁的姑姑嫁给了太尉张温（今河南省邓州市人），大姐嫁给了黄承彦，二姐嫁给了刘表。后来，黄承彦的女儿（蔡瑁的外甥女）嫁给了诸葛亮。

刘表遂让蒯越招诱宗部将帅，前来投靠的有五十五人（《后汉书》称十五人），刘表下令全部将其斩杀，收编了这些人的部众。唯独江夏人张虎、陈坐拥兵占领着襄阳城，刘表又命蒯越和庞季前去劝降，二人也随之投降了，然后，刘表将荆州治所迁往襄阳，安抚下辖的郡县，荆州各地郡县地方长官见刘表势力逐渐强大，大多弃官而去，长江以南的四郡（长沙郡、零陵郡、武陵郡、桂阳郡）也都平定了。刘表以襄阳为据点，静观事态的变化。《水经·沔水注》称："水南有层台，号曰'景升台'，盖刘表治襄阳之所筑也。表盛游于此，常所止憩。表性好鹰，常登此台，歌《野鹰来曲》，其声韵似孟达《上堵吟》矣。"

二四　虎头蛇尾（二）

董卓还在洛阳。

袁绍各军都心存畏惧，谁也不敢先进军。曹操对众人说：“我们兴起义军以诛灭残暴的乱贼，军队已经集结，诸位还有什么可迟疑的？假设前不久董卓听说我们起兵之后，依靠皇室的威望，占据洛阳周边的险要，率军东进，虽然他残暴无道，但也足以给我们带来很大的损害。如今，他董卓竟然焚烧了洛阳皇宫，劫持天子，迁都长安，此举令天下震动，各地官民已不知该听谁的了，可谓是上天要让他董卓灭亡的时候到了啊！我们只需一战即可平定天下，机不可失啊！”

在酸枣的各军主要是兖州的军队，曹操主要也是说给张邈、刘岱等人，但对于这些人来说，应当打头阵的自然是有血海深仇的袁绍，而不是他们，既然袁绍都没有行动，他们在后方声援也无可厚非，至于曹操，促使他积极进取的因素，除了他真心想要打败董卓之外，还有一个现实的考虑：此时的曹操处境尴尬，此前虽然他也曾在中央、地方任职，但此时已没有任何职务，也就是说没有一个属于自己的地盘，没有自己的地盘，也就没有多少牵挂。可是，任由曹操的嘴皮磨破，没人听他的，一气之下，他决定率领本部人马打头阵，准备占领成皋关（河南省荥阳市西北，即虎牢关、汜水关）。

陈留太守张邈分出一部分军队交给卫兹，让其率军随曹操一起西进。据《三国志·鲍勋传》注引《魏书》称，骑都尉鲍信（鲍勋之父）以及鲍信的弟弟鲍韬也率众参与了此战，当时，仅鲍信就有两万余人；另据《三国志·任峻传》的记载：“汉末扰乱，关东皆震。中牟令杨原愁恐，欲弃官走。（任）峻说（杨）原曰：‘董卓首乱，天下莫不侧目，然而未有先发者，非无其心也，势未敢耳。明府若能唱之，必有和者。’原曰：‘为之奈何？’峻曰：‘今关东有十余县，能胜兵者不减万人，若权行河南尹事，总而用之，无不济矣。’原从其计，以峻为主簿。峻乃为原表行尹事，使诸县坚守，遂发兵。会太祖起关东，入中牟界，众不知所从，峻独与同郡张奋议，举郡以归太祖。峻又别收宗族及宾客家兵数百人，原从太祖。太祖大悦，表峻为骑都尉，妻以从妹，甚见亲信。”

任峻部下也在数千人之多，由此可知，曹操率领的这支部队人数并不少。

曹操、卫兹率军来到荥阳汴水（汴水即渠水，又称蒗荡渠，今河南省荥阳市北，《水经注》称：“渠水出荥阳北河”），与董卓部将徐荣所部遭遇。徐荣，玄菟郡（原在朝鲜咸镜道，东汉中期移至今辽宁省沈阳市附近）人，担任董卓的中郎将，他与公孙度是同乡，曾举荐公孙度为辽东（今辽宁省辽阳市）太守。曹操所部与徐荣遭遇后，因寡不敌众，被打得大败，几乎全军覆没，卫兹也在此战中被杀，曹操被流箭射中，狼狈而逃。但在狂奔中，坐骑也被射中，而身后的追兵正在赶来。在万分危急之中，曹操堂弟曹洪从自己的马上下来，把马交给曹操。曹操推辞，曹洪说：“天下可以没有我曹洪，但不可失去了你！”正巧天色已晚，曹洪遂徒步跟随着曹操，来到汴水岸边。汴水水深无法渡河，曹洪顺着岸边找到了一条小船，二人这才渡过河，得以逃脱。此战鲍信受伤，鲍韬战死。

曹洪，字子廉，曹洪的伯父曹鼎曾任尚书令，曹洪因之担任过一段蕲春县长。王嘉《拾遗记》称：“曹洪，武帝从弟，家盈产业，骏马成群。武帝讨董卓，夜行失马，洪以其所乘马让帝。其马号曰‘白鹄’，此马走时惟觉耳中风声，足似不践地。至汴水，洪不能渡，帝引洪上马共济，行数百里，瞬息而至，马足毛不湿。时人谓乘风而行，亦一代神骏也，谚曰：‘凭空虚跃，曹家白鹄。’”

魏文帝曹丕的《典论》称：“兖、豫之师战于荥阳，河内之甲军于孟津。”由此可知，这次荥阳之战，豫州刺史孔伷的军队大约也参战了。

徐荣见曹操所部人数很少，但战斗力很强，双方竟然苦斗了一整天，认为酸枣义军不可小视，也率军撤回了洛阳。

曹操回到酸枣后，见各路义军共有十余万之众，但整日饮酒欢会，毫无进取之心，他非常愤怒，又发了一通牢骚，然后，他给大家建议说：“各位听听我的计划：让袁绍率领河内之兵逼近孟津（今河南省孟津县）；我们在酸枣的诸位进兵成皋关，占据敖仓（今河南省荥阳市西七里的敖山，为天下粮仓所在），封锁轘辕（今河南省偃师市南）、太谷（今河南省洛阳市南）险要，控制洛阳外围的战略要地；让袁术率领南阳方面的军队西进到丹、淅（二地为河南省南阳市淅川县、内乡县一带），进入武关（在今陕西省商洛市），以威胁三辅（京兆、冯翊、扶风，即大长安地区）。各军均深沟高垒，不与敌人作战，只出动疑兵，展示我军占领的优越形势，以顺讨逆，可以立刻分出胜负。如今，联军以大义为号召，却迟迟不敢前进，令天下人失望，我替你们感到耻辱！”但曹操的一席话仍然无法说动张邈等人，如今的曹操已经成了光杆司令，人微言轻的他只得黯然离去，与夏侯惇等人一起前往扬州招募军队。

扬州（今安徽省和县，钱大昕认为，顺帝以前治所在和县，到东汉末年，治所在寿春，即今安徽省寿县）刺史陈温与曹洪是好友，曹洪先回到谯县家中，带着一千多名家兵随着曹操南下招募军队。在扬州刺史陈温那里，曹操等人招募来两千名“庐江上甲”（来自庐江县的战斗力很强的士兵），而后，他们又渡过长江，来到丹阳（小丹阳，在今安徽省当涂县东；丹阳郡治所在今安徽省宣城市）。《英雄记》称：“陈温字元悌，汝南人。”丹阳太守周昕的弟弟周昂在义军军中，他另一个弟弟周喁听说曹操招募军队，率领两千余人追随曹操。《三国志·孙静传》注引《会稽典录》称，周昕“少游京师，师事太傅陈蕃，博览群书，明于风角，善推灾异……曹公起义兵，昕前后遣兵万余人助公征伐。”《三国志·曹洪传》称，此次在丹阳招募来数千人。

曹洪带着招募来的人马与曹操在龙亢（今安徽省怀远县西北七十五里，俗名柴王城，即今龙亢集）会合。然而，这些来自江淮的士兵们不愿离开家乡，他们趁夜发动叛乱，烧毁了曹操的营帐，在兵变中，曹操与叛乱的士兵短兵相接，他亲手斩杀了数十人，才逃出军营。这次兵变之后，曹操身边只余下五百多人没有叛逃。他就带着这五百多人继续北上，来到铚（今安徽省宿州市西南）、建平（今河南省永城市西南），又在这两个地方招募了一千多人，而后来到了河内郡，投靠到袁绍的麾下。

不久，在河内的袁绍、曹操、王匡还在坚持，但酸枣的张邈等人军粮吃完，各自作鸟兽散。《三国志·司马朗传》记载：“后数月，关东诸州郡起兵，众数十万，皆集荥阳及河内。诸将不能相一，纵兵钞（抄）掠，民人死者且半。”

另据《三国志·董卓传》记载：“初，卓女婿中郎将牛辅典兵别屯陕，分遣校尉李傕、郭汜、张济略陈留、颍川诸县。”由此可知，在关东义军起兵之初，最先遭到董卓军队攻击的当属距离洛阳最近的豫州刺史孔伷，而在此前后，孔伷可能已为董卓军队所杀，也可能已经病死，故此才有袁术推荐孙坚领豫州刺史之举。

联军内部也发生了内讧。

东郡太守桥瑁原系兖州刺史，与新任兖州刺史刘岱不和，刘岱杀死桥瑁，以王肱为东郡太守。《后汉书·五行志二》刘昭注引应劭称：“关东义兵先起于宋、卫之郊。东郡太守桥瑁负众怙乱，陵蔑同盟，忿嫉同类，以殒厥命。陈留、济阴迎助，谓为离德，弃好即戎，吏民歼之。”陈留、济阴迎助，这句话似乎是在说，陈留太守张邈和济阴太守某人支持桥瑁，反对刘岱。

陈留太守张邈与袁绍也有矛盾。袁绍自从当上盟主之后，逐渐变得傲慢起来，张邈多次严肃地斥责袁绍，惹得袁绍大怒。袁绍暗中指使曹操杀掉张邈，但曹操不从，反而劝说袁绍道：“孟卓（张邈的字）是你我的好友，有什么过错理当包容，如今，天下未定，不该自相残杀。”张邈知道后，对曹操十分感激。

联军内部矛盾重重，而外部形势也发生了变化。

当时，青州、冀州境内的黄巾军余党已经趁乱再起，但青州刺史焦和看到各州都起兵后，也不甘落后，要加入同盟，一起进入京师，遂不顾黄巾军的威胁，率军渡过黄河西进。青州内地空虚，青州军队刚刚渡河，黄巾军就攻入了青州。青州百姓素来殷实，兵多将广，粮食充裕，但焦和非常迷信，每次出战总是望风奔溃，从来不敢与黄巾军交战。焦和突发奇想，想发明一种陷冰丸沉入黄河，以图阻止黄巾军渡河；他的身边还经常带上一群巫婆神汉，在面前摆满蓍草等占卜用具；与他见面交谈，他总能说得天花乱坠，但出来看看他的政务是一塌糊涂，赏罚失当，弄得青州一片萧条，城池全成了废墟。不久，焦和病死，袁绍让臧洪担任青州刺史前去镇抚。（此事当发生在明年，即初平二年中）

初平元年（公元190年）四月，为了拉拢幽州牧刘虞，东汉朝廷任命他为太傅，但因道路阻塞，朝廷的诏命无法送达。过去，幽州需要应付塞外鲜卑人的侵扰，费用很大，每年都需要从冀州、青州调派二亿多钱补助。大乱以后，盗匪纵横，道路断绝，调发的钱无法运抵幽州，幽州牧刘虞劝课农桑，厉行节约，在上谷郡（今河北省怀来县）开设胡市，与塞外鲜卑人做交易，又在渔阳郡（今北京市密云区）开矿、晒盐，幽州百姓逐渐富足，一石谷仅三十钱。青州、徐州百姓为了躲避黄巾之难，有一百多万人辗转来到幽州，刘虞均一一进行妥善安置。刘虞虽然位居上公，但天生节约，整天身穿破旧的袍子，脚穿草鞋，一餐饭不会同时吃两种肉，在他的影响下，远近那些奢靡的人也都改掉了过去的恶习。

董卓又派遣大鸿胪卿韩融、少府阴修、执金吾胡母班、将作大匠吴修、越骑校尉王环这五位名士前往关东，与义军诸位将领谈判。刚刚杀害袁氏一门不足三个月，董卓却又异想天开，想要说服袁绍，这岂不是白日做梦？胡母班、吴修、王环三人来到河内后，袁绍即命令王匡将三人打入大牢处死；袁术也杀害了前来劝降的阴修，只有韩融德高望重，逃出一劫。

胡母班，也是泰山人，还是王匡的妹夫。陶潜《集圣贤群辅录》载汉末之语“海内珍奇，胡母季皮”，从小仗义疏财，与度尚、张邈等八人被称为“八厨”。胡母班下狱后，给王匡写了一封义正词严的书信，他在信中悲痛地说道：“足下把我打入大牢，打算杀害，这是何等残暴无道啊！我与董卓是什么亲戚？又是什么同党？足下却张开虎狼之口，吐出长蛇般的毒舌，将对董卓的怒气发泄到我的身上，这又是何等残酷啊！死，是人最难面对的事，然而，我为自己被疯狂之人杀害而感到耻辱。如果死后有灵，我将向皇天后土控诉你的恶行。人说婚姻是灾祸和幸福的门槛，今日看来，这话说得是如此正确啊！过去，我们曾是一家，如今我们就是血海深仇！我这个死人遗留下两个女儿，是你的外甥女，等我死后，千万别让她们到我的尸体旁祭奠！”王匡接到胡母班的书信后，抱着胡母班的两个女儿失声痛哭，但仍然执行袁绍的命令，将胡母班杀害了。

《搜神记》卷四记载了他一件趣事，说的是：一次，胡母班在泰山游玩，在林间遇到一位骑马的仆从，将其召唤到一处宫殿之内，主人款待了他一番，让其给自己的女婿捎封书信，胡母班问他女婿是谁，回答称是河伯。胡母班乘船西行时，果真被带至河伯那里，河伯又款待他一番，并让他再带了一封回信。胡母班在长安滞留一年多才又返回家乡，将河伯的回信交给那位主人，在主人的宫殿里他突然发现自己的亡父竟然与数百人一起干苦力，亡父告诉他想当一名家乡的土地神。经胡母班请求，那位主人同意了，但胡母班回家以后，又经过一年多的时间，家中儿女全部死掉了。他又到那位主人那里询问原因，主人叫来胡母班的亡父，他的父亲说道："久别家乡，非常思念孙子们，加上酒食充足，遂把孙子们都召来了。"于是，主人就把胡母班的亡父撤职了，从此，胡母班再生下儿女就安然无恙了。

二五　孙坚入洛

与幽州相比，洛阳、长安却是物价飞涨。

董卓宣布废除五铢钱，改用小钱，将长安、洛阳的铜人、铜马等装饰物统统熔化铸钱，从此，长安、洛阳物价开始飞涨，一石谷竟然高达数万钱。

见无法招抚关东诸将，董卓开始部署进行军事打击。

他首先把矛头对准了近在咫尺的河内太守王匡。董卓先派遣疑兵前去河阳津挑战，而暗中派精锐部队偷偷从小平津渡过黄河，绕到河阳津的背后，对王匡发起突然袭击，大破王匡军，几乎将王匡军斩杀殆尽，王匡逃回老家泰山郡。董卓的军队将关东义军的俘虏，用十几匹涂满猪油的布包裹起来，然后从脚底下烧起，将他们活活烧死。

击败王匡后，董卓率军来到阳城（今河南省登封市），当时正值百姓们在土地庙前聚会，为了制造恐怖气氛，董卓下令将百姓全部斩杀，用死者的车辆满载妇女，将人头悬挂在车辕之上，高唱凯歌回到洛阳，声称讨伐关东义军大获全胜。回到洛阳后，董卓下令焚烧了人头，将妇女赏赐给士兵们当婢女、妻妾。

初平元年（公元190年）冬天，董卓听说孙坚在鲁阳城整顿军队，准备发兵洛阳，遂决定先发制人，主动向孙坚发起进攻。当董卓的数万大军突然来到鲁阳城近郊时，正值孙坚派遣长史公仇称回南阳督促军粮，孙坚在鲁阳东门外设下帐幔、安排酒宴给公仇称送行。董卓的数十名轻装骑兵最先来到鲁阳城下，孙坚正谈笑风生，给众人劝酒，他一面下令部下不得惊慌，一面命令大家做好战斗准备。不一会儿，董卓的骑兵来得越来越多，孙坚这才宣布结束宴会，慢慢从座位上起身，引导众人依次进入城内，边走边对大家说：“刚才我之所以没有立即起身返城，是担心士兵们慌乱之中相互践踏，你们无法顺利进城啊！”董卓见孙坚的部队纪律严明，遂不敢攻城，退回了洛阳。

不久，孙坚又将部队推进至梁东（今河南省汝州市以东）。董卓派遣中郎将徐荣、李蒙率军四处劫掠，徐荣与孙坚所部在梁（今河南省汝州市）遭遇，立即对孙坚所部发起猛攻，猝不及防的孙坚被打得大败，仅与数十名骑兵突围逃出，徐荣生擒义军颍川太守李旻，将其活活煮死。《英雄记》称："卓攻得李旻、张安，毕圭苑中生烹之，二人临入鼎，相谓曰：'不同日生，乃同日烹。'"孙坚经常头戴红色头巾[①]，遂脱去头巾让亲军将领祖茂戴上。徐荣的骑兵争相追赶祖茂，孙坚才得以从小路逃出一命。祖茂走投无路，遂下马，将头巾悬挂在坟地中间的木桩上，自己则埋伏在草丛之中。徐荣的骑兵望见，将木桩团团包围，走上前来一看才发现有假，遂撤离而去。

第二年（初平二年，公元191年）年初，孙坚重整军队，再次推进到梁县的阳人（今河南省汝州市以西）。董卓以陈郡（《资治通鉴》称东郡）太守胡轸为大都护，吕布为骑兵都督，率领五千步骑前来迎战。胡轸性格急躁，在出兵之前他就说："此次出战一定要斩杀一名青绶[②]，才算圆满。"众将听他这么一说，都非常厌烦。胡轸率领军队进抵广成[③]，距离阳人城有数十里之遥。此时，天色已晚，董卓军队也已人困马乏，按照董卓的指示，部队应当在广成宿营，好好休息一下，等到第二天拂晓再对阳人城发起进攻。但是，众将素来讨厌胡轸，想破坏这次军事行动，吕布等人遂声称："阳人城内的敌人已经逃跑了，应当立即组织追击，要不然就让他们逃脱了。"在这种情况下，胡轸下令全军连夜扑向阳人城。等到董卓军队来到城下，却发现城内守备严密，根本无法偷袭，这时，经过一整天急行军的军队早已疲惫不堪，加上已经到了半夜，又没有时间挖掘战壕，构筑营垒，于是，吕布等人又谎称："城中敌人出来啦！"顿时，军中一片大乱，人人丢盔卸甲，仓皇而逃。一帮人往回狂奔了十几里，发现城内并没有追

---

① 原为下等武士所戴，上等人要戴冠，但到东汉末年以后，名士以头戴平民的头巾为时尚，如《宋书·礼志五》引《傅子》称："汉末王公名士，多委王服，以幅巾为雅，是以袁绍、崔钧之徒，虽为将帅，皆著缣巾。"

② 《续汉志》曰：九卿、中二千石、二千石，青绶。

③ 《读史方舆纪要》卷五十一称："广城泽在汝州西四十里，有广城聚，灵帝置河南八关之一也。"

兵，此时已经天明，折腾了一夜的董卓军又返回阳人城下，捡拾夜里丢弃的武器、铠甲，打算继续攻城。但此时的阳人城防守更加严备，胡轸等人无法进攻，只得退去。孙坚出城追击，大破胡轸军，斩杀其都督华雄等人。《广韵》引《吴志·孙坚传》有都尉叶雄，也许，我们熟知的华雄其实叫叶雄。

孙坚取得阳人大捷后，有人对袁术说："孙坚如果得到洛阳，将无法控制，这是除掉了一条狼又迎来了一只猛虎啊。"袁术听了，心生疑虑，遂不再给孙坚送去军粮了。此时，袁术驻扎在鲁阳，阳人距离鲁阳一百多里，心急如焚的孙坚骑上快马星夜赶到鲁阳。见到袁术后，孙坚在地上画地图，向袁术陈述自己的作战方略，并说："我孙坚之所以奋不顾身，出生入死，上为国家讨伐奸贼，下为将军报仇雪恨。我孙坚与董卓并无骨肉私怨，而将军却听信谗言，竟然还心生猜疑！大功将立而军粮不继，这就是吴起之所以会在西河之上叹息流泪、乐毅之所以功败垂成啊！望将军三思！"听了孙坚的一番话，袁术不禁面红耳赤，当即答应调发军粮。孙坚又回到了阳人城。

还是在讨伐韩遂时，董卓就见识过孙坚的才能。阳人城之战后，为了拉拢孙坚，董卓派遣将军李傕等人来到孙坚军中求和，并答应把想当刺史、郡守的子弟名单给他，由其以朝廷的名义一一加以委任。孙坚说道："董卓逆天无道，倾覆王室，如今，我不灭掉你的三族，高悬你的人头展示天下，我孙坚死不瞑目，岂能与你和亲？"于是，孙坚率军继续推进到大谷（在今河南省洛阳市东南，为灵帝设置的八关之一），距离洛阳仅九十里。

董卓亲自率军出城，与孙坚军在洛阳城外的历代帝陵间交战，董卓战败，离开洛阳，退守渑池（今河南省渑池县），将部队集中部署在陕城（今河南省陕县）。孙坚进抵洛阳，又与吕布交战，再次将吕布击败，终于收复了洛阳城。

看到昔日繁华的洛阳被董卓糟蹋成一片废墟，数百里间没有了人烟，孙坚一阵惆怅，不禁落下了眼泪。他立即下令清扫汉室宗庙，以太牢之礼祭祀汉代先帝，又命人将董卓发掘的历代帝陵一一填埋、整理，然后分兵向新安（今河南省新安县）、渑池方向追击。

董卓对长史刘艾说："关东军屡战屡败，都害怕我，无所作为。唯独这个孙坚愣头愣脑的，颇能用人，你要告诉诸将，让大家对此人要特别小心。我昔日与周慎一起西征，周慎在金城包围了边章、韩遂，我曾对张温请求率领本部人马充当周慎的后援，张温却不听。我判断当时的形势，周慎肯定会失败，这事如今朝廷档案里都有记载。我的建议还没有得到回复，张温又派我去进攻先零羌，他认为西凉叛军很快就能被平定了，我知道这事不可能，但无可奈何，只得从命，留下别部司马刘靖率领四千步骑驻扎在安定，作为声援。叛羌见我率军前来，就回头打算攻击安定，断我退路，我率军迎战，叛羌一战就逃，是担心安定有驻军的缘故，他们误以为那里驻扎了数万人马，殊不知只有刘靖一人。当时，我又上书朝廷说明战场情况，孙坚则与周慎同行，对周慎建议率领一万人马进攻金城，让周慎率领两万人作为后援，边章、韩遂城内没有粮食，必须从外面转运，这样一来，他们会畏惧周慎的军队，不敢轻易与孙坚交战，而孙坚可以轻易地切断他们的粮道，如此，边章等人必定会逃到羌谷之中躲避，凉州也许会就此平定。张温既不采纳我的建议，周慎也不采纳孙坚的建议，他亲自率军进攻金城，毁坏金城外城城墙后，就飞马向张温禀报，自以为胜利在望，张温当时也自以为计策成功了。可是，边章等人切断了葵园，周慎只得扔掉辎重撤退，果然被我说中，朝廷也因此封我为孤都乡侯。孙坚虽然是个佐军司马，但见识与我相同，此人的才能自然是不错的。”

刘艾回答：“孙坚虽然当时有些见识，但不如李傕、郭汜。我听说他在美阳亭以北，率领一千骑兵与敌人遭遇，几乎被杀，还丢掉了印绶，这说明他孙坚并没有多大能耐。”

董卓说：“当时孙坚率领的是一群乌合之众，兵力没有敌人的精锐，况且，战斗都有胜有败。现在，讨论山东的大势，终归不会出现大的问题。”

刘艾回答：“山东孩儿驱赶一群百姓造反，兵锋不如我们，又怎能长久？”

董卓说：“是的。只要杀了袁绍、袁术、刘表、孙坚四人，天下自然会服从我的。”

孙坚驻扎在洛阳城南甄官井上，清晨，井里发出五彩之气，全军惊骇，无人敢到井里打水。孙坚命人下到井下，摸到了那枚一年前丢失的传国玉玺，方圆四寸，上纽雕刻有五条盘龙，在张让劫持少帝出奔时，掌握玉玺的人将玉玺投入这口井中了。据传说，该传国玉玺是和氏璧打造而成，由秦朝丞相李斯写下铭文，汉高祖刘邦进入咸阳后，秦帝子婴将玉玺交给了刘邦，王莽篡位，向元后索要玉玺，元后愤怒之余将玉玺摔到地上，摔破了一角，新朝覆灭后，玉玺又传到光武帝刘秀手中，至此为孙坚所得。后来，该枚玉玺又落入袁术之手，袁术死后，由徐璆送还许昌。后一直由曹魏、西晋帝室保存，西晋末年，天下大乱，玉玺又为刘汉政权刘聪所得，继而落入石勒之手。石赵帝国被冉闵灭亡后，玉玺被东晋濮阳太守戴僧施得到，送到了江南。南北朝时期，该玉玺历经刘宋、萧齐、萧梁三朝，在梁武帝末年侯景之乱中，侍中赵思贤将玉玺送给侯景的南兖州刺史郭元建，又转送给北齐辛术，辛术送交北齐朝廷。北齐灭亡后，玉玺进入北周、隋朝宫廷，隋末大乱，隋炀帝萧皇后携带玉玺逃入突厥，唐太宗讨伐突厥，玉玺又回到唐朝。五代十国时期，石敬瑭引诱契丹军队进攻后唐，末帝李从珂怀抱玉玺在洛阳玄武楼自焚而死，从此，这枚传国玉玺就在世间蒸发了。

另据《中华古今注》称："孙文台获青玉马鞍，其光照于衢路。"

二六　大乱天下（一）

传国玉玺历来被认为是受命于天的明证，此时，身在长安的汉献帝处境非常尴尬：一是他是逆贼董卓所立；二是他没有传国玉玺，有此两点，就足以让袁绍等人在内心质疑汉献帝继位的合法性，因此，就在孙坚攻进洛阳之前，一场另立皇帝的计划就在关东诸将中间开始讨论了。

对于关东诸将而言，另立一个皇帝起码有一点好处，那就是可以名正言顺地号令天下。如今袁绍的车骑将军也不过是自封的，其余诸位的官职也都是袁绍指令的，毕竟名不正言不顺，于是，大家一致认为献帝年幼，又受逼于董卓，远在关西，不知是否还活着，幽州牧刘虞是宗室重臣，又非常贤能，不如拥立刘虞为帝。但是，对于东汉帝国而言，另立一个新皇帝势必造成国家的分裂，各种势力集团又将产生一次影响更为深远的组合，而虽然汉献帝还在董卓的手里，但他毕竟是灵帝的儿子，因此，曹操反对说：“我等兴兵以后，天下各地之所以能够纷纷响应就是正义在我们一边。如果皇上年幼，受制于奸臣，并没有昌邑王的罪恶，一旦我们另立皇帝，天下怎能安定！你们想要向刘虞称臣，我曹操一人忠诚朝廷。”《魏书》称，曹操笑着说：“我不听你的。”袁绍又曾经得到了一枚玉印，当着曹操的面举着放在自己的肘部，曹操由此对袁绍产生了厌恶之心。袁绍又派人劝说曹操道：“如今袁绍兵强马壮，两个儿子也已成人，天下群雄，谁能比得过？”但曹操不置可否，并暗生了消灭袁绍之心。

《后汉书·光武十王传·琅邪王京传附刘容传》称：“初平元年，遣弟邈至长安奉章贡献，帝以邈为九江太守，封阳都侯。”又称：“初，邈至长安，盛称东郡太守曹操忠诚于帝，操以此德于邈。”又《三国志·武帝纪》称：曹操的父亲曹嵩在董卓之乱发生后，即从老家谯县前往徐州的琅邪国避难。由此可见，曹家与当时的琅邪王刘容关系甚密，初平元年是董卓与关东诸将僵持、也是汉献帝刚刚迁都长安的一年，刘容在这一年派弟弟刘邈来到长安，向汉献帝表示慰问，意味深长，刘邈在汉献帝跟前表明了曹操忠于朝廷的政治态度，似乎也想让长安朝廷基于分化瓦解关东诸将的考虑，能够给曹操一个地方官职。大乱之际，没有地盘就得仰人鼻息，根本没有发展的余地，而身为盟主的袁绍自己也仅仅是个渤海太守，给曹操不过一个奋武将军的空衔，毫无用处，在这种情况下，曹操利用琅邪王刘容试图接近汉献帝以换取一个名正言顺的职位，是非常可能的。但是，曹操的这一政治图谋并没有得逞，可能是董卓感到曹操反对自己的态度比较坚决，因而并没有同意。

韩馥、袁绍给袁术写信商量，说道："献帝不是灵帝的儿子，我们打算依照当年周勃、灌婴废杀少帝、迎立汉文帝的先例，拥立大司马刘虞为帝。"袁术见汉室衰弱，暗中怀有自立为帝的野心，不想拥立一位年长之君，遂表面上故作公允拒绝了。

袁绍又给袁术写信道："前不久，我与韩馥的建议，是为了让国家长治久安，也是想让天下见到一位中兴之主。如今，西方的幼主不过是个傀儡，与灵帝并无血缘关系，公卿大臣个个对董卓俯首帖耳，谄媚巴结，岂能相信他们的话！只需将部队把守住险关要隘，这些人自当老死在关中，我等在东方拥立圣主，天下自然会太平，这还有什么可怀疑的！我们袁家满门被杀，你难道不想想复仇的伍子胥，怎能再向如今的皇上称臣！违背上天不吉祥，希望你深思。"

袁术回信："皇上聪明睿智，仿佛过去的周成王那样，董卓因天下大乱之际，胁迫百官，这不过是汉室遇到的一点点小灾难。国家尚未安定，你们却又想在乱上添乱，竟然还说皇上与灵帝没有血缘关系，这难道不是凭空污蔑吗！我们袁家祖上世代忠良，太傅仁慈，虽然明知董卓会丧心病狂，但他为了大义，而不忍逃离。我们袁家一门灭绝，死的死，逃的逃，流离失所，幸而远近四方忠义之士来帮助我们，为何不趁此良机上讨国贼董卓，下洗刷家门之耻，却想出这个馊主意，这才是我闻所未闻的怪事！你的来信中又称：'我家被灭门，岂能再向皇上称臣'，这都是董卓所为，哪里与皇上有半点关系？君主的命令，就是上天的命令，不可违抗，亦不能怀恨在心，何况我们家被灭门并非皇上的意思呢！我的一片赤胆忠心，只想灭掉董卓，别的就不是我所知道的了。"

虽然曹操和袁术都不同意，但袁绍主意已定，遂派遣原乐浪太守张岐等人前去幽州，面见刘虞，提出拥立他为帝。刘虞厉声斥责张岐等人说：“如今天下分崩离析，主上奔波流离，我深受国家厚恩，未能洗雪国耻，诸位大人各自占据一方，理应齐心协力，匡扶汉室，反而竟想干出如此大逆不道之事，你们难道是想陷我于不仁不义中吗？”刘虞严词予以拒绝。

见刘虞态度坚决，袁绍等人退而求其次，又请求他接受录尚书事，代行皇帝职权，任命各级官吏。刘虞依旧不从，并诛杀了使者，他还威胁要只身逃往匈奴境内，袁绍等人只得作罢。

孙坚把董卓赶出洛阳地区以后，到了初平二年（公元191年）四月，董卓在部署了东部防线之后，回到了长安。还是在二月份，在他的授意下，献帝晋升他为太师，位次在诸侯王之上，因此，在他来到长安近郊时，满朝文武大臣都跪拜在道路一旁。董卓对御史中丞皇甫嵩说道：“义真（皇甫嵩的字），你怕吗？”皇甫嵩回答：“明公正以德行辅佐朝廷，我高兴还来不及呢，岂能害怕？如果大人滥杀无辜，天下人人都会害怕，又岂止我一人呢？”董卓听了，沉默一会，遂与皇甫嵩和解了。《山阳公载记》则称，当时皇甫嵩的回答是：“我过去怎知明公竟然到如今的这个地位！”董卓说：“鸿鹄本来就有远大的志向，只是燕雀不知而已。”皇甫嵩又说：“过去，我与明公都是鸿鹄，只是没有想到明公今日变成了凤凰。”董卓笑道：“你要是早一点服气我，今日就不用跪拜我了。”

董卓回到关中以后，关东的局势又发生了巨大的变化，正如曹丕《典论·自叙》说的那样：“山东大者连郡国，中者婴城邑，小者聚阡陌，以还相吞灭。会黄巾盛于海、岱，山寇暴于并、冀，乘胜转攻，席卷而南，乡邑望烟而奔，城郭睹尘而溃，百姓死亡，暴骨如莽。”

黄巾军在占领青州之后，兵威甚盛，有三十万之众。在青州黄巾军的影响下，一度投靠朝廷并与袁绍等关东义军联合的张燕黑山贼以及于毒、白绕、眭固等部也都纷纷再起。青州黄巾军得知冀州黑山贼等复起后，即离开青州，转兵北上，进入冀州，朝渤海郡杀来，打算与之会师。公孙瓒率领两万步骑在东光（今河北省东光县南）大破黄巾军，斩首三万余级，黄巾军抛弃辎重，掉头南逃，想渡过黄河返回青州。公孙瓒趁黄巾军渡过一半时纵兵攻击，再次大破敌人，又杀死了数万人，鲜血将黄河河水也染成了红色。此战，公孙瓒声威大震，俘虏七万人，缴获的军需物资不计其数，也重创了青州黄巾，挫败了青州黄巾与黑山张燕等部会师的企图。青州黄巾军被公孙瓒从冀州打了回来，虽然损失惨重，但尚有二十万之众，北海（今山东省寿光市东南）相孔融率军迎击，却被黄巾军张饶等部击败，孔融收拾残兵败将退守朱虚县（今山东省临朐县东六十里）。在朱虚县，孔融又搜集了四万吏民，设置学校，修筑城池，举荐郑玄、邴原等名士。

在黄巾军再度叛乱的同时，关东诸将之间的矛盾也开始激化，联军逐渐瓦解。

首先是刘虞与公孙瓒的矛盾。当时，刘虞率军驻扎在安平（安平国治所信都，今河北省冀州市，又有安平县，即今河北省安平县），公孙瓒将其击败，二人矛盾开始公开化。公孙瓒之所以要打击刘虞，固然二人的矛盾是诱因，但是，刘虞拒绝了袁绍，已将袁绍置于叛臣贼子的境地，公孙瓒肯定是受了袁绍的撺掇，才敢于这么做的。此事见于《三国志·袁绍传》中，不见于其他史料，从其他史料上看，虽然公孙瓒与刘虞的确有矛盾，但在初平二年时双方并未翻脸，因此，这条记载可能有误。

其次是袁绍与韩馥之间的矛盾。韩馥看到天下豪杰大多归心袁绍，心存忌惮，暗中减少送去的军粮，想让袁绍军因军粮短缺而离散。正巧，韩馥的部将麹义发动叛乱，韩馥率军前去镇压，反被麹义击败，袁绍对韩馥怀恨在心，遂与麹义联合了起来。袁绍的门客逢纪对袁绍建议说：“将军举大事却仰仗别人的资助，如果不占据一个州，是难以自全的。”袁绍说：“冀州兵强马壮，我军饥饿疲惫，如果不能成功，更无立足之地了。”逢纪建议道：“韩馥不过是个平庸之人，可以暗中请公孙瓒率军南下，让他夺取冀州。公孙瓒肯定会来，而韩馥也会惊慌失措，此时，我们再派去一名口才极好之人，前去韩馥那里分析祸福，仓促之际，韩馥肯定会让出冀州。”袁绍答应了，当即给公孙瓒写信，果然，公孙瓒见信后即率军南下，对外声称要讨伐董卓，而实际上阴谋偷袭韩馥。韩馥派军与公孙瓒作战，但又战败了。此时，董卓已经回到了关中，袁绍遂率军离开河内，东返延津，派外甥高干以及韩馥的亲信辛评、荀谌、郭图等人劝说韩馥道：“公孙瓒率领燕代之兵乘胜南下，而各郡纷纷响应，其锋难以抵挡，袁车骑又率军东来，意图不明，我们都替大人担忧啊！”韩馥听了，不禁忧心忡忡，问道：“那该如何是好？”

二七　大乱天下（二）

荀谌是荀彧的兄弟（一说四哥）。

他问韩馥：“大人自以为宽厚仁慈、包容众人、为天下人所信服这方面，与袁绍相比如何？”

韩馥回答：“不如人家。”

荀谌又问：“您认为面临危险果敢坚决，智勇过人，与袁绍相比又如何呢？”

韩馥又答：“不如啊。”

荀谌又问：“累世广布恩德，天下之人都受到人家的恩惠，与袁绍相比又如何？”

韩馥又回答：“不如。”

荀谌又说：“渤海虽说是一个郡，其实实力相当于一个州。如今，将军您在这三个方面都不如袁绍，地位却在人家之上，袁绍为一代豪杰，肯定不会自甘久居您的下面。况且，如今公孙瓒手握燕代精兵，兵锋难以抵挡。借助冀州富饶的物资，一旦袁绍与公孙瓒两支军队联合起来，一起推进到邺城城下，很快就会有灭顶之灾。袁将军与大人是旧友，又是同盟，当今之计不如将冀州让给袁绍，这样一来，袁绍必定会对将军非常感激，公孙瓒也无能为力了。将军既有让贤的美名，又安如泰山，希望将军千万不要再犹豫了。”

韩馥素来胆小如鼠，听了众人的一番话，想想也觉得不无道理。

韩馥的长史耿武、别驾闵纯、治中李历、骑都尉沮授听说后，劝谏韩馥说：“冀州有十万甲士，粮食充裕，有十年的粮食储备。袁绍孤客穷军，仰仗我们鼻息，就像怀抱中嗷嗷待哺的婴儿一样，给他断奶，立马就会把他饿死。为何要将冀州让给他呢！”

韩馥回答：“我是袁家的老部下，况且才能又不如本初（袁绍字），衡量自己的德才而让贤，这一高尚的举动为古人所珍视，为何你们却一味反对呢？”

韩馥的都督从事赵孚、程奂率领一万强弓手驻扎在孟津（一说河阳），听说韩馥将要把冀州让给袁绍，二人率军火速东下。当时，袁绍尚驻扎在朝歌（今河南省淇县）的清水[①]，赵孚、程奂与袁绍均率军从水路向邺城进发，二人在后面赶上袁绍之军，有数百艘战舰，一万多将士，在深夜经过袁绍军营时，战鼓雷鸣，军容严整，袁绍看在眼里，非常紧张。

赵孚、程奂回到邺城后，对韩馥说：“袁绍军中没有多少军粮，各军已经离散，虽然张杨、于扶罗刚刚投靠了他，但与他并不一心，不足为虑。我等请求率领本部人马前去迎敌，不出十日，袁绍必定会土崩瓦解。将军只用大开房门高卧，又有什么可忧虑、害怕的呢！”

韩馥早已吓破了胆，根本听不进去，遂主动提出让位，离开官衙，迁居中常侍赵忠在邺城的旧宅，派遣儿子把冀州牧的印绶送到黎阳袁绍军中。袁绍将至邺城，韩馥的十余名从事争相出城投靠新主人，唯独耿武、闵纯挥刀阻拦，却阻拦不住。袁绍入城后，立即命令田丰将二人杀掉了。

初平二年（公元191年）七月，即在董卓回到长安三个月后，袁绍遂以车骑将军的身份兼任了冀州牧，他代行皇帝职权任命韩馥为奋威将军，却不给他一兵一卒，也没有官属，完全是个空衔。

骑都尉沮授，是广平（今河北省鸡泽县）人，从小就有大志，足智多谋，被举荐为茂才（郡二十万人一年举一名孝廉，一个州一年仅举一名茂才），曾历任两个县的县令，又担任冀州别驾，拜为骑都尉。袁绍接管冀州后，又引沮授为别驾。当时的年号为初平，而袁绍的字又叫本初，他以为自己的字与年号相合，自己肯定能够平定大乱，遂对沮授说：“如今贼臣作乱，朝廷西迁，我历代受到国家厚恩，一心要兴复汉室，可是，齐桓公如果没有管仲协助将不能建立霸业、勾践没有范蠡辅佐也难以存国，如今，我想与卿齐心协力，安定社稷，卿有什么良

---

① 《太平寰宇记》卷五十六称：“清水与淇水合，东入白沟。淇口水出共山，东至卫县西三百三十一里，又南流二十三里，与清水合入河，谓之淇水口”，南岸即延津。

策？”

沮授回答：“将军年少即立身于朝廷之上，名满天下，在董卓废立之际，忠义奋发，单骑出奔，董卓即胆战心惊，北渡黄河，渤海百姓就纷纷归附。率领一郡之兵，带上冀州之众，威震河北，名重天下。即使黄巾扰乱，黑山跋扈，你率军东进，必定能够平定青州；还师冀州，张燕一定能被消灭；发兵北上，公孙瓒也将失败；威胁戎狄，则匈奴一定会服从。纵横黄河以北，囊括冀州、青州、幽州、并州四州之地，收揽英雄，拥百万之众，将皇上从长安迎回，在洛阳恢复汉室的宗庙社稷，号令天下，讨伐不服从的，以此将谁能与大人争锋？经过数年的努力，做到这一步并不太难。”

袁绍大喜，说道：“说出我的心愿了啊！”遂任命沮授为监军、奋武将军（一说为奋威将军）。审配、田丰二人均因正直而被韩馥疏远，袁绍任命田丰为别驾，审配为治中，朱汉为都官从事（类似司隶校尉），以许攸、逢纪、荀谌为谋士。田丰，字元皓，史称他“天姿瑰杰，权略多奇，博闻多识”，被举荐为茂才，任侍御史，他见佞幸满朝，遂辞官回家，袁绍举义后，将他请来辅佐。审配，字正南，刚烈正直。许攸，字子元，年少时与曹操是好友。《英雄记》称，他与逢纪一起投奔袁绍，《汉末名士录》记载袁术对他的评价是：“许子远凶淫之人，性行不纯。”朱汉过去不被韩馥礼遇，他一直心怀怨恨，为了讨好袁绍，遂擅自发兵包围了韩馥的住宅，韩馥吓得逃到楼上，侥幸逃出一命。朱汉抓住了韩馥的长子，把双脚打断。袁绍得知后，为了安抚韩馥，当即下令逮捕了朱汉，并将其诛杀。当时，天下豪杰皆听命于袁绍，各地起兵无不以袁绍为名，朱汉被杀后，韩馥内心仍然非常不安，请求袁绍让自己离开，依附于张邈。后来，袁绍派人前去张邈那里商议事务，韩馥见使者与张邈窃窃私语，误以为袁绍是派人让张邈杀了自己，坐了一会儿，他就起身上厕所，在厕所里以裁纸刀自杀了。《三国志》称，袁绍“绍外宽雅，有局度，忧喜不形于色，而内多忌害”，后来，袁绍在给朝廷的上表中还说：“故冀州牧韩馥怀挟逆谋，欲专权势，绝臣军粮”，又说“韩馥怀惧，谢咎归土”，说明虽然韩馥将冀州让给了他，他却不仅对韩馥毫无感恩之心，相反，一直对韩馥耿耿于怀。

再次，是袁绍与袁术二人的矛盾。

袁绍、袁术兄弟二人是一对奇怪的组合：袁绍是兄，袁术是弟；袁绍是庶子，袁术是嫡子；袁绍步入仕途由郎官，后任濮阳县长，又进入大将军何进的幕府，袁术则以孝廉为郎中，基本上一直在京师任职，历任折冲校尉、虎贲中郎将等美差；袁绍更加注重培养名声，拉拢海内名士，名气更大一些，袁术就差了一些；如今袁绍的车骑将军是自封的，而袁术的后将军一职则是董卓以朝廷之名任命的；袁绍拥有了富庶的冀州，而袁术只占据荆州的南阳郡；袁绍是所谓的盟主，而袁术则不是。在袁术看来，自己才是袁家的正统，如今却不如袁绍，这自然让他愤愤不平。

刘虞拒绝袁绍等人拥立自己为帝后，为了向汉献帝表明自己的忠心，他特意选派下属田畴、鲜于银二人辗转来到长安。

田畴，字子泰，一说字子春，右北平无终（今天津市蓟县）人。宋绍熙壬子冬赣川曾集刻本陶潜《拟古诗》称："辞家夙严驾，当往至无终，闻有田子春，节义为士雄。"并在下作注称或作子泰，由此可知，宋人已无从确定何者为是。田畴好读书，精通剑术，刘虞想找一位能够西去不辱使命的使者，众人一致推举年仅二十岁的田畴，说："田畴虽然年少，却是位奇士。"刘虞见到田畴后大喜，遂任命其为掾。临行前，田畴请求刘虞说："如今道路阻断，盗贼纵横，以官府使者的身份西行目标太大，请允许我微服西行。"刘虞答应后，田畴回到家中，挑选自己家二十名门客骑马西去，过居庸关，沿着阴山山脉，经朔方郡，辗转来到了长安。

献帝也想东归，见到二人到来后不禁大喜，当时，刘虞的儿子刘和在长安朝中担任侍中，献帝遂派遣刘和偷偷逃出长安，让他告知刘虞发兵迎接。刘和从武关东下，来到南阳，袁术打算与刘虞结成同盟以对付袁绍等人，遂将刘和扣留了下来，并答应发兵一起迎接献帝。刘虞接到刘和的书信后，当即派数千骑兵南下，公孙瓒知道袁术心存叵测，极力劝阻刘虞，但刘虞不从。公孙瓒见刘虞不从，反而担心自己因此而得罪了袁术，也派遣堂弟公孙越率领数千骑兵来到南阳，暗中叮嘱公孙越到南阳以后，劝说袁术软禁刘和，夺取他的军队。不久，刘和从袁术那里逃离，在经过冀州时又被袁绍扣留，从此，刘虞与公孙瓒之间的矛盾开始激化了。

二八　大乱天下（三）

如前所述，孙坚让出南阳给袁术，袁术遂任命孙坚接替孔伷为豫州刺史。孙坚还在洛阳前线时，袁绍就又任命周昂为豫州刺史，偷袭夺占了孙坚的后方根据地阳城（今河南省登封市）。《资治通鉴》《三国志·公孙瓒传》均称被袁绍任命的是周昂，《后汉书·公孙瓒传》更记作周昕。周昕三兄弟依次为周昕、周昂、周喁，周昕此时为丹阳太守，不可能来此争夺豫州刺史，周昂、周喁均在义军中，其中周昂后被袁绍任命为九江太守，而周喁则在曹操军中。《三国志·孙坚传》注引《吴录》、《会稽典录》及《三国志·孙贲传》等处皆记作周喁，对此，前人已辨其误，当为周喁。

如果是周喁的话，就又产生了一个问题：干出如此不地道的事，幕后的指使者又是谁呢？曹操在江淮征兵时，周喁率领两千人追随，成了曹操部下，虽然在这段时间里，不论袁绍或是曹操都是客军，没有一个像样的根据地，但毕竟袁绍有渤海郡，而曹操却是名副其实的游击队，结合曹操急于寻找一个根据地以及周喁是曹操部下这一点，给袁绍出这个馊主意的极有可能是曹操。曹操借袁绍之名让周喁占据豫州，只不过是让其充当自己的代言人，此举既巧妙地回避了自己与袁术正面冲突，又起到了离间袁绍、袁术兄弟的作用。《三国志》可能是基于回护曹操而只提及决策人袁绍。

孙坚打下洛阳后，即部署军队对董卓的残兵实施追击，由此可知，他并没有善罢甘休，以他勇猛果敢的性格也绝不会就此罢手，然而，当他在前线苦苦奋战之时，袁绍命令周喁抢占自己的地盘，这确实出乎孙坚的预料。得知消息后，他长叹一声，说道："大家一起兴起义军，为的是匡扶社稷，逆贼行将被消灭而这些人却如此作为，我将与何人一起并肩作战呢！"说完，这位英雄不禁悲从中来，流下了眼泪。于是，他率部撤离了洛阳，回师进攻周喁，将其赶出了阳城。

在阳城之战中，袁术也派遣公孙越率领的数千骑兵协助孙坚，激战中，公孙越竟被流箭射死。公孙越的死又引发了一个新的矛盾，即袁绍与公孙瓒之间的矛盾，这是第四个矛盾。

得知弟弟的死讯，公孙瓒大怒，说道："我弟弟的死起因于袁绍。"遂进军磐河（今山东省乐陵县西南），将要为弟弟报仇。袁绍害怕了，将自己的渤海太守一职授予公孙瓒的堂弟公孙范，予以拉拢，谁知公孙范来到渤海郡以后，随即就背叛了袁绍，率领渤海郡的军队协助公孙瓒击破了青州、徐州的黄巾军，公孙瓒的兵势更盛，遂进军界桥（据《水经注》，界桥在今河北省威县东北、广宗县东老漳河上）。

公孙瓒上书提出袁绍有十条大罪：

一是他身为司隶校尉时，不能正身立朝，致使丁原焚烧孟津，招来了董卓；

二是董卓入洛后，袁绍没有能力保护主上，却弃职潜逃，对上不忠；

三是袁绍为渤海太守时将进攻董卓，却不及时告知太傅袁隗，致使太傅一家为董卓所杀，不仁不孝；

四是袁绍兴兵已过两个年头，不把国难放在心头，反而强迫百姓交钱交粮，致使民怨沸腾；

五是窃取冀州后，袁绍送给各地的文书都盖上"诏书一封，邟乡侯印"，这与王莽阴谋篡权之初如出一辙；

六是袁绍还让崔巨业观察星象，给他送去很多钱财，并与他一起率军劫掠郡县，这岂是大臣应当做的？

七是袁绍原本与虎牙都尉刘勋一起起兵，刘勋屡立战功，又降服了张杨，可袁绍却因一点小事将其杀害；

八是袁绍让前上谷太守高焉、前甘陵相姚贡交纳金钱，二人没有及时交上，就被其斩杀；

九是袁绍之母只是个婢女，袁绍出身非常低贱，不配当袁家的后代，可是他忝居高位，侮辱了袁氏一门；

十是长沙太守孙坚先兼任豫州刺史，他赶走了董卓，修复了宗庙，功劳很大，袁绍却让周喁窃据豫州，断绝孙坚的军粮，致使董卓未能被消灭。

公孙瓒还说："臣又每得后将军袁术书，云绍非术类也"云云，显然，公孙越的被杀只是一个导火索，而袁绍将公孙瓒当枪手，采取诈术夺取冀州才是二人产生矛盾的根源。

虽然沮授说得轻松，但其实袁绍面临的局势也是非常严峻的：一是来自公孙瓒的强大军事压力。公孙瓒接连击败黄巾军，实力大增，乘战胜之威，在与袁绍军的零星作战中，又连续击败了袁绍。在初战击败袁绍后，公孙瓒以部将严纲为冀州刺史、田楷为青州刺史、单经为兖州刺史，又将新占领区的太守、县令全部换成自己的人。二是冀州内部也不平静。像渤海太守公孙范倒戈就是一例，除此之外，冀州各地百姓纷纷投靠公孙瓒，赵云率领本郡郡兵投靠公孙瓒又是一例。赵云，字子龙，常山（郡治汉代在今河北省元氏县）真定（今河北省正定县）人，身高八尺（1.84米），相貌雄伟，受常山郡太守的委派率领本郡义从官吏、士兵归顺公孙瓒。此时，袁绍刚刚自称冀州牧，公孙瓒非常担心冀州人会归附袁绍，见到赵云前来十分高兴，遂半开玩笑地对赵云说："我听说贵州百姓都愿意归附袁绍，君为何能迷而知返呢？"公孙瓒此时说冀州百姓都愿意归顺袁绍，并不代表是实情，只是他开玩笑时这么一说。据《后汉书·郡国二》，冀州下辖九个郡国，分别是：魏郡、巨鹿郡、常山郡、中山郡、安平郡、河间郡、清河郡、赵国、渤海郡。界桥在巨鹿郡的广平县一带，从后来两军在界桥交手以及常山赵云投靠公孙瓒这一情况来看，袁绍能够控制的地区大体只有魏郡以南以西，而冀州的大部均已被公孙瓒占领，《三国志·公孙瓒传》称："冀州长吏无不望风响应，开门受之。"就可以说明这一点。赵云回答："天下大乱，我们也不知该投靠哪边，百姓有倒悬之危，因此，大家讨论决定服从行仁政的一方，并非是我们忽视袁大人而对将军您有什么私心啊。"要是换了别人，自然会对公孙瓒狠拍一通，而赵云却没有，公孙瓒听了赵云不卑不亢的话，肯定不太高兴。赵云率领的常山军虽然跟从公孙瓒作战，却是一支半独立的部队，而赵云对公孙瓒的态度也让一个急切扩充自己队伍的人看出了机会，此人就是刘备，他开始主动接近赵云进行拉拢。

话说到这里，索性再扯远一些，补叙一下刘备。

六年前，当黄巾起义时，刘备带上自己的人跟随校尉邹靖作战，战后被授予安喜（今河北省定州市东）县尉，刘备当年二十四岁。不久，东汉朝廷下令整顿吏治，对于因战功而被任命为官的人进行复核，接下来就发生了“鞭打督邮”事件。《三国志·先主传》对此事的记载是：“督邮（郡里的巡视官）以公事到县，先主求谒，不通，直入缚督邮，杖二百，解绶系其颈著马枊，弃官亡命。”《典略》的记载则是：“其后，州郡被诏书，其有军功为长吏者，当沙汰之，备疑在遣中。督邮至县，当遣备，备素知之。闻督邮在传舍，备欲求见督邮，督邮称疾不肯见备，备恨之，因还治，将吏卒更诣传舍，突入门，言‘我被府君密教收督邮’。遂就床缚之，将出到界，自解其绶以系督邮颈，缚之著树，鞭杖百余下，欲杀之。督邮求哀，乃释去之。”

《三国志》只提到督邮下县有公事，而《典略》则进一步指明了督邮的公事就是要沙汰因“军功为长吏者”，但《典略》的这一说法并不能让我们满意，东汉政府怎么会将所有有军功的人都淘汰呢？以情理分析是不可能的，就实际情况看也不是实情，像孙坚等人均是因战功而受到节节提拔，当时正是用人之际，东汉政府岂能愚蠢到这个地步？显然，又是出于回护的目的，史家在这句话中故意漏掉了两个字，即“虚报”，原话应为：“其有（虚报）军功为长吏者，当沙汰之，备疑在遣中。”为什么督邮刚到安喜县，刘备自己就“疑在遣中”（怀疑自己可能在沙汰范围）呢？这更说明了他对自己如何得到这个县尉是心里有数的，在督邮来到以后，刘备想做出最后的努力，前去拜见，通融一下，但遭到了拒绝，遂不禁大怒，亲自把督邮打个半死，然后弃官而去。刘备弃官以后，大约是去了洛阳，不久，大将军何进派人到各地募兵，都尉毌丘毅奉命前往丹阳招募军队，刘备与毌丘毅一同前去，一行人行至下邳（今江苏省邳州市）遭遇强盗，刘备“力战有功”，被任命为下密（属青州北海国属县，今山东省昌邑市东）县丞，后又离职。刘备此次的离职原因不详，但可能与青州复起的黄巾军有关，后被任命为高唐（青州平原郡属县，今山东省高唐县）县尉，又升任高唐县令。《英雄记》称：“灵帝末年，备尝在京师，复与曹公俱还沛国，募召合众。会灵帝崩，天下大乱，备亦起军从讨董卓。”刘备这次离京招募军队是指与毌丘毅那次，还是他在丢掉下密丞后再次回到了洛阳，第二次离京，已经难以查明了。在青州黄巾军北进时，担任高唐县令的刘备再次被击败，遂投奔了公孙瓒，初平二年十月，公孙瓒任命其为别部司马，让其率领本部人马协助青州刺史田楷一起抵御袁绍。刘备率部在与袁绍的作战中屡立战功，不久，又被公孙瓒任命为平原令，代理平原相。其间，赵云也随刘备来到了平原，担任刘备的骑兵部队主将。刘备是一个不甘屈居人下的人，他一直在伺机扩大自己的力量，实现单飞的梦想，在与赵云朝夕相处中，他又施展自己一贯“下人”（对地位低的人过分谦虚）的姿态，与赵云“同床眠卧”（《云别传》语，此句记于刘备投靠袁绍以后，但在此时想必也是如此），二人“深自结托”，结下了深厚的友谊。

二九　大乱天下（四）

话说远了，打住。

接下来继续说袁绍面临的严峻形势的第三方面，那就是袁绍内部的分裂势力。在袁绍得到冀州后不久，原本归附于他的南单于于扶罗所部（可能还有白波贼一部）就阴谋脱离袁绍。于扶罗劫持张杨一起叛逃，袁绍命令麹义率军追击，在邺城以南击破了南单于于扶罗。于扶罗率领残余部众逃往黎阳（今河南省浚县）。在黎阳，于扶罗又击败了度辽将军耿祉的军队，部队这才恢复了元气。董卓见南单于和张杨脱离了袁绍，遂任命张杨为建义将军、河内太守，此后，南单于、白波贼以及张杨所部就盘踞在河内郡、河东郡一带，政治态度暧昧。

第四是复起的黑山诸贼。张燕派部将杜长等人协助公孙瓒与袁绍为敌，与此同时，黑山、于毒、白绕、眭固等十余万众进攻东郡，东郡太守王肱无法抵御。鲍信对曹操说："袁绍身为盟主，却趁机争权夺利，将会让天下更乱，这是又出现了一个董卓啊！如果与之为敌，我们又打不过他，只会平白无故地树敌。看事态我们只能在黄河以南找个地方，以观其变。"当黑山诸贼进攻东郡时，曹操即率领本部人马进入东郡，在濮阳击破了白绕部，袁绍遂任命曹操为东郡太守，治所设在东武阳[①]。

前面我们说了刘虞与公孙瓒、袁绍与韩馥、袁术与袁绍、袁绍与公孙瓒之间四对矛盾，其中袁绍与韩馥之间以袁绍夺取冀州、韩馥自杀而告终，下余三对矛盾袁绍行将激化，除了这四对矛盾之外，还有第五对矛盾：袁术与刘表的矛盾。

---

① 东郡原治所濮阳，今河南省濮阳市，曹操改治东武阳，即今山东省莘县，一说在河南省南乐县。

南阳郡在东汉时期是最富庶的一个大郡，据《后汉书·郡国志》记载，在汉顺帝时期，南阳郡就有人口243万，而当时的京师洛阳即河南尹也不过110万人，南阳一个郡的人口就相当于一个司隶校尉直辖区，整个豫州的三分之一强，冀州、益州的二分之一，兖州、青州、扬州的一多半，近一个徐州，凉州的六倍，并州的四倍，交州的二倍，比幽州还多，占东汉全国人口的二十分之一。到东汉末年，据《资治通鉴》的记载，南阳人口已达数百万，但是，袁术自从得到南阳以后，骄奢淫逸，征发无度，南阳百姓逐渐对其失去信心，稍稍开始外迁了。袁术与袁绍产生隔阂以后，双方各自采取远交近攻的策略，袁术拉拢公孙瓒以对付袁绍，而袁绍则与刘表结好，用来牵制袁术。袁术看到天下豪杰大多投靠了袁绍，不禁大怒，说道："这帮混蛋不追随我，反而去追随我家的家奴吗？"又给公孙瓒写信说："他袁绍根本就不是我们袁家的种！"公孙瓒在讨伐袁绍的檄文中就提到了这一点，袁绍看后，勃然大怒。

袁术与刘表的矛盾除了袁绍的因素外，还有现实的客观原因：刘表是朝廷任命的荆州刺史，可谓名正言顺，而袁术占据荆州下属的南阳郡却并没有多少法理上的依据；不过，袁术官居后将军，位次九卿。刘表此时却仅仅是个刺史，即使在东汉末期，州牧与刺史的权力也是有严格区别的，但是，在天下大乱之际，官帽满天飞，朝廷失驭，地方权力无限膨胀，刺史们也都想行使州牧的权力，刘表平定荆州各地宗部，自行安排官吏，就是明证，他当然也想去控制富庶的南阳郡，而对于袁术来说，要想北上与公孙瓒协同打击袁绍，就必须先确保后方的稳定，故此，拿下刘表，占据荆州就成了他不二的选择。

初平二年，当公孙瓒与袁绍对峙之时，袁术就命令豫州刺史孙坚南下，发起了对刘表的进攻。刘表命令部将黄祖迎战，双方在樊（今湖北省襄阳市樊城区）、邓[①]之间作战，孙坚击破黄祖，乘胜渡过汉水，包围了襄阳。刘表趁夜派遣黄祖出城到外地征调军队，等黄祖率军返回时，孙坚领兵迎击，再次将黄祖击败，黄祖逃往岘山（今湖北省襄阳市南）之中。孙坚乘胜追击，黄祖军中士兵藏匿在竹林之中一箭将孙坚射杀。孙坚死时年仅三十七岁。

孙坚共有五个儿子：孙策、孙权、孙翊、孙匡，少子（也是庶子）孙朗

---

① 《读史方舆纪要》卷七十九称："邓城在襄阳府东北二十里，唐贞元末移临汉县治，古邓城遂为邓城县。"

（又名孙仁）。他死时，长子孙策年仅十七岁，次子孙权才十一岁。关于孙坚的死年，有初平二年（《资治通鉴》）、三年（《后汉书》《三国志》）、四年（《英雄记》）三种说法，但据《山阳公载记》记载的孙策后来的上表称自己“臣年十七，丧失所怙”可知，孙坚死于初平二年无疑；关于孙坚的死因也有三种说法：1.《三国志》称，其单人匹马“行岘山”，被黄祖士兵射杀；2.《资治通鉴》采纳了《典略》的说法，即前述的迎击黄祖援军被射杀；3.《英雄记》则称，刘表部将吕公率军沿着岘山向孙坚所部推进，孙坚率领轻装骑兵迎战，吕公所部士兵从山上推下巨石，砸中孙坚头部，致其当场死亡。孙权后来称帝后，追谥父亲孙坚为武烈皇帝。孙坚死后，孙坚所举荐的长沙孝廉桓阶（后为曹魏尚书令）冒死请求刘表，送还孙坚的尸体，刘表同意了。《读史方舆纪要》称：“丹阳县治曲阿，吴陵在县西十五里，孙坚葬此。”《吴地记》称：“盘门东北二里有孙坚及孙策坟。”《一统志》称：“孙王墓在江苏苏州府吴县南。”据此，孙坚最初葬在曲阿（今江苏省丹阳市），后迁葬吴（今江苏省苏州市）。

孙坚是东汉末年不可多得的将才，在关东联军中，他杀华雄，败吕布，走董卓，占洛阳，是唯一敢于多次与董卓军正面作战、并屡屡击败董卓、成功收复洛阳的将领。如果说曹操与徐荣的交手让徐荣不敢小觑酸枣义军，那么，孙坚的骁勇善战也是董卓知难而退、撤离洛阳的很重要的因素。孙坚的单兵作战能力超强：十七岁时一人持刀击败海盗、斩杀一人；在平定黄巾军的南阳之战中，在万众之中第一个爬上城墙为官军夺取南阳立下了头功；孙坚还两次击败吕布，一次击败董卓，这一系列战功与关羽斩颜良、典韦抗吕布、许褚斗马超、张辽战合肥等脍炙人口的经典战例相比毫不逊色。但是，由于孙坚艺高人胆大，在用兵过程中还是暴露出他疏于防范的缺点，比如，在鲁阳时，董卓数万军队前来，而孙坚正在城外送客，虽然孙坚镇定果敢，从容撤回城内，但这也说明了他没有设置瞭望哨以及警戒部队，而这一致命的缺点也最终让其死于无名军士之手。

把孙坚与董卓、刘备等人相比，他们大约可以归于同一类人，而曹操等人则为另一类人。孙坚等人均出身于下层，完全属于天生的英雄，他们有一个共同的特点，那就是有强大的个人魅力或者说吸引力，在他们尚未建立功业时就表现出非常喜欢结交朋友的特点，比如，孙坚还是一名小小的县丞时，迎来送往的旧交、知己每天就高达数百人，这是一个什么概念！又如董卓将朝廷赏赐给自己的九千匹布帛全部赏给部下，自己一点不留，这又是什么样的心胸？刘备毫无根基，却能聚合一群兄弟，虽然三人争取人心的方式稍有不同（孙坚以个人能力、董卓以钱财、刘备以谦恭），但他们都深知一个好汉三个帮，在这个世界上，如果没有了朋友，将是寸步难行，更不要说在乱世了。如果说这三人从天性上就有成为英雄人物的特质的话，曹操就属于后天造就的英雄。曹操出身官宦人家，与前三人的家庭背景不可同日而语，在年少时期是个到处惹是生非的混世魔王，随着年龄的增长，才折节读书，并较早地投身仕途；起兵之初，也更多地依靠家族势力、仕途积淀出的人脉关系等因素，这些都与前三人还是有所不同的。

孙坚死后，孙坚的侄儿孙贲率部投靠袁术，袁术任命其为豫州刺史。孙贲，字伯阳，他的父亲孙羌，字圣台，是孙坚同母同父哥哥。孙贲的父母早亡，弟弟孙辅还是个婴儿，孙贲亲自抚养，兄弟二人感情非常深，后孙贲担任本郡的督邮。孙坚在长沙起兵后，孙贲辞职跟随叔父作战。

当初董卓入关时，留下河南尹朱儁驻守洛阳，而朱儁却暗自与关东诸将通谋，他担心被董卓偷袭，遂南逃到了荆州。董卓又任命杨懿为河南尹，朱儁听说后，又率军回到洛阳，将杨懿赶跑。因洛阳周边地区已经非常残破，朱儁遂率部东进，驻扎在中牟（今河南省中牟县），号召各地发兵讨伐董卓，但是，各地军阀都忙着你争我斗，哪有人还有心思讨伐董卓？唯独徐州刺史陶谦上表推举朱儁为代理车骑将军，并派遣三千精兵前来协助，其余州郡多少也派了点部队应景。

初平二年的确是个大乱之年。整个东汉帝国狼烟四起，一团乱麻。幽州冀州：刘虞与公孙瓒势同水火，公孙瓒与袁绍行将火并；青州、兖州：黄巾军卷土重来，公孙瓒大破黄巾军，曹操击退黑山白绕，占据东郡；豫州：孙坚、袁术赶走周喁；豫州、荆州：孙坚与刘表对决，孙坚被杀；徐州：陶谦击破黄巾；河南尹：朱儁驻扎中牟，蓄势待发；扬州：宗部横行。

三〇　大乱天下（五）

在内地一片大乱时，益州、辽东两个偏远的地区相对好了许多。

益州：

益州牧刘焉自灵帝中平五年（公元188年）来到益州至今已历四年。刘焉来到益州后，平定了马相、赵祇的叛乱，收降了五斗米道头领张修，在他的治理下，州境尚属平静，关东举义后，刘焉也起兵，但并没有与董卓为敌，而是心存观望，企图割据益州。五斗米道创始人张道陵的孙子张鲁，字公祺（《后汉书·刘焉传》记作公旗），其母貌美，亦通晓神秘巫术，经常往来于刘焉之家，刘焉遂任命张鲁为督义司马。天下大乱，各地军阀擅自创设官职，督义司马就是刘焉拍着脑袋自己想出来的官职。继而，刘焉命令张鲁与别部司马张修一起率军北上，偷袭了汉中太守苏固。《华阳国志》称：成固人陈调素游侠，学兵法，苏固以其为门下掾，陈调给苏固提议该如何防御，但苏固不从，遂逾城逃往南郑赵嵩。苏固派赵嵩寻找藏匿之所，赵嵩尚未回来，苏固又派人前去侦察敌人，被张鲁等人抓获，苏固也因此被杀。赵嵩回来后非常愤怒，仗剑直入敌人阵中而死，陈调也聚集一百多名宾客进攻张修，也战败被杀。

得到汉中后，张鲁又袭杀了张修，兼并了张修的部队，夺回了五斗米道天师的职位，切断关中与汉中之间的联络，杀害朝廷的使者。据《三秦志》记载，从关中进入益州有所谓的“三谷四道”：三谷，分别为褒谷、骆谷、斜谷；四栈道为沓中阴平道（邓艾伐蜀之路）、故道（刘邦攻陈仓之路）、连云道（刘邦去南郑之路）、斜谷骆道（诸葛亮最后一次北伐所经之路）。

其实刘焉是把张鲁当枪使，有了张鲁，刘焉就可以名正言顺地躲在益州，既不应诏勤王，又不与关东联军联合，而建立属于自己的独立王国了。果然，他上书朝廷称："米贼切断了道路，无法接到皇帝的诏命。"继而，他又找个借口诛杀了益州当地的豪强王咸、李权等十余人，以树立自己的威信。犍为太守任岐以及校尉贾龙发动叛乱，刘焉击杀了二人。《英雄记》称，任岐自称将军，与陈超起兵进攻刘焉，被刘焉击败；董卓让司徒赵谦率军进攻益州，说服校尉贾龙反攻刘焉，刘焉以骁勇的青羌军出战，遂将贾龙击败。青羌，为西南羌族的一种，衣服尚青色。诸葛亮《后出师表》称："突将、无前、賨叟、青羌、散骑、武骑一千余人，此皆数十年之内所纠合四方之精锐。"

自此，刘焉逐渐显露了自己的野心，他让人制造了上千辆御用车辆，荆州刺史刘表上书朝廷弹劾刘焉，称刘焉就像子夏在西河被人误认为孔子那样，在益州装模作样以天子自比。当时，刘焉的儿子刘范在朝中担任左中郎将、刘诞为治书御史、刘璋为奉车都尉，均随献帝来到长安，可是，刘焉置这三个儿子的性命于不顾，硬是不听朝廷的命令。董卓大怒，遂将刘范兄弟三人全部打入郿坞大牢。刘焉的身边只有幼子、别部司马刘瑁，《华阳国志》称，刘焉听说看相的称陈留吴懿的妹妹（在何进被杀后，与袁术一起攻烧青琐门的吴匡之女）将大贵，遂为刘瑁聘为妻子。刘焉谎称得了重病，刘璋上书请求去益州探望，献帝也想让其说服其父刘焉，遂同意刘璋入蜀，但刘璋来到益州后，刘焉就把他留了下来。

益州已成独立王国，而辽东亦是如此。

辽东（今辽宁省辽阳市）太守公孙度，字升济，祖籍辽东襄平（今辽宁省辽阳市），其父公孙延避难逃往玄菟[①]，以公孙度为郡吏。当时，玄菟郡太守公孙玹儿子公孙豹十八岁时死掉了，而公孙度与公孙豹同岁，且小时候也叫公孙豹，公孙玹见到公孙度后视为己子，非常喜爱，为其娶妻，并推举其为有道之士，拜为尚书郎，又逐渐晋升为冀州刺史，后以民间谣言而被免职。董卓部将徐荣是公孙度的同乡，向董卓推举其为辽东太守。

公孙度出身玄菟郡的小吏，一直受到辽东郡人的轻视。过去，辽东属国（治所昌黎，今辽宁省义县）人公孙昭担任襄平县令，征召公孙度的儿子公孙康担任

---

① 西汉武帝灭朝鲜所置，为朝鲜属国沃沮之地，原治所在沃沮城，即今朝鲜国咸兴市；西汉昭帝时，调整玄菟郡的辖区，将治所移到高句骊，即今吉林省集安市（一说在辽宁省新宾县永陵一带）；后高句骊独立，玄菟郡治所在东汉中后期迁至今辽宁省沈阳市一带。

伍长，借以羞辱公孙度。等公孙度回乡上任后，立即把公孙昭召来，在襄平街市上将其鞭打致死。辽东郡的豪强大姓田韶等人素来与公孙度没有什么交情，公孙度诬陷这些人犯了法，牵连了一百多家，全部被灭门，自此，辽东郡上上下下无不震恐。然后，公孙度率军东伐高句骊，西击乌桓，威名远播海外，中原大乱，百姓们为了避难大多渡海投奔公孙度，北海（今山东省寿光市东南）朱虚（今山东省临朐县）人管宁、邴原、王烈以及东莱（今山东省龙口市）人太史慈都前去投靠。

管宁，字幼安，身高八尺（1.84米），眉清目秀，与平原县华歆、同县邴原私交很好。《世说新语·德行》记载一则《管宁割席》的故事："管宁、华歆共园中锄菜，见地有片金，管挥锄与瓦石不异，华捉而掷去之。又尝同席读书，有乘轩冕过门者，宁读如故，歆废书出看。宁割席分坐曰：'子非吾友也。'"

华歆，字子鱼，平原高唐（今山东省禹城市西南）人。举孝廉，拜为郎中，因病辞职，灵帝去世后，大将军何进辅政，征召名士郑泰、荀攸以及华歆等人，华歆被任命为尚书郎。董卓西迁献帝，华歆从蓝田逃到南阳。到南阳后，华歆劝说袁术讨伐董卓，但袁术不从。

邴原，字根矩，年少与管宁齐名，孔融担任北海相后，以郑玄为计掾，彭璆为计吏，原为计佐。孔融曾非常喜爱一个人，经常将此人挂在嘴边，后来却因事对那人非常恼火，必欲杀掉，郡中群吏均替那人求情，那人也叩头流血，但孔融始终怒气不消。唯独邴原没有求情，孔融询问原因，邴原回答："大人对那人本来就不薄，经常说年终将要举荐此人，并称此人是您的一个儿子。如此这般，群吏中没有一人像那人那样受到您的厚恩，而如今您却要杀掉他。大人喜欢他的时候，把他比作自己的儿子；憎恶时，又要杀掉，邴原我愚蠢，实在不知大人喜欢他什么地方？又憎恶他什么地方？"孔融说："此人出身门第低微，我帮助他们兄弟，提拔他们，可是此人忘恩负义。有善就提拔，有恶就诛除，这本来就是主上该行之道。过去应劭举荐一人为孝廉，十日之内又杀了，这又有什么可奇怪的呢？"邴原回答："应劭举荐一个孝廉，又杀掉，有什么道理？孝廉是一个郡的杰出人才，如果举荐得对，那么杀掉就错了；如果杀掉做对了，那么举荐就举错了。应劭本来就做错了，大人何必要向他学习呢？"孔融大笑说："我不过是开个玩笑！"邴原又说："君子的话出于自身，加之于百姓，言行是君子的核心，岂有欲杀人而说是在开玩笑！"孔融无言以对。黄巾复起后，带着家属迁居郁洲山（今江苏省连云港市），举荐其为“有道”，邴原不就。

王烈，字彦方，当时名气比管宁、邴原还大，拜陈寔为老师，以陈寔的两个儿子陈纪、陈谌为朋友。陈寔，字仲弓，曾任太丘县（今河南省永城市西北）长，因此又被称为陈仲弓、陈太丘，东汉末年著名的大学者，与其两个儿子并称为“三君”，曹魏尚书令、司空、设计了影响深远的“九品中正”制度的陈群就是陈寔的孙子、陈纪的儿子，《梁上君子》的故事就出自《后汉书·陈寔传》，反映了他容人、育人的胸怀。王烈学成回乡后，也像老师陈寔那样教书育人，当地社会风气大变。一个偷牛贼被主人抓住后，说：“我一时糊涂犯了错，从今以后将洗心革面，重新做人，你既然饶恕了我，但千万不要让王烈知道。”有人将此事告诉了王烈，王烈又赠给那个偷牛贼一端布帛，有人询问原因，王烈回答：“过去，有人将秦穆公的骏马偷去吃掉，秦穆公反而赏赐他们美酒，后来，盗马贼在危难之时奋不顾身救了秦穆公的性命；如今，偷牛人已经改过自新，又担心我知道，这说明他已以作恶为耻，这样，他的善良之心就要生出了，因此，我才送给他布帛，是来规劝他向善啊。”后来，一位赶路的老人挑着担子，有人见状，帮助这位老人挑了数十里，把老人送到家中后，不告名字而去。不久，这位老人出行，又将佩剑丢了，有人在路上捡到了那把剑，想弃之不顾，又担心后人捡去；想暂时取回，再失物招领，又怕被人冒领，于是，就待在原地守着，一直等到天黑，老人才匆匆忙忙寻找，发现竟是上次帮助自己挑担之人，遂说：“上次，你帮助我挑担，不留下姓名，如今你又在路上守着我的剑，天下没有人像你这样仁爱，请你告诉我你的姓名，我将告诉给王烈。”那人才说了姓名而去。老人告诉王烈，原来就是过去的那位偷牛人，王烈也叹息道：“人心竟然能感化到这种程度！”

太史慈，字子义，东莱黄（今山东省龙口市）人。他身高七尺七寸（1.77米），“美须髯，猿臂善射，弦不虚发。”年少好学，为东莱郡奏曹史（奏事官）。东莱郡太守与青州刺史有矛盾，朝廷不辨是非，谁先把奏章送到京师谁就占了先机。当时，州里的奏章已经送去，太守担心落后，寻找一个能不辱使命的使者，时年二十一岁的太史慈被选为使者，他日夜兼程赶往洛阳。到洛阳后，在衙门前看到了州里来的使者，问道：“你是要递交奏章吗？”州使者回答：“是。”太史慈又问：“奏章在哪里？”答：“在车上。”太史慈又说：“奏章的落款不会错吧？拿出来再检查检查。”州使者不知太史慈是东莱郡的人，遂取出奏章。太史慈掏出藏在身上的佩刀，当即把奏章割坏。州使者捶胸顿足大声呼喊：“有人破坏了我的奏章！”太史慈把那人拉到车内说道：“刚才你不把奏章交给我看，我也无从破坏，你我罪过相同，不会只处罚我一人。不如我们一同逃去，不要一起赴死。”州使者说：“你替太守破坏了我的奏章，已经如愿，为何也要逃跑？”太史慈回答：“太守只是命我看看州里的奏章是否已经递上去了，我个人太死心眼了，竟然破坏了你的奏章，我如今回去也会因此受到责罚，因此决定与你一起逃亡。”州使者信以为真，当即离去。太史慈与那人一起出了洛阳城后，又借机返回，把郡里的奏章递给了朝廷，朝廷先入为主，遂认定刺史错误，太史慈也由此知名，却被刺史一家嫉恨，太史慈担心受到刺史的打击报复，遂逃往辽东避难。

管宁等人避居辽东后，公孙度久闻他们的大名，腾出宾馆等待。管宁见过公孙度后，即在山谷中修筑房舍居住，当时逃难来此的人大多居住在郡城（今辽宁省辽阳市）的南郊，唯独管宁住在北郊，表示不再南返。后来的人们也逐渐到北郊居住，十余日之内，这里就成了一座村庄。管宁每次与公孙度相见，只谈论儒家经典，从不涉及世事，回到山中，也只讲解《诗经》《书经》，教授礼仪规范，不是学者，管宁从不接见，因此，公孙度对他很放心。邴原个性鲜明，刚正不阿，经常批评时事，与同郡刘政均有雄才大略，令公孙度等人内心不安。管宁对邴原说：“潜藏的龙正因为它能隐藏起来才显示出它的能力。在不合适的时候发表言论，只能给自己招来灾祸。”公孙度要杀害刘政，逮捕了刘政全家，刘政走投无路，藏匿在邴原家中。藏匿一个多月，正值太史慈将要归乡，邴原遂把刘政交给太史慈。不久，邴原对公孙度说：“将军前不久要杀害刘政，是因为您担心此人将会危害到您，如今刘政已经离去，您的祸害已经除去了。”公孙度说：“是。”邴原又说：“大人害怕刘政是因为他有智谋，如今刘政已去，将会使用他的智谋，为何还继续关押刘政的家人，不如赦免了他们，不要增加他对您的怨恨了。”公孙度这才放了刘政的家人。后来，邴原也回到了中原。公孙度打算任命王烈为长史，王烈拒绝，并开始经商自污（经商在当时被认为很下贱），公孙度才没有勉强。

三一　界桥之战

徐州刺史陶谦并没有加入袁绍为首的关东联盟，此时，他又推举河南尹朱儁为行车骑将军，显然是想让朱儁取代袁绍在关东诸侯的盟主地位。朱儁与陶谦同为扬州人，陶谦这么做，除了朱儁的名望要比袁绍高之外，还可能是基于二人的这种同乡关系，更重要的是此时的陶谦已经站到了公孙瓒、袁术一个阵营，隐然已经成为袁绍的异己势力了。

董卓一直以来就对朱儁畏惧三分，如今，袁绍等人各自忙于夺占地盘，已不足深忧，朱儁、陶谦竟要在中牟组织一个新的同盟，这让董卓如坐针毡。趁朱儁尚没有形成气候，董卓决定将这个新同盟扼杀在萌芽状态。

初平三年（公元192年）一月，董卓派遣牛辅率军进驻陕（今河南省陕县），之后，牛辅又命令校尉李傕、郭汜、张济率领数万步骑东出，击破中牟的河南尹朱儁，趁机掳掠陈留、颍川各县，所到之处，烧杀抢掠，扫地无余。经此一败，朱儁自知兵少力寡，无力回天，遂停留在中牟一带。《后汉书·朱儁传》称：“儁自知不敌，留关下不敢复前。”

就在李傕等将东出突击朱儁之时，袁绍与公孙瓒二人在界桥也展开了一场生死大战。

袁绍亲自率军迎击公孙瓒，《三国志·公孙瓒传》称，袁绍驻军广川（今河北省枣强县东）[①]。

---

① 袁绍从西南方向的邺城向东北方向而来，而界桥在广川的西南方向，按理说袁绍军不可能绕到公孙瓒军之后，再从东北折回西南。要么界桥另有其地，要么该传的记载是在界桥战后袁绍的驻军之地。

在双方交战前，巨鹿太守李邵以及郡中豪强都认为公孙瓒实力强，打算投靠公孙瓒。大战之前，后方不稳，对军心士气将是一个巨大的打击，袁绍听说后，遂命参军董昭前去担任巨鹿太守。董昭，字公仁，济阴定陶（今山东省定陶县西北）人，以孝廉被拜为廮陶（今河北省宁晋县西南，巨鹿郡治所）长、柏人（今河北省柏乡县西南）令。临行前，袁绍问董昭去了之后该怎么办。董昭回答："我一个人是无法制止众人的计划的，我去了以后，先谎称与他们一心，等探出他们的实情以后，再随机应变。"到任后，董昭得知当地大姓孙伉等几十个人是阴谋响应公孙瓒的中坚力量，遂制作了一份袁绍的假檄文，称："得到黄巾贼人张吉的口供，称孙伉等人要里应外合，接到檄文后，即将这些人逮捕正法，只处斩这些人，不牵连他们的妻子儿女。"董昭当即就将这些人杀了，巨鹿郡也就此安定了下来。

双方在界桥以南二十里遭遇。公孙瓒共有步骑三万，旌旗招展，铠甲鲜明。他以两万步兵列为方阵，以一万骑兵配置在方阵的两翼，左右各五千骑兵，白马义从作为骑兵部队的中坚力量，也一分为二，左翼的负责射击对面袁绍军的右翼，右翼射击袁绍军的左翼。

西汉尚书令鞠谭因受到东平王刘云"瓠山立石谋反事件"的牵连而被削职为民，他的儿子鞠闳害怕受到进一步迫害而逃到了西平（今青海省西宁市）避难，改姓麹，麹义就是他的后代，因麹义长期生长在凉州，熟悉羌人的作战套路，他率领的部队全是精锐。袁绍遂命他率领八百人先锋出阵挑战，并以一千名强弩手埋伏在麹义所部的两翼，袁绍则亲自率领数万步兵在后面列阵。

公孙瓒见麹义率领区区数百人竟敢上前，遂下令两翼骑兵一边放箭一边挥刀掩杀过来。麹义命令部队全部趴在盾牌之下，一动不动，一直等到公孙瓒的骑兵眼看就要冲到跟前，双方仅距数十步时，麹义一声令下，八百壮士突然从地上腾空而起，从地上扬起尘土，手持盾牌，挥舞长枪、大刀，一起朝公孙瓒的骑兵杀来，与此同时，在麹义侧背后埋伏的那一千名强弩手也一齐射出弓弩，顿时，战场之上，烟尘四起，万箭齐发，喊杀声震天动地，公孙瓒的骑兵纷纷倒地。麹义率领这一千八百壮士临阵斩杀公孙瓒任命的冀州刺史严纲及一千余名甲士。公孙瓒大败，步骑四散逃命，无暇逃回军营。

麹义乘胜追击，一直猛追到界桥。公孙瓒率领残兵败将殿后，依托界桥阻击麹义所部，但又被麹义击败。麹义继续狂追猛打，一直攻入公孙瓒的大营，拔掉了帅旗。公孙瓒大营之内的部众也仓皇逃走。

袁绍随后才赶到战场。在距离界桥十几里的地方，传来了麹义已经击败公孙瓒的捷报，袁绍遂下马休息，卸下马鞍，不作戒备，身边只有数十张强弩，一百余名大戟士护卫。突然，两千多名公孙瓒的骑兵撞见了袁绍等人，将他们团团包围，顿时箭如雨下。别驾从事田丰搀扶着袁绍躲入一所废弃的院落里，袁绍将头盔扔到地上说道："大丈夫应当冲上前线与敌人搏斗而死，却躲进空墙之内，这样岂能生还？"遂命令强弩手朝敌人放箭，杀伤了很多敌人。战场情况非常混乱，公孙瓒的这支骑兵这是在逃跑途中误闯误撞到了袁绍，也不知袁绍就在其中，见这股部队还很有点战斗力，遂不敢强攻。不一会儿，麹义在得胜之后又还军迎接袁绍，公孙瓒的这股骑兵这才仓皇逃离了战场。

界桥之战后，袁绍派遣部将崔巨业率领数万大军围攻故安（今河北省易县东南），但没有得手，撤军南下。公孙瓒率领三万步骑跟踪追击，在巨马水（涞水、又称拒马河）追上了袁绍大军，大破袁绍军队，杀死袁军七八千人。公孙瓒乘胜继续南下，攻城略地，一直打到平原县，然后，派遣他任命的青州刺史田楷占领了山东半岛。

袁绍决定先吃掉田楷，解除后顾之忧，然后再北上解决公孙瓒，遂率军东进，进攻田楷。公孙瓒则联合后将军袁术、徐州刺史陶谦等人对付袁绍和曹操，命刘备率军驻守高唐（今山东省禹城市西南），其任命的兖州刺史单经驻扎在平原（今山东省平原县），徐州刺史陶谦则进军发干（今山东省聊城市），以抵御袁绍势力向青州兖州腹地发展。界桥大败后，公孙瓒不甘心失败，不久，又派兵至龙凑①挑战，可是，再次被袁绍击败，自此，公孙瓒遂撤离冀州，不敢再南下了。大约也就是在这个时候，赵云也看出公孙瓒干不出什么名堂，正巧赵云的哥哥去世了，赵云遂辞别公孙瓒，回到了常山。刘备预感到赵云不会再回来了，临别之际，他紧紧地握住赵云的双手，依依不舍，赵云表示："一定不会忘了您的恩德！"

兖州刺史刘岱原与袁绍和公孙瓒都保持和好关系，袁绍将自己的妻子儿女

---

① 《读史方舆纪要》卷三十一称："龙凑城在德州东北，盖河津置戍处。"但胡三省认为在平原县南，《大清一统志》亦称不在德州以北，综合考证当在平原县南。

托付给刘岱，公孙瓒也派从事范方率领骑兵帮助刘岱。等到袁绍与公孙瓒二人反目后，公孙瓒在初期连连击败袁绍军，遂命人前来给刘岱传话，要求刘岱将袁绍的妻子儿女送来，并对范方传令："如果刘岱不把袁绍的家眷送来，你就率领骑兵回来！等我平定了袁绍，就去收拾他刘岱！"接到公孙瓒的命令，刘岱召开会议商量对策：把袁绍的家眷送给公孙瓒吧，显得不仁不义；不送吧，公孙瓒实力看似非常强大，得罪了他，也不是好玩的。因此，兖州官属们商量来商量去，一连几天都决定不下来。有人说东郡的程昱有智谋，刘岱遂将其召来询问，程昱回答："袁绍距离我们近，公孙瓒距离我们远，如果我们抛弃近处袁绍的这个外援，却与远处的公孙瓒结盟，这就好比是请遥远的越国人来解救溺水的儿子一样。况且，公孙瓒不是袁绍的对手，如今他虽然暂时击破了袁绍的军队，但终归会被袁绍消灭的。"刘岱遂听从了他的建议。范方也率领本部人马北归，还未来到公孙瓒军中，公孙瓒就已经败了。

程昱，字仲德，东郡东阿（今山东省阳谷县阿城镇）人。身高八尺三寸（1.91米），是个美髯公。黄巾复起后，县丞王度烧毁仓库响应，县令弃城而逃，百姓们也都逃往渠丘山[1]避难。程昱派人侦察，发现王度等人并未守城，而是在城西五六里处安营，于是，程昱就对县中的大姓薛房等人说："如今，王度等人虽然得到了城池却不敢据守，可想而知，他们不过是想掳掠财物而已，并无固守的打算。现在为何不率领大家回去守城？况且，城墙很高，城内粮食又十分充裕，我们回去以后再寻找县令，一起坚守城池，王度一定坚持不了多久，可以一举将其击破。"薛房等人认为程昱说的有理，遂返回城中。王度等人前来攻城，程昱率领城内军民出击，将其击退，东阿遂得以保全。兖州刺史刘岱招程昱任职，但程昱不从。

---

① 《大清一统志》称："曲山即渠丘山，在东阿县西北十五里。"

三二　入主兖州

曹操率军驻扎在顿丘（今河南省清丰县），于毒等变民进攻曹操的东郡治所东武阳（今山东省莘县），诸将均认为应当回师自救。曹操却说：“孙膑救赵而攻魏（著名的围魏救赵一事），耿弇欲赶走西安（临菑西北的小城）的守将却声东击西去进攻临菑。等敌人听到去西山进攻他们的本部，如果他们折返救援，东武阳自然就解围了；如果他们回援，我自然能攻克他们的大本营，而他们却肯定攻不下我东武阳。”曹操遂率军西进，进入西山。于毒等人听说后，果然放弃东武阳回援，于是，曹操在内黄（今河南省内黄县）又大破眭固、南单于于扶罗等人。

在取得胜利的同时，曹操又得到了一位奇才——荀彧。

荀彧，字文若，颍川颍阴（今河南省许昌市）人。永汉元年（公元189年），荀彧被举为孝廉，拜为守宫令。董卓之乱，荀彧请求出外任职，被任命为亢父（今山东省济宁市南）县令，遂弃官归家，对父老乡亲们说：“颍川这里是四面受敌，天下一旦发生变故，这里经常成为战场，应该赶紧离开，不宜久留。”冀州牧韩馥也是颍川人，正巧派人迎接同乡们，但同乡安土重迁，都不愿离开故土，只有荀彧带着族人去了邺城。等到荀彧等人来到邺城后，袁绍已经篡夺了韩馥之位，对荀彧以上宾之礼，荀彧的弟弟荀谌以及同郡的辛评、郭图都受到袁绍的重用，但荀彧观察袁绍最终难成大事，遂离开袁绍前去投靠曹操。曹操见到荀彧后大喜，说道：“你就是我的张良啊！”随即任命荀彧为司马，荀彧当时年仅二十九岁。曹操问荀彧董卓的结局会是怎样，荀彧高瞻远瞩，说道：“董卓残暴已极，一定会因叛乱而丢掉性命，不会有什么作为的。”李傕等人兵出关东，进攻中牟的朱儁，大肆杀戮颍川、陈留的无辜百姓，留在老家的颍川人大多死于匪兵之手，与荀彧预见的一模一样。

曹操与于毒等人缠斗，并击破眭固、南单于于扶罗等后不久，青州上百万黄巾军就涌入了兖州境内，杀死任城国（今山东省济宁市）相郑遂，而后转兵北上，进入东平国（今山东省东平县东二十里）。

兖州刺史刘岱打算率军迎战，济北相鲍信劝谏道："如今敌人超过百万，百姓都非常震恐，士兵们也都士气低落，以我军现有的状况难以抵挡敌人。我看敌人拖家带口的，军中没有辎重，以劫掠为生。不如养精蓄锐，闭城不战，敌人欲战不能，欲攻又不胜，势必很快离散。然后，我们挑选精锐部队，扼守境内的要害之处，再发兵进击，就能将其击败。"

刘岱不从，率军出城与黄巾军交战，果然战败被杀。

刘岱死后，陈宫对曹操说："本州没有州主，而王命断绝，我请求前去州上，说服州中的别驾、治中等高级佐吏，大人前去担任州牧，以兖州作为根据地，再逐步平定天下，这是霸王之业啊！"曹操当即表示同意。

陈宫，字公台，东郡武阳（此处指东武阳，即今山东省莘县，兖州的泰山郡另有南武阳县，在今山东省费县）人。他性格刚烈、正直，从小就与海内名士们交往。曹操担任东郡太守后，陈宫开始追随曹操。《三国演义》称陈宫担任中牟县令，曾在曹操东归时放了曹操，二人一起到吕伯奢家后，陈宫见曹操杀害了吕伯奢一家，遂离开了曹操，据此，京剧演绎出一出著名的剧目《捉放曹》，但史料并未显示陈宫曾担任过中牟县令，也没有他在此前与曹操有过交往的记载。

陈宫来到兖州治所昌邑（今山东省金乡县西北），他对兖州的长史、治中、别驾等说："天下分裂而本州没有主公，曹东郡的名望才能为当世所重，如果将他迎来担任州主，必定能保护好我兖州百姓。"济北（今山东省济南市长清区南）相鲍信本来就是曹操的亲信，当然表示同意，于是，鲍信与州吏万潜（万潜后担任少府）等人前往东郡，迎接曹操担任兖州牧。

如前所述，兖州治所昌邑，在今山东省金乡县西北，下辖陈留郡（治所陈留，今河南省开封市东南）、东郡（治所濮阳，今河南省濮阳市）、东平国（治所无盐，今山东省东平县东）、任城国（治所任城，今山东省济宁市东南）、泰山郡（治所奉高，今山东省泰安市东）、济北国（治所卢县，今山东省济南市长清区南）、山阳郡（治所昌邑，今山东省金乡县西北）、济阴郡（治所定陶，今山东省定陶县）八个郡国。

古黄河、济水流经北境；古黄河的下游流向，在今黄河偏东北；古济水流向反而大体上就是今黄河下游的流向。济水是一条非常神奇的河流，她发源于今河南省济源市王屋山太乙池。河流以地下河向东潜流七十余里，到济渎和龙潭地面涌出，形成珠（济渎）、龙（龙潭）两条河流向东，不出济源市境交汇成一条河，至今河南省温县西北始称济水，而后，再次潜流地下，横穿黄河于地下，水质没有受到丝毫污染，在今河南省荥阳市附近再次神奇地浮出地面，形成荥泽（在西汉平帝时淤塞，此前黄河称为河，此后，因失去荥泽的泥沙沉淀作用，下游河水泛黄而被称为黄河），并分为两个支流，称为北济和南济；当她流经河南省原阳县时，南济第三次潜伏于地下，一直到今山东省定陶县附近，与北济一起形成了巨野泽；巨野泽在历史上非常出名，其位置大体上南从今山东省巨野县北到山东省梁山县北，东西一百多里，南北三百余里，春秋时期，巨野泽在巨野县北东西三面，鲁哀襄公二十一年（公元前552年），孔子之母到巨野祈求生子，遇见麒麟而生下孔子，到鲁哀公十四年（公元前481年），时年七十一岁的孔子听说平民在巨野泽打猎猎杀一头麒麟后，认为仁兽生不逢时，悲愤已极，泪下沾襟，遂写下“西狩获麟”四字之后，不再继续往下撰写《春秋》了；巨野泽在历代时大时小，北宋时期被称为梁山泊。济水而后又继续向东北而去，奔流入海。

东郡位于古黄河与济水之间，其中东郡治所濮阳以及范、东阿在古黄河东南岸、古济水西北岸，鄄城在古黄河的东南岸；济北国和泰山郡在兖州的东北部，济北国在古济水的北岸，泰山郡在济北国以南，依托泰山、控驭济水黄河，与青州为邻；再往东南是任城国、山阳郡，境内是鲁中南的低山丘陵地区，有亢父之险，泗水、汶水流过，在这片低山丘陵的东南侧，则是夹在沂山、蒙山与琅邪山、五莲山之间的河谷低地，为青州、徐州、兖州交界之处；兖州除了东北部之外，其他方向则无险可守。《读史方舆纪要》虽称：兖州“据河济之会，控淮泗之交，北阻泰岱，东带琅琊，地大物繁，民殷土沃。用以根柢三楚，囊括三齐；直走宋、卫，长驱陈、许，足以方行于中夏。”但兖州毕竟属于四战之地，其地理位置与青州相似，正如《读史方舆纪要》评价山东时说的那样：“以自守则易弱以亡，以攻人则足以自强而集事。”又指出，占领兖州之人“必悬权而动，所向无前，然后可以拊敌之项背，绝敌之嗓喉。若坐拥数城，欲以俟敌之衰敝，未有得免于覆亡者也”。

曹操得到兖州固然是好事，而兖州又要求他必须战斗、战斗、不停地战斗，才能打出一片天地；要想守住这里，则四处漏风，无险可守，只能逐渐衰弱，走向灭亡，因此，在他接任兖州牧后，就采取了积极的进攻策略。他认为黄巾军恃胜而骄，当即决定率军进抵寿张（今山东省东平县西南）以东，打算布设奇兵一举消灭黄巾军。曹操与鲍信二人率领一千多步骑先行来到前线，踏勘阵地，不想突然与黄巾军遭遇，双方遂接战，曹军损失了数百人。鲍信为了保护曹操，殊死搏斗，最终战死在沙场，而曹操也是侥幸逃脱，捡了一条性命。鲍信死时年仅四十一岁。

初战失利后，曹操率军撤退，黄巾军乘胜前进。黄巾军长期作战，并多次取得胜利，军中都是一些熟悉战斗的精兵，而曹操手下大多是新兵，加上初战告负，全军都非常恐惧。曹操身披铠甲，亲自到各营巡视，安抚鼓励，严明军纪，士气逐渐振作了起来，然后，曹操率军伺机出击，与黄巾军多次交手，慢慢扭转了不利局面。黄巾军给曹操写信说："过去你当济南相时曾毁坏神坛，禁断淫祀，这种做法与我们黄巾军的差不多，看起来你似乎明白大道，如今却又迷惑了。汉家的气数已尽，黄家将要立为天下之主。这是上天的意思，你个人是无法阻挡的。"曹操见到书信，一一予以斥责，并多次劝说他们投降。然后，曹操不断施展计谋，不分昼夜与黄巾军作战，每次交战，曹军都有所收获，黄巾军遂退去了。曹操悬赏寻找鲍信的尸体，却一直没有找到，就让人刻了一个鲍信的木头人像，曹操亲自祭奠、哭拜。东汉朝廷任命金尚为兖州刺史，金尚将要上任，曹操率军迎头痛击，金尚不敌，只好逃到了袁术那里。《典略》称："元休名尚，京兆人也。尚与同郡韦休甫、第五文休俱著名，号为三休。"陶渊明《群辅录》引《三辅决录》称："孝廉杜陵金敞，字元休。上计掾长陵第五巡，字文休。上计掾杜陵韦端，字甫休。同郡齐名，时人谓之京兆三休。"金尚，或应为金敞。据《后汉术·袁绍传》称：建安元年，袁绍曾上书称："黄巾十万焚烧青、兖，黑山、张杨蹈藉冀域。臣辄承制以议郎曹操权领兖州牧。"可见，在陈宫、鲍信等人推举曹操以后，曹操又取得了袁绍的同意和任命。

经过一段时间的休整，曹操率军跟踪追击黄巾军，一直追到济北国。同年冬天，走投无路的黄巾军在济北国全部投降，曹操收降三十余万黄巾军将士，随军家眷一百余万人，曹操将其中的精锐士兵编入军中，号称青州兵。

有了地盘，又有了军队，自此，曹操实力大增，但是，地盘和军队都会得而复失。如何立于不败之地，人才是关键，因此，在曹操担任兖州牧后，就开始寻找能够帮助他的人才了。在兖州，曹操征辟了当地人程昱和陈留人毛玠。接到曹操的邀请，程昱二话没说就要应征。同乡人问他："为何刘岱请你，你却不去，曹操请你，你却不再推辞了？"程昱只是笑了笑，没有回答。见到曹操后，曹操非常赏识他，随即任命他为寿张县令。毛玠，字孝先，为陈留平丘（今河南省长垣县西南）人，曾任县吏，为官公道正派。毛玠将要去荆州避难，中途听说刘表政令不明，遂折返回到鲁阳（今河南省鲁阳县）。

曹操在担任东郡太守的数月间，正是袁绍与公孙瓒势力较量的时期。曹操所在的东郡又恰恰位于两大势力的接合部，曹军的军事行动也基本上与袁军是紧密配合的，但自从曹操担任兖州牧，尤其是收降百万青州黄巾军之后，袁曹之间的关系就发生了一丝微妙的变化。过去，曹军只是袁绍手下的一支武装，充其量是一支独立的武装，而如今曹操已经几乎赶上袁绍的地位了。曹操担任兖州牧后，就征辟毛玠担任治中从事。毛玠对曹操建议说："如今，天下分崩离析，君主西迁，百姓流离失所，政府没有一年的存粮，百姓们也没有安居一地的打算，这样下去将难以持久。如今，袁绍、刘表虽然人多势众，却没有长久的打算，未能强基固本。奉行仁义的军队才能赢得战争的胜利，拥有丰富的财富，才能保住已有的地位。应当尊奉天子，才能号令、打击其他割据势力；还要大力奖励农业生产，储备军需物资，这样一来，才能成就一番霸王之业。"

对于曹操而言，自己的兖州牧虽然有袁绍"承制"任命，但毕竟没有朝廷的正式任命，名不正言不顺。由于献帝并非袁绍所立，袁绍一直对献帝的存在采取一种不想承认的立场，甚至在不久前还想拥立刘虞为帝，与长安的献帝相抗衡。是继续在政治上与袁绍保持高度一致，还是另辟蹊径，与长安朝廷方面发生联络呢？如今，朝廷方面委任的兖州牧金尚就在袁术那里，不管怎样，总是对冒牌兖州牧曹操是一个不小的威胁，因此，取得朝廷的认可就成了曹操的当务之急。于是，曹操接受了毛玠的建议，遂派使者前往河内，与河内太守张杨接触，想取道河内前往长安，但张杨不同意。

《艺文类聚》记载了曹操在担任兖州牧后向朝廷的上表："入司兵校，出总符任臣，以累叶受恩，膺荷洪施，不敢顾命。是以将戈帅甲，顺天行诛，虽戮夷覆亡不暇。臣愧以兴隆之秩，功无所执，以伪假实，条不胜华，窃感讥请，益以惟谷。"意思是说，自己没有平定叛乱，却接受了这一职位，实在是内心感到非常惭愧，生怕会引起舆论的嘲讽，因此左右为难。根据惯例，接受任命一般是要辞让一番的，但该表只是说出自己内心的不安，并没有辞让，这是因为曹操这一职务原本就不符合朝廷的意思，曹操当然不会辞让了。曹操此举只是为了争取朝廷的理解，也显示了他逐渐脱离袁绍、实现单飞的倾向。

三三　董卓之死（一）

如今回想起一年前（初平二年四月）董卓丢下洛阳、回到关中未必不是一条以退为进的权宜之计。

董卓迁都长安，把整个关东地区留给了关东诸侯，也把一大堆矛盾留了下来。一年过去了，关东诸侯你争我夺，内讧不断，如今，关东联盟已逐渐瓦解，一年前齐心协力同声讨董的局面随着董卓的西去再也看不到了。

与关东联盟逐渐瓦解相反，西迁以后，董卓在东汉朝廷中的地位却更加稳固了。

首先，董卓的个人地位得到了空前的提高。中平六年十一月，董卓在洛阳掌握大权后，曾自封为相国，已位极人臣；初平二年二月，汉献帝又晋封他为太师，位次在诸侯王之上。太师是古代的官职，东汉最高官职为太傅，本无太师一官，至此，董卓自封为太师，位次又在太傅之上，更是空前绝后。虞荔《鼎录》称："董卓为太师，铸一鼎，其文曰'太师鼎'，古隶书。"当时，董卓还在洛阳。两个月后，董卓回到长安，董卓集团又将他比作姜太公，称之为尚父。董卓询问蔡邕，蔡邕回答："明公的德行确实非常大，但比作太公，我还觉得不妥。等到皇上的圣驾返回洛阳，平定了关东以后，再这么称呼比较妥当。"董卓听从了。董卓乘坐的金色华盖车，因与御用车辆相似，被人称为竿摩车［逼近（御用）车］。初平二年六月，即在董卓回到长安两个月后，关中地震，董卓询问蔡邕原因，蔡邕回答："天为阳，因此在上运转；地为阴，因此在下不动。地震是因为阴阳失去了它们各自的本性，阴变成了阳。大人的车辆不宜使用华盖。"董卓遂将华盖车改为绿盖车。

其次，董卓集团在朝中的力量得到加强。董卓任命弟弟董旻为左将军，侄儿董璜为中军校尉，二人都掌握着军权，董氏家族成员、董家姻亲遍布朝廷要职。《英雄记》称，董卓的侍妾生下的婴儿也都被封侯，董卓的孙女名叫董白，尚未成人，就被封为渭阳君。在郿城（今陕西省眉县）东修筑高台，让董白乘坐青盖车，在郿城的都尉、中郎将、刺史、二千石官员全部在车前引导，举行隆重的典礼，由董璜授予董白印绶。《太平御览》引《卓别传》称，董卓非常疼爱自己年仅七岁的孙子，特意给孙子制作了一件小铠甲，让他骑上一匹駃騠马，又专门给马配备了一身玉石制作的铠甲，董卓的小孙子骑着这匹马进出，被人称为“麟驹凤雏”。朝中公卿大臣见到董卓都跪拜在车下，董卓也不还礼，命三台（尚书台、御史台、符节台）尚书全部到董卓府上汇报工作。

第三，继续以杀罚立威。董卓性格凶残，果于杀戮，诸将话说得稍不合适，董卓就立即下令将其诛杀。董卓又在郿城东北修筑一座堡垒，城墙高三丈五尺、宽也是三丈五尺，与长安城的城墙规格一样，号称“万岁坞”。坞堡内储存了能吃三十年的粮食、二三万斤黄金、八九万斤银子，其余奇珍异宝更是堆积如山。董卓曾自言自语道：“事成，可以雄踞天下；不成，守着它也足以安度晚年了。”董卓曾离开长安前去郿坞，公卿大臣们在长安西面最北的横门外相送。董卓在城外设宴款待群臣，酒宴上，他下令将诱降的数百名北地郡的造反分子带上，当着大家的面先割下他们的舌头，或者斩断双手、双脚，或者挖下双眼，或者放入锅中活活煮死。当场没有死的人在众人的杯盘之间挣扎、哀号，参加宴会的群臣无不心惊胆战，吓得筷子、汤勺也掉到了地上，而董卓却谈笑自若。太史令上报，根据天象，朝廷重臣将要被杀。原太尉张温当时担任卫尉，素来与董卓不和，董卓一直怀恨在心，遂污蔑张温与袁术勾结，初平二年十月一日，董卓下令将其拉到长安街市上，乱棍打死，以应天象。董卓宠爱的一个胡人恃宠放纵，无法无天，司隶校尉赵谦将其逮捕杀掉。董卓听说后，不禁大怒，说道：“我的爱犬尚且不愿让人呵斥，何况是我喜爱的人呢！”遂将司隶校尉都官召来，活活将其打死。

董卓的计划是：先退守关中，让关东诸侯与黄巾军、黑山贼等势力之间拼消耗，再分化瓦解他们，继而，联络马腾、韩遂等关西诸将，待时机成熟再东出，一举平定天下。为了实施这一计划，董卓在入关之后，即对关东诸侯实施了恩威并用的策略，在朱儁尚未成气候的时候即发兵将其击败，派遣大鸿胪韩融等人出使关东就是一次尝试，其后，他又利用掌握汉献帝这一有利条件，承认了张杨、南单于甚至是白波贼的地位，正式任命张杨为河内太守，促使张杨、南单于等人立场的转变。与此同时，董卓还加紧部署对关东诸侯的军事打击，他派人以高官厚禄说服了马腾、韩遂，马腾、韩遂均答应愿意协助董卓平定关东，并率军向长安而来。

然而，人算不如天算。

就在董卓雄心勃勃准备东进之时，一场突如其来的变故发生了！这场变故让他自以为能安度晚年的郿坞已显得毫无意义，正如洪迈《容斋随笔》中说的那样："董卓一败扫地，岂容老于坞耶？公孙瓒筑京于易，以为足以待天下之变，不知卫梯舞于楼上，城岂可保耶？曹爽自谓'不失作富家翁'，不知诛灭在旦暮耳。"

在初平元年董卓还在洛阳与关东诸将作战时，在长安已经酝酿着刺杀董卓的阴谋了。当时司徒王允、司空荀爽、董卓的长史何颙、议郎郑泰等人参与此事，《后汉书·郑泰传》称：（郑泰）"乃与何颙、荀攸共谋杀卓。事泄，颙等被执，公业（郑泰字）脱身自武关走，东归袁术"。而《三国志·荀攸传》也称：（黄门侍郎荀攸）"与议郎郑泰、何颙、侍中种辑、越骑校尉伍琼等"商议刺杀董卓一事。因伍琼在献帝西迁之前就已经被杀，因此，这场阴谋在献帝西迁之前就已经在酝酿了。也有可能在献帝西迁之前，这些人先到长安打前站，也就是这时开始了密谋，当时，荀攸说："董卓无道，比夏桀商纣都残暴，天下百姓无不心怀怨恨，虽然拥有强大的军队，但不过是一介匹夫而已。如今我等直接将其刺杀，然后占据函谷关，以天子之命号令天下，这是齐桓公晋文公一般的功业啊！"但不久，事情就败露了，但到十月份，荀爽病故，何颙也下狱，在狱中忧愤而死，荀攸、郑泰侥幸逃脱，剩下王允孤掌难鸣，此事也就不了了之。

等到董卓在初平二年四月回到长安以后，王允又与司隶校尉黄琬、尚书仆射士孙瑞、尚书杨瓒一起密谋策划刺杀董卓的计划。《三辅决录》称，士孙瑞，字君荣，扶风（今陕西省兴平市东南）人，出身儒学世家，博闻强记，无所不通。

董卓也知道自己对人无礼，得罪了不少人，因此经常让中郎将吕布作为自己的贴身卫士，对吕布非常喜爱、信任，发誓将情同父子。然而，董卓性格刚强偏执，曾因一次小小的误会，董卓竟拔出随身携带的手戟（锋利小刀）直掷吕布，吕布身手矫捷，赶忙避开了，然后向董卓谢罪，董卓很快也就释然了，但有了这次过节，吕布对董卓暗中怀恨在心。董卓经常让吕布把守内室房门，吕布却勾搭上了董卓的婢女（传闻中的貂蝉），担心事情败露，一直心怀忐忑。

因王允与吕布都是并州人，有了这层关系，王允对吕布刻意进行拉拢，一次，吕布前往王允家中，言语中谈及董卓几乎杀了自己这件事，当时，王允正与士孙瑞密谋刺杀董卓，遂趁机将计划告诉给了吕布，让吕布作为内应。

吕布说："行是行，可是我与董卓有父子的名分，这该怎么办呢？"

王允说："你姓吕，与他董卓并非骨肉，如今，担忧死亡还来不及呢，还谈什么父子？董卓向你投掷手戟之时，他心里哪有父子之情？"

吕布遂点头答应了。

三四　董卓之死（二）

初平三年（公元192年）四月二十三日，时年十二岁的汉献帝刘协大病初愈，在未央殿接见全体朝臣。

董卓身穿朝服，准备乘车入宫，但马匹无缘无故地受惊了，将董卓摔下车来，衣服也弄脏了。董卓又回到内室换衣，其小妾劝说他取消此行，但董卓不从。一路上，从军营一直到皇宫，戒备森严，卫士布满街道两侧，董卓的左侧是步兵，右侧是骑兵，拱卫在董卓的四周，董卓又令吕布等人在前后巡逻。

王允已提前命令尚书仆射士孙瑞写下了诏书，交给吕布带在身上，吕布也命同郡人、骑都尉李肃与壮士秦谊、陈卫、李黑等十余人换装假扮宫中卫士，手持长戟，守卫在北掖门内。

董卓快到宫门时，马再次受惊，突然不走了，董卓感到有些不对劲，打算不再入宫了。吕布再三劝说，董卓又在朝服内穿上了一身铠甲，这才进宫。刚进入北掖门内，李黑等人就手持长戟，有的夹住马匹，有的夹住了车子。李肃上前，用长戟直刺董卓前胸，但董卓身穿重甲，长戟无法刺穿，董卓本能地伸手遮挡，长戟刺伤了他的手臂，并将他带下车来。

董卓大吃一惊，高呼："吕布在哪里？"

吕布应声说道："奉诏杀贼！"

董卓坐地大骂："死狗！胆敢如此！"

说时迟那时快，只见吕布手持长矛，一矛洞穿董卓，急命士兵砍下了董卓的头颅。

董卓的主簿田仪以及贴身家奴上前保护，也被吕布杀死，一共杀死了三人，其余人等才不敢乱动。

杀死董卓后，吕布这才从怀中掏出诏书，飞马出宫，宣示内外，高呼：“奉皇帝诏书，消灭董卓，其余人等一概不究！”

宫外的卫士均站在原地，一动不动，继而官兵们皆高呼万岁，长安百姓在大街小巷载歌载舞，城内的妇女将衣服、珠玉卖掉，前往酒肆里购买酒肉庆贺，填塞了整个街巷，整个长安城成了一个欢乐的海洋。

东汉朝廷又命令御史中丞皇甫嵩进攻郿坞，杀死了董旻，董璜等董氏亲眷均被押送回长安，但全都被下属当场砍死。董卓的老母已九十岁高龄，刚走至郿坞门口，说道：“请饶了我吧！”话音未落，就被人斩首。袁家的门生故吏将死在郿坞的袁氏成员改葬，把董氏家族成员的尸体放到一边焚烧祭奠。董卓一家就此被灭门。

董卓死后，天气晴朗，微风不起。

朝廷下令将董卓暴尸街头。当时，天气刚刚转热，董卓素来肥胖，油脂流在地上，野草也被染红。守护尸体的官吏夜里用一支巨大的灯芯插在董卓尸体肚脐里点燃，竟然一直烧到天亮，就这样一连烧了几天。

在董卓被杀前，曾有谣言称：“千里草，何青青，十日卜，犹不生。”意思是吕布令董卓不得生。灵帝时又有《董逃》歌，称：“承乐世，董逃；游四郭，董逃；蒙天恩，董逃；带金紫，董逃；行谢恩，董逃；整车骑，董逃；垂欲发，董逃；与中辞，董逃；出西门，董逃；瞻宫殿，董逃；望京城，董逃；日夜绝，董逃；心摧伤，董逃。”董卓认为不详，遂禁止人们唱此歌，因此而被杀的有上千人，并将《董逃》歌改为《董安》歌；又有道士在布上写一个吕字，让董卓看，但董卓始终参不透。据《太平御览》卷八百二十引华峤《后汉书》称，有人在布上写了一个回字，在街市上穿行，高唱：“布啊！布！”有人向董卓报告，但董卓没有意识到吕布要暗害自己。《幽明录》称，董卓笃信巫术，军中曾有一个神汉，向董卓要布，当时董卓身边没有，只有一方手巾，那人说道：“能用。”遂在手巾上写了一个布字，但这个布字写得像两个口字，一个大，一个小，相互叠加，他将手巾交给董卓说：“提防这个！”吕布杀死董卓后，人们回想起来，才恍然大悟。

董卓死后，朝廷任命司徒王允为录尚书事，以吕布为奋威将军、假节、仪比三司，封温侯，与王允共同执掌朝政。其余投靠董卓的人全部被逮捕下狱处死。

董卓被杀的当天，左中郎将蔡邕正在王允家里，听到消息后，不禁发出一声惊叹。王允勃然大怒，厉声斥责蔡邕道："董卓乃国家的大贼，杀害君主，残害群臣，此人上天不容，人神共愤。你身为汉臣，世代受到汉室的大恩，君主危难之时，不见你同仇敌忾，董卓被上天诛杀，你却要叹息悲痛吗？"当即命人将蔡邕送交廷尉治罪。

蔡邕向王允谢罪道："我虽然没有尽忠王室，但内心也明白君臣大义，古今的安危存亡，我也耳所常听，口所常言，岂会背弃国家而偏袒董卓呢？我情愿身受刺字之刑，请让我完成《汉史》的写作吧。"蔡邕虽然对董卓的知遇之恩感恩戴德，却经常规劝董卓，只是由于董卓刚愎自用，蔡邕的建议很少被采纳。蔡邕也曾想过逃出长安，他曾对堂弟蔡谷说："董大人性格刚强，很难成就大事，我打算逃回兖州，如果路途遥远难以到达，先逃出关中，隐藏一段时间，你看如何？"蔡谷说："你的相貌与常人不同，每次出行围观的人就很多，岂能隐藏行踪？"蔡邕这才没有逃离。

公卿大臣都爱惜蔡邕之才，前来劝谏，王允却说："过去，汉武帝没有杀掉司马迁，致使司马迁写作的《史记》诽谤当世，流传后世，如今，国家中衰，兵马就在近郊，我不能让一个佞臣在幼主身边，持笔写史，令我等在后世被人非议！"太尉马日磾听说后，匆匆忙忙来见王允，说道："蔡伯喈（蔡邕的字）乃旷世奇才，熟悉汉家故事，应当让他写完《汉史》，完成一代巨著。况且，此人素来忠孝，无罪被杀，岂不让人心寒？"但王允执意不从，蔡邕遂在狱中被处死，时年六十一岁。马日磾回到家中，叹息道："王大人不会长久吧？善良的人是国家的脊梁；制度和创作是国家的盛事，诛杀善良的人、毁掉经典，岂能长久？"不久，王允就有点后悔了，但蔡邕已经被杀了。

《商芸小说》称："初，允（王允）数与邕（蔡邕）会议，允词常屈，由是衔（怀恨）邕。后允诛卓，并收邕，众人争之，不能得。"道出了王允一定要杀害蔡邕的根本原因。天下儒士听说蔡邕被害的消息，无不掩面流泪，北海郑玄叹息说道："汉代的典故，又能找谁来指正呢？"《河南通志》称："（蔡）邕墓在今尉氏县东北二十五里。"

五月，东汉朝廷以征西将军皇甫嵩为车骑将军。

自从杀死董卓以后，吕布对凉州人既恨又怕，而凉州人也对吕布充满怨恨。吕布曾劝王允将董卓的旧部全部诛杀，王允说："这些人没有罪过，不行。"但《后汉书·王允传》说："允初议赦卓部曲，吕布亦数劝之。"也就是说，刚处死董卓后，王允也打算赦免了董卓的部队，并且吕布也这样劝说，吕布并没有建议要诛杀董卓的旧部。

但不久，王允又满腹狐疑，说道："这些人本来就没有罪过，只不过是跟随他们的主子罢了。如今如果让他们身背谋反的恶名再予以特赦，反而会令他们内心不安，这不是安抚他们的好办法。"吕布又想将董卓屯聚的财物赏赐给朝廷群臣、军中将校们，但王允又不听从。王允虽然利用吕布刺杀了董卓，但从内心深处一直将其当作剑客一类的人物，素来对其非常轻视，而吕布又自以为立下了大功，经常沾沾自喜，王允屡屡拒绝自己的建议，心里慢慢感到失望，开始对王允不满起来。

王允本性刚直不阿，疾恶如仇，董卓生前，王允因惧怕董卓不得不低调做人，对董卓俯首帖耳，极尽巴结之能事。等到董卓死后，王允感到天下已经太平，再也不用担心什么了，遂趾高气扬、独断专行起来，所以，朝廷公卿大臣们也都不怎么亲附他。王允又提议解散凉州军团，有人反对说："凉州人素来畏惧袁绍的关东联军，如今一旦解散，打开函谷关，势必令凉州人人人自危。不如以皇甫嵩为将军，前去陕城统领他们，并留在那里安抚他们。"

王允却说："不对。关东兴起义军的，都是站在我们一边的。如今，如果占据险关，驻屯陕城，虽然安抚了凉州人，却令关东联军心存疑虑，不可。"

三五　入犯长安

当时，民间谣言四起，纷纷传言朝廷将要杀尽凉州人，董卓的旧部将校以讹传讹，皆拥兵自守，相互告诫道：“丁彦思（此人事迹不详）、蔡伯喈（蔡邕）仅仅因为受到董大人的厚待，就招来杀身之祸，如今，朝廷又不赦免我们，还要解除我们的兵权，今日解除兵权，明日我们就成了人家刀下的鱼肉！”

吕布命令李肃前往陕城（今河南省陕县），以献帝的诏命诛杀牛辅，牛辅等人率众与李肃作战，李肃战败，退回弘农（今河南省灵宝市），吕布将李肃斩杀。牛辅虽然战胜，但早已吓得魂不守舍，整日坐卧不安。他经常把兵符、斧钺等放在身边壮胆，每次接见来客，总是先让会看相的人观察来人的相貌，看是不是面带反气，再占卜吉凶，然后，才见来人。中郎将董越经常鞭打占卜者，一次他来见牛辅，牛辅让人占卜，占卜者为了报仇，称得到了兑下离上之卦，并解释说：“火胜金，外图谋内的意思。”牛辅当即下令杀了董越。

正巧，牛辅军中有人趁夜叛逃，引发军中夜惊，牛辅误以为全军发动了叛乱，遂收拾金银财宝，与亲信支胡（月氏胡）赤儿等五六个人打算北渡黄河逃往河东地区。赤儿等人贪图牛辅的财宝，对他说：“城北有马，可从那里逃离。”用绳子捆住牛辅的腰，从城墙将其悬下，距离地面一丈多时，城上的人放下绳子，扭伤了牛辅的腰。牛辅无法行动，赤儿等人遂劫去了他的财物，将其诛杀，把人头献到长安。

李傕等人受命率军东进，攻击中牟的朱儁，等到他们回师以后，牛辅已经被杀，李傕等人群龙无首，派人前往长安，请求赦免。可是，王允予以拒绝，给李傕等人回复说：“一年之内，不可大赦两次（本年正月大赦，四月杀死董卓又一次大赦）。”李傕等人闻讯更加恐惧，不知该如何是好，打算把部队解散，绕小路回到家乡，而这时，一个人的一番话却改变了历史进程，让行将安定的东汉帝国再次陷入了永劫不复的深渊——此人就是讨虏校尉贾诩。

贾诩，字文和，武威姑臧（今甘肃武威市）人。年少时并不知名，唯独阎忠（曾劝说皇甫嵩借兵威清君侧者，后王国劫持其为主，阎忠发病而死）称其有张良、陈平之才。后来，贾诩被举荐为孝廉，拜为郎，因生病离职返乡，行至汧（今陕西省千阳县），遇到叛乱的氐人，与贾诩同行的几十个人都被劫持。贾诩说："我是太尉段颎的外孙，你们不要活埋了我，我家肯定会出大价钱赎回我的。"段颎也是武威人，长期担任边将，威震关西，因此贾诩才抬出段颎来吓唬氐人，果然，氐人真的被他这番谎话给吓住了，与他结下盟约送其回家，其余同行之人全部活埋。

董卓进入洛阳后，贾诩以太尉掾（董卓刚入洛阳任太尉，太尉掾史属共计24人，正职为掾，副职称属）担任平津都尉（小平津驻防司令），后升任讨虏校尉。牛辅驻扎陕城时，贾诩就在牛辅军中。

这时，贾诩对李傕等人说："听说长安城中正商议要杀尽凉州人，而你们却要解散军队，分散回乡，这样的话，一个亭长就足以逮捕你们了。不如率领部队一路向西，途中边行军，边搜罗军队，进攻长安，替董大人报仇，万一成功了，就可以拥戴皇上去征讨天下；即使失败，再逃不迟。"众将听了，都表示同意。

李傕等人相互说："京师不赦免我们，我们只好以死相争。如果能攻克长安，我们就得到了天下；即使攻不克，我们也可以抢掠三辅的妇女财物，逃归家乡，尚能苟延性命。"大家一致同意后，遂结下了盟誓。因王允、吕布杀害了董卓，李傕等人迁怒于并州人，将军中数百并州男女全部诛杀，然后，率领数千人马，不分昼夜开始向西进发。

王允知道胡文才（胡轸）、杨整修（杨定）二人都是凉州德高望重的名人，他将二人召来，请二人前去李傕等人军中解释误会，但在召见二人时，王允放不下架子，对二人板着脸说："关东这些鼠辈，他们想干什么！你们去把他给我传来！"二人离开长安见到李傕等人后，不仅没有起到好作用，相反还鼓励李傕等人火速进兵。

说服已不起作用，王允又派胡轸、徐荣率军迎战，双方在新丰（今陕西省西安市临潼区东）遭遇，徐荣战死，胡轸率众投降。

李傕等人一路走来，沿途驻扎在各地的凉州军团纷纷加入，等到了长安，部队人数已经高达十余万之众，与董卓的旧将樊稠、李蒙、王方等人会师，将长安城团团围住。长安城墙高大，无法攻克，叛军将城池包围了八天。

被人围在城内的滋味肯定是不好受的。郭汜驻扎在长安北郊，吕布打开城门，率军出战，对郭汜说："让士兵们都退下，你我二人决一雌雄！"郭汜也不甘示弱，两人遂在长安北门外单打独斗，温侯吕布果然不同凡响，一矛刺中了郭汜，郭汜军中将士赶忙快马上前，救下郭汜，两人遂各自罢兵。

到了第九天，吕布军中叟兵（益州兵）突然发动兵变，六月一日，叟兵偷偷打开了长安城门，引叛军入城。叛军入城之后，即纵兵劫掠，叛军见人就杀，长安城内的百姓面临了一场空前的浩劫，死了一万多人。吕布率军与叛军在城内交战，却无法取胜，他把董卓的人头悬挂在马鞍上，率领数百骑兵来到青琐门外，对王允说："大人一起逃吧。"

王允说："如果蒙上天之灵，能够让国家安定，这是我的心愿；如果不能，我将以死报国。朝廷幼主只能依靠我了，面临大难却要逃避，我不会这么做。请你勉励关东各位大人，要时刻以皇上为念。"

太常（一说卫尉）种拂说："身为国家大臣，不能禁止暴乱，致使他们兵向皇宫，我又能逃往何处！"遂挺身出战而死。

李傕、郭汜等人驻扎在南宫侧门，杀害了太仆鲁馗、大鸿胪周奂、城门校尉崔烈、越骑校尉王颀。

王允护卫着汉献帝登上宣平门（长安城东最北的城门楼），躲避乱兵。李傕等人于城门下跪地叩头，汉献帝对他们说："你们作威作福，发兵纵横，意欲何为？"李傕回答："董卓忠于陛下，却无故为吕布所杀，臣等替董卓报仇，不敢叛逆。等事情处理完了，我等亲自去廷尉自首。"

李傕等人包围了宣平门楼，一起请求司徒王允下来，问："董太师有什么罪过？"王允无奈，只好走了下来。

初平三年（公元192年）六月二日，东汉朝廷宣布大赦，以李傕为扬武将军，郭汜为扬烈将军，樊稠等人均为中郎将。李傕等人将司隶校尉黄琬打入大牢，处死。

王允原来任命同郡宋翼、王宏分别担任左冯翊和右扶风，李傕等人打算杀掉王允，但又担心这两个郡会找麻烦，遂以朝廷之命征召二人入朝。王宏对宋翼说："李傕、郭汜以我二人在地方上，所以不敢加害王大人，今日你我入朝，明日就会与王大人一起被灭族，该如何应对？”宋翼说：“虽然祸福难料，但不能违抗王命啊！”王宏又说：“关东义军四起，就是为了诛杀董卓，如今董卓已死，其党羽容易对付。如果举兵讨伐李傕等人，与关东义军相互联络，这是转祸为福之计啊。”但宋翼不从，王宏一人孤掌难鸣，于是，二人一起入朝。

六月七日，李傕下令逮捕王允、宋翼、王宏，将三人一起诛杀；王允死时五十六岁，长子侍中王盖、次子王景、王定以及王氏宗族十余人，全部被害，唯独侄儿王晨、王陵（又记作王凌，后官至曹魏太尉，因反抗司马懿而被杀）逃归家乡。临死前，王宏大骂宋翼说：“宋翼你这个穷酸儒生！我怎能与你商量大事！”李傕下令将王允的尸体拖到闹市里示众，长安城中不分男女老幼均悲痛哭泣，却无人敢来收尸，只有王允的老部下、平陵县令赵戬弃官前来，将王允予以安葬。董卓被杀后，王允把功劳全揽到自己头上，士孙瑞也归功于王允，所以没有被封侯，如今也因此躲过了李傕的报复。

此时，距离董卓被杀不足两个月。由于王允的措置失当和贾诩的这一番话，让东汉王朝陷入一场更大的混乱，因此，历代学者都把王允、贾诩视为东汉灭亡的罪魁祸首。《通鉴辑览》称：“诛首恶，赦胁从，非特自安，亦所以安朝廷也。允不审权变，自复骄傲，且议赦议罢，毫无断制，以致酿成乱阶，无足深惜。”

李傕等人打算以贾诩为左冯翊，并要给他封侯，贾诩推辞道：“那只不过是临时救命之计，有什么功劳可言！”拒不接受。又要任命其为尚书仆射，贾诩再次推辞说：“尚书仆射是全国官员们的领袖，德高望重，贾诩我历来没有什么名气，难以服人。”遂担任了一名尚书，负责选举。李傕等人将董卓安葬在郿城，并将董氏家族的骨灰搜集起来装到一口棺材里，合葬在一起，下葬当天，天上刮起了狂风，下起了暴雨，雨水将墓门冲开，将棺材冲出。每次放入棺材，总是被水冲出，如此三四次，坟墓里积满了水。最后，樊稠等人亲自下棺，可是风雨更大，无奈，樊稠等人只好将棺材放入后，匆匆关上了墓门，墓门关上后，大风又毁坏了董卓的坟墓。

六月十九日，东汉朝廷任命前将军赵谦为司徒；七月十三日，以太尉马日磾为太傅，录尚书事；八月，以车骑将军皇甫嵩为太尉。汉献帝下诏命令太傅马日磾与太仆赵岐持节前去关东，和解关东诸侯。其中，马日磾负责黄河以南地区，赵岐负责黄河以北。九月，又任命李傕为车骑将军、兼任司隶校尉、假节，封池阳侯；郭汜为后将军，封美阳侯；樊稠为右将军，封万年侯；张济为镇东将军（后为骠骑将军），封平阳侯。李傕、郭汜、樊稠总揽朝政，张济率军驻扎在弘农（今河南省灵宝市）。《后汉书·董卓传》称，李傕、郭汜、樊稠均加开府，与三公合称六府，都管选举。《献帝起居注》称：李傕等人都想任用自己的人，一旦违背他们的意愿，就勃然大怒，朝廷方面只好定下规矩，先从李傕开始，依次郭汜，然后轮到任用樊稠的人，三公举荐的人却没有机会得到任命。

九月二十九日，东汉朝廷又以司空淳于嘉代替赵谦为司徒，以光禄大夫杨彪为司空，录尚书事。李傕等人以韩遂为镇西将军，让其返回金城（今甘肃省兰州市），以马腾为征西将军，让其率军驻扎在郿城。

三六　和解关东

吕布从武关（今陕西省商洛市商州区境内）逃奔南阳，袁术对他非常优待。吕布自恃对袁家有功，放兵劫掠，袁术为此深感头痛，吕布得知后，心存不安，遂离开袁术，投奔同乡、河内太守张杨。但《三国志·吕布传》说：吕布投奔袁术，袁术厌恶吕布是个反复小人，拒不接纳。

李傕等人以朝廷的名义悬赏捉拿吕布，情势非常危急，张杨也无法保护吕布，吕布只好再次流亡，向邺城投奔了袁绍。

整个初平三年东汉帝国的形势较前一年又发生了巨大的变化：袁绍与公孙瓒反目成仇，并击败公孙瓒，开始向青州方向渗透；曹操占据了兖州，收降青州黄巾军，实力大增；刘表得到了李傕等人控制的东汉朝廷的认可，由刺史改为州牧，地位进一步巩固，并开始对盘踞南阳的袁术施加压力；东汉朝廷进入后董卓时代，李傕等人把持朝政，并提出了与关东诸侯和解的方案。

李傕等人的和解方案也起到了一定作用。也就是在这种情况下，曹操听从了毛玠的建议，派从事王必（后为曹操丞相府长史）取道河内，想西去长安向汉献帝进贡，但遭到了河内太守张杨的拒绝。还是在袁绍担任盟主之时，陈留太守张邈就曾斥责他骄傲自满，引起了袁绍的嫉恨，曾暗中命令曹操刺杀张邈，曹操没有同意，自此张邈与袁绍二人也是面和心不和。袁绍的手下董昭担任巨鹿太守后不及，魏郡（治所邺城）太守栗攀又为乱民所杀，袁绍又调任董昭担任魏郡太守。当时，由于袁绍率军在东部前线，后方空虚，“郡界大乱，贼以万数”，董昭利用反间计，屡屡大破乱民。但是，由于董昭的弟弟董访效命于张邈，袁绍听信了谗言，将要惩处董昭。董昭遂弃官西去，打算前往长安投奔汉献帝，行至河内，却被张杨扣留，遂让张杨派人向长安送还了魏郡太守的印绶，被长安方面拜为骑都尉。这时，董昭见张杨拒绝曹操使者借道，遂劝说张杨道：“袁绍和曹操虽然是一家，但从事态上看，二人终究会分道扬镳。曹操如今虽然弱小，却是天下的真英雄，应该与他结交。如今正巧他要借道，这是一个好机会，应该答应他的要求，并且趁机向朝廷推荐，如果这事办成了，曹操肯定会永远记住你的情谊。”张杨遂答应了，并另外上表推荐曹操。董昭又以曹操的名义给长安的实权派人物李傕、郭汜、樊稠等人写信致敬。不久，张杨向曹操派去使者，增进双方的感情，曹操送给张杨各种礼物，从此，曹操建立了与长安朝廷之间的联系。《初学记》以及《太平御览》记载了曹操的《兖州牧上书》，内容为：“山阳郡有美梨，谨献甘梨三箱（一作谨上缝帐二，丝缕十斤，甘梨二箱，椑枣二箱）。”在曹操与长安朝廷建立联系以后，曾多次上书向汉献帝进贡，以表忠心。

李傕、郭汜见到曹操的使者后，认为关东诸侯原本要自立天子，如今曹操虽然派来了使者，但难保真心，打算把使者扣留下来。黄门侍郎钟繇劝说二人道：“如今英雄并起，各自盘踞一方，不从朝廷之命，唯独曹操表示愿意效忠，如果朝廷方面拒绝了他的好意，恐怕会阻止后来的人们效法。”李傕、郭汜遂厚厚地报答了曹操。

钟繇，字元常，颍川长社（今河南省长葛市）人，与荀彧是同乡。钟繇的曾祖钟皓为郡功曹，博学多才，有一千多门生。当时，颍川郡的著名人物就数钟皓、荀淑（荀彧的祖父）、陈寔（陈群的祖父）了。《世说新语·德行》称：“李元礼（李膺）尝叹荀淑、钟皓曰：‘荀君清识难尚，钟君至德可师。’”钟皓有两个儿子钟迪、钟敷，钟繇就是钟迪的孙子。但《后汉书·钟皓传》以及《法书要录》引张怀瓘《书断》称钟繇是钟皓的孙子、钟迪的儿子。钟繇年少时家境贫寒，曾与同族叔父钟瑜一起前往洛阳求学，途中遇到一位看相的，说：“这个童子当大贵，但会遭遇水厄。”钟繇等人前行不出十里，在过桥时，马匹受惊，钟繇落入水中，差一点被淹死。钟瑜觉得看相的人预测准确，更相信钟繇将来会富贵，遂供应钟繇学费，让其专心攻读。谢承《后汉书》称：“南阳阴修为颍川太守，以旌贤擢俊为务，举五官掾张仲方正，察功曹钟繇、主簿荀彧、主记掾张礼、贼曹掾杜祐、孝廉荀攸、计吏郭图为吏，以光国朝。”后钟繇被任命为尚书郎、阳陵（今陕西省咸阳市东）令，又晋升为廷尉正、黄门侍郎。

《三国志·武帝纪》对此只字未提，曹操巴结李傕、郭汜等人，征得朝廷的认可一事，只散见于《董昭传》《钟繇传》中，《董昭传》更把曹操给李傕等人写的书信，说是董昭代替曹操所写的，显然是出于对曹操的回护。理由如下。一、曹操与长安方面联络的目的。在曹操占领兖州之后，长安方面以献帝之名派来了兖州刺史金尚，却被曹操赶跑，但曹操毕竟名不正言不顺，为了得到朝廷方面的认可，曹操才接受了毛玠的建议，向长安派出使者，其目的非常明确，那就是讨得一道朝廷的正式委任状。曹操自然知道长安方面的当权派是李傕等人，献帝不过是李傕等人手里的傀儡，为了达到自己的目的，曹操当然不会仅仅给献帝上表，而不借机向李傕等人表示忠心。二、董昭的身世。董昭在此之前与曹操并无瓜葛，其基于对形势的判断而劝说张杨同意借道，并建议张杨结好曹操，这也都是为了新主子张杨的利益，没有理由费尽周折替曹操给李傕等人逐一写信。三、史书的有意回避。《三国志·钟繇传》称，在李傕等人接受钟繇的建议后，对曹操“厚加答报”，到底什么叫“厚加答报”？说的含糊其词。显然，曹操达到了自己的目的，三年后，到了兴平二年十月，东汉朝廷正式任命曹操为兖州牧。史书的这种有意回避，反倒让我们更有理由相信，曹操的兖州牧是得自于董卓余党李傕等人之手。显然，在不承认献帝的袁绍看来，曹操此举是对同盟的背叛——虽然同盟已经瓦解、董卓已经死亡，但双方还没到翻脸的时候。

靠巴结李傕等人得利的还不止曹操一人，初平三年（公元192年）十月，荆州刺史刘表也派使者前来长安进贡，东汉朝廷又晋升刘表为镇南将军、荆州牧，封成武侯。《镇南碑》称：“遣御史中丞钟繇即拜镇南将军，锡鼓吹、大车，策命褒崇，谓之伯父。置长史、司马、从事中郎，开府辟召，仪如三公。复遣左中郎将祝融授节，以增威重，并督扬、交二州。”

由于李傕等人采取了与关东和解的政策，关东以袁绍为盟主的同盟已经名存实亡，董卓当初对刘艾说担心的二袁、刘表和孙坚四人，如今虽然二袁依然拒绝接受朝廷的命令，但态度已明显和缓，且他们两人之间势同水火，明显失去了原来的号召力；刘表如今已俯首称臣，愿意接受长安政府的领导；孙坚已经死去。不过，时势造英雄，大浪淘沙，如今在关东地区又产生了一些新的军阀：曹操、公孙瓒、陶谦、朱儁，等等。曹操也已表示归顺，只有公孙瓒、陶谦等人还没有服从朝廷，但公孙瓒远在遥远的幽州，且与袁绍为敌，暂时对关中地区构不成威胁，而陶谦和朱儁却有点让人头疼。

李傕等人的和解政策第二个效果就是成功瓦解了第二次关东联盟。

董卓生前，朱儁就扯起了反董的大旗，董卓趁朱儁立足未稳，派李傕等将倾巢出动，一举将其击败。董卓死后，徐州刺史陶谦与下属各郡太守又共同推举朱儁担任太师，并向各地州牧发出檄文，呼吁建立第二次同盟，以朱儁为盟主，组建联军西进讨伐李傕等人，迎还汉献帝。

《后汉书·朱儁传》记载，陶谦等人写给朱儁的推举信称：

“徐州刺史陶谦、前扬州刺史周乾、琅邪相阴德、东海相刘馗、彭城相汲廉、北海相孔融、沛相袁忠、太山太守应劭、汝南太守徐璆、前九江太守服虔、博士郑玄等，敢言之行车骑将军河南尹莫（幕）府：国家既遭董卓，重以李傕、郭汜之祸，幼主劫执，忠良残敝，长安隔绝，不知吉凶。是以临官尹人，搢绅有识，莫不忧惧，以为自非明哲雄霸之士，曷能克济祸乱！自起兵已来，于兹三年，州郡转相顾望，未有奋击之功，而互争私变，更相疑惑。谦等并共咨诹，议消国难。佥曰：‘将军君侯，既文且武，应运而出，凡百君子，靡不颙颙。’故相率厉，简选精悍，堪能深入，直指咸阳，多持资粮，足支半岁，谨同心腹，委之元帅。”

这次联盟从表面上看是要对抗关西，但实际上是陶谦等人想借讨伐董卓余孽为名，在关东地区建立一个能与袁绍、曹操相抗衡的军事集团。署名的这些人大多是袁绍、曹操的异己势力，比如北海相孔融，《后汉书·孔融传》就称：“时，袁、曹方盛，而融无所协附。左丞祖者，称有意谋，劝融有所结纳。融知绍、操终图汉室，不欲与同，故怒而杀之。”说孔融当时就知道袁绍、曹操终归要篡夺汉室有些夸张，但说孔融不愿与袁绍、曹操站在一个战线，是实情。

得知陶谦等人试图组建第二次关东联盟后，李傕等人采纳了太尉周忠（已接替皇甫嵩担任太尉）、尚书贾诩的计策，以汉献帝的名义征召朱儁入朝为官。朱儁的下属都不愿入关，商议响应陶谦，但朱儁说：“上级征召下级，下级当立即接受命令，何况是天子征召呢！且李傕、郭汜、樊稠不过是一群浑小子，并无什么经国大略，又势均力敌，相互之间势必发生内讧。我身处其间，见机行事，则大事可成。”遂推辞了陶谦的建议，竟然西入长安。到长安后，东汉朝廷任命其为太仆，不久，又取代周忠担任太尉、录尚书事。陶谦策划的第二次同盟随即流产。

《通鉴辑览》对此评价道："（朱）儁（儁）与皇甫嵩同著威名，乃俱就逆贼之征，而儁较嵩尤陋，观其对诸将方谓'庸儿小竖，变乱可乘'，乃反为劫质，大言不惭，莫甚于此。"

三七　扫荡黑山

第二次关东联盟胎死腹中，又让徐州刺史陶谦也倒向了李傕等人控制的朝廷一边。

徐州治中王朗与别驾赵昱对陶谦说：“想要当上诸侯，最佳途径是勤王。如今天子沦落在长安，应派去使者接受天子的命令。”陶谦就派赵昱携带奏章来到了长安，东汉朝廷遂晋升陶谦为安东将军、徐州牧，封溧阳侯；以赵昱为广陵（今江苏省扬州市）太守，王朗为会稽（今浙江省绍兴市）太守。赵昱，字元达，琅邪（今山东省诸城市东南）人，“为人耳不邪听，目不妄视”，太仆种拂举为方正。王朗，字景兴，东海（今山东省郯城县西南）人，以通经，拜为郎中，升任菑丘（今安徽省宿州市东北）长。

当时，徐州百姓人口众多，物资丰富，各地流民都逃到这里避难，而陶谦却信用奸佞之人，疏远忠直之士，徐州的政治一片混乱，社会治安逐渐变坏。名士许劭前往广陵避难，陶谦对他很是礼遇，但许劭对自己的门徒们说：“陶恭祖（陶谦的字）表面上贪图一个好的名声，其内心却并不忠厚正直，现在对待我虽然很优厚，但慢慢肯定会变冷的。”遂离开广陵，渡江来到江南。后来，陶谦果然逮捕流亡到徐州的名士们，人们这才佩服许劭的先见之明。

初平三年年末到四年的年初，最不好过的应该算袁术了。

自从初平三年十月份刘表得到李傕等人控制的朝廷承认后，袁术就感到了来自襄阳方面咄咄逼人的压力——刘表切断了袁术的粮道。

同年，扬州（今安徽省寿县）刺史陈温去世，袁绍任命堂兄、山阳太守袁遗担任扬州刺史，被袁术击败。袁遗逃到沛县（今江苏省沛县东），为乱兵所杀。袁术以郑泰为扬州刺史，郑泰在上任途中病死，又改以陈瑀为扬州刺史。陈瑀的父亲陈球，东汉太尉，曾阴谋诛杀宦官而被杀；陈瑀的弟弟陈琮，为汝阴太守；陈瑀的侄儿陈珪，后为沛国相；陈珪的儿子陈登，后为广陵太守。《三国志·袁术传》和《后汉书·献帝纪》则称，是袁术杀死了陈温，自领扬州刺史，与《英雄记》记载不同。

袁术之所以要与袁绍争夺扬州，是他已经意识到南阳不是久留之地，规划着将扬州作为自己将来的存身之地。不过，在退守扬州之前，袁术还不死心，他决定率军北上，寻找一丝机会，看能否击败袁绍。

初平四年（公元193年）年初，袁术放弃南阳北上，驻扎在封丘（今河南省封丘县），黑山别部以及匈奴南单于于扶罗也都依附于袁术。大约袁术是想趁袁绍在东线与驻守高唐（今山东省禹城市西南）的刘备、平原（今山东省平原县）的单经、发干（今山东省聊城市）的陶谦作战之际，从侧背后直扑邺城。此时，曹操率军驻扎在鄄城（今山东省鄄城县，鄄城城池依托古黄河，易守难攻，曹操将兖州治所迁至此地，作为大本营），曹操与袁绍合兵一处，转兵抵御袁术。但是，据《英雄记》，袁术后来在给吕布写的信上写道："昔将金元休（金尚）向兖州，甫诣封部（封丘），为曹操逆所拒破，流离迸走，几至灭亡"云云，由此可知，起码从名义上来说，袁术这次离开南阳发兵北上，军中是带着朝廷任命的兖州刺史金尚前来接管兖州的，并非没有一点正当性。

袁术命令部将刘祥驻守在匡亭（今河南省长垣县西南五十里），曹操率军进攻刘祥，袁术亲自前去救援，曹军大破袁术军。袁术领兵退守封丘，曹操将封丘团团围住。曹军的包围圈还未完成，袁术见情况不妙，弃城向襄邑（今河南省睢县）方向逃跑。曹操领军追击，一直追到太寿（当在河南省睢县以东、宁陵县以西），掘开太寿渠水倒灌襄邑。袁术又从襄邑逃到宁陵，曹操紧追不舍，袁术遂再次南逃到九江［九江郡西汉时治所在寿春（今安徽省寿县），东汉治所在阴陵（今安徽省定远县），东汉末年又移到寿春，不在今江西省九江市］。

见袁术败退而来，扬州刺史陈瑀却翻脸不认人，不让袁术进城。袁绍以周昂担任九江太守，驻扎在阴陵，袁术率领残兵败将，命令孙贲进攻周昂，周昂弟弟周喁前来解救，均被孙贲击败，周喁逃归家乡，后为吴郡都尉许贡所杀。孙贲占领阴陵后，袁术这才算找到了一个临时的落脚点。稍事休息后，袁术就在淮河北岸集结军队，再次向寿春发起进攻。陈瑀害怕，弃城逃归老家下邳（今江苏省邳州市），袁术遂占领了寿春，领扬州刺史，并兼称徐州伯。李傕想拉拢袁术，又任命其为左将军，封阳翟侯，假节。曹操则撤军北上，回到了定陶（今山东省定陶县）。《九州春秋》则称："初平三年，扬州刺史陈祎死，袁术使瑀领扬州牧。后术为曹公所败于封丘，南人叛瑀，瑀拒之。术走阴陵，好辞以下瑀，瑀不知权，而又怯，不即攻术。术于淮北集兵向寿春。瑀惧，使其弟公琰请和于术。术执之而进，瑀走归下邳。"

袁术占据寿春后，即将矛头对准了江南的丹阳（今安徽省宣城市）太守周昕。《会稽典录》称："袁术之在淮南也，（周）昕恶其淫虐，绝不与通。"周昕三兄弟与袁绍和曹操有着千丝万缕的联系，在曹操起兵之初，周昕就曾大力协助；周昕的幼弟周喁就在曹操军中；周昕的次弟周昂又被袁绍任命为九江太守，因此，袁术要想稳定住后方，就必须拔掉周昕这颗钉子。袁术任命孙策的舅舅吴景（孙坚吴夫人之弟）领丹阳太守，率部进攻周昕，周昕战败，逃往会稽，依附于会稽太守王朗，吴景遂夺得了丹阳郡，袁术以孙贲为丹阳都尉。《献帝春秋》称："袁术遣吴景攻昕，未拔，景乃募百姓敢从周昕者死不赦。昕曰：'我则不德，百姓何罪？'遂散兵，还本郡。"

到初平四年，袁绍与公孙瓒任命的青州刺史田楷已经连续作战了两年之久，双方互有胜负，士卒都打得筋疲力尽，粮食也都吃完了，互相抢掠百姓，野外荒凉得竟无一棵青草。袁绍以其儿子袁谭为青州刺史（臧洪在初平元年被袁绍任命为青州刺史，在任两年后，等到曹操接任兖州牧后，袁绍又以臧洪为东郡太守，治东武阳），田楷与袁谭作战，却不能取胜。恰巧太仆赵岐前来调解，此时，兖州曹操、徐州陶谦、荆州刘表、河内张杨一个个都表示归顺了朝廷，被朝廷加官晋爵，而唯独他袁绍这里，朝廷却另外委派了一个冀州牧壶寿！显然，如果再一意孤行，袁绍就将成了一个孤家寡人。袁绍也意识到了过去自己试图另立皇帝、诛杀胡母班等朝廷使者给自己带来很大的负面影响，为了弥补这一过错，在得知赵岐即将到来的消息后，袁绍亲自前往百里之外迎接。赵岐在袁绍营中住下，又给公孙瓒写信。很快，公孙瓒就派来使者给袁绍送上一封书信，在信中，公孙瓒说："赵太仆以周召之德，衔命来征，宣扬朝恩，示以和睦，这如同拨云见日，我是多么高兴啊！过去贾复、寇恂也曾相争，赖光武帝宽和，亲自接见，和好了二人。我自忖一个边地的粗人能与将军你也蒙受朝廷的和解，这的确是将军眷顾的结果，也是我公孙瓒的荣幸啊！"双方遂实现了和解，并结下儿女亲家，罢兵而去。

袁绍与公孙瓒和解之后，初平四年三月上巳日（三月上旬第一个巳日，曹魏以后固定为三月三日），袁绍驻军在薄落津（今河北省广宗县西），与众人一起过上巳节。正与众人设宴欢会之时，突然有人来报，魏郡郡兵谋反，与黑山贼于毒里应外合占领了邺城，并杀害了魏郡太守栗成。黑山贼有十余部，共计数万人，全都集结在邺城。座上宾客有人的家眷还在邺城城内，听说后不禁大惊失色，甚至有人竟偷偷哭泣起来。袁绍面不改色，命都督继续行酒、投壶，谈笑自若。黑山贼中有一名叫陶升的，过去曾当过内黄的小吏，自称平汉将军，率领本部人马从西门进入邺城，关上府衙大门，不让其他人进入，然后，他将袁绍的家眷以及在州府内的士大夫们送到车上，亲自护送出城，送至斥丘（今河北省成安县东南）。袁绍到后，遂驻扎在斥丘，以陶升为建义中郎将。

大约得知袁绍逼近之后，于毒等人就放弃了邺城。袁绍率军进入朝歌（今河南省淇县）鹿场山（鹿肠山，在淇县庙口乡境内，为于毒所部根据地）苍岩谷，围攻了五天，终于攻克了于毒的老巢，诛杀于毒以及朝廷任命的冀州牧壶寿，斩杀一万多人。得胜之后，袁绍趁热打铁，率军沿着鹿肠山继续北行，进击黑山贼左髭丈八等部，全部将其消灭。又逐次讨伐刘石、青牛角、黄龙、左校、郭大贤、李大目、于氐根等黑山各部，一一将其消灭，斩杀了数万人，全部荡平了黑山贼的老巢。最后，袁绍率军与黑山贼的大头领张燕、四营屠各胡、雁门乌桓等在常山（今河北省元氏县）展开了一场大战。张燕拥有数万精兵，数千骑兵。袁绍与吕布同张燕等大战了十余天，双方死伤惨重，遂各自撤离了战场。吕布胯下赤兔马，能“驰城飞堑”，当时的人们就说：“人中有吕布，马中有赤兔。”在交战中，吕布经常与其亲信猛将成廉、魏越等数十骑，率先冲击张燕的大阵，一日之内有时曾出入敌阵三四次，均得胜而还。

三八　一伐陶谦

世事无常。

吕布诛杀了董卓，替袁绍报了家仇，不曾想又被李傕等人逐出长安，成为朝廷通缉的要犯，吕布、袁绍这两位昔日的对手如今又聚到了同一个屋檐之下。

在袁绍阵营里，吕布是个另类：他是朝廷任命的正牌奋武将军，袁绍是自封的车骑将军；吕布是个流亡者，袁绍是冀州的实际统治者；吕布仅有数百骑兵，袁绍却拥有整个冀州的武装力量；吕布曾助纣为虐，与关东联军交手，袁绍则是关东联军的盟主；袁绍想把吕布视为部下，但吕布又不甘心把他认为主子。

吕布自以为对袁绍有恩，又觉得袁绍手下的文武不过是自封的，而自己却是朝廷命官，因此，看不起袁绍的将领们，觉得他们没什么尊贵之处。吕布还多次向袁绍请求给自己增加一些兵力，这也引起了袁绍的猜忌，况且，吕布手下虽然骁勇善战，但军纪很坏，经常四处劫掠，这也让袁绍心中不快。

吕布也觉察出了袁绍的不快，遂向袁绍告辞，前往洛阳，袁绍假意表示同意，委任他为司隶校尉。袁绍担心一旦吕布离去，将来可能成为自己的对手，遂决定趁其不备，将其杀掉。

吕布将于第二天出发，袁绍派来三十名壮士，以护送吕布为名打算伺机于深夜杀死吕布。吕布早知来者不善，遂将他们安排在自己的大帐一侧，夜幕降临，吕布让人在自己帐内弹筝演奏，外面的人等到半夜，帐内却还在演奏，遂昏昏睡去，吕布趁机溜出帐外，而袁绍派来的人却没有察觉。等到这些人睡醒之后，冲入帐内，朝吕布床上乱砍一通，认为已经杀死了吕布，遂回城复命。

第二天清晨，袁绍查问之下，却发现吕布还活着，担心吕布会反攻，赶忙下令紧闭城门，吕布遂率众离去。袁绍命人追击，但都害怕吕布，无人敢上前挑战，吕布一路南下，投奔河内太守张杨去了。

吕布路过陈留太守张邈时，二人握手发誓，结下了深厚的友谊。袁绍听说后，对张邈是恨之入骨。虽然张杨与吕布是同乡，但由于李傕、郭汜等人开出了诱人的价钱悬赏吕布，张杨以及手下都想结果了吕布去邀功请赏。吕布得知后，对张杨说："我与你有同乡之谊，你杀了我，只能削弱你自己的势力，对你自己不利。倒不如以我为筹码，这样，得利更大。"张杨遂表面上答应了李傕、郭汜，但实际上将吕布保护起来。李傕、郭汜无可奈何，最终不得不赦免了吕布，以朝廷之命任命吕布为颍川太守。

初平四年（公元193年）夏天，就在曹操将袁术赶到寿春、回师定陶后不久，他与徐州牧陶谦的矛盾也激化起来了。

曹操基本上属于袁绍集团，而陶谦则态度暧昧，基本上是袁绍的敌对力量，不久前，还曾应公孙瓒之请，驻军发干，协助田楷抵御袁绍。兖州与徐州相邻，双方又分处不同的集团，冲突在所难免。就在前不久，曹操就曾率领大军穿越徐州地面，一路南下，追击袁术，但即便如此，双方之间尚未彻底翻脸。

而就在此时，一件似乎不起眼的小事却引发了一场大的争斗。到了这一年的夏天，徐州彭城附近的下邳阙宣聚集数千人马造反，自称天子。徐州牧陶谦开始时与之联合，后又将其击杀。

《三国志·武帝纪》称："徐州牧陶谦与共举兵，取泰山华、费，略任城。"《大清一统志》称，华县，在今山东省费县东北六十里，费县，在今山东省费县西北二十里。在东汉时期，华县和费县均属于兖州泰山郡。任城国，在今山东省济宁市，也属于兖州。后世史学家都认为，《三国志》的说法是为了替曹操讨伐陶谦寻找借口，因为，身为州牧的陶谦不可能贪图阙宣的数千人马而与阙宣勾结。其实，这种怀疑虽有一定道理，但阙宣称帝后没有进攻近在咫尺的彭城（今江苏省徐州市）、郯城（今山东省郯城县，原徐州刺史治所），而闯入兖州，这就有些耐人寻味。考虑到当时曹操与陶谦已经结怨的事实，陶谦借助阙宣的乱兵骚扰曹操的地盘，也不是没有可能。

阙宣的乱兵夺取兖州泰山郡的华县和费县，又劫掠任城国，当然会引起曹操的反击，更为严重的是，曹操的父亲曹嵩又被陶谦的军队杀害了！

郭颁《世语》称："曹嵩在泰山华县"，《三国志·武帝纪》称：（曹嵩）"董卓之乱，避难琅邪"。琅邪国治所在开阳，即今山东省临沂市北；下属又有琅邪县，在今山东省胶南市。

据《三国志》记载，此时，曹操已经命令泰山太守应劭前去迎接曹嵩离开这一是非之地，曹嵩家财万贯，辎重有一百多辆，陶谦的部将率军驻扎在阴平（今江苏省沭阳县西北），士兵们贪图曹嵩的财物，遂在华县、费县之间将曹嵩及其幼子曹德杀害。《后汉书·应劭传》称，兴平元年，前太尉曹嵩及其子德从琅邪入泰山，应劭派兵迎接，未到，而徐州牧陶谦素来怨恨曹操多次进攻徐州，遂派遣轻骑追上了曹嵩一行，在泰山郡边界将曹嵩等人杀害，应劭担心曹操怪罪，遂弃官投奔袁绍。郭颁《世语》所述内容与之相似，但更详细，称，应劭的部队还没有到来，陶谦秘密派遣数千骑兵赶到，曹嵩家以为是应劭的部队，毫不设防，陶谦军在门口将曹德杀害；曹嵩闻变，在后墙挖个洞逃跑，先让小妾走，但小妾肥胖，情急之下过不去，这时，乱兵已经闯了进来。曹嵩与小妾躲到厕所里，被军人搜出杀害。但韦曜的《吴书》有另外一个版本，称，曹操迎接曹嵩，陶谦派部将张闿率领二百骑兵护送，张闿在华县和费县之间杀害了曹嵩一家，劫去财物，投奔淮南的袁术。

虽然存在有各种版本，但基本事实是一致的，即：一、是陶谦的部将杀害了曹嵩，并劫掠了财物；二、曹嵩一家死于华县、费县之间；三、此时徐州军队已经进入兖州地界；四、如果没有上级的命令，驻扎在遥远的阴平的徐州军队怎能如此精准地长途奔袭，杀掉了曹嵩一家？

得知父亲为陶谦部将所杀，曹操非常愤怒。在后来他写下的《善哉行》（二）中，他写道：

> “自惜身薄祜，夙贱罹孤苦。既无三徙教，不闻过庭语。其穷如抽裂，自以思所怙。虽怀一介志，是时其能与！守穷者贫贱，惋叹泪如雨。泣涕于悲夫，乞活安能睹？我愿于天穷，琅邪倾侧左。虽欲竭忠诚，欣公归其楚。快人由为叹，抱情不得叙。显行天教人，谁知莫不绪。我愿何时随？此叹亦难处。今我将何照于光曜？释衔不如雨。”

说的是，由于自己的生身母亲早死，所以，自己自然地就非常依恋自己的老父，可是老父被人杀掉了，就算是再哭天抢地，又如何能再见上父亲！我多么希望上天能让琅邪在东方倾覆崩塌啊！

伤心欲绝的曹操将一腔怨恨都倾泻到陶谦身上，但曹军刚刚经历了一场大战，急需休整，而陶谦也不是好惹的，他曾率领徐州军队大破黄巾军，实力并不弱。曹操想出一计，他向长安朝廷上表，请求各地州郡一律解散军队。曹操的建议正中李傕等人下怀，不久，汉献帝就向各地发布诏书，称："如今四海纷乱，各地纷纷起兵，军民疲惫不堪，而大乱依旧没有停息的迹象，有的将领心存不轨，趁机作威作福，残害无辜百姓，以致人人自危，这与抱薪救火、扬汤止沸有什么两样！如今百姓流离，投奔他乡，扶老携幼，辗转流浪，困苦饥饿，已经太痛苦了！虽然有人已经觉悟，想尊奉朝命，却担心一旦解散军队，会被朝廷追究，故此兵连祸结，各自屯聚。接到诏书后，各地要同时解散军队，让士兵们进行农业生产，州郡只保留必备的官吏，处理日常事务，并将此诏书向远近传达。"汉献帝的诏书当然没人会听。陶谦接到诏书后就上书明确予以拒绝。

曹操见陶谦并没有上当，遂于这一年（初平四年，公元193年）的秋天，亲自率军讨伐徐州，攻克徐州十余座城池，遂进抵彭城（今江苏省徐州市）。

如前所述，徐州治所郯县，今山东省郯城县北。包括东海郡（治所郯县，今山东省郯城县北）、琅邪国（治所开阳，今山东省临沂市北）、彭城国（治所彭城，今江苏省徐州市）、广陵郡（治所广陵，今江苏省扬州市西北）、下邳国（治所下邳，今江苏省邳州市南）五个郡国。徐州，东北与青州相邻，北面、西北与兖州为界，西接豫州、南连扬州。《读史方舆纪要》称其"冈峦环合，汴泗交流，北走齐、鲁，西通梁、宋，自昔要害地也"。其中，治所郯县，位于鲁中南低山丘陵地区的南部沂蒙山区、沂河沭河冲刷形成的冲积平原，是江淮地区进入青州的门户；彭城（今江苏省徐州市）城北五里有九嶷山，东南十八里有寒山，六十里有吕梁诸山，东北九十里有盘马山；泗水从小沛流入，又向东南进入下邳；睢水由萧县流入，又向东南而去。苏轼称："徐州为南北襟要，京东诸郡邑安危所寄也。其地三面被山，独其西平川数百里，西走梁、宋，使楚人开关延敌，真若从屋上建瓴水也。土宜菽麦，一熟可资数岁。其城三面阻水，楼堞之下，以汴泗为池，惟南面可通车马，而戏马台在焉。其高十仞，广袤百步，若用武之世，屯千人其上，筑战守之具，与城相表里，而积三千粮于城中，虽用十万人，不能取也。"战略地位非常重要，因此，曹操率军从兖州直接南下，直取彭城。

《三国志·曹仁传》称："（曹仁）从征徐州，仁常督骑，为军前锋。别攻陶谦将吕由，破之，还与大军合彭城，大破谦军。从攻费、华、即墨（应为琅邪郡即丘之误，今山东省临沂市东南五十里）、开阳（属琅邪郡，今山东省临沂市东北十五里），谦遣别将救诸县，仁以骑击破之。"

陶谦率军出城决战，双方在彭城城下展开了一场大战，死亡上万人，最终，陶谦被曹操击败，曹军乘胜又攻克了傅阳，陶谦逃往郯城。董卓之乱时，洛阳一带的很多居民都逃到徐州避难，曹军得胜后，即大开杀戒，据《三国志·荀彧传》注引《曹瞒传》称，曹军在泗水坑杀数万百姓，而《后汉书·陶谦传》则称，坑杀了数十万，泗水为之不流。曹操转兵进攻郯城，无法攻克。徐州军队并不弱，但曹军之所以拥有压倒性的优势，关键在于曹操得到了袁绍的帮助，这一点正史中并无明确的记载，但仔细研读相关史料可以挖掘出来，主要依据是《三国志·徐晃传附朱灵传》的记载："初，清河朱灵为袁绍将。太祖（指曹操）之征陶谦，绍使灵督三营助太祖，战有功。绍所遣诸将各罢归，灵曰：'灵观人多矣，无若曹公者，此乃真明主也。今已遇，复何之？'遂留不去。所将士卒慕之，皆随灵留。灵后遂为好将，名亚晃等，至后将军，封高唐亭侯。"

这段不长的记载让我们知道，不仅袁绍军队帮助了曹操，而且，前来帮助曹操的袁绍军人数还不少，不只是朱灵一支军队。另外，我们似乎还能找到曹操大肆屠杀徐州军民的另外一个理由，那就是，为了换取袁绍出兵，曹操可能已经许诺劫掠来的徐州财物全归袁绍军队所有。

陶谦向公孙瓒任命的青州刺史田楷告急，田楷与公孙瓒任命的平原相刘备率军前来救援。此时已到了兴平元年（公元194年）二月，经过大半年的作战，曹军的粮草已经吃尽，不得不撤围而去。陶谦率领徐州军队驻扎在武原（今江苏省邳州市西北），曹军无法通过，曹操率军沿泗水继续南下，进攻泗水以南的虑（今江苏省睢宁县西南）、睢陵（今江苏省睢宁县）、夏丘（今安徽省泗县），攻克之后，全部屠城。曹军所过之处，鸡犬不留，三城均化为废墟。

刘备此时已有数千人马，《三国志·先主传》称："先主领平原相，自有兵千余人，及幽州乌丸（乌桓）杂胡骑，又略得饥民数千人。"在此之前，黄巾军曾再次进攻退守朱虚的北海相孔融，孔融又再向东撤至都昌（今山东省昌邑市西），被青州黄金军管亥所部包围。孔融早就听说过太史慈的大名，经常派人到太史慈家中探望太史慈的老母。恰巧太史慈从辽东回来了，他的母亲说："你与孔北海从未谋面，你离家之后，孔北海经常派人到家中探望，对我照顾得比老朋友还周到，如今，孔北海被围，你应该奔赴救难。"太史慈在家中停留了三天，遂步行前往都昌（两地相距约三百六十里）。当时，黄巾军的包围圈尚未完成，太史慈趁夜偷偷混入了城内，见到孔融，并请求率军出城杀敌，但孔融寄希望于外援，没有答应。等了几天，外援并没有到来，而黄巾军的攻势却逐渐猛烈了起来，孔融开始担心，想向平原相刘备求援，但城外已被团团包围，无法出城。太史慈请求完成这一任务，孔融说："如今敌人包围得水泄不通，众人都说不可能冲出去，你精神虽然可嘉，但这岂不是太难了吗？"太史慈回答："大人过去对我老母关心备至，老母心存感激，才派我前来救急，就是因为我的母亲认为我太史慈还有些可取之处，来此必有作用。如今众人都说不行，我也说不行，岂是大人和我的母亲对我的期望呢？事情已万分危急，请大人不要再怀疑了。"孔融遂答应了。第二天清晨，太史慈跨马提弓，率领两名骑兵跟随，命二人各拿一个箭靶，打开城门径直出城。外面的黄巾军见城内冲出三人，不禁大惊，立即从军营中出来，准备厮杀。可是，只见太史慈来到城下的壕沟之内，向两名骑兵安插好的箭靶射了两箭，又返回了城内。次日清晨又是如此，城外的黄巾军就不再紧张了，有的躺着，有的坐着观望，太史慈又射了两箭，返回城内，到了第三天清晨，等到太史慈再次出城时，城外的黄巾军将士已懒得搭理这个晨练者了，全都继续呼呼大睡，于是，太史慈扬鞭打马，直接冲向敌人的包围圈。等到敌人发现后，太史慈已经突围，又反身射杀了几个人，无人敢追。来到平原后，太史慈对刘备说："我太史慈不过是东莱的无名之辈，与孔北海既不是亲戚，又非同乡，只因志向相同，所以才分灾共患。如今管亥暴乱，北海被围，危在旦夕，因您有仁义之名，能救人于危难之间，所以，孔北海才眼巴巴地让我突出重围，从万死之中向您求援，请您能伸出援手！"刘备听了，不禁正色道："孔北海竟然知道世间还有一个刘备？"当即派遣三千精兵随太史慈前来救援。管亥闻听有援军前来，遂撤围而去。

救援孔融，让刘备、太史慈二人的名气大增。曹操离去后，陶谦开始拉拢刘备，又给了他四千丹阳兵，此时，袁绍已经占领平原，刘备本已无家可归，他遂脱离田楷，转投到陶谦的门下，陶谦任命他为豫州刺史，驻扎在小沛（今江苏省沛县东）。刘备担任豫州刺史后，即任命陈群为豫州别驾。陈群，字长文，许昌人；祖父陈寔、父亲陈纪、叔父陈谌都非常有名。孔融恃才傲物，年龄在陈纪、陈群之间，原来与陈纪为友，后来又成了陈群的好朋友，反而对陈纪行晚辈礼。史称，豫州百姓家中都悬挂着陈寔、陈纪、陈谌的画像，号称三君。

三九　诛杀刘虞

就在曹操与陶谦大战的同时，在遥远的幽州也展开了一场生死决斗。

刘虞与公孙瓒之间的矛盾由来已久。刘虞虽然拒绝了袁绍等人拥立，但并没有与袁绍彻底翻脸，双方还有来往，当公孙瓒决定与袁绍开战时，刘虞劝阻再三，公孙瓒却执意不从，这令刘虞非常不快。在与袁绍的作战中，公孙瓒又屡战屡败，却仍不死心，刘虞担心公孙瓒穷兵黩武，影响幽州的社会安定，又考虑到一旦公孙瓒得胜，将更加难以制约，遂在后方多方牵制，减少公孙瓒的物资供应，这让公孙瓒非常恼火。由于公孙瓒的军队军粮不足，不得不抢掠百姓，刘虞无法阻止；刘虞用来赏赐给鲜卑、乌桓等少数民族的财物，公孙瓒总是派兵劫去，这种事发生多了，刘虞忍无可忍，遂向长安朝廷上奏弹劾，揭露公孙瓒的罪恶，而公孙瓒也上书反驳刘虞后勤保障不力，双方你来我往，相互指责，朝廷方面鞭长莫及，只是劝说双方而已。公孙瓒遂在蓟城东南另外构筑了一座小城居住，刘虞多次请公孙瓒见面，公孙瓒均称病不见，二人关系已形同水火。

田畴在西去之前，就曾告诫刘虞说："公孙瓒拥兵自重，心狠手辣，不早早结果了他，将后悔不及。"但当时刘虞没有听从。事态的发展果然如田畴所料，后来双方矛盾逐渐加剧，刘虞遂打算除掉公孙瓒，他征询东曹掾魏攸的意见，魏攸说："如今，大人是天下人的希望，自己身边也需要一批良将谋臣，公孙瓒就是大人的爪牙之臣，虽然有些小过失，应该多多包容为是。"刘虞遂打消了计划，过了一年，魏攸就去世了，而刘虞与公孙瓒之间的矛盾已变得不可调和，刘虞这才下定了除掉公孙瓒的决心。

初平四年（公元193年）冬季，刘虞趁公孙瓒的部队分散在各地之际，率领本部十万人马突然包围了公孙瓒居住的小城。在刘虞临行之前，从事程绪劝阻道："公孙瓒虽然有过错，但并不明显，大人不先指出他的过错，责令他改过，却突然发兵掩袭，祸起萧墙之间，这不是本州之福啊！况且，胜败难料，不如整顿军队向其示威，公孙瓒必定会改过自新，这就是所谓的不战而屈人之兵。"刘虞听了认为程绪在扰乱军心，当即下令将其斩首示众，并告诫军中将士们："不要伤及无辜，只需杀掉公孙瓒一人。"从事公孙纪因与公孙瓒是同姓，平时公孙瓒对其关爱有加，公孙纪趁夜出城向公孙瓒告密。

公孙瓒闻听不禁大惊失色，慌忙之中竟然想掘开东城城墙逃跑。但刘虞手下的部队未曾经历过战斗，又爱惜百姓的房屋，不肯纵火焚烧，因而久攻不下。公孙瓒见状，遂挑选了数百名精锐战士，借着风势纵火，刘虞军队顿时乱了方寸，就在刘虞军队慌乱之际，公孙瓒率领这数百壮士突然从城内杀出，刘虞部众霎时纷纷溃败。

刘虞与下属狼狈逃往居庸关，公孙瓒乘胜追击，围攻三日，终于攻克了居庸关，生擒刘虞及其妻子儿女。抓回刘虞之后，公孙瓒碍于刘虞的盛名，并没有立即将其处死，暂时还让刘虞处理州务，以其名义对外发布文告。

正巧，朝廷派遣使者段训来到幽州，增封刘虞的食邑，加督六州；又晋升公孙瓒为前将军，封易侯。公孙瓒遂诬陷刘虞阴谋称帝，胁迫段训以钦差大臣之名将刘虞杀害。《典略》称，临刑当天，刘虞被绑缚在蓟城闹市上，公孙瓒暗自祈祷说："如果此人是真命天子的话，上天当降下大雨相救。"当时正是初平四年的盛夏，天气酷热，一整天竟然没有下一滴雨，公孙瓒遂下令将刘虞杀害。《英雄记》称，刘虞被杀之时，前常山相孙瑾、掾张逸、张瓒等人冲到刑场，对公孙瓒破口大骂，自愿与刘虞一同赴死。公孙瓒派人将刘虞的人头送往长安，刘虞的旧部尾敦在半路上劫去，拿回安葬。刘虞素来宽厚仁德，幽州百姓听到死讯，无不深感悲痛。

公孙瓒遂以段训为幽州刺史，从此，他成了幽州真正的主人，也逐渐骄傲自满起来，总是记起别人的坏处，忘记人家的好处，睚眦必报，总是想方设法处死那些名气超过他的本州名士。幽州州内士人子弟，越是才能高、名气大，他越是故意压抑他们，只宠爱诸如占卜师出身的刘纬台、卖布出身的李移子和商人乐何当这些出身低贱的人，与这三人结拜为兄弟，自称伯，依次为仲、叔、季。这三人都家财万贯，互相结为亲家。公孙瓒还经常对人说："我如果任用那些士大夫子弟，他们都会自认为理当如此，不会对我感恩戴德。"

田畴从长安回到蓟城，刘虞已为公孙瓒所杀，他来到刘虞墓前，拿出朝廷的批复复命，哭泣而去。公孙瓒听说后不禁大怒，悬赏捉到了田畴，对他说："你不把奏章送给我，这是何故？"田畴回答："汉室倾覆，人人怀有二心，唯独刘大人忠贞不渝。奏章所言，对将军没有多少赞美之词，恐怕将军不愿听到，因此，才没有送给将军。况且，将军你既然已经杀害了无辜的上司，又仇视守节不移的义士，我恐怕燕赵之间的义士们宁肯跳入东海自杀，也不愿追随将军了。"公孙瓒听了，就放了田畴，将他囚禁起来。有人劝说公孙瓒道："田畴是一位义士，大人既不能以礼相待，又将他囚禁，恐怕会失去人心。"公孙瓒遂放他回家了。

田畴离开蓟城后，回到家乡无终（今天津市蓟县），率领宗族数百人，一起发誓说："刘大人的血仇不报，我无颜立于世上！"遂一起进入徐无山（今河北省遵化市境内）中，在深山中寻找到了一块平地居住，亲自耕耘，奉养父母，数年间，有五千多家百姓前来投靠。田畴对前辈们说："如今，这里已经成为都市村庄，而人们却一盘散沙，没有法律，恐怕不是长治久安之道。请求推举一位贤能之人担任头领。"前辈们都说："同意。"大家公推田畴为主。田畴说："我们来到此地，目的并非苟且偷生，而是要报仇雪耻，建立一番大业。我担心大事还没办成，而一些轻薄少年却相互争斗，为了一时畅快，却没有深谋远虑，我有一个建议，愿意与大家一起施行，你们看可以吗？"大家都表示同意。田畴遂制定了二十余条法律，规定相互杀伤、偷盗等行为各自的处罚，最重的可以处以死刑；他又制定了婚丧嫁娶之礼，兴修学校，颁布于众，大家都觉得简便易行，乐于遵从，在田畴治理的这个小天地里，民风民俗非常好，达到了路不拾遗的程度。

田畴在北方边境各族民众心中享有很高的声望，乌桓、鲜卑人都派来使者与田畴通好，田畴也一一予以安抚，告诫他们不要侵犯关内。后来，袁绍以及儿子袁尚都曾派来使者，给田畴加官晋爵进行拉拢，但田畴一直拒绝接受。

四〇　献帝成年

公元194年一月十三日，东汉朝廷改元为兴平元年，大赦天下。一月十六日，时年十四岁的汉献帝刘协举行加冠礼。

从汉灵帝中平元年（公元184年）黄巾起义爆发到如今，已过去整整十年。这十年是东汉王朝从衰亡走向崩溃的十年，大致又可分为前后两段：前五年是汉灵帝统治时期，后五年是汉献帝统治时期。

前半段：

中平元年，黄巾起义并在当年被扑灭；凉州边章、韩遂趁机以及黑山诸贼发动叛乱。

中平二年，张温、周慎、董卓、孙坚讨伐边章、韩遂，先胜后败。

中平三年，武陵山蛮造反，被扑灭；鲜卑骚扰幽州、并州。

中平四年，边章、韩遂发动反攻，凉州刺史耿鄙战败，其司马马腾反水，与韩遂等人，合兵一处，推王国为主，兵锋一直进至三辅；幽州张纯、张举与乌桓大人丘力居等联合，发动叛乱。

中平五年，河西白波贼叛乱，并州屠各胡叛乱，南匈奴左贤王于扶罗叛乱，整个并州大乱；刘焉建议建立州牧制度；益州马相等叛乱，刘焉入蜀，平定了叛乱；设置西园八校尉；皇甫嵩、董卓与王国在西线交战；公孙瓒与张纯等在北线交手。

后半段：

中平六年，皇甫嵩击退王国；幽州牧刘虞说降乌桓，张纯被杀；汉灵帝驾崩；少帝刘辩继位；大将军何进诛杀骠骑将军董重及灵帝之母董太后；何进谋诛宦官，反被宦官杀死；董卓进京，废少帝，立陈留王刘协为帝，是为汉献帝；董卓把持朝政，任用当世名士为官。

初平元年（公元190年），关东诸侯起兵讨董；董卓迁都长安；董卓派军击败王匡、曹操；青州黄巾军复起。

初平二年，关东诸侯打算拥立幽州牧刘虞为帝，无果；孙坚击败吕布、董卓，收复洛阳；董卓撤回长安；袁绍夺得冀州；公孙瓒击破青州黄巾军；袁绍与袁术交恶，关东同盟破裂；孙坚奉袁术之命进攻刘表，被杀；益州牧刘焉盘踞蜀地，以张鲁杀害汉中太守苏固。

初平三年，董卓派军击败河南尹朱儁；袁绍与公孙瓒界桥大战、巨马水大战，互有胜负；曹操击败黑山贼于毒等，占据东郡；董卓为王允、吕布所杀；李傕、郭汜等反攻长安，王允被杀，吕布逃到关东；李傕、郭汜等把持朝廷，采取了和解关东的政策；曹操取代刘岱为兖州刺史，收降青州百万黄巾，并向朝廷进贡，取得了朝廷方面的承认。

初平四年，曹操击败袁术，袁术退往寿春；袁绍与公孙瓒暂时和好；袁绍讨伐黑山诸贼；陶谦杀害曹操之父曹嵩，曹操第一次讨伐徐州；公孙瓒杀害刘虞。

十年过去了，东汉政局变得越来越混乱，在汉献帝举行成年礼的兴平元年，满目疮痍的东汉帝国又将走向何方呢？好在是李傕、郭汜等人把持朝政的这一年多来，与纷乱的关东相比，朝廷还相对平静一些，不过，到了这一年的年初，事态突然就恶化了起来。驻扎在郿城的征西将军马腾曾私下托李傕办事，李傕没有答应，马腾大怒，准备进攻李傕。汉献帝派使者前去和解，但马腾不听。韩遂听说后，也从金城前来调和二人，但不久就改变了中立立场，与马腾站在了一边。谏议大夫种劭、侍中马宇、左中郎将（《后汉书·董卓传》称右中郎将）刘范等人密谋引马腾偷袭长安，他们几个当内应，里应外合除掉李傕等人。种劭，在李傕、郭汜进攻长安时战死的太常种拂之子；刘范为益州牧刘焉之子。

兴平元年（公元194年）二月，马腾、韩遂率军进至长安近郊的长平观。种劭等人的阴谋败露，逃奔槐里（今陕西省兴平市）。李傕命令樊稠、郭汜以及侄儿李利领兵进攻马腾、韩遂，马腾、韩遂战败，逃回凉州；樊稠等将又进攻槐里，诛杀了种劭、刘范等人。三月十三日，东汉朝廷又下诏赦免了马腾、韩遂等人。四月，又晋升马腾为安狄将军，韩遂为安降将军。

关于兴平元年年初发生在长安的这场变故，史书有几种版本。

一是《后汉书》称，马腾有求于李傕，李傕没有答应，遂与侍中马宇、右中郎将刘范、前凉州刺史种劭、中郎将杜禀一起进攻李傕，双方激战多日，不分胜负。韩遂听说后也从凉州赶来，欲和解李傕、马腾二人，却与马腾联合。李傕派郭汜等人与马腾等在长平观下再战，双方死伤上万人，马腾等人战败。

二是《献帝纪》注引袁宏《纪》称，当时，马腾派人联络刘焉，刘焉派儿子刘范率军与马腾联合，与李傕等人作战。

三是《后汉书·刘焉传》称，刘焉派五千叟兵相助。

四是《英雄记》称，刘范逃到马腾营中，向刘焉求援，刘焉派校尉孙肇率军前来帮助。

议郎庞羲的女儿嫁给了刘焉的长子刘循，刘范、刘诞死后，庞羲带着刘焉的孙子们辗转来到了益州。当年，刘焉治所绵竹被雷电击中，引发大火，刘焉所制造的御用车辆全部被大火焚毁，又烧毁了大量民居，刘焉只得将治所迁到成都。诸子被杀，又遭遇火灾，不久，刘焉就死去了。益州司马赵韪、治中从事王商等人认为刘璋宽和，遂共同推举他为益州刺史。《益州耆旧传》称：（王）“商，字文表，广汉人，以才学称，声问著于州里”。

但长安朝廷下诏任命扈瑁为益州刺史，扈瑁来到汉中。《后汉书·刘焉传》称，在此之前，荆州牧刘表曾向朝廷揭发刘焉制作御用车马、器皿、衣服，双方已经形同水火。当扈瑁来到汉中后，荆州别驾刘阖以及刘焉的部将沈弥、娄发、甘宁发动叛乱，转攻刘璋。甘宁，字兴霸，祖籍南阳，为秦国丞相甘茂之后，祖上移居巴郡临江县（今重庆市忠县），甘宁年少时，是一群小无赖的大哥，身上经常带着毦（《通俗文》称：“毛饰曰毦”，汉末用于军中）和铃铛，手持弓箭，横行乡里，《吴书》称，他“出入，步则陈车骑，水则连轻舟，侍从被文绣”，当地官吏无人敢管，关系好的倒也罢了，如果官员与其不和，就命人劫掠该官员的财物，或者在当地杀人越货，干出一些违法之事，让上级归咎于该官员。后来，甘宁金盆洗手，开始读一些诸子百家的书，被刘焉任命为蜀郡（今四川省成都市）丞。

这场叛乱很快就被刘璋讨平，甘宁等人只得逃往荆州。长安朝廷只好任命刘璋为监军使者、领益州牧。刘璋以赵韪为征东中郎将，率军东击刘表，驻扎在朐忍（今重庆市云阳县）。

当时三辅（京兆尹、左冯翊、右扶风三地）百姓尚有数十万户，李傕等人纵兵劫掠，百姓饥饿困苦，在以后的两年里，相互残杀吞食，几乎死光了。当时，长安城内盗贼纵横，白天公然抢掠，李傕、郭汜、樊稠三人各自管理三分之一，但仍然无法制止，他们的宗族子弟也是横行霸道，无恶不作，令百姓度日如年。这一年，长安地区从四月一直到七月没有下一滴雨，谷子一斛高达五十万钱，豆、麦一斛二十万钱，连长安城内也发生了人吃人的惨剧。汉献帝在正殿求雨，并派使者重新审理囚犯，对在押的轻刑犯予以赦免，他又下令侍御史侯汶拿出太仓的米豆给穷苦百姓熬粥，但几天过去，饿死的人仍然不计其数。汉献帝怀疑官员们从中作弊，命令侍中刘艾取来米、豆各五升在御座前实验，熬得三满盆，于是，汉献帝派刘艾责问说："五升米豆就熬得三盆，可百姓们仍然饥饿，这是为何？"尚书令以下官员全都前来认错，并建议将侯汶交由廷尉治罪。汉献帝不忍对侯汶依法惩处，只打五十大棍算了。此后，百姓们才得以存活了下来。

当时迁都长安时间不长，宫女们大多衣服不够穿，汉献帝打算用御用仓库内的布帛给宫女们做衣服，但李傕不同意，说："宫中有衣服，为何要再做？"汉献帝下诏将一百多匹御用马匹卖掉，大司农拿出御用仓库内两万匹布帛与马匹的价值相当，等于是汉献帝把自己的马卖给国家，国家拿出等值的布帛，再由汉献帝赏赐给公卿百官以及穷苦百姓们，李傕却说："我的军用仓库内的储备不足。"遂强行把这两万匹布帛拉到自己的军营。贾诩说："这是皇上的决定，不可违抗。"但李傕不从。

四一　二伐陶谦

就在长安方面打退了马腾、韩遂后，关东的曹操又发起了他的第二次讨伐陶谦的战役。

兴平元年（公元194年）二月，曹操刚从徐州撤军，仅仅休整了两个月，到了这一年的四月，他就又留下司马荀彧、寿张令程昱驻守鄄城，卷土重来了。这次曹军进展非常顺利，接连攻克了徐州五座城池，一直劫掠了东海郡（治所郯县，今山东省郯城县北）、琅邪国（治所开阳，今山东省临沂市北），曹军所到之处，像上次一样烧杀劫掠，坏事做绝。陶谦部将曹豹与刘备驻扎在郯城以东准备截击曹军，曹军回师后，一举将其击破，并趁势攻克了襄贲（今山东省苍山县南），此时陶谦已经魂不守舍，打算弃城，逃奔丹阳。

而恰恰在这时，曹操后方出现了问题。

前九江太守边让，是陈留浚仪（今河南省开封市）人，文采、口才都是一流，大将军何进曾征辟他为下属，孔融、蔡邕、王朗都与他关系很好，后担任九江太守。边让自恃才高，对曹操非常傲慢，尤其是曹操为了报父仇，不惜残害徐州百姓，对此，边让很是不满，曹操听说后，不禁大怒，下令将边让处死，并将其妻子儿女一并诛杀。曹操这一不理智的行动立即产生了负面影响。边让名气很大，他的死在兖州士大夫们中间引起了普遍的担忧，陈宫素来刚烈，内心也对曹操的做法十分不满，边让的死让他也心生恐惧，遂与从事中郎许汜、王楷以及陈留太守张邈的弟弟张超一起密谋背叛曹操。

陈宫对张邈说：“如今天下分崩离析，豪杰并起，大人以千里之众，居于四方要冲之地，手握宝剑，四下观望，自当成为一代枭雄，却受制于人（陈留郡属于兖州），这岂不是太无能了吗！如今，兖州州军全部投入了东征前线，后方十分空虚，吕布是位壮士，能征惯战，所向无敌，如果权且将他迎来，一起统治兖州，再静观天下的形势，等待局势的变化，这正是纵横捭阖的良机啊！”

曹操、张邈、袁绍三人原本关系不错，曹操起兵就是在张邈的地盘，可以说，张邈给予他很大的帮助，但后来，曹操逐渐脱离张邈，被袁绍任命为东郡太守，不久，又成为兖州牧，成了张邈的上司，这自然让张邈心里不是滋味。另外，吕布在投奔张杨之前与张邈握手发誓，结为同盟，让袁绍恨得牙根痒痒，张邈也担心曹操终归会听命于袁绍加害自己，内心一直非常不安。对于张邈的心态，陈留圉（今河南省杞县）人高柔看得一清二楚，他曾对亲戚们说：“如今豪杰并起，陈留是各方争夺的要地，曹将军虽然据有兖州，却有平定四方的大志，不会就此罢手，而张大人拥有陈留，也将有所作为，恐怕州，郡之间会出现变故，还是请大家离开此地出外避难的好。”众人都认为张邈与曹操关系很好，高柔年纪又轻，都不以为然。高柔的堂兄高干（一说堂叔），是袁绍的外甥，请高柔前往河北，高柔遂率领宗族一起投奔去了。

果然不出高柔所料，在陈宫的劝说下，张邈决定趁势一搏。

当时，曹操以陈宫领兵驻守东郡，陈宫遂率领部下秘密前往河内迎接吕布，答应拥立吕布为兖州牧。吕布在张杨那里几个月了，过得并不舒心，听到张邈等人愿意拥立自己为兖州牧，当然一百个情愿，当即率部赶来。吕布到来后，张邈派亲信刘翊对荀彧说：“吕将军来协助曹大人进攻陶谦，请赶紧供应军粮。”留守在鄄城的众人都心生疑窦，荀彧立即判断出事情有变，当即下令整顿军队，并派人快马前去濮阳召唤东郡太守夏侯惇前来。

得报后，夏侯惇立即率军赶往鄄城，途中，恰与吕布军遭遇，双方交手后，吕布撤离战场，遂掩袭濮阳，夺得了夏侯惇的辎重。而后，吕布派人前去诈降，在军中劫持了夏侯惇，要求拿出钱财赎人，一时间，全军震恐。夏侯惇的副将韩浩率军将夏侯惇的大营团团围住，召来军中诸将，命令各部均不得乱动，然后，韩浩来到营门外说道：“你们竟敢如此为非作歹，劫持大将军，还想活吗？我受命讨贼，岂能仅仅因顾及一个将军的性命而放纵你们吗？”又流着眼泪对夏侯惇说：“在国法面前我也无能为力啊！”然后下令手下将士直接上前去捉拿劫匪。劫匪们见状，赶忙跪下叩头说：“我们只是想弄点钱财啊！”韩浩将这些人斥责一通后，全部斩首。后来，曹操听了对韩浩说：“你的这种做法可以作为万世效法的规矩。”曹操下令，凡是遇到劫匪的，不用顾及人质的生命安全，一律击杀劫匪。有了这个命令以后，反而劫持人质的事件也绝迹了。

当时，兖州的文武官员很多都与张邈、陈宫勾结，夏侯惇来到鄄城以后，当夜就下令诛杀了数十人，局面才得到控制。

与陶谦任命的豫州刺史刘备同时还有另外一个豫州刺史郭贡，至于郭贡是长安朝廷任命的，或者是袁术任命的，史无明文。孙贲随袁术南下，击破袁绍任命的九江太守周昂以后，被袁术任命为豫州刺史，不久，袁术又命吴景、孙贲二人南下，赶跑了周昕，孙贲也被袁术调任为丹阳都尉、行征虏将军，据此，郭贡可能就是袁术新任命的豫州刺史。当曹操东征徐州时，袁术派郭贡抄曹操的后路也在情理之中。

郭贡率领数万人马也不期而至，来到鄄城城下，有人说郭贡是与吕布合谋的，城内一片恐惧。郭贡请荀彧出城相见，荀彧将行，夏侯惇等人劝阻说："你是全州的依靠，前去十分危险，不行。"荀彧回答："郭贡与张邈等人素来没有什么交情，如今他仓促而来，一定不会蓄谋已久，趁此机会，前去说服，即使不听从，也可使其保持中立，如果现在就怀疑他，势必激怒他，反而促使他下定进攻我们的决心。"荀彧从容出城与郭贡见面，郭贡见荀彧毫无惧色，认为鄄城早有戒备，遂不战而退。

当时兖州各地均纷纷反水，响应吕布，只有鄄城、范（今河南省范县东南）、东阿（今山东省阳谷县东北阿城镇）三城没有反叛。吕布军中投降的人称："陈宫将亲自率军进攻东阿，又令部将泛嶷进攻范。"荀彧对程昱说："如今全州皆反，只剩下这三座城池还在我们手里，陈宫等人率领重兵前去，如果不深结城内军民之心，三城势必投降。你是东阿的名士，回去说服大家，可能会有效果。"程昱遂离开鄄城返回东阿，当他路过范县时，对县令靳允说："我听说吕布将您的母亲、弟弟、妻子、儿女扣为人质，身为孝子，您此时的心情自然非常沉重！如今天下大乱，英雄并起，最终必定会出现一位盖世英雄，削平群雄，统一天下。智慧之人当对主子仔细选择，选择对了，就会干出一番事业；选择错了，将性命不保。陈宫反叛，迎接吕布，兖州百座城市全部响应，从表面上看，似乎能有所作为，但你认真观察观察，吕布又是什么样的人呢？吕布对人冷酷无情，刚愎无礼，这不过是一个勇猛的粗人而已。陈宫等人与其联合，只是相互利用罢了，没有把他看作自己的主子，他们的军队人数虽多，最终必定不会成功。曹大人智慧胆略，世所罕见，这是上天赋予的啊！大人一定要坚守住范县，我则守住东阿，那么，我们两个将建立起田单一样的功劳，岂不胜过违背忠义、附从叛逆而母子均被处死？请大人深思！”靳允流着眼泪对程昱保证道：“不敢有二心！”当时泛嶷已经率军来到了范县，靳允与泛嶷相见，设下伏兵将其刺死，然后，回城固守。

程昱又另派一支骑兵切断了仓亭津[1]陈宫率军来到后，却无法渡过黄河。程昱来到东阿时，东阿县令枣祗（后来首创了屯田制）已经督促军民加强战备、坚守城池了。兖州从事薛悌与程昱齐心协力，最终保全了这三座城池，等待曹操大军返回。曹操回来后，对程昱非常感激，他握住程昱的双手说：“如果不是你，我将无家可归了！”遂任命程昱为东平相，驻扎在范县；任命薛悌为泰山太守。程昱年少时经常梦见自己登上泰山，双手捧着太阳，他曾将此事偷偷告诉给了荀彧，荀彧又告诉了曹操。曹操对程昱说：“你终将成为我的心腹之臣。”程昱本名程立，曹操在立上加了一个日字，遂将其改名为程昱。

① 位于范县的黄河渡口，《读史方舆纪要》称：“仓亭津在（范）县东北。《水经注》：‘河水于范县东北流，为仓亭津。’《述征记》：‘仓亭在范县界，东北去东阿六十里，西南至东武阳七十里，大河津济处也。’”但《中国历代战争史》附图将其标示为漯水的渡口，错误。

四二　曹吕交兵（一）

在泛嶷、陈宫分别进攻范和东阿的同时，吕布率领重兵进攻鄄城，但没有攻下，又退回了濮阳。

曹操听说后方吃紧，赶忙率军撤回。曹军返回的路线是从郯县直接北归，曹洪率领先头部队首先赶到东平（疑为东阿之误）、范县，在当地筹措军粮，为下一步的反攻做准备。当曹操率领大军越过亢父（今山东省济宁市南）、泰山险道、顺利回到鄄城后，说道：“吕布一下子就得到了一个州，却没有切断亢父、泰山险道，依托险阻截击我军，反而盘踞在濮阳，由此判断他不可能有什么大的作为。”遂率军对吕布发起了进攻。《战国策》中苏秦所谓“亢父之险，车不得方轨，骑不得比行”，即指亢父、泰山险道，为曹操从徐州返回的必由之路。

吕布在濮阳以西四五十里有一处营垒，曹操趁夜偷袭，经过一夜激战，到黎明时分曹军攻破了营垒。正当曹军打扫战场时，吕布亲自率军赶到了战场，从三面向疲惫不堪的曹军发起了猛攻。当时，吕布亲自冲到前面，两军从凌晨一直打到下午，前后激战了数十回合，不分胜负。危急时刻，曹操招募敢死队抵挡敌人的冲锋，司马典韦第一个站出来应募。

典韦，陈留郡己吾（今河南省宁陵县西南黄岗乡己吾城村）人，容貌魁伟，膂力过人，任侠有气节。襄邑（今河南省睢县）人刘氏与睢阳（今河南省商丘市睢阳区）人李永有仇，刘氏请典韦替自己报仇。李永曾担任过富春长，平时家中防卫很严。典韦乘车，车上装着鸡和酒，假扮成前来拜见的人，等到李永家门一开，典韦就直接闯了进去，掏出怀中的匕首就将李永及其妻子刺死，然后若无其事地走了出来，拿出车上的大刀、长戟，慢悠悠地步行而去。李永的家就在闹市区，整个闹市一片惊骇，数百追兵没有一个敢上前的。走了四五里远，典韦与接应的同伴会合，边打边撤，安全逃回，由此，典韦被江湖豪杰认可。初平年间，张邈举义时，典韦从军，隶属于司马赵宠。牙门旗又高又大，一般人都举不动，典韦能单手举起，赵宠对其勇力印象深刻，后典韦隶属于夏侯惇，屡立战功，被升为司马。

典韦率领数十名应募的敢死队员，全部穿上双层铠甲，丢掉盾牌，手中只拿长矛、撩戟（类似投枪的兵器）。当时，曹军西面情况紧急，典韦率领敢死队抵挡，吕布军弓弩齐射，顿时箭如雨下，但典韦看都不看，对众人说："敌人冲到十步时再告诉我！"敢死队员们说："已经十步了！"典韦又说："五步再说！"敢死队员们心慌了，赶忙说："冲上来了！"典韦听罢，手持十几只撩戟，大吼一声，突然从地上一跃而起，杀入敌阵，所遇的敌人无不应声倒毙，吕布军纷纷后退。正巧天色已黑，曹操这才得以撤出战场。回到军营后，曹操当即晋升典韦为都尉，率领数百亲兵充当曹操的贴身卫士。典韦非常勇猛，他的手下全部是精选出来的壮士，每次战斗总是作为军锋，冲杀在前，后被晋升为校尉。典韦非常忠诚、谨慎，白天经常站立在曹操一旁，一站就是一整天，晚上则睡在曹操大帐的旁边，很少回家过夜。典韦喜欢喝酒吃肉，饭量超过常人一倍，每次曹操赏赐给他酒食，他总是开怀畅饮，需要好几个人供应才赶得上，曹操也为他的豪气而折服。典韦喜欢使大双戟和长刀等兵器，曹军中编了一个顺口溜称："帐下壮士有典君，提一双戟八十斤。"

濮阳城内的大姓田氏答应作为曹操的内应，偷偷打开了濮阳城门，引曹军入城。曹军攻入城内后，烧毁了东门，表示决一死战，绝不后退，可是，吕布的军队作战十分顽强，在曹军冲入城内后，并没有慌乱，而是组织起了有效的反攻。吕布的骑兵先朝青州兵发起进攻，青州兵溃败，引起曹军大乱。吕布的骑兵追上了曹操，却不认识他，问道："曹操逃到哪了？"曹操随便一指，说："骑着那匹黄马逃走的就是。"吕布的骑兵遂丢下曹操，追赶那位骑黄马的人去了。曹操骑着马冲入火海，却被摔下马来，被火烧了左手掌，司马楼异搀扶曹操上马，保护着一同逃出了城外。曹操尚未回到军营时，军中谣言四起，都非常担忧。回到营中后，曹操强忍着伤痛，亲自到各营巡视，稳定军心，下令军中加紧修造攻城器具，并立即组织反攻，但依然无法攻破濮阳。《三国志・乐进传》称：（乐进）"从击吕布于濮阳，张超于雍丘，桥晓于苦（今河南省鹿邑县，属豫州），皆先登有功，封广昌亭侯"。《三国志・于禁传》称："及太祖领兖州，禁与其党俱诣为都伯，属将军王朗。朗异之，荐禁才任大将军。太祖召见与语，拜军司马，使将兵诣徐州，攻广威，拔之，拜陷陈都尉。从讨吕布于濮阳，别破布二营于城南，又别将破高雅于须昌（今山东省东平县西北）。从攻寿张（今山东省东平县西南）、定陶（今山东省定陶县）、离狐（今山东省东明县东南），围张超于雍丘（今河南省杞县），皆拔之。”就这样，双方在濮阳城下相持了一百多天，当时，发生了严重的蝗灾，百姓非常饥饿，双方的军粮全都吃光了，遂各自率军离开了濮阳。

兴平元年（公元194年）九月，曹操回到鄄城。濮阳背靠袁绍，前面又是鄄城，腹背受敌，因此，吕布决定离开濮阳，来到鄄城东南的乘氏（今山东省巨野县西南），被当地人李进击破，又向东驻扎在山阳（今山东省金乡县）。吕布向兖州东南发展，主要是为了摆脱不利的战略态势，背靠与曹操为敌的徐州，可以解除后顾之忧。

十月，曹操也离开鄄城，率军来到东阿。袁绍派人前来说服曹操，表示与曹操联合，但提出一个条件，那就是让曹操把自己的家眷送到邺城。袁绍的话说得很客气，但曹操当然知道袁绍的意思，一旦曹操把家眷送到邺城，就等于成了袁绍的人质，而曹操也就成了袁绍的部下，再也没有独立发展的机会了。当时，曹操刚刚丢掉兖州，军粮也已经吃尽，几乎到了山穷水尽的地步，打算同意。正巧程昱从外地出差回来汇报，得知这个消息后，就问曹操：“我听说将军打算把家眷送到邺城，与袁绍联合，确有此事吗？”曹操说：“是啊。”程昱说：“昔日，田横是齐国的世族，兄弟三人轮番称王，据千里之地，拥百万之众，与诸侯一起南面称孤。汉高祖取得天下后，田横却成了俘虏，当时，田横的内心又是怎样？”曹操说：“是啊，这确实是大丈夫最大的耻辱啊。”程昱又说：“程昱我愚蠢，不识大体，我认为将军的志向连田横都不如。田横，不过是齐国的一位壮士，尚且羞于当汉高祖的臣子。如今，我听说将军打算把家眷送往邺城，向袁绍称臣，以将军之聪明神武，竟然去当袁绍的臣下而不感到耻辱，我还替将军感到羞耻！”然后，他又说：“我认为作出这项决定是将军遇事恐惧了，不然，为何考虑得如此不周密！袁绍占据了燕赵之地，有吞并天下之心，他的智慧却无法帮助他成事。将军自忖能心甘情愿一直当他的部下吗？将军有龙虎之威，甘愿充当韩信、彭越这样的角色吗？如今，兖州虽然残破，但尚有三座城市在我们之手，我们手里的军队还有一万余人，以将军的神武，与荀彧和我等一般人，同心协力，自可成就一番霸王之业。还请将军再考虑考虑！”曹操听了程昱的话，这才打消了投靠袁绍的打算。

在随后的几个月里，吕布和曹操各自休整军队，而在曹操离开徐州不久，徐州牧陶谦就患上了重病，他对别驾麋竺说："除非刘备，无人能安定徐州！"麋竺，字子仲，东海郡朐（今江苏省东海县）人。麋竺家世代经商，是当地的大富翁，家产上亿，奴仆、佃户上万人。《搜神记》记载麋竺的一件逸事，称："竺尝从洛归，未达家数十里，路傍（旁）见一妇人，从竺求寄载。行可数里，妇谢去，谓竺曰：'我天使也，当往烧东海麋竺家，感君见载，故以相语。'竺因私请之，妇曰：'不可得不烧。如此，君可驰去，我当缓行，日中火当发。'竺乃还家，遽出财物，日中而火大发。"

陶谦死时六十三岁，有儿子，均没有当官，据《大清一统志》记载，陶谦的坟墓在今江苏省萧县东陶墟村。

陶谦死后，麋竺奉其遗命前往小沛迎接刘备。典农校尉陈登对刘备说："如今，汉室衰微，海内沸腾，建功立业，就在今日。本州富裕，有百万户口（《后汉书》记载，徐州原有47万余户，近280万人），我们想请大人前去担任州牧。"刘备推辞说："袁术就在寿春，此人四世三公，为海内之人归心，你可以让他来当徐州牧。"陈登说："袁公路骄傲自满，奢侈无度，不是一个治理乱世的人。如今，我等将替大人组织起一支十万步骑的军队，大人以此上可以匡扶国家、惠及百姓、建立起春秋五霸一样的功业，下可以割据一方、守卫本土、扬名后世。"此时，北海相孔融也在徐州避难，也劝刘备说："袁公路岂是一个忧国忘家的人？他不过是一具冢中枯骨，何足介意！现在的情况是百姓们要选择贤能之主，上天给予的如果不接受，将会后悔不及。"但豫州别驾陈群劝阻道："袁术还很强，将军如今东去，必定会与袁术发生矛盾。吕布如果偷袭将军的后方，将军虽然得到了徐州，也肯定会一事无成的。"但刘备不从，还是接受了徐州牧一职，将徐州治所迁至下邳（今江苏省邳州市）。为了争取袁绍的支持，陈登等人又派人前往袁绍那里，将推举刘备为徐州牧一事向袁绍做了汇报，袁绍答复说："刘玄德宽宏大度，又有信义，如今徐州推举他，正合我意。"

四三　曹吕交兵（二）

兴平元年这一年，从四月到七月，没有下一滴雨，天下发生大饥荒，长安城内谷子一斛五十余万钱，人吃人的惨剧再度出现了，时年十三岁的汉献帝得知灾情后，命侍御史侯汶拿出太仓中的大米、大豆做成粥，让饥民们吃。然而，情况并未得到改观，汉献帝怀疑具体办事人员从中舞弊，命人取来大米、大豆各五升在自己眼前煮粥，煮了两大盆，发现关东地区也是如此，由于无力养活这么多军队，曹操无奈，只好遣散新招募的士兵（极有可能是自行逃散）。

此时，是曹操最为艰难的时刻，但天灾对每个人都是平等的，大灾之下，吕布也是如此，从某种意义上说，这场突如其来的天灾对骁勇善战的吕布军队来说更具毁灭性，这是因为，在曹吕交战时，曹操的军队刚刚东征徐州，又在自己的地盘上作战，曹操收编的青州黄巾军未经严格的训练，作战能力与吕布军相比并不强，而这场天灾却让曹军与吕布军回到同一个起跑线上，从这个意义上说，这未必不是上天对曹操的眷顾。至于曹操在此期间的作为，除了交代程昱建议他拒绝了袁绍的要求之外，再无其他，其间，曹操是如何渡过难关的？史书语焉不详，不过，《文选·袁绍檄豫州文》李注引谢承《后汉书》却给了我们一个答案："操围吕布于濮阳，为布所破，投绍，绍哀之，乃给兵五千人，还取兖州。"也就是说，大灾之下，人们已经相互残杀、吞食，在这种情况下，曹操、吕布双方根本无力撕咬，曹操的军队似乎也已消耗殆尽。走投无路的他不得不求救于过去的老友袁绍，袁绍出于怜悯之情，分给他五千人马，曹操就凭借这五千人马（可能还有自己的残余军队），东山再起，打败了同样在饥饿线上挣扎的吕布，重新夺回了兖州。

正史可能是出于对曹操的回护，不愿让我们知道袁绍曾经是曹操的救命恩人，才有意漏掉了这一历史事实，这可能才是历史的本来面目。

曹操担任兖州牧后将治所迁到了鄄城（今山东省鄄城县）。整个兖州的布局为西南东北走向：陈留郡在最西南，中部三个郡自北而南分别是东郡、济阴郡确实存在舞弊现象，遂将侯汶杖打五十，饥民也都得以存活下来。和山阳郡，再往东是任城国、泰山郡，最东北为济北郡。这八个郡国只有三个城池没有背叛曹操，可见曹操在兖州是很不得人心的，而这三个没有背叛曹操的鄄城、范和东阿又都属于东郡，这与曹操担任东郡太守时打下的基础密不可分，至于兖州下余郡县均已背叛：张邈占据陈留郡，吕布占据山阳郡，并开始蚕食周边各郡。

李典，字曼成，为山阳郡巨野人。李典的叔父李乾在乘氏有数千家部众，后跟随曹操，在寿张击破青州黄巾军，又参加了与袁术、陶谦的战斗。此时，曹操派李乾返回乘氏，试图说服各县反水。吕布的兖州别驾薛兰、治中李封反而要说服李乾投靠吕布，李乾不从，为二人所杀。

曹操的东阿、范县、鄄城自东向西一字排开，吕布撤离濮阳后，在三城西北的濮阳等地已没有吕布势力，曹操要想收复兖州，只需从三城向南、向西打。

兴平二年（公元195年）春，得到袁绍资助的曹操首先向距离鄄城最近、在鄄城以南的定陶发起了进攻。投靠吕布的济阴太守吴资退守定陶的南城，曹军没有攻下。吕布闻讯，即从东面的山阳郡治所昌邑（今山东省金乡县）率军救援，曹操采取围城打援之法，迎头痛击，将吕布的援军击败，随后，曹军似乎已逐渐收复了兖州境内的各座城池。曹仁率军进攻句阳（济阴郡属县，在今山东省菏泽市以北三十里），生擒吕布部将刘何。在此前后，曹洪也随大军进攻济阴郡、山阳郡，又向西进攻河南尹的中牟县（今河南省中牟县）、阳武县（今河南省原阳县）、京县（今河南省荥阳市）、密县（今河南省新密市）十余县，全部攻克。曹操命令曹洪进攻河南尹所属四县，用意可能在于：一、阻击可能来自河内张杨对吕布的增援；二、切断吕布西逃之路；三、震慑豫州刺史郭贡。

吕布部将薛兰、李封驻扎在巨野（在鄄城东南、定陶东北）。《新唐书·宰相世系表三下》“薛姓条”记载：“兖州别驾兰为曹操所杀。子永，字茂长，从蜀先主入蜀，为蜀郡太守。永生齐，字夷甫，巴、蜀二郡太守，蜀亡，率户五千降魏，拜光禄大夫，徙河东汾阴，世号蜀薛。”河东蜀薛在南北朝、隋唐时期显赫一时，曾出了薛安都、薛仁贵等名将。

在消除了西线隐患之后，曹操又放心大胆地转攻薛兰、李封所部。吕布率军前来救援，再次被曹操击败，曹军遂攻克巨野，斩杀了薛兰、李封二人。曹操将大本营设在乘氏（今山东省巨野县西南）。当时，刘备刚刚接管徐州，曹操打算丢下眼前的吕布，趁刘备立足未稳，先夺取徐州，再回过头来进攻吕布。荀彧反对说："过去，高祖刘邦以关中为大本营，光武帝刘秀以河内为基地，他们二人都是采取了巩固根据地，然后再争夺天下的策略，这样一来，进足以战胜敌人，退又可以坚守后方，因此，虽然遇到一些挫折，但最终能成就一番大业。将军的根据地本来就在兖州，起兵讨平了青州黄巾军，兖州百姓对将军都心悦诚服，况且，黄河、济水是天下的要冲，如今兖州虽然残破，但尚能自保，这里就是将军的关中和河内，不能不先将这里安定。如今，我军已经击败了薛兰和李封，如果我们分兵进攻东面的陈宫，陈宫一定不敢再向西进犯，趁此时机，我们再组织军民抢收麦子，节衣缩食，储备充足的粮食，然后再对吕布发起一次大规模的进攻，定能将吕布击败。击败吕布之后，再与扬州方面（扬州刺史刘繇）结好，一起进攻袁术，将我们的势力拓展至淮河、泗水一带。如果不顾吕布去讨伐徐州，在后方多留部队，前线就不够用；少留军队，就要征召百姓入伍，无法从事农业生产，吕布乘虚来犯，民心将会大乱，唯独鄄城、范县、卫城（在今山东省冠县一带）能够保全，剩余的城池将会全部丢失，这样一来，等于是失去了兖州。如果无法及时平定徐州，将军将回到哪去呢？况且，陶谦虽然已死，但徐州仍不宜夺取。徐州军民会汲取去年失败的教训，会因恐惧而更加团结，如今，他们已经收割完小麦，一定会坚壁清野，严阵以待，到时候，我军攻不下他们的城池，又抢不到粮食，不出十日，即使有十万大军，不曾作战，就会自已陷入困境[①]。上次我们讨伐徐州，屠杀了很多人，徐州百姓念及父兄被杀的深仇大恨，一定会人人誓死抵抗，绝不会投降，即使能攻下徐州的城池，也必定无法守住。在战略上当然有在两者之间抉择的情况，但标准是：丢掉小的地盘，夺取大的地盘；脱离危险的地方，选择安全的地方；权衡利弊，不用担心后方不稳。如今，从这三个方面考虑，都没有好处，请将军深思。"曹操这才打消了原计划。

吕布从东缗（今山东省金乡县东北）出动，与陈宫的军队会合，二人共有一万多军队，向乘氏的曹操大本营发起了一次反攻。当时，曹操的士兵们全都分

---

① 原文为："则十万之众，未战而先自困"，从当时的情况分析，曹操似并没有十万大军，此处的"则"字，当翻译为"假设""即使"。

散到农村抢收小麦去了，留守部队不足一千人，军营防御工事也不到位，局势相当危急。曹操命令随军妇女全部登上城墙防守，自己率领全部兵力出战。在曹军西面有一条大堤，大堤以南林木幽深。吕布担心曹操在那里埋伏有伏兵，遂对部下说："曹操诡计多端，不要中了他的埋伏。"遂率军驻扎在十几里开外。第二天，吕布再次率军前来，曹操下令将一半军队埋伏在大堤之内，另外一半则在大堤之外列下阵势。吕布率军冲了上来，曹操这才下令轻装部队上前挑战，双方交手后，曹操一声令下，伏兵突然从长堤内出来，向吕布军发起了猛烈的进攻。吕布军毫无防备，遂被打得大败，曹军缴获了吕布军的鼓车，一直追杀到吕布军营才折返。

当晚，吕布趁夜悄悄撤退了。

乘氏之战后，曹操再次率军进攻定陶，并将其攻克，又分兵平定了兖州各县。吕布、张邈逃奔徐州，投靠了刘备，张邈的弟弟张超保护着张邈家眷驻扎在雍丘（今河南省杞县），到了这一年（兴平二年）的八月，曹操率军包围了雍丘；十月，曹操接到长安朝廷正式任命其为兖州牧的委任状。张邈亲自前往袁术那里求救，为其部下所杀。十二月，雍丘被曹军攻陷，张超自杀，张邈的三族全部被曹操下令诛杀。

至此，经过一年多的奋战，曹操终于平定了兖州全境，曹军又乘胜南下，将豫州的陈郡（今河南省淮阳县）也占领了。

在与吕布作战中，夏侯惇被流箭射中左眼。《魏略》称："时夏侯渊与惇俱为将军，军中号惇为'盲夏侯'。惇恶之，每照镜恚怒，辄扑镜于地。"夏侯惇因功被曹操任命为建武将军，领陈留、济阴太守，封高安乡侯。当时，旱灾、蝗灾并起，夏侯惇率领军民拦住太寿河水，修建水坝，他身先士卒，亲自背土，又鼓励百姓们改种产量更高的水稻。

四四　孙策创业（一）

兴平元年（公元194年），当曹操与吕布鏖战之时，盘踞在寿春的袁术也没有闲着。

袁术任命张勋、桥蕤等人为大将军。从初平三年（公元192年）开始，太傅马日磾与太仆赵岐就从长安出发，奉命和解关东，一年过后，他们来到寿春，赵岐守节，毫不屈服，袁术对他非常忌惮，而马日磾却有求于袁术，被袁术轻视。一次，袁术谎称借来马日磾的符节一观，但他拿到符节后，拒不归还了，马日磾前去索要，袁术却拿出一个名单，名单上有一千多个人名，这些全是袁术军中的将领，让马日磾征辟他们为官。马日磾说："你们袁家先祖各位王公，他们是怎么征辟官属的？你这么逼着我征辟他们，难道你觉得三公的下属能抢来吗？"马日磾要离开袁术，袁术却将他扣留下来，又逼迫他担任自己的军师。马日磾感到没有完成使命，又气又羞，不久就吐血而死。

当时的沛相陈珪是原太尉陈球的侄儿，与袁术都是官二代，年轻时曾是玩伴。袁术给他写信说："过去，秦国崩溃，天下群雄逐鹿，智勇兼备者最终夺取了天下。如今，世事纷乱，又出现了土崩瓦解之势，这确实是英雄有为之时啊。我与你是老朋友了，岂能仅仅把你视为我的左右？如果一起干一番大事，我一定会把你看作我的心腹的。"陈珪的儿子陈应当时在下邳，袁术威胁将劫持陈应为人质，一定要把陈珪弄来。陈珪复信说："秦朝末年，君主肆意妄为，无恶不作，民不聊生，因此国家才会土崩瓦解。如今虽说是末世，但皇帝并没有秦朝那时残暴。曹将军神武，将拨乱反正，平定四海，我原以为你会与他同心协力，匡扶汉室，不想你却图谋不轨，岂不是让我十分痛心！如果能迷途知返，还能挽回。我是你的老友，所以才披肝沥胆，说出这些逆耳忠言，就是去死，我也不会干出阿附逆党的事的！”

袁术要想发展，北要吞并徐州，因此，他一直想把徐州拿到自己手中；另外，南要稳定江南，把江南作为自己的大后方，这也是他来到寿春以后，很快就派吴景、孙贲赶走周昕的原因，但是，一个人的出现，让袁术吞并江南的企图化为了泡影，此人就是后来被人称为小霸王的、孙坚的长子——孙策。

孙策，字伯符。孙策的为人与他父亲孙坚一样，都是天生的英雄人物。史称，他容貌俊美，喜欢说笑，性格豁达，乐于接受不同意见，善于用人，还特别喜欢结交朋友。其父孙坚从军在外，将家眷留在了寿春，庐江太守陆康与孙坚关系不错，等到孙坚参加关东义军后，孙策带着母亲、弟弟们从寿春迁到了舒县（今安徽省庐江县）（《资治通鉴》及《江表传》称，是孙策在寿春结识了周瑜，是周瑜请孙策迁居舒县的）。

在那里，孙策结交了当地人周瑜，二人结下了深厚的友谊。周瑜，字公瑾，他的堂祖父周景以及周景的儿子周忠都曾担任过太尉高官。周瑜与孙策同岁，比孙策小一个月，将路南的一座大宅院送给孙策住，“升堂拜母”，互通有无。孙坚死时，孙策十七岁，他本应继承乌程侯的爵位，却让给了小弟弟孙匡；又将父亲的灵柩送往曲阿（今江苏省丹阳市）安葬；而后，孙策北渡长江，暂居在江都（今江苏省扬州市）。

广陵（今江苏省扬州市）人张纮为当地名士，在江东避难。孙策在江都时，张纮在替母亲服丧，孙策多次前去拜访，询问他对世事的看法。

一次，他问道：“方今汉室衰弱，天下大乱，英雄豪杰各自结党营私，没有人去匡扶社稷。我的父亲与袁氏一起讨伐董卓，却没有成功，最终被黄祖杀害。孙策我虽然年幼愚昧，但私下也有一个小小的志向，想向扬州刺史袁术要回我父亲的旧部，再去丹阳投靠舅舅吴景，招募流民，占领吴郡和会稽郡，报仇雪恨，作为朝廷的外藩，你看如何？”

张纮说：“我素来无能，况且还在服丧之中，实在无可奉告。”

孙策又说：“先生的大名远播，众望所归，今日的计划，求你裁决，为何不给我指点一二？如果我成功了，得以报了杀父之仇，这全是先生之力啊！”遂涕泗横流，失声痛哭起来。

张纮见孙策态度非常诚恳，遂回答道：“过去，周朝衰败，齐国和晋国兴起；王室安宁，诸侯恢复进贡。如今，你继承了父亲的遗志，还非常骁勇，如果去丹阳投靠舅舅，招募吴郡、会稽郡的军队，如此，则可以兼并荆州、扬州，自然能报仇雪恨。然后，依托长江天堑，诛杀那些跳梁小丑，匡扶汉室，将建立起齐桓公、晋文公一半的霸业，哪里仅仅是当个外藩的长官而已？如果天下大乱，如果你能成功，我将与我的朋友们一起渡江辅佐你。”

孙策回答：“你我一见如故，我现在就去了，将老母、小弟托付给你照顾，我再也没有后顾之忧了。”

后来，张纮成了孙策一位重要的谋士，《吴书》称：“纮与张昭并与参谋，常令一人居守，一人从征讨。”

徐州牧陶谦生前对孙策非常忌惮，到兴平元年（公元194年），孙策已二十岁了，此时，孙策的舅舅吴景当上了袁术的丹阳太守，堂兄孙贲当上了袁术的丹阳都尉，可孙策却什么都不是，身边也没有一兵一卒。他直接前往寿春拜见袁术，哭着对袁术说：“我的亡父过去从长沙北上讨伐董卓，与大人在南阳相遇，结下了深情厚谊，不幸遇难，功业不成。孙策想到父亲与您的旧情，想来投靠大人，请大人明察我的一片赤诚之心。”

袁术见到孙策后，对这个英俊雄武的少年非常看重，但不愿交还他父亲的旧部。袁术对孙策说：“我刚任命你的舅舅为丹阳太守，你的堂兄为都尉，丹阳是出精兵的地方，你可以去投靠他们，在那里招募军队。”

于是，孙策就与吕范、孙河等人将母亲从广陵接到了曲阿，自己则去丹阳投靠舅舅吴景。吕范，字子衡，汝南细阳（今安徽省太和县东）人。他长相俊美，曾担任县吏，后避乱来到寿春，在寿春与孙策成了好友，率领自己家一百名门客投靠了孙策。孙河，本姓俞，字伯海，为人忠诚正直，讷于言而敏于行，从小就追随孙坚征讨，率领左右亲兵，是孙坚的心腹；孙策对俞河非常喜爱，将他赐姓为孙。《吴书》称，孙河是孙坚的同族侄儿，后过继给姑父，改姓俞，后来，又改回本姓。在孙策创业之初，只有吕范、孙河二人追随孙策，为孙策立下了汗马功劳。

孙策来到丹阳后，招募了数百人，却遭到泾县（今安徽省泾县）当地豪强祖郎的袭击，在激战中，祖郎的士兵一刀砍中孙策的马鞍，孙策差一点丢了性命。《三国志·嫔妃传》却称：“孙策与孙河、吕范依景，合众共讨泾县山贼祖郎，郎败走。”从当时的实际情况来看，吴景、孙贲二人对孙策的帮助并不大。无奈之下，孙策只好再度返回寿春，求见袁术，这一次，袁术将孙坚的旧部一千多人还给了孙策，并让太傅马日磾拜孙策为怀义校尉，袁术的大将张勋、桥蕤对孙策也都很尊重。袁术经常感叹道："假使我袁术能有一个像孙郎这样的儿子，就是死了，又有什么可遗憾的呢！"孙策一名骑士犯了法，逃入袁术营中，藏在马厩之内。孙策命人闯入袁术营中，就地将此人正法。事后，孙策向袁术谢罪，袁术说："士兵们动不动就背叛自己的主子，我像你一样对此非常痛恨，有什么可道歉的？"从此以后，孙策在军中树立了威信，士兵们对他非常畏惧。

袁术当初曾答应任命孙策为九江太守，可是，不久，他食言而肥，任命陈纪当了九江太守，后来，袁术打算进攻徐州，向庐江太守陆康借三万斛米，但陆康看出袁术有忤逆之心，就是不给，并加强战备，袁术大怒。孙策过去曾想拜见陆康，但陆康不见，孙策一直怀恨在心，袁术遂派孙策前去进攻陆康，临行时，他又给孙策许诺："上次，我错用了陈纪，常常为此感到后悔。这次，你如果能拿下陆康，庐江我一定给你。"孙策遵命率军进攻庐江，将庐江团团包围。陆康深得民心，听说城池被围，不少休假在家的将士们趁夜偷偷回城，孙策将庐江包围了两年，最终城陷，不久陆康就得病而死，死时七十岁。孙策满以为这次可以顺顺当当地当上庐江太守了，可是，这一次袁术故技重演，又任命自己的旧部刘勋担任了庐江太守，孙策更加失望。

侍御史刘繇，字正礼，是已死的前兖州刺史刘岱的弟弟，兄弟二人过去就名闻四海。因天下大乱，刘繇在淮南避难，长安朝廷任命他为扬州刺史。袁术虽然并不是扬州刺史，但淮泗之人也将该地区的实权派袁术称为扬州刺史，朝廷方面之所以以刘繇为扬州刺史，就是在江南给心存叵测的袁术打上一个楔子，试图从南方牵制袁术。扬州过去的治所就在寿春，可是，如今寿春被袁术占据了，刘繇南渡长江，将治所设在曲阿。在刘繇刚刚来到江南时，吴景、孙贲虽然具有袁氏色彩，但为了左右逢源，遂主动帮助刘繇来到了曲阿，在两个扬州的对立中，孙策集团从表面上更接近于朝廷任命的刘繇这一边，这显然有改善自己在江东形象的意味。孙策集团既依附于袁术，又与刘繇结好，左右逢源，进退裕如。

然而，这一情况并没有持续太久，随着孙策奉袁术之命进攻庐江陆康，事态随即发生了令人意想不到的变化。正如陈琳《檄吴将校部曲文》中所称的那样，吴郡顾、陆，与会稽虞、魏四姓为江东大族，孙策用孙坚的旧部进攻江东大族陆康，致使陆氏宗族一百余人被杀，陆康本人也很快死去，这一事件在江东大族中产生了巨大的震动，也直接导致了刘繇对孙策集团态度的转变。

刘繇听说孙策进攻庐江后，因吴景、孙贲本来是袁术的部下，担心二人会与袁术一起夹击自己，遂与二人发生隔阂，派军将二人赶出了丹阳。吴景、孙贲北渡长江，驻扎在历阳（今安徽省和县）。刘繇的这一转变直接将孙策集团推到了袁术一边。刘繇又派部将樊能、于麋驻扎在横江（今安徽省和县东南长江北岸渡口），张英驻扎在当利口（今安徽省和县东南），与吴景、孙贲相持。袁术当然希望把刘繇的势力赶下长江，进而夺取江南，遂任命旧部惠衢担任扬州刺史，以吴景为督军中郎将，与孙贲一起率军进攻张英等人，双方打了一年多，一直胜负未分。

四五　孙策创业（二）

兴平二年（公元195年），当曹操逐渐度过最为艰难的时期、开始向吕布发起反攻时，吴景、孙贲与樊能、张英等也在历阳附近打得不可开交。在此期间，朝廷方面又晋升刘繇为扬州牧，加封其为振武将军，刘繇拥有数万人马。当袁术逼死太傅马日磾之后，朝廷方面对袁术的态度已经发生了很大变化，这么做显然是让刘繇牵制住心存叵测的袁术。

袁术不仅想要徐州，也想要江南，但面对徐州复杂的局势以及咄咄逼人的曹操的攻势，袁术只能把主力放在北面，而只派出吴景、孙贲去应付樊能等人，可是，吴景、孙贲没有多大能耐，一年过去了，樊能等将仍盘踞在长江北岸，虽然就在江边，吴景、孙贲却始终无法把他们赶到水里。

在孙策寓居江都时就已经定下了夺占江南的方略，在孙策投靠袁术以后，孙坚旧部、都尉朱治早就看出袁术没有什么德行，遂劝孙策平定江东。朱治，字君理，丹阳故鄣（今浙江省安吉县西北十五里）人。原为县吏，后为孝廉，被州里征辟为从事，随孙坚征伐；孙坚担任长沙太守后，被拜为司马；后曾受孙坚指派率军协助徐州牧陶谦讨伐黄巾军。孙坚死后，朱治协助孙策，投靠了袁术，太傅马日磾生前曾征辟朱治为掾，又任命其为吴郡（今江苏省苏州市）都尉。等到刘繇与孙氏反目之后，朱治从曲阿将孙策的母亲和弟弟们接到吴郡保护起来。

朱治的话说出了孙策的心声，当孙策看到吴景、孙贲等人与樊能、张英打了一年多还不分胜负，遂对袁术建议道："我家在江东（胡三省注称：'大江东北流，自历阳至濡须口，谓之江西；建业谓之江东'）有些声望，我愿意协助舅舅进攻横江，一旦攻克横江，就可以回到江东招募军队，能招来三万人马，来辅佐明君您平定天下。"

袁术也不是傻子，他当然知道孙策对自己心怀不满，但他考虑到刘繇盘踞在曲阿，王朗又在会稽，加上孙策与江东大族早已产生了过节（其父孙坚与会稽周昕三兄弟的矛盾以及孙策诛杀陆康事件），认为即使放孙策回江东，也未必能有什么作为，至少把孙策放到江东要比刘繇、王朗要好。如前所述，王朗原是徐州牧陶谦的治中，在陶谦表示归顺长安朝廷后，长安朝廷任命王朗为会稽太守。王朗在会稽郡已经三年了，史称：他“居郡四年，惠爱在民”。想到这里，袁术遂慷慨应允，并任命孙策为折冲校尉，交给他一千多部队、数十名骑兵，愿意一起前往江东的孙策门客又有数百人。

孙策从寿春出发，一路上边行军，边招募军队，等到达历阳时，孙策军队人数已经增至五六千人了。在历阳，孙策先派人渡江来到吴郡，把母亲、弟弟们接到长江以北的阜陵（今安徽省全椒县东十五里）。当时，周瑜的堂叔周尚担任丹阳太守，周瑜前去探望，孙策来到历阳后，即派人给周瑜送去书信，周瑜遂率军与孙策会师，并送来了军粮。孙策见到周瑜，不禁大喜，说道：“有了你，我一定能成功！”遂率军进攻横江、当利，全部攻克，樊能、张英败退，逃回江东。孙策乘胜渡江，所向披靡，无人能抵挡他的攻势。渡过长江后，孙策先进攻刘繇的牛渚（又名采石山，今安徽省当涂县北长江南岸）营地，缴获了刘繇军队的全部辎重，不仅解决了军粮问题，而且也解决了武器问题。江东百姓一听到孙郎来了，无不吓得面如土色，失魂落魄；官员们丢下城池，狼狈逃窜。等孙策来到后，军纪严明，秋毫无犯，士兵们连百姓的一只鸡、一条狗，甚至是一根蔬菜都不敢动，江东百姓非常高兴，争相用牛肉美酒犒劳军队。

占领牛渚之后，下一个目标就是秣陵（今江苏省南京市）。

当时，驻扎在秣陵是依附于刘繇的彭城相薛礼和下邳相笮融。笮融，丹阳人，当初自己招募了数百人，前去依附陶谦；陶谦让他管理广陵、下邳、彭城之间的漕运。得到陶谦的赏识后，笮融遂作威作福，将三郡上缴的粮食、财帛全部据为己有。笮融是个佛教徒，他利用这些钱修建佛寺，用铜铸造佛像，用黄金装饰，在佛像身上披上绸缎，寺内可容纳三千人同时诵读佛经，以免除赋税徭役为诱饵，招徕附近五千多户人前来；每年四月八日举办浴佛会，数十里之内都安排有酒食，上万民众前来观看、吃饭。去年曹操进攻徐州时，笮融率领一万多人，三千多匹马，南下投奔广陵太守赵昱（原为徐州别驾，与王朗一起被朝廷任命）。在此之前，彭城相薛礼被陶谦逼迫，率众南下，占据了秣陵，笮融来到广陵后，贪图广陵的富庶，设下鸿门宴，趁酒酣耳热之际，将赵昱杀害，遂纵兵大肆抢掠一番而去，又投靠了薛礼。

如今，薛礼和笮融虽然奉刘繇为主，但其实也是半独立的割据势力，薛礼驻扎在秣陵城内，笮融则驻扎在秣陵城南。孙策先进攻笮融，笮融领兵出战，被孙策斩杀了五百多人，笮融遂紧闭营门，不敢出动。孙策遂率军渡过秦淮河，薛礼弃城而逃。占领秣陵后，樊能、于糜等将乘虚夺取了孙策的后方基地牛渚军营，孙策听说后，又回师南下，再次击败樊能等人，俘虏一万多人。

重新夺回牛渚后，孙策又率军北上，进攻笮融。激战中，孙策被流箭射中了大腿，无法骑马，孙策顿时心生一计，趁势下令让人把自己抬上马车，拉回了牛渚大本营。回营之后，孙策命人诈降，向笮融报告说："孙郎被射死了！"笮融听后大喜，决定趁机一举消灭孙策所部，当即命令部将于兹率军向牛渚发起了反攻。孙策派出数百骑兵出营挑战，而在骑兵身后布下伏兵，两军刚一交手，孙策的骑兵就拨马向回跑，于兹紧紧追击，遂进入孙策的包围圈，被孙策打得大败，被斩杀了一千多人。得胜后，孙策亲自来到敌营外，命身边的将士们高呼："你们看孙郎究竟怎么样？"敌将见孙策仍安然无恙，吓得当夜丢下大营而逃。笮融听说孙策没死，赶忙命人加强守备，严密防守，因笮融大营易守难攻，孙策遂不予理睬，转兵攻下了梅陵①，而后，又进攻湖孰（今江苏省南京市白下区东南）、江乘（今江苏省句容市北六十里），全部攻克，遂乘胜进抵曲阿。

刘繇与太史慈都是东莱人。太史慈从辽东一起带回的刘政大约是刘繇的族人，与刘备解救北海相孔融后，太史慈就南下来到了曲阿，看望刘繇。太史慈还未离开曲阿，孙策率领军队就来到了城下，有人劝刘繇拜太史慈为大将，领兵与孙策决战。此时，许劭也从徐州投奔了刘繇，因太史慈出身不高，刘繇对那人说："我如果用太史慈为大将，许劭可不笑死我了！"只让太史慈充当侦察兵之类的角色。太史慈与一名骑兵在神亭（今江苏省金坛市北）与孙策遭遇，孙策身边只带了十三个骑兵，都是像韩当、黄盖、宋谦等孙坚的旧将们。见到孙策后，太史慈当即拍马上前，直取孙策，孙策举枪刺中太史慈的坐骑，夺去太史慈背后

① 《读史方舆纪要》称："雨花台在应天府城南一里，据冈阜高处，俯瞰城阙，江山四极无不在目，即聚宝山之东岭也。山麓为梅岗，或谓之梅陵，相传汉梅锅鋗屯兵处也。孙策破刘繇别将，即此。"

的手戟，太史慈也夺得了孙策的头盔。不久，双方援军赶到，才各自撤离。据《太平御览》引《献帝春秋》称："孙策获太史慈，谓曰：'孤昔与卿神亭之役，若为卿先，如何？'慈曰：'不敢面欺，若兜鍪带不断，未可量也。'"由此看来，在二人缠斗中，太史慈似乎是占据了上风，只因孙策的头盔系带断了，孙策才未为太史慈所杀。但《吴历》称，太史慈在神亭战败，被孙策生擒，错误。

太史慈与孙策神亭大战后，刘繇率军与孙策交战，结果被孙策打得大败，刘繇弃城而逃。孙策进入曲阿后，犒赏三军，派遣部将陈宝前往阜陵接回母亲和弟弟们，又发布命令，通告各县："刘繇、笮融等人的同乡、部下前来投降，一概赦免；愿意从军的，本人参军，一家免除赋税劳役；不愿意的，概不勉强。"孙策的命令立即得到了百姓们的拥护，从四面八方赶来参军的络绎不绝，十余天内就选拔了两万余人，征集一千多匹战马，孙策的力量迅速膨胀起来，威震江东。

《三国志·周瑜传》称，此时的孙策"之众已数万矣"。孙策对周瑜说："这些军队已足够我夺取吴会、讨平山越了，你暂时回丹阳吧。"周瑜遂率领丹阳之军又回去了。在孙策进攻曲阿的同时，吴郡都尉朱治打算率军从钱唐（今浙江省杭州市）北上吴郡（今江苏省苏州市），协同孙策作战。吴郡太守许贡在由拳（今浙江省嘉兴市，《宋书·州郡志》称："此地本名长水，秦改曰由拳；吴孙权黄龙四年，由拳县生嘉禾，改曰禾兴；孙皓父名和，又改名曰嘉兴。"）截击，朱治大破许贡，许贡向西遁逃，依附盘踞在乌程（今浙江省湖州市境内）的山贼严白虎。朱治遂占领吴郡，自任吴郡太守。此时，孙策以曲阿为核心，影响力已西及丹阳（今安徽省宣城市），南到钱唐，孙策集团已经成为三吴地区最强的力量了，不过，孙策还打着袁术的旗号，起码在表面上还没有单飞。

四六　义士臧洪

兴平二年（公元195年）十二月二十日，袁术任命孙策为代理殄寇将军。

孙策攻破秣陵、曲阿后，给吕范增加两千人马、五十匹战马，任命其为宛陵（今安徽省宣城市）县令，击破了丹阳山贼。回来后，一次，吕范与孙策一起悠闲地下棋，对孙策说："如今将军事业已大，部众众多，我在外地时听说有些违法乱纪之人，吕范愿意暂时充当将军的都督，辅佐将军整顿军队。"

孙策说："子衡（吕范的字）啊，你是士大夫，手下拥有自己的部曲，又立下了战功，岂能委屈你当这个小官、处理军中这些琐碎事务呢？"

吕范回答："不对。如今，我背井离乡追随将军，并非为了妻子儿女、荣华富贵，而是想要兼济天下，这好比同舟共济，一件事情出现差池，我们大家都好不了。这也是出于我自己的考虑，不只是替将军考虑啊！"

孙策听了，不禁咧开嘴巴，笑了起来，无言以对。

吕范走出屋外，换掉大褂，穿上骑士服装，手持马鞭，又回到门口，自称代理都督，有事向孙策禀报。孙策遂授予吕范符节，正式任命其为都督，将军中事务都委托给他处理。在吕范的严格管理下，孙策新组建的军队恢复了过去军纪严明的状态，各军之间关系和睦，令行禁止。

孙策以张纮为正议校尉，张昭为长史，常令二人一人随军征战，一人留守后方。张昭，字子布，彭城（今江苏省徐州市）人，与广陵太守陈昱、会稽太守王朗私交很深。博览群书，擅长隶书，汝南主簿应劭曾提出应当为以前的五十六位君主也避讳，张昭写文反对，受到本州名士陈琳（广陵人，建安七子之一）等人称赞。陶谦举荐张昭为茂才，但张昭没有应命，陶谦大怒，认为轻视自己，遂将张昭打入大牢。广陵太守赵昱百般营救，才被释放。徐州大乱后，徐州百姓大多渡江南下，到扬州避难，张昭也来到了江东。孙策得到张昭后非常高兴，说："我正要征伐四方，将推崇士大夫们，对您，我可不能轻慢了！"对张昭非常亲近，升堂拜母，待以师友之礼，以其为长史、抚军中郎将。后来，张昭每次接到北方士大夫的来信，信上总把江东的政绩归功于自己，张昭想秘而不宣，又害怕孙策会怀疑，想让孙策看吧，又觉得孙策看后心里会不舒服，左右为难。孙策知道后，哈哈大笑，说道："过去管仲在齐国当宰相，人们把功劳都归功于仲父（齐桓公对管仲的尊称），而齐桓公成为霸主。如今子布贤能，我能用他，功名岂不归于我吗？"在孙策创业之初，张昭的同乡秦松（字文表）、陈端（字子正）等人也曾充当谋士，但二人早死，史书没有单独立传。

周瑜率军回到丹阳后不久，袁术就任命堂弟袁胤为丹阳太守，接替了周尚，将周尚、周瑜调回了寿春。袁术打算任命周瑜当将领，但周瑜觉得袁术不会有什么作为，遂请求担任居巢（今安徽省巢湖市）县长。这里距离江东较近，便于脱身，袁术也答应了。周瑜将要前往居巢上任，先率领数百人绕道前去东城（《元和郡县志》称：故城在定远县东南五十里），拜见当地的大财主鲁肃，向其索要钱粮。鲁肃，字子敬，为临淮东城人。鲁肃生下来，父亲就去世了，一直由祖母将其抚养成人。鲁肃家祖上就很富裕，鲁肃身材魁梧，相貌堂堂，生性慷慨，轻财好施，学习骑马射箭，召集当地少年习武打猎。天下大乱后，鲁肃经常赈济百姓，结交豪杰，在当地享有很高的声望。鲁肃与周瑜素昧平生，周瑜带着数百人前来，显然有胁迫鲁肃的意味，但鲁肃毫不介意。他家有两堆大米，每堆各有三千斛，鲁肃指着其中一堆让周瑜拿走。周瑜见鲁肃如此大度，立马对他另眼相看，二人遂结下了深厚的友谊。不久，袁术也听说了鲁肃，想任命其为东城县长，但鲁肃断定袁术终将覆灭，遂率领一百多名少年向南投靠了周瑜。

刘繇被孙策从曲阿赶走后，北逃到了丹徒（今江苏省镇江市）。丹徒在三国和魏晋南北朝时期改称京口，此地南控江湖，北扼淮泗，杜佑称之为："建业之有京口，犹洛阳之有孟津也。"在丹徒，刘繇决定南逃到会稽郡，投靠王朗，许劭劝阻道："会稽郡富足，孙策早已心存觊觎，况且又偏居海边，不可前往，不如前往豫章（今江西省南昌市），北接豫州，西连荆州。如果收拢那里的百姓，派使者向朝廷进贡，并与兖州牧曹操联络，虽然袁术横亘其间，但此人如同一头豺狼，难以持久。大人是朝廷命官，兖州牧曹操、荆州牧刘表一定会帮助你的。”刘繇遂听从了，逆流而上，驻守在彭泽（今江西省湖口县）。

诸葛亮的父亲诸葛珪曾任泰山郡丞，早死，诸葛亮的堂叔诸葛玄被袁术任命为豫章太守，诸葛亮随诸葛玄来到了豫章。但《三国志·刘繇传》《诸葛亮传》注引《献帝春秋》称，原任豫章太守周术病死，荆州牧刘表遂任命诸葛玄为豫章太守，治所设在南昌（今江西省南昌市）。长安朝廷方面听说周术死后，任命朱儁的儿子朱晧取代了诸葛玄。朱晧到来后，向刘繇借兵进攻诸葛玄，诸葛玄退守南昌西城，朱晧遂进入南昌。《通鉴考异》认为，从许劭建议刘繇联络曹操、刘表这一点来看，如果诸葛玄真的系刘表所用，刘繇是不会帮助朱晧进攻诸葛玄的。按：豫章郡系扬州属郡，诸葛玄由袁术任用的可能性更大；且曹军进攻徐州时，诸葛玄等人逃难，应当最先来到毗邻的扬州，而不可能直接就到了相对遥远的荆州，据此，诸葛玄应为袁术所任。

笮融充当刘繇的前锋先到。刘繇命令他率部南下，帮助朱晧，许劭说：“笮融出军，不顾名义，朱晧对人总是推心置腹，容易轻信他人，应派人告诉他暗中提防。”笮融见到朱晧后，果然杀害了他，自封为豫章太守。刘繇率军讨伐笮融，反被击破；而后，他又召集豫章所属各县的人马，再次向笮融发起进攻，这次，将笮融击败。笮融逃入山中，为山民所杀。长安朝廷以前太傅马日磾的掾华歆为豫章太守，史称：“以为政清静不烦，吏民感而爱之。”后来，豫章西城百姓反叛，诛杀了诸葛玄，将其人头送给了刘繇。《三国志·诸葛亮传》则称，因诸葛玄与刘表是好朋友，遂带着诸葛亮前去荆州，投奔了刘表。

当扬州刺史刘繇逃往彭泽时，曹操正率军将张超团团包围于雍丘城内。张超对大家说：“只有臧洪会来救我。”当时，臧洪被袁绍任命为东郡太守，众人均说：“如今袁绍和曹操二人关系正好，臧洪又为袁绍所任用，肯定不会。”张超回答：“子源（臧洪的字）为天下义士，无论如何都不会忘本的，只恐他会受制于外力，无法相救啊！”果然，当臧洪听说曹操包围张超后，披头散发，赤脚大哭，向袁绍求兵，但袁绍不同意；又请求率领东郡军队前去，袁绍又不许。雍丘城陷后，曹操诛杀了张超三族，自此，臧洪对袁绍非常怨恨，不再听命于袁绍。袁绍派兵包围了东郡，经过一年的围困，仍然没有攻下。袁绍令臧洪的同乡陈琳写信劝降，臧洪回信称：“我不过是一个山野小人，本来就没什么才能，中间受到主人的眷顾，恩深似海，遂让我在冀州立足，我怎么愿意如今兵戎相见？受任之初，自以为能干出一番大事，共尊王室，岂能想到本州（东郡、陈留都属兖州）受到侵犯，郡将受难，我请求出师却被拒绝，想要辞行又被扣留，致使我的老上司（张超曾任臧洪家乡广陵的太守）全家灭门，我一点小小的节义无法施展，岂能顾及你我的友谊而玷污了忠孝之名！这也是我之所以要强忍悲痛，拿起武器，擦去眼泪，与你绝交。你去吧，孔璋（陈琳的字），你在境外求利，我将报效君主；你归附盟主，我将扬名长安。你会说我身死名灭，我也将嘲笑你生而无闻！”

袁绍见到这封回信后，知道臧洪誓死不降，遂增兵强攻。东武阳城内粮食吃尽，外面也没有援军，臧洪自忖难以幸免，遂将全城军民召集起来，对大家说：“袁绍无道，图谋不轨，又不去解救我的老上司，为了大义，我臧洪不得不死。念及诸位无缘无故牵扯到这里面，你们在城破之前，还是带上妻子儿女离城活命去吧！”众人听了，无不流下眼泪，说道：“大人本来与袁绍没有仇隙，为了朝廷郡将而让自己陷入险境，我等岂能忍心丢下大人离去啊！”开始的时候，东武阳城内还挖掘老鼠洞煮食老鼠，又将皮革煮熟吃掉，后来，连老鼠、皮革都没有了，再无可吃的东西。主簿向臧洪报告称，厨房里还有三升米，请求拿出一点熬粥给臧洪喝。臧洪长叹一声说：“我岂能独自下咽啊！”命人煮成稀粥，让城内每一个人都喝一点。他还让人杀死自己的爱妾，蒸煮尸体让将士们吃下，将士们全都失声痛哭，不能抬起头来。城内男女七八千人，全部战死，尸体一个挨着一个，但没有一人背叛。

城陷之后，臧洪被袁军生擒。袁绍召集全体文武，对臧洪说：“臧洪，你为何要背叛我？今天，你服气了吗？”臧洪坐在地上，怒目而视，破口大骂：“你们姓袁的四世三公，受到皇家厚恩，如今，王室衰弱，你竟然毫无匡扶之意，心存不轨，只想趁机攫取更大的利益，杀害忠良以树立你那点奸臣一般的威信。我曾亲耳听到你袁绍称呼张邈为兄，那么，我臧洪的老上司张超也应为你的弟弟，理当齐心协力，为国除害，为何手握重兵眼睁睁地看着人家被屠杀？可惜我臧洪势单力薄，不能拔刀为天下人报了此仇，说什么服不服！”袁绍本来非常喜欢臧洪，只要他屈服了，袁绍也会放了他，但见臧洪言辞激烈，知道根本不会再为自己所用，遂下令把他杀了。臧洪的同乡陈容从小就仰慕臧洪，起身对袁绍说：“将军举大事，本来是为天下除残去秽，却先诛杀忠义之士，岂合上天之意？臧洪此举只是为了向自己原来的郡将报恩，为何要杀了他？”袁绍一脸羞愧，让人把陈容拉出，说：“你比不上臧洪，说这些干什么！”陈容回头答道：“仁义岂能总在一个人身上？躬身实践仁义的，就是君子；反之就是小人。今天，我宁愿与臧洪一起去死，也不与将军一起活着！”袁绍恼羞成怒，当即下令也把陈容杀了。在座的人无不叹息，偷偷私语道：“为何一天之内就杀害了两名义士！”

四七　李郭交兵

汉献帝继位后，初平年号共用了四年，兴平年号用了两年。

以汉献帝十四岁（虚岁）为标志，东汉进入兴平年间，在这短短的两年里，关东地区发生了巨大的变化。长安朝廷和解政策在表面上似乎起到了一定作用，但实际上，各个军阀只是意识到利用朝廷之名的重要性而已，根本没有停止相互争斗的步伐，相反，这种大规模的斗争却越演越烈。

正如初平年间争斗的主角是冀州的袁绍和幽州的公孙瓒一样，这两年的主角则是兖州的曹操。先是为报父仇，曹操两次讨伐徐州陶谦；其后，张邈、陈宫迎接吕布占领了兖州，曹操经历了他人生中处境极为险恶的时期，在袁绍的帮助下，曹操终于击败吕布，夺回了兖州。在这两年里，可以与曹操安定兖州相媲美的，是孙策的崛起。孙策以其独特迷人的个人魅力，卓越的战略眼光，天生的军事才能，在短短的两年里，由一名寄人篱下的流亡将领，迅速扫平江东群雄，成为江东一霸。可以说，兴平年间关东地区最耀眼的明星既非刘表，亦非袁绍，而属于曹操和孙策。

当关东曹操、孙策逐渐崛起时，关西长安朝廷也发生了一场巨大的动荡。

自初平三年（公元192年）六月李傕等人攻入长安之后，李傕集团已无董卓的雄心和能力，根本无心与关东军阀为敌，遂采取了与关东各军阀实现和解，也促使关东各军阀之间相互和解的政策，维系一个得过且过的长安小朝廷。在随后的一两年里，虽然中间出现了与马腾、韩遂之间的混战，但在马腾、韩遂败退凉州后，很快就又赦免了二人。然而，随着时间的推移，在李傕、郭汜、樊稠三人之间慢慢开始出现了矛盾，原因当然还是由于三人争权夺利，三人屡屡要起兵相斗，但总被贾诩制止，在贾诩的努力下，三人虽然内心谁也瞧不起谁，但表面上都还过得去，可是，到了兴平二年，即曹操反攻吕布、孙策将下江东之时，事态突然开始恶化。

樊稠进攻马腾、韩遂时，李傕的侄儿李利作战不力，樊稠将其呵斥一通：“人家想砍了你叔父的人头，你怎敢如此！难道说我就不能杀了你吗！”等到马腾、韩遂败退，樊稠率军追击。追到陈仓（今陕西省宝鸡市东），韩遂对樊稠说：“天翻地覆，以后的事将会怎样，你我谁也说不清楚。我们之所以争斗源于王室，你我之间本无私人怨恨，咱们都是凉州老乡，虽然如今稍有冲突，但最终会结为一家的，我想与你说些客气话，然后告辞。一旦遇到不如意的事情，以后我们还能有个见面的余地！”二人遂让身边侍从骑兵停下，单独拍马向前，胳膊搭在一起，私语了很久，韩遂这才告辞而去。李利回京后，对李傕说：“韩遂和樊稠二人马头相交，谈了很久，不知他们说了些什么，好像感情非常亲密。”李傕因樊稠非常骁勇，又深得人心，开始对他猜忌起来。

樊稠想率军出关讨伐关东诸侯，遂向李傕请求增加些部队，兴平二年（公元195年）二月，李傕趁机请樊稠开会研究，就在酒宴之上，命外甥、骑都尉胡封将樊稠掐死了，兼并了樊稠的军队。樊稠一死，关西诸将个个心存疑虑。原本李傕与郭汜关系挺好，李傕多次设宴款待郭汜，有时候就留郭汜在自己家中过夜。郭汜的妻子担心李傕会送给郭汜美女，就想阻止丈夫去李傕家，正巧李傕送给郭汜一些食物，郭汜妻子弄些豆豉冒充药物，偷偷放入食物内。郭汜将要吃，其妻说：“外面送来的食物，也许会有害的！”遂在食物中找出了一些豆豉让郭汜看，又说：“一个树枝上容不下两只公鸡，我真不明白将军为何那么相信李大人！”过了几天，李傕又请郭汜喝酒，郭汜大醉，酒醉中，他怀疑自己是否中了李傕下的毒，喝了粪汁呕吐了很久才罢，于是，二人反目，开始内战起来。

汉献帝派侍中、尚书前去劝解，二人却不从。郭汜打算把汉献帝抢到自己军中，但他还没有实施，夜里，有人叛逃到李傕那里，向李傕告密了。三月二十五日，李傕抢先下手，派遣侄儿李暹率领数千人马包围了皇宫，用三辆马车迎接汉献帝。太尉杨彪说：“从古以来，帝王没有住在大臣家里的道理，你们干事，要上合天心，为何要这般行事！”李暹说：“将军的主意已定！”于是，汉献帝乘坐一辆、贵人伏寿乘坐一辆、贾诩和左灵共乘一辆，在虎贲中郎将王昌率领三百名卫士的护卫下，离开了皇宫，群臣步行跟随，来到李傕的军营，而李暹的士兵们趁势闯入皇宫，大肆劫掠宫女、财物。汉献帝来到李傕营中后，李傕又命人将御用仓库搜刮一空，然后，放火烧毁了皇宫、官衙、民居。汉献帝派朝廷重臣前往郭汜军中调解，但郭汜扣留了太尉杨彪、司空张喜、尚书王隆、光禄勋刘渊、卫尉士孙瑞、太仆韩融、廷尉宣播、大鸿胪荣部、大司农朱儁、将作大匠梁劭、屯骑校尉姜宣等人。朱儁忧愤而死。

四月二十三日，汉献帝立贵人伏寿为皇后，任命伏皇后的父亲伏完为执金吾。郭汜设宴款待群臣，商议进攻李傕。杨彪说："群臣相斗，一人劫持天子，一人劫持公卿，这成何体统！"郭汜听后大怒，抽出宝剑就要砍死杨彪。杨彪说："你连皇帝都不顺从，我难道还想求生？"中郎将杨密百般劝谏，郭汜这才作罢。李傕召集数千羌族、匈奴族人，赏赐给他们金银财帛，并答应事成之后，再将劫掠来的宫女们赏赐给他们，让他们进攻郭汜。郭汜暗中联络李傕部将张苞、张龙，密谋里应外合诛杀李傕，四月二十五日晚，郭汜率军进攻李傕军营，李傕门卫打开了大门，张苞等人点火焚烧房屋，但慌乱中，没有点着。郭汜的军队乱箭齐发，流箭一直射中汉献帝居住房屋的门帘，李傕也被流箭射中左耳。李傕部将杨奉在外面抵御郭汜，郭汜率军退去，张苞等人也率领本部人马投降了郭汜。当天，李傕将汉献帝强制迁徙到北坞（长安城内李傕自行构筑的堡垒），命校尉率军护卫大门，切断了汉献帝与外界的联系。

当时，正值盛夏，因走时匆匆，汉献帝身边的侍臣们没有来得及携带粮食，驻地又被李傕派人切断了与外界的联系，无法入市场购买粮食，汉献帝想向李傕索要五斗米、五碗牛骨赏赐给侍臣们，但李傕说："早晚两次送饭，要米干什么用！"只送来腐臭的牛骨。汉献帝见状，大怒，将要当面斥责李傕。侍中杨琦（杨震之孙）劝谏道："李傕是出身边地的下人，沾染了很重的异族气息，如今，他也自知罪孽深重，经常怏怏不乐，可能要将陛下迁至黄白城（今陕西省三原县境内），请陛下还是忍耐忍耐吧。"汉献帝听了才停止。

司徒赵温听说李傕将要把汉献帝迁往黄白城，就给李傕写信说："大人不久前借口替董卓报仇，在京城内大开杀戒，杀戮大臣，如今又仅仅因为一点矛盾竟然兵戎相见，朝廷方面想调解你们双方，你们却不遵从诏命，如今竟然打算要把皇帝迁至黄白城，我真不知其所以。根据《易经》的说法，一次犯错就已经过分了，两次就是明知故犯，第三次还犯错，将灭了此人。你们双方不如趁早和解为好。"李傕大怒，想杀死赵温。他的从弟李应曾任赵温的掾，再三劝说，李傕这才作罢。汉献帝听说赵温给李傕写信了，不禁大喜，对侍中和洽说："李傕是非不分，我真替李应担心啊！”和洽说：“李应已经办成了。”汉献帝这才高兴起来。李傕笃信占卜巫术，经常在宫廷大门之外以三牲祭祀董卓。李傕是个粗人，经常称汉献帝为“明陛下”，有时称为明帝，在汉献帝面前说郭汜的坏话，而汉献帝总是顺着他的意思回答，李傕听后内心非常高兴，自以为汉献帝对自己非常信任。李傕面见汉献帝时，总是身佩宝刀，汉献帝身边的侍中等也都手持大刀，以备万一，李傕说：“这些家伙们是想搞我吗？都带着大刀。”侍中李祯是李傕的同乡，素来与李傕有过来往，他对李傕说：“侍卫们之所以手持大刀，都是军纪如此，这是汉朝的惯例。”李傕这才释然。

兴平二年（公元195年）闰五月九日，汉献帝派谒者仆射皇甫郦前去调解李傕和郭汜二人。皇甫郦是皇甫嵩的侄儿，既是凉州大姓，口才又是一流，皇甫郦先去劝说郭汜，郭汜表示愿意和解；又去见李傕，李傕却不肯，说道：“我消灭吕布之功，辅政四年，三辅安宁，天下人无人不知。他郭多（郭汜的小名）不过是个盗马贼，怎么能与我相提并论？我一定要杀了他。你是凉州人，你看我的谋略、人马，能成功吗？郭多劫持百官，所作所为竟然到了这步田地，你却偏袒他，我李傕自然知道！”皇甫郦回答：“昔日，有穷国后羿自恃善射，不顾及后果，以致最终灭亡。前不久，像董卓大人如此强大，这是将军你亲眼所见的，朝中有三公协助，外面又有董旻（董卓弟）、董承（与董卓同姓，为牛辅部下，灵帝之母董太后侄儿）、董璜（董卓侄儿）为其死党，可是，吕布受恩反而谋杀他，转瞬之间，身首异处，这就是因为有勇无谋啊。如今，将军身为上将，掌握军权，子孙、亲戚都受到皇帝的恩宠，郭多劫持公卿不假，可将军你却胁迫皇帝，你说哪一个更严重？张济与郭多、杨定都有谋略，又深受士大夫们的爱戴。杨奉，只不过是一个白波部帅而已，也说将军你做得不对，将军虽然宠爱他，但他也不会为你尽力的。”李傕却置之不理，将皇甫郦赶了出去。皇甫郦回到汉献帝住所大门外，称李傕不肯奉诏，言语傲慢。侍中胡邈是李傕的亲信，命传令官将言辞修饰一番再告诉汉献帝，又对皇甫郦说：“李将军对你不薄，况且，皇甫嵩大人能当上太尉，也全靠李将军。”皇甫郦回答：“胡敬才（胡邈的字），你身为国家大臣，竟然说出这种话来，国家要你何用！”胡邈说：“我念及你这样会让李将军恼火，招致不测，这又与我何干？”皇甫郦回答：“我家世代受到国家的厚恩，我自己又经常追随在皇帝身边，君主受辱，臣下理应去死，为国家而为李傕所杀，这也是命！”汉献帝听到皇甫郦言辞激烈，担心被李傕听到，赶忙将他打发走了。皇甫郦刚走出，李傕就派虎贲中郎将王昌追回，王昌素来知道皇甫郦非常忠诚正直，遂放他逃去，向李傕回复说没有赶上。闰五月十一日，汉献帝晋封李傕为大司马，位次在三公之上。李傕笃信鬼神、巫术，道人、女巫经常出入李傕家中，日夜祭祀，被升为大司马后，他认为是得到鬼神相助，重重赏赐身边的女巫们。

李傕和郭汜在长安近郊打了一个多月，双方将士死亡上万人。到了六月，侍中杨琦，黄门侍郎丁冲、钟繇，尚书左丞鲁充，尚书郎韩斌，与李傕部将杨奉、军吏杨帛密谋刺杀李傕，正巧李傕因其他事杀死了杨帛，杨奉遂率众叛逃到郭汜那里，李傕实力稍稍衰弱。同月，张济率军从陕城回到长安，打算调解二人，并迎接汉献帝驾临弘农郡（今河南省灵宝市）。汉献帝早有返回洛阳之心，就派天官令孙笃、校尉张式与镇东将军张济一起劝说李傕、郭汜二人，使者往返了十次，二人才勉强答应了，并同意交换各自的儿子充当人质。可是，李傕的妻子非常爱自己的儿子，不愿送出，因此，调解一直未能生效，同时，李傕征召的那些羌族、匈奴族将士们屡屡来到汉献帝的住所门前，向里面窥探，说："天子就住在这里面啊？李将军承诺赏赐给我们的宫女，怎么还不兑现？这些女人都在里面吧？"汉献帝为此十分忧虑，就派侍中刘艾对宣义将军贾诩说："前段时间，爱卿一直忠心耿耿，所以，才受到提拔。如今，羌族、匈奴族人到处都是，爱卿想一个稳妥的办法。"贾诩遂招来羌胡大帅喝酒，答应将重重赏赐他们，羌胡遂率众离去，李傕的力量更为削弱。于是，又有人趁机鼓动他与郭汜和解，李傕这才听从了，二人互换女儿作为人质。

四八　献帝东归（一）

兴平二年（公元195年）七月，汉献帝从长安宣平门（长安城东北面第一座城门）出城，正式踏上了艰难的东归之路。

出城之后，数百郭汜军队的士兵挡在桥上，问："是天子吗！"汉献帝的车驾只得停了下来。数百李傕军队的士兵手持大戟侍卫在汉献帝的车驾两旁，一时间，双方剑拔弩张，眼看就要打起来。侍中刘艾大喊道："是天子！"让侍中杨琦掀起帘帷，汉献帝说："你们还不退下，怎敢如此靠近天子！"郭汜军队闪出一条路，汉献帝的车驾才过了桥，过桥之后，双方的士兵们都高呼万岁。当夜，汉献帝一行来到长安以东的霸陵，随从们都饥饿难耐，张济派人送来食物。李傕率军也离开长安，驻扎在池阳［袁宏《纪》称河阳（今河南省孟州市）《后汉书》称曹阳（曹阳亭在今河南省灵宝市东）、《资治通鉴》称池阳（今陕西省泾阳县西北）］。

郭汜想让汉献帝前去长安东北的高陵（今陕西省高陵县），公卿大臣以及张济都觉得前去弘农较好，于是，召开全体会议商量，但达不成一致意见。汉献帝命尚书郭浦劝说郭汜："我遭遇劫难，流落在西都长安，想到宗庙神灵，每天都是伤感叹息。天下尚未安定，我的心愿一直没有改变。武士威猛，文臣同心，如今得以东还，虽然距离遥远，但对于我来说仿佛就在眼前，虽然途中会遇到险阻，在我看来就如同平地。弘农与洛阳的宗庙距离最近，不要再有疑虑了。"但郭汜依然不从，称所部没有安排妥当，应稍事停留。郭浦大骂道："你真是个庸才、下贱之人！身为帝国上将，如今天子有命，为何要留下？我不忍心看到你的所为，你先杀了我吧，好让天下之人都知道你的罪恶！"因郭浦言辞激烈，郭汜稍稍有所转念。汉献帝以绝食抗争，郭汜听说后，妥协道："那先到最近的一座县城里，再作商议。”

同月，汉献帝晋升张济为骠骑将军、开府仪同三司；郭汜为车骑将军，杨定为后将军，杨奉为兴义将军，全将他们封侯；又以牛辅部将董承为安集将军。

八月六日，汉献帝的车驾来到了新丰（今陕西省西安市临潼区）。数日之后，郭汜又阴谋劫持汉献帝定都郿（今陕西省眉县），侍中种辑听说后，秘密告知了杨定、董承、杨奉，让三人率军前来新丰救驾。郭汜得知自己的阴谋败露，担心被杀，遂扔下军队，逃入南山（秦岭）之中。

汉献帝一直在新丰滞留了将近两个月，到了十月一日，郭汜的部将夏育、高硕等人再次密谋劫持汉献帝西去。郭汜派部将伍习焚烧了汉献帝居住的学校宿舍，企图逼迫汉献帝就范。侍中刘艾看到起火，请汉献帝前往其他军营中躲避。杨定、董承率军将汉献帝接到杨奉的军中，夏育等人也整顿军队阻止，杨定、杨奉拼死作战，才将夏育等人打败，汉献帝才脱离了郭汜旧部的控制。十月五日，汉献帝在杨定等人的保护下继续东进，来到了华阴（今陕西省华阴市）。

驻扎在华阴的宁辑将军段煨，字忠明，是原任太尉段颎的弟弟。清张澍的《凉州府志备考》称，他在华阴“修农事，不掳掠，百姓安之”。听说汉献帝的车驾即将来到，早已为汉献帝准备好了车马，也替公卿大臣们准备了充足的食物。段煨与杨定不和，担心被杀，因此，在他拜见到汉献帝时，不敢下马，只在马上作揖。杨定一党侍中种辑、左灵在汉献帝面前诬陷段煨谋反，汉献帝说：“段煨前来迎驾，怎么说要谋反？”种辑说：“不到县界迎候，又不下马拜见，他脸色又大变，必有异心。”太尉杨彪、司徒赵温、侍中刘艾、尚书梁绍均说：“段煨绝不会造反的，臣等敢以死担保。陛下尽管放心进入段煨军中。”董承、杨定说：“郭汜就要率领七百骑兵到段煨军中。”并胁迫弘农郡督邮做证。汉献帝心生疑虑，当晚遂露宿在路边。

十月十日，杨奉、董承、杨定打算进攻段煨，命左灵、种辑请汉献帝下诏，汉献帝说：“段煨并没有造反的迹象，杨奉等人想进攻他，还想拿到我的诏书吗？”种辑再三恳请，一直磨到半夜，汉献帝依然没有答应。杨奉等人见拿不到汉献帝的诏书，遂擅自向段煨发起了进攻，但经过十余日的进攻，一直攻不下华阴。其间，段煨一直供给汉献帝以及百官食物，毫无二心。汉献帝下诏命侍中、尚书等人解劝杨定等人，令其与段煨和解，杨定等领命回营。也就是在此期间，曹操接到了汉献帝任命其为兖州牧的诏书。

郭汜逃离后，到了李傕那里，二人一合计，又后悔放汉献帝东去了，听说杨定等人在华阴与段煨交上了手，遂率领本部人马前来，一方面解救段煨，另一方面想趁机再把汉献帝劫持西去。杨定听说李傕、郭汜二人前来，打算回到蓝田（今陕西省蓝田县）原驻地，却被郭汜挡住了去路，单身匹马逃往荆州去了。此后下落不明。张济与杨奉、董承二人不和，当李傕、郭汜到来后，张济又与二人联合了起来，杨奉、董承二人保护着车驾一路向东狂奔，十二月，汉献帝终于抵达了目的地弘农（今河南省灵宝市）。

汉献帝刚刚来到弘农，就被李傕、郭汜追上，杨奉、董承与李傕、郭汜在弘农东涧[①]展开了一场大战，杨奉、董承战败，李傕、郭汜纵兵大肆屠杀公卿百官，卫尉士孙瑞、大长秋苗祀、步兵校尉魏桀、侍中朱展、射声校尉沮儁均在战斗中被杀。沮儁受伤落马，李傕对身边的人说："留下这人吗？"沮儁厉声骂道："你等穷凶极恶，逼迫天子，自古没有像你们这样坏的乱臣贼子！"李傕遂下令将其杀害。在败逃中，宫女、辎重、符节、典籍以及御用物品全部丢下，被李傕等人抢回弘农城内。

十二月十二日，汉献帝在曹阳（今河南省陕县西石桥沟）露宿。

杨奉、董承谎称与李傕等人和好，而暗中派人北渡黄河，联系河东的白波帅李乐、韩暹、胡才以及南匈奴右贤王去卑前来救驾。四人得到消息后，各自率领数千骑兵赶到了曹阳，实力大增的杨奉等人又掉过头来，一起进攻李傕等人，将李傕等人击败，斩杀了数千人。杨奉等人感到李傕刚被击败，可以趁机继续向东。

十二月二十四日，董承、李乐保护着汉献帝开始出发，胡才、杨奉、右贤王去卑断后。可是，听说汉献帝出发后，李傕、郭汜等人又率军追击，杨奉等人大败，光禄勋邓渊、廷尉宣播、少府田芬、大司农张义等人全部被杀，司徒赵温、太常王绛、卫尉周忠、司隶校尉管郃被李傕将士包围，将要一起杀掉，贾诩说："这些都是公卿大臣，为何要杀了？"李傕这才作罢。此战，杨奉等人伤亡惨重，甚于东涧之战。

李乐对汉献帝说："情况危急，陛下应该骑上马！"

---

① 《三国志》称，李傕等人在弘农曹阳追上了汉献帝，晋灼《汉书注》："曹阳亭也，在弘农东十二里。"

汉献帝说："我不能舍弃百官独自逃命，他们又有什么罪过！"

双方军队在四十里以内追杀、缠斗，终于来到陕县（今河南省陕县），各自安营固守。

李傕等人也尾随而至。当时，刚刚经过大败，汉献帝身边的虎贲、羽林等卫士不足百人，李傕、郭汜的将士们绕着军营大呼小叫，将士们都吓得面如土色，人人都有离散之心。如果继续从陆路东逃，肯定是死路一条。李乐建议从水路走，经过砥柱①，一路东下，再到孟津（今河南省孟津县）②。太尉杨彪说："我就是弘农人，从这里往东，黄河一共有三十六个险滩，这不是天子能去的地方。"刘艾也说："臣下曾任陕县县令，知道这里非常危险，即使有经验丰富的水工师傅掌舵，还时常会发生翻船事故，何况我们今天还没有水工师傅？太尉说得对。"于是，才打消了这一计划，定下了北渡黄河的计划。

汉献帝命李乐先趁夜渡河准备船只，约定船只备好后，李乐点燃火把报信。很快，河中就燃起了火把，汉献帝步行来到黄河岸边，但河岸高峻，达十余丈，无法下去，董承等人又商量用马缰绳系住汉献帝的腰，将汉献帝送到船上，但马缰绳又不够长。当时，伏皇后的哥哥伏德手里拿着十匹绢，搀扶着伏皇后，董承见状，命符节令孙徽持刀威胁夺去，杀掉了皇后身边的侍从，鲜血溅了伏皇后一身，遂用伏德的绢盘成一个座椅。行军校尉尚弘（袁宏《纪》作"向弘"）力气很大，让他上前背着汉献帝，这才上到船上。

剩余的人们要么沿着山崖慢慢爬下，要么直接从高处跳下，官帽全都摔坏了。到了河边，不能渡河的人还有很多，李乐又派船只来接，士兵们争先恐后地要登船，局面顿时失去控制。董承、李乐手持长戈维持秩序，已经登上船的人挥

---

① 砥柱山，原高高屹立在陕县黄河中，水流湍急，有"中流砥柱"之称，后在修建三门峡水库时被炸毁。

② 《水经注》称："河水经大阳县南，又东过底柱间。底柱，山名也。昔禹治洪水，山陵当水者凿之，故破山以通河。河水分流，包山而过，山见水中，若柱然，故曰底柱。三穿既决，水势疏分，指状表目，亦曰三门。山在虢城东北，大阳城东。自底柱而下，至五户滩，其间一百二十里，有一十九滩，水流迅急，破舟船，自古所患。河水又东过平阴县北，又东过河阳县南，则孟津也。"

舞大刀猛砍攀爬船只的人，渡船之上被砍下的手指头多到能用手捧起来。与汉献帝同船渡河的只有伏皇后、杨彪等数十人，其余宫女、吏民无法渡河的，全部被士兵们劫掠得一干二净，衣服全被剥去，甚至头发也被截去，在隆冬中被活活冻死的数不胜数。

李傕发现黄河北岸点起了火把，遂派侦察骑兵赶来察看，正巧发现汉献帝等人在渡河，骑兵们大声喝问：“你们要把天子带到何处？”董承担心敌人会放箭，赶忙用被子搭在船上当作布幔。登上北岸后，汉献帝一行来到大阳（今山西省平陆县），进驻李乐的军营。河内太守张杨派数千人送来了粮食。

十二月二十七日，汉献帝乘坐牛车，来到安邑（今山西省夏县，河东郡治所）。河东太守王邑送来丝绸布帛，汉献帝下令全部赏赐给公卿们，晋封王邑为列侯，拜胡才为征东将军，张杨为安国将军，全部为假节、开府仪同三司（《三国志》称，拜韩暹为征东将军，胡才为征西将军，李乐为征北将军，与杨奉、董承一起执政）。当时，河东地区的各路军阀纷纷请求得到皇帝的任命，来不及刻印，就用铁锥在石头上画出文字，医师、走卒都能当上校尉。汉献帝就住在篱笆墙内的民居之内，与朝臣开会，士兵们全都爬上篱笆墙头围观，相互打闹、弹压，并以此为乐。诸将甚至派婢女来汉献帝这里问安，有的亲自接待酒肉，找到汉献帝，一起喝酒，也不让侍中通报，直接就进来了，大呼小叫，无人能制止。在安邑稍稍安顿下来后，汉献帝又派太仆韩融南渡黄河，来到弘农，与李傕等人讲和，李傕这才放掉了抢来的宫女、文武百官以及御用器物、车马等。在安邑过了不久，粮食很快就吃完了，宫女们只能吃到蔬菜和瓜果。

十二月三十一日，张杨从野王（今河南省沁阳市）来到安邑，拜见汉献帝。张杨建议把汉献帝接回洛阳，但河东诸将不从，张杨只好又回到了野王。

四九　献帝东归（二）

当时，长安城内陷入无政府状态达四十余天，身强力壮的人都离开了此地，身体羸弱的则留在城内，相互吞食，两三年之内，曾经富庶的关中地区再也见不到一个人影了。

就在汉献帝东归前后，沮授就向袁绍建议说："将军世代为朝廷重臣，如今皇上落难，宗庙毁坏，我看各地托名兴起义军，实际上相互残杀，没有一位真正去尊奉圣上、体恤百姓的。况且，我们冀州基本上已经恢复安定，应该将圣驾接来，定都邺城，挟天子以令诸侯，积聚兵马讨伐叛逆，谁能抵御！"袁绍听了，很高兴，将要听从。

但郭图、淳于琼反对说："汉室衰弱，已经多日，如今想要中兴汉室，岂不是太困难了吗！况且，当今英雄各霸一方，部众动辄上万，正所谓秦失其鹿，先得者称王。如果把天子接来，干什么事都需要报告，听从天子的话，大人自己就没有什么权势了，不从的话，又是在抗命，这不是一条好计策。"

沮授又说："如今接来皇上，这是最大的义，又极为符合当今的实际，如果不早一点决定，必定有人抢占先机。随机应变也不失时机，走向成功要果断迅速，将军速速决断！"但袁绍优柔寡断，没有采纳。

但《三国志》称，因汉献帝是董卓所立，袁绍一直与汉献帝之间有些隔阂，等到汉献帝来到河东以后，袁绍曾派郭图前去安邑拜见。郭图从安邑回来后，劝说袁绍将汉献帝接到邺城，但袁绍不从。两种说法虽然建议的人不同，但结果是相同的，即袁绍最终没有采纳。

兴平二年就这样过去了，在这一年，南单于于扶罗也死了，弟弟呼厨泉继位，居住在平阳（今山西省临汾市）。

转眼过了新年，大约是汉献帝为了庆幸自己脱离董卓集团的魔掌，在公元196年一月七日，还在安邑的他就下诏大赦天下，改元为建安元年，于是，历史正式步入我们十分熟悉的建安年间，这是汉献帝一生使用的第三个年号，一共使用了二十四年。随着建安年号的终结，东汉政权彻底被曹丕篡夺，很多叱咤风云的三国时期老一代人物也都谢幕了。

在安邑短短的一个多月里，河东诸将之间就产生了矛盾，谁也不听谁的，而且，粮食也吃尽了。董承、张杨还是坚持奉汉献帝回到洛阳，但杨奉、李乐不同意，双方之间矛盾逐渐加剧。建安元年（公元196年）二月，韩暹进攻董承，董承不得不从安邑逃往野王，依附张杨。韩暹驻扎在闻喜（今山西省闻喜县），胡才、杨奉来到坞乡（确址不详，一说在河南省偃师市南）。胡才想进攻韩暹，汉献帝命人制止了。

董承来到野王后，张杨命其率众前来洛阳，修缮宫室。太仆赵岐劝说刘表派兵来到洛阳，帮助董承，并从荆州送来了大批粮食。到了五月二日，汉献帝派人前往杨奉、李乐、韩暹的军营，请求他们发兵护送自己回到洛阳，杨奉等人表示同意。六月一日，汉献帝来到了闻喜。六月六日，杨奉、韩暹护送汉献帝东归，粮食不够，张杨又送来粮食，并派兵在路上迎候。七月一日，汉献帝回到阔别五年多的洛阳，他离开时年仅十岁，如今已经十六岁（虚岁）了。来到洛阳后，汉献帝暂住在中常侍赵忠的旧宅里。七月十四日，汉献帝再次宣布大赦。八月八日，汉献帝住进南宫杨安殿。张杨以为汉献帝能回到洛阳，全是自己的功劳，因此，才将宫殿命名为杨安。张杨对诸将说：“天子是全国人民的天子，朝廷之上自有公卿大臣们理政，张杨我自当在地方上为陛下构筑一道防御屏障，为何要留在京师？”遂又回到了野王。杨奉也率军离开洛阳，驻扎在梁（今河南省汝州市）。只有韩暹、董承率军驻扎在洛阳。八月十日，汉献帝拜张杨为大司马，杨奉为车骑将军，韩暹为大将军、领司隶校尉，均假节。当时，洛阳的情况非常艰苦，由于董卓将宫室、民居全部烧毁，百官只好披荆斩棘，在断壁残垣间搭起窝棚居住，全国各地州郡又没人送来粮食。朝廷群臣饥饿难耐，尚书郎以下的官员都需要出外采集野果、野菜，有的饿死，有的为士兵所杀。

自去年下半年曹操消灭雍丘（今河南省杞县）的张超以后，曹军趁机继续向西、向南推进。建安元年（公元196年）一月，在占领豫州的陈郡（今河南省淮阳县）之后，曹操又率军来到了武平（今河南省鹿邑县），袁术任命的陈相袁嗣投降。此时，曹操似乎已经采纳了荀彧的建议，暂时没有去进攻徐州，而是蚕食兖州西部的豫州。这里在名义上属于袁术的地盘，但袁术在这里的力量又非常薄弱，因此，进攻豫州既得实惠，又能起到事半功倍的效果。

黄门侍郎丁冲（后来成为曹植一党的丁仪、丁廙之父）过去就与曹操关系很好，还是在去年年底的时候，当时张杨、董承为护送汉献帝回洛阳一事与河东诸将发生冲突，大约正是在这时，在汉献帝身边的丁冲产生了让兖州牧曹操率军前来迎驾的念头，他给曹操写信说："你平常经常喟然叹息，有匡扶天下之志，如今正是这个时候！"当时，张杨从安邑返回野王，丁冲遂让他带回了这封书信，张杨派人将这封信送到了曹操的手里。接到书信后，曹操就决定派军西去，迎接汉献帝。当时曹军众将都有些疑虑，大家认为："关东尚未平定，韩暹、杨奉等人自恃有功，难以制约。"多一事不如少一事。荀彧却说："过去，晋文公奉迎周襄王而诸侯归心，汉高祖替义帝服丧而天下响应。自从天子落难后，大人第一个倡议兴起义军，只因山东方面一直大乱，无暇离开前往关中救驾，然而，即使这样，大人仍然派出将帅，冒险西去，与朝廷联络，虽然在关东平乱，但将军你的心一直没有忘记皇上，这都是因为将军素来就有匡扶社稷的志向。如今，皇上马上就要东归了，可是京师荒凉，义士们都希望国家的根本能够稳固，百姓也会思念过去而徒增悲哀。趁此时，拥戴皇上以顺从民意，这是最顺应潮流的事情；遵循公道让群雄服气，这是最大的智慧；辅佐朝廷，招徕英雄，这是最大的德行。天下各方虽然有一些叛逆之徒，又能有什么作为？韩暹、杨奉何足挂齿？如果不及时决定下来，一旦让人占先，即使以后再想去办，后悔都来不及了。"程昱也劝说曹操发兵迎接。于是，在建安元年一月，曹操就向安邑派出使者进贡，并命令曹洪率领一支人马西去迎接汉献帝，但当时，曹洪的军队被卫将军董承以及袁术的部将苌奴，扼守险要，挡住了去路。

汝南（今河南省平舆县）、颍川（今河南省许昌市）黄巾军何仪、刘辟、黄邵、何曼等人，各有数万部众，开始依附袁术，后来又响应孙坚。建安元年二月，曹操率军向西推进，将他们一一消灭，何仪率众投降，《三国志·于禁传》称：（于禁）"从征黄巾刘辟、黄邵等，屯版梁（今地不详），邵等夜袭太祖营，禁帅麾下击破之，斩邵等，尽降其众"。曹军遂集结在许（今河南省许昌市）一带，汉献帝拜曹操为建德将军。

汉献帝还在安邑时，原在张杨处的董昭来到了汉献帝身边，被拜为议郎，六月，当汉献帝开始向洛阳进发时，董昭见杨奉虽然兵马最多，却没有外援，遂替曹操给杨奉写了一封书信，在信中，董昭假借曹操的口吻说道："我与将军相互仰慕，听到各自的名字就推心置腹。如今，将军排除万难，奉迎陛下返回旧京，辅佐之功，无与伦比，这是多么美好啊！如今，天下大乱，四海不宁，社稷事大，关键在于辅佐，需要引来众位贤才整顿朝纲，这件事的确不是一个人能完成的。既需要有心腹之人，又需要有外援，缺一不可。将军就是朝廷内的首脑，我就作为您的外援。如今，我这里有粮食，将军有兵马，你我互通有无，同心协力，生死与共。"杨奉得到书信后非常高兴，对河东诸将说："兖州各军就在许（今河南省许昌市）附近，足食足兵，这是朝廷应当依靠的一支力量。"遂一起上奏推荐曹操为镇东将军，继承其父曹嵩的爵位，封费亭侯；晋升董昭为符节令。曹操在接到汉献帝的诏书后，连续写了三封奏表《上书让封》《上书让费亭侯》《谢袭费亭侯表》，前两封是辞让，最后一封是谢恩接受。在当时的情况下，曹操以如此谦恭的态度向刚刚回到洛阳的汉献帝以及掌握朝廷大权的河东诸将表示忠心，其目的就是争取汉献帝和河东诸将更大的信任。

汉献帝回到洛阳后，处境非常艰难，与此同时，留在洛阳的韩暹、董承二人又发生了矛盾。韩暹自恃有功，遇事独断专行，让董承非常恼火，暗中派人前往许昌。董承此人的身世既清楚，又模糊，裴松之注称，他是河间人，是董太后的侄儿；《献帝起居注》称："外有董旻、承、璜以为鲠毒。"将董承与董卓的弟弟董旻、侄儿董璜相提并论；《董卓传》称："李傕以故牛辅部曲董承为安集将军"，又说董承是牛辅的属下。《三国志》称董承为汉献帝的舅舅，所以，裴松之就说董承因是董太后的侄儿，所以，汉献帝这样称呼；但卢弼《三国志集解》认为，因汉献帝纳董承的女儿为贵人，所以，汉献帝才称其为舅，这是对后族的统称。至于说董承是董太后的侄儿以及是董卓一族，则不知道依据是什么。

五〇 迁都许昌

接到董承的书信后，曹操当即率领军队来到洛阳。

曹操来到洛阳，给困顿中的洛阳带来了很多粮食，解决了洛阳君臣的燃眉之急。来到洛阳后，看到昔日繁华的京城满目疮痍，感情丰富的曹操写下了《薤露行》：

“惟汉廿二世，所任诚不良。沐猴而冠带，知小而谋疆。犹豫不敢断，因狩执君王。白虹为贯日，已亦先受殃。贼臣持国柄，杀主灭宇京。荡覆帝基业，宗庙以燔丧。播越西迁移，号泣而且行。瞻彼洛城郭，微子为哀伤。”

在这首诗里，曹操总结了东汉末年天下大乱的前因后果，讽刺何进智小而谋大，结果造成董卓进京，汉室倾覆，生灵涂炭。

建安元年（公元196年）八月十八日，汉献帝下诏任命曹操为兼任司隶校尉、录尚书事。

当时，除了那些个没有实权的三公之外，朝廷上最大的官依次是：大司马张杨、车骑将军杨奉、大将军韩暹、卫将军董承。一到洛阳，曹操就采取拉拢杨奉、董承，打击张杨、韩暹的策略，紧锣密鼓地开始了一系列的清洗行动。他上奏汉献帝要求追究韩暹、张杨的罪过，韩暹害怕被杀，遂单人匹马投奔了杨奉。汉献帝因韩暹、杨奉有护驾之功，下诏不予追究。赶跑了韩暹，曹操又建议汉献帝下诏晋封卫将军董承、辅国将军伏完等十余人为列侯，追赠死去的射声校尉沮儁为弘农太守。又诛杀了尚书冯硕等三人。

曹操把董昭请来，问道："如今我来到此地，下一步该怎么办？"

董昭回答："将军兴起义兵清除暴乱，入朝天子，辅佐王室，这是春秋五霸曾建立的功勋。此地的诸将人心各异，未必会服从大人，大人如果留在洛阳辅佐，将非常不便，只有迁都许这一个办法。可是，朝廷颠沛流离，刚刚回到旧京，各地百姓都指望着能够就此安定下来，如今再次迁移圣驾，大家确实不愿意。做非同寻常之事，才能建立非同寻常的功勋，希望将军能舍小就大。"

曹操说："这是我的本意。杨奉就在梁，我听说他的军队非常精锐，会不会给我添麻烦？"

董昭回答："杨奉没有外援，会结好将军的。给将军进封为镇东将军、封费亭侯，都是杨奉决定的，应该及时派人送给他厚礼答谢，并说：'京师没有粮食，打算暂时护送陛下前往鲁阳（今河南省鲁阳县），鲁阳靠近许，运送粮食稍稍便利一些，就不会出现乏粮了。'杨奉为人骁勇少谋，肯定不会生疑，使者往返期间，洛阳这里也都安排妥当了。杨奉岂能添什么麻烦！"

曹操说："太好了！"遂派人前往杨奉那里通报情况。

八月二十七日，曹操率军护送汉献帝离开洛阳，但没有折向南，而是越过轘辕（今河南省偃师市与登封市交界处，位于太室山与少室山之间），一路东来，回到了许。来到许后，曹操宣布定都这里。汉献帝进驻曹操的军营，任命曹操为大将军，封武平侯，并在许设立宗庙社稷。张璠《汉纪》称，侍中、太史令王立对宗正刘艾说："前不久，太白守天关，与荧惑会；金火交会，革命之象。汉祚结束了，晋、魏必有兴起之人。"王立后来多次对汉献帝说："天命有来有去，五行都不会长久兴盛，取代火德的是土德，接替汉室的是魏国，能安定天下的是姓曹之人，请把国事全部委托给曹操即可。"曹操听后，让人给王立说："我知道你忠于朝廷，不过，天道幽远，希望不要多说了。"九月，在曹操的授意下，汉献帝下令罢免了司徒淳于嘉、太尉杨彪、司空张喜三位重臣。

曹操采取欺骗手段将汉献帝弄到了许县，这让杨奉非常不满，当他得知汉献帝一行并没有南下鲁阳，而是向许县进发，遂率军前来截击，却没有截住。杨奉所部粮食短缺，十月，遂与韩暹等人率军南下，到定陵（今河南省舞阳县北）抢掠粮食，曹操得知后，暗中派军西进，一举端掉了杨奉在梁（今河南省汝州市）的大本营。失去根据地的杨奉、韩暹只好逃往寿春，投降袁术去了，其后，二人在徐州、扬州之间活动。

汉献帝定都许县后，即下诏斥责袁绍："地广兵多，却一味树立私党，没有听说你派来勤王之师，只是擅自相互讨伐。"汉献帝对袁绍的斥责，是长期以来汉献帝对袁绍不满的集中发泄，对曹操而言也起到贬低袁绍个人形象的目的。袁绍接到汉献帝的诏书后，赶忙上书替自己的行为辩解，他在奏表中写道："臣听说过去曾有哀叹而天降寒霜、悲哭而城墙崩塌的事，每每读到这里，总以为是真的，按照如今的情况来看，我才知道那都是文人瞎写的。为什么这么说呢？臣尽忠为国，却受到斥责，日夜长叹，也没有下霜城塌的感应，过去邹衍、孟姜女又岂能做到？张让等人败坏三纲五常，残害忠良，结党营私，因此，大将军何进提拔臣一起诛除奸党，不料事情未成，而何进被杀，太后被劫持，宫室被焚烧，陛下当时年幼，也亲临其境。何进被害后，部下全都失去信心，唯独臣率领一百余名家兵，在承明门挥剑诛杀群丑，这是臣忠诚的第一个表现；正值董卓进京，图谋不轨，臣的叔父们都身居高位，但我也没有顾及家人，为了国家毅然逃出洛阳，在外地首倡义举。当时董卓也想拉拢各地地方官，取悦各路英雄豪杰，遂授予我渤海太守一职，从这个角度来说，我与董卓没有一点私怨，假如我随波逐流、贪图利禄的话，不仅可以安享荣华富贵，而且又没有全家被灭门的危险，可是，臣是有操守的，遂招徕各路英雄，兴师百万，饮马孟津。正遇上前冀州牧韩馥心怀诡诈，断绝臣的军粮，才没有及时赶到洛阳，致使我们全家为董卓所杀。鸟兽之情也会号哭，可臣之所以没有显出悲哀之情，正是我认为忠孝不能两全，如果心有小我，就不能为国家建功立业，这也是臣忠于朝廷的第二个表现；十万黄巾军焚烧青州兖州，黑山贼、张杨骚扰冀州，臣遂回师讨伐，韩馥害怕，让出冀州，张杨、黑山贼也同时请降，臣又代行皇帝职权以议郎曹操为兖州牧。又遇上公孙瓒发兵南下，我率军北上与其交战，屡战屡胜，太仆赵岐前来，宣布了陛下和解的旨意，我即尊奉诏命，回师南下，这是我不敢怠慢陛下的第三个表现。臣请求朝廷加封的将校都是一些英雄人物，他们德行既高，又立下战功，可是陛下不予加封，而那些左右观望的州郡地方官们却被加官晋爵，这也是人们议论纷纷的原因。臣听说天下太平时，德高之人应被授予高官；天下大乱时，就要优先赏赐功劳大的人。如今陛下流落失所，海内之士无不痛心疾首，可是，陛下提拔那些没有功劳的人，不理睬有功之人，难道说是陛下误听了奸佞小人的谗言？臣身居二千石，我个人对官位早已没有贪念，我手下的将领们，他们为国尽忠，不仅得不到相应的报偿，反而成了大错，我只是想到这里，心里就非常伤感。太傅马日磾身居高位，奉命出使关东，却滥用职权，举荐的人都是为大家所摒弃的，让臣的兄弟之间成了仇敌。臣内心虽然想放下刀枪，但骑虎难下，无法中止。请求陛下将臣的奏章交给朝中群臣公开讨论，议定臣的罪过，假如说因臣代行皇帝职权任命官员是一种忤逆犯上的行为，那么齐桓公和晋文公就该被处死；如果认为大家都不讨伐贼人是一种德行的话，那么赵盾就不应在史书中被贬斥了。”袁绍在信中把自己标榜成一位一直心向王室的忠臣，许县朝廷也不愿与其翻脸，十月，汉献帝任命袁绍为太尉，封邺侯。

《后汉书·窦宪传》云“旧大将军位在三公下，置官属，依太尉。公卿希旨，奏宪位次太傅下，三公上”。《曹爽传》注引《魏书》记载曹爽的奏表上称：“臣位冠朝首，处太尉懿之右。”由此可知，汉魏之际，大将军位次在太尉等三公之上。袁绍接到汉献帝的诏书后，对曹操官位在自己之上非常不满，说道：“曹操好几次差一点都死了，都是我出手相救，如今，他姓曹的竟然忘恩负义，敢挟持天子对我来发号施令了！”推辞不接受。曹操听后，害怕起来，遂请求将大将军一职让给袁绍。

建安元年（公元196年）十一月二十五日，汉献帝任命曹操为司空，行车骑将军事，“百官总己以听”。与袁绍的张杨不同，曹操在此期间又分别上书汉献帝《辞让增封武平侯》《上书让增封》《让还司空印绶表》等，以表示自己的谦卑。

此年，曹操四十二岁。曹操以荀彧为侍中，守尚书令。曹操出外征战，经常让荀彧留守后方，他问荀彧：“谁能替你给我出谋划策？”荀彧说：“荀攸、钟繇。”推荐了侄儿荀攸、戏志才，戏志才死后，又推荐了郭嘉。荀攸原被朝廷任命为蜀郡太守，但因路途遥远，没有上任，暂居在荆州。曹操给荀攸写信道：“如今天下大乱，正是智能之士劳心之时，你却想远离中原，静观其变，岂不是要等很久吗？”遂调任其为汝南太守，征召为尚书。曹操素来听说过荀攸的大名，一见之下非常高兴，对荀彧、钟繇说：“公达（荀攸的字），可不是个常人，我能与其谋划世事，又有什么可担忧的呢！”遂任命其为军师。

五一　屯田许下

郭嘉，字奉孝，颍川阳翟（今河南省禹州市）人。

史称，郭嘉年少就有大志，但并没有什么名气，二十七岁时，被司徒征辟为下属，后来，他前往邺城投靠袁绍，袁绍对他很看重，郭嘉只在邺城待了数十天，就对同乡辛评、郭图说：“智慧之士在选择自己的主公时非常谨慎，因此，才能保全自己、建立功名。袁绍只是想效仿周公那样礼贤下士，却不懂用人之道。想法很多，却不会把握重点，喜欢谋略，又优柔寡断，想与他一起平定天下，建立王霸之业，这实在是太难了。我将离去，再寻找我的主公，你们二位一起去不去？”郭图、辛评说：“袁绍家对天下有恩德，很多人都归附于他，况且，实力又最强，你离开这里又能去哪呢？”郭嘉知道二人不明白，遂不再劝说，自己离开了。

戏志才死后，曹操给荀彧写信说：“自从戏志才死后，我身边再没一个能商量计谋的人了，汝水、颍水之间原本就有很多奇才，谁能取代戏志才？”荀彧遂推荐了郭嘉。

曹操与郭嘉见面后，一起讨论天下之事。一席长谈，曹操说：“成就孤大业的，一定就是此人啊！”郭嘉退下后，也高兴地说：“真是我的主公啊！”遂被任命为司空军祭酒。

曹操以满宠为许县县令，曹操的堂弟曹洪的门客经常在许县境内违法乱纪，满宠派人将其逮捕，曹洪写信给满宠求情，但满宠不听。曹洪又向曹操求情，曹操召见满宠，满宠知道是为此事，赶忙下令将那位门客杀了。曹操不仅没有生气，反而高兴地说道：“每一个当官的岂不是都该如此？”满宠，字伯宁，是山阳昌邑（今山东省金乡县西北）人。十八岁就担任郡督邮，当时，郡内李朔等人都拥有部曲，残害良民，太守命满宠负责处理，满宠圆满完成了任务，被任命为高平令；本县人张苞为郡督邮，贪污受贿，干扰行政，满宠趁其来到本县，命县吏将其逮捕，当日就将其打死，满宠也弃官回家。曹操担任兖州牧后，征辟他为从事。

颍川杜袭、赵俨、繁钦在荆州避乱，刘表对三人以宾客之礼相待。繁钦屡屡给刘表出主意，杜袭规劝道："我与你之所以一起到此，只是想全身避祸而已，怎么会把他刘表当成一位拨乱反正的英雄而要将终身托付于他呢？你如果继续逞能，我们就不再是朋友了，从此绝交。"繁钦回答："遵命。"杜袭遂又南迁到长沙。等到曹操将汉献帝迎到许都以后，赵俨对繁钦说："曹操必定能匡扶社稷，我知道该投靠谁了。"遂来到许都，被曹操任命为朗陵（今河南省确山县）长；杜袭也相继来到许都，被曹操任命为西鄂（今河南省南阳市北）长；繁钦后为曹操丞相府主簿，有《繁休伯集》一卷存世。

北海相（时在都昌，今山东省昌邑市）孔融志大才疏，袁绍任命的青州刺史袁谭发兵进攻孔融，孔融手下只有数百人，流箭纷飞，但孔融名士气十足，还是谈笑自若，趴在茶几上读书。袁谭从春天打到夏天，终于攻破城池，孔融逃往东山，妻子儿女均被袁谭俘虏。曹操与孔融是老相识，遂征召其为将作大匠，后担任少府。袁谭刚到青州时，他所控制的地盘非常有限，黄河以西，超不过平原县境。袁谭向北赶跑了公孙瓒任命的青州刺史田楷，向东又赶走了北海相孔融，对当地百姓实施仁政，他的声望、威名也都随之上升。但后来，袁谭逐渐信任身边的小人，肆意妄为，骄奢淫逸，遂失去了好名声。

孔融来到后，给曹操推荐了另一位名士祢衡。祢衡，字正平，平原人。在建安初年从荆州北上来到许都，他恃才傲物，一般人都不放在他的眼里，见到不如自己的，就不与人家说话，因此，人人都非常讨厌他。唯独孔融认为他是个人才，上书推荐，当时，祢衡年仅二十四岁。《后汉书·祢衡传》称："许都新建，贤士大夫四方来集。"显然，之所以造成全国各地人才纷纷来到许都，就在于曹操向全国各地发布了征召贤才的命令，因此，虽然汉献帝刚刚定都许县，但这里并不缺乏人才，一次，有人问祢衡："为何不去结交陈群、司马朗？"祢衡回答："你想让我与卖酒人家的子弟交往吗？"那人又问："你说在当今许都谁最不错？"祢衡回答："我的大儿子孔融，小儿子杨修。"那人又问："曹大人、尚书令荀彧、荡寇将军赵融也可称为盖世英雄吧？"祢衡不敢多评价曹操，见荀彧容貌俊美，赵融大腹便便，就说："可以借荀彧的脸去吊丧，可以让赵融负责厨房请客。"按：《金石萃编》，《隋赵芬碑》载"十一世祖融，字稚长"；《魏书·赵逸传》也称："十世祖融，汉光禄大夫。"

张衡《文士传》称，孔融多次向曹操推荐祢衡，但祢衡对曹操有成见，不愿见面，谎称得了疯病推辞，却经常有言论传到曹操耳中。曹操听说后，想侮辱一下祢衡，就将其录用为敲鼓的人。八月，曹操大宴宾客，按照当时的规矩，敲鼓的人都需要换装，轮到祢衡时，祢衡却没有换装，他敲起了《渔阳参挝》，音节美妙，听者无不慷慨，击节赞叹。这时，官吏呵斥祢衡应当换装，祢衡遂来到曹操面前，一件一件地脱去衣服，赤身裸体，然后再慢慢一件一件地穿上新衣，脸色一点都没有改变。曹操哈哈大笑，说道："本来想侮辱一下祢衡，反而被祢衡羞辱了！"孔融也多次狠狠责备祢衡，又表达了曹操愿意与他见面的意愿，最终，祢衡答应了，到了十月份，孔融先找到曹操，说："祢衡想来求见。"可是，一直等到傍晚，祢衡才身穿单衣，坐在曹操的军门之外，用手杖敲打地上，大骂曹操。曹操命令准备三匹快马、两名骑士，对孔融说："祢衡这小子，他竟敢如此无礼！孤杀了他，就好像杀掉一只老鼠、燕雀一般，只是此人素来有些虚名，杀了他，人们会说我不能包容人了！如今，我把他送给一向以爱惜名士著称的刘表，看到底会怎样！"遂命两位骑士将祢衡放在马上，扶持着他将其送往南阳。

又有记载称，祢衡临去时，众人在许都城南给他送行。大家约定："祢衡经常无礼，如今趁他迟到，大家都别起身相迎，也羞辱他一家伙。"等祢衡来到后，没有一人起身，祢衡遂号啕大哭。众人询问原因，祢衡回答："我在棺材之间穿行，能不悲痛吗？"

祢衡来到荆州，刘表对他非常礼遇。一次，刘表与众宾客商量着写了一篇奏章，言辞经过一再斟酌，当时，祢衡不在，等到祢衡回来以后，拿起奏表还未看完，就撕掉扔在地上，刘表等人大惊失色。只见祢衡从容拿起笔来，很快就又写出一篇，众人看后，啧啧称奇，的确比上一篇要好很多。在荆州期间，祢衡对刘表虽然赞不绝口，但对刘表身边的人一再诋毁，于是，刘表身边的人就对刘表说："祢衡称赞将军的仁慈，连西伯姬昌也比不过，却认为将军优柔寡断，最终不会有什么成就。"这话实际上是在揭刘表的短，但这话的确又不是祢衡说的。刘表闻言大怒，正巧，黄祖的儿子黄射与祢衡是好朋友，于是，祢衡就随黄射来到夏口（今湖北省武汉市）。在黄祖那里，祢衡充当的也是个秘书的角色，黄祖曾握住祢衡的双手赞叹道："你写的完全是我想说的，正说出我心中的所思所想了！"黄射曾与祢衡一起出游，见到蔡邕写的一个碑文，黄射回去后说："遗憾刚才没有缮写下来。"祢衡说："我虽然只是看了一遍，但还能回忆起来，只是其中有两个字在石碑上磨灭，难以辨认了。"遂当即背诵下来。黄射命人回到石碑处核对，结果，祢衡背诵的与原文一字不差。后来，在黄祖的一次宴会上，祢衡故态复萌，旁若无人，触怒了黄祖，黄祖下令将其诛杀。

祢衡是个特例，除了祢衡之外，由于曹操采取了唯才是举的用人策略，在当时的许都也是人才济济，除去上面提到的戏志才、荀攸、郭嘉之外，荀彧还推荐了杜畿、陈群、杜袭、司马懿（《后汉书·荀彧传》）；又推荐了韦康、严象，二人分别被任命为凉州刺史、扬州刺史。还有一个宗世林，从来就看不起曹操，等到曹操当上司空后，对宗世林说："这下我们可以交往了吧？"宗世林却说："松柏之志犹存。"仍然拒绝与曹操交往。曹操虽然心里很不高兴，但依然表现得宽宏大量，在家中拜其为汉中太守，并让儿子曹丕等人以子弟之礼对待宗世林。曹操在许都表现出求贤如渴的姿态，引得四方人士纷纷前来，也为曹操赢得了爱才的美名。

要干成一番事业，人才是基础，粮食是根本。从中平年间以来，天下大乱，百姓背井离乡，不再从事农业生产，汉末的各路诸侯都缺乏粮食，也没有什么长久的打算，饥饿时就四处劫掠，吃饱后又将盈余的扔掉，四处流窜，再加上出现天灾，如此一来，因解决不了粮食问题而自生自灭的，数不胜数。袁绍在冀州，由于断粮，士兵们依靠吃桑葚度日；在江淮地区，袁术的部众靠捡拾田螺果腹；百姓们没有吃的，为了活命，相互残杀、吞食，整个帝国一片萧条，正如《后汉书·仲长统传》说的那样："田无常主，民无常居。"

曹操迁都许县后，召集群臣广泛讨论急需做的大事。在经过充分的讨论后，曹操给汉献帝上书称："陛下即祚，复蒙试用，遂受上将之任，统领二州，内参机事，实所不堪。昔韩非闵（悯）韩之削弱，不务富国强兵，用贤任能。臣以区区之质，而当钟鼎之任；以暗钝之才，而奉明明之政，顾恩念责，亦臣竭节授命之秋也。谨条遵奉旧训权时之宜十四事，奏如左，庶以蒸萤，增明太阳，言不足采。"该表史称为《陈损益表》，所上的十四件事具体是什么，已不可得知，但从该表残存的这部分可以看出，大致都是"富国强兵，用贤任能"的具体事务，屯田当属其中最重要的一件。

击破豫州黄巾军后，曹军夺取了黄巾军一批农具、耕牛，曹操为了鼓励农业生产，曾推行了一种“牛输谷法”，规定官府把耕牛租给佃农使用，佃农便以租的耕牛多少，交纳谷粮（或赋役），即“计牛授田，课佃以定”。羽林监枣祗、中护军韩浩等人认为，这种办法虽然有一定效果，但农户不论丰歉，上缴给国家的粮食是一定的，遇到灾害，又免除了农户的赋税，这对国家不利，另外，分散生产，也不便于管理，遂建议实施屯田。枣祗的建议提出后，即遭到军祭酒侯声等人反对，曹操对此犹豫不决，请尚书令荀彧具体负责处理，在枣祗的坚持下，曹操最终采纳了他的建议，下令说：“要想安定国家，关键在于要建立一支强大的军队、屯聚充足的粮食。秦国正是高度重视农业生产，才能最终统一了天下；汉武帝也是采取屯田的办法，平定了西域，这都是过去成功的经验。”遂任命枣祗为屯田都尉（六百石或四百石，类似县令），骑都尉任峻为典农中郎将（二千石），招募百姓到许县附近进行屯田——分田制。曹魏屯田是将无主土地收归国有，国家招募流民，提供土地、种子、农具、耕牛等，百姓收获的农作物，与政府按一定比例分成，使用政府耕牛的，政府与农户六四分成；不用政府耕牛的，双方平分。在管理上，曹魏屯田大体上分为民屯和军屯两种，民屯每五十人为一屯，设置一名司马，其上有典农都尉、典农校尉（比二千石、类似太守）、典农中郎将，不隶属当地郡县，屯内百姓不得随意离开本屯；军屯又分为集中军屯和分散军屯两种，集中军屯以六十人为一营，边耕作边戍守；分散军屯，士兵们可以参照民屯标准进行屯田。

屯田制实施后的当年，曹军就收获一百万斛谷子，曹操遂下令在所辖的州郡都设置田官，各地农业生产很快得到恢复，粮食也充裕了起来。史称：“军国之饶，起于枣祗而成于（任）峻。”洪迈《容斋随笔》卷十二称：（曹操）“知人善任，使实后世之所难及。荀彧、荀攸、郭嘉皆腹心谋臣，共济大事，无待赘说。其余智效一官，权分一郡，无大无小，卓然皆称其职。恐关中诸将为害，则属钟繇以西事，而马腾、韩遂遣子入侍。当天下乱离，诸军乏食，以枣祗、任峻建立屯田，而军国饶裕，遂芟群雄。欲复盐官之利，使卫觊镇抚关中，而诸将服。河东未定，以杜畿为太守，而卫固、范先束手擒戮。并州削平，以梁习为刺史，而边境肃清。扬州陷于孙权，独有九江一郡，付之刘馥，而恩化大行。冯翊困于鄜盗，付之郑浑，而民安寇灭。三单于恃力骄恣，裴潜单车之郡，而单于詟服。方得汉中，命杜袭督留事，而百姓自乐，出徙于洛、邺者，至八万口。方得马超之兵，闻当发徙，惊骇欲变，命赵俨为护军，而相率还降致于东方者，亦二万口……张辽走孙权于合肥，郭淮拒蜀军于阳平，徐晃却关羽于樊，皆以少制众，分方面忧。操无敌于建安之时，非幸也”。

五二　夺取徐州

建安元年发生的大事就是曹操迁都许都，在这一年，其他各方势力都相对平静，唯独曹操的敌对势力吕布、刘备和袁术之间却发生了一系列的争斗。

在刘备接管徐州之后，淮泗地区的形势随之发生了微妙的变化。刘备原为公孙瓒的部将，他与陶谦均为公孙瓒集团，与盟主袁绍为敌，袁绍与公孙瓒暂时实现和解后，由于新任兖州牧曹操之父曹嵩被陶谦部将杀害，引发了曹操对徐州的报复，基于保全徐州的考虑，行将就木的陶谦以厚利为诱饵，将刘备从田楷手下拉拢到自己的阵营里。徐州地缘政治的因素，当陶谦死后，刘备被推举为徐州牧不久，刘备就改弦易辙，主动向昔日的盟主袁绍示好，不仅征得相对合法的地位，而且让觊觎徐州的曹操有所收敛。刘备的外交策略虽然取得了一定程度的效果，袁绍承认了刘备，曹操也随之上表汉献帝请求任命刘备为镇东将军、封宜城亭侯。

刘备虽然暂时消除了来自北方袁绍、曹操的威胁，但他的这一新的立场改变了徐州、扬州之间的关系。虽然过去袁术一直也对徐州垂涎欲滴，但毕竟陶谦还是反对袁绍的，从这一点来说，徐州与扬州之间的利益有重合点，一方面，徐州可以作为曹操南下的屏障，另一方面徐州与曹操之间的争斗，又能给袁术创造一些火中取栗的机会，因此，二者之间还没有翻脸，可是，如今就不同了，新任徐州牧刘备采取了一边倒的策略，投靠到了袁绍、曹操的怀抱，这自然就成立袁术的对立面，不能不让袁术有所警觉。

在袁术看来，近在咫尺的徐州本该就是自己的囊中之物，而他刘备不过是个出身低微的无名小卒，又有何德何能坐拥一个富庶的大州？因此，当孙策在江东发展时，袁术并没有太多的精力顾及南方，只是采取了拉拢、羁縻孙策的策略，而将主要精力放在了北面的徐州方向，打算趁刘备立足未稳，一举兼并了徐州。

而此时的徐州又因吕布以及稍后被曹操赶到此地的杨奉、韩暹等人的到来而增加了一些变数。去年，吕布被曹操赶出兖州之后，就投奔了徐州牧刘备。吕布刚见到刘备时，对刘备非常尊敬，他对刘备诉苦说："我和你都是边境之人，吕布我见到关东起兵，目的是要诛杀董卓，可是，我杀死了董卓逃到关东，关东诸将竟然没有一个肯保全我的，都想杀我！"吕布请刘备进入卧室，让刘备坐在妻子的卧床之上，命妻子向刘备叩拜，并称呼刘备为弟弟。刘备见吕布语无伦次，只好说些应酬话，内心却非常不快。

刘备迎来吕布，等于是前门迎狼，而袁术很快就率军杀来了，刘备还需后门拒虎。

建安元年（公元196年）六月，当汉献帝刚刚经历了曹阳之败、退到闻喜之时，刘备命张飞驻守下邳（今江苏省邳州市），他则亲自率军南下，在盱眙（今江苏省淮安市盱眙县北）、淮阴（今江苏省淮安市淮阴区）一带抵御袁术军的进攻。双方相持了一个多月，在淮阴石亭（今地不详）交手，互有胜负，然而，这一情况很快就发生了变化。

下邳相曹豹原为陶谦的部将，虽然我们不清楚曹豹的生平，但据《三国志·陶谦传》称：（陶谦）"背道任情……曹宏等，谗慝小人也，谦亲任之"。曹豹大约就是曹宏的近亲。张飞与曹豹不和，杀死了曹豹，下邳城内一片大乱。曹豹的旧部固守军营，不听张飞的调遣，并派人前去召唤吕布；刘备的中郎将许耽也酝酿投靠吕布。还在吕布刚进入徐州不久，就曾给袁术写信，袁术为了诱使吕布进攻刘备，给吕布回信把吕布美美地夸奖了一番，他在信中说："昔日，董卓作乱，威胁王室，残害我一家老小，我在关东举兵，却未能杀死董卓。将军诛杀了董卓，送来他的人头，替袁术我报仇雪恨，让我能在世上继续活下去，不论是死是活也不会羞愧了，这是将军的第一件大功。过去，金尚（金敞）被朝廷任命为兖州刺史，我带着他率军行至封丘（今河南省封丘县），就被曹操击破，辗转流离，差一点命都丢了。还是将军您攻克了兖州，再次让我袁术能起死回生，这是将军您的第二件大功。我袁术从生下来就从未听说过天下还有个刘备，刘备竟然兴兵与我作战，袁术也依靠将军的威风得以击破刘备，这是将军的第三件功劳。将军对于我袁术有这三件大功，我袁术即使再愚蠢，也会与将军生死与共的。将军连年征战，军粮缺乏，如今我给将军送去二十万斛米，已经上路，如果还需要兵器以及其他军需物资，你尽管张嘴。”并劝说吕布偷袭下邳。吕布得到袁术书信后不禁大喜，遂率军兵分水陆两路，开始东进。

吕布的军队推进到下邳城西四十里，中郎将许耽深夜派来司马章诳来见。章诳向吕布密报：“张飞与下邳相曹豹相争，张飞杀了曹豹，城中大乱，各军之间矛盾重重。有一千丹阳兵驻扎在下邳白门[1]内，听说将军要来，高兴得手舞足蹈，就像获得了新生。将军的军队只管向城西门而来，丹阳军马上就会大开城门，迎接将军的。”当晚，吕布当即下令部队向下邳扑来。果然，等吕布军队来到后，许耽即下令打开了城门。吕布登上白门楼，坐在楼上指挥作战，步骑混合军团一齐放火，大破张飞的军队，张飞落荒而逃。吕布生擒了刘备的妻子以及刘备将领们的家眷。刘备听说吕布占领了下邳，急忙从前线撤军，等来到下邳近郊时，军队却自行溃散了。

刘备收拾残兵败将一路向东南杀来，袭占了广陵（今江苏省扬州市）作为临时落脚之地。稍事休息，刘备又率军与袁术作战，再次被击败，逃于海西（今江苏省东海县南）。在海西驻扎期间，刘备军给养缺乏，陷入困顿，将士们因饥饿而相互吞食，别驾从事麋竺将自己的妹妹送给了刘备做夫人，又拿出家中金银财帛充当军资，还把家中两千奴仆编入军队，情况稍稍好转起来，但尽管如此，刘备还是看到继续待在海西，只能是死路一条，遂向吕布请降——以自己手中的徐州牧印绶换取吕布给自己留下一条生路。

吕布夺占下邳，袁术不费吹灰之力就击败了刘备，遂出尔反尔，就不愿再送给原来许诺要送给吕布的粮食了，惹得吕布大怒，当刘备派人前来求降时，吕布为了壮大自己的实力，与袁术抗衡，就答应了刘备的要求。为了让刘备安心，吕布还特意从下邳派出刺史专用的车马、仪仗前去迎接刘备，并把刘备的妻子、军队交还给了刘备，举办盛大的宴会招待刘备。吕布手下众将对吕布说：“刘备屡屡背叛主人，难以豢养，应该早早结果了他。”吕布不听，还将这话告诉给了刘备，刘备心中不安，又想找一个落脚之地，遂向吕布请求移驻小沛（今江苏省沛县），吕布答应了，遂自任为徐州牧，封刘备为豫州刺史。刘备在做了一年半徐州牧后又被赶出了徐州。雪上加霜的是，也就是在此前后，曹操也来挖刘备的

---

① 《水经注》称：“下邳城有三重，其大城中有四碑，南门谓之白门，魏武擒陈宫于此。”另一说称下邳西门。

墙脚了。曹操上书汉献帝，称："泰山郡界广远，旧多轻悍，权时之宜，可分五县为嬴郡，拣选清廉以为守将。偏将军糜竺，素履忠贞，文武昭烈，请以竺领嬴郡太守，抚慰吏民。"按照曹操的意思，是将泰山郡分出嬴县（今山东省莱芜市）、武阳县（今山东省郯城县）、南城县（今山东省费县南）、牟县（今山东省莱芜市东）、平阳县（今山东省邹城市西南）五县，组建一个新的郡嬴郡，由糜竺担任太守，借此拉拢糜竺，掏空刘备。但曹操的这一阴谋并没有得逞，糜竺没有接受，而是选择了一直追随刘备。

吕布刚刚得到徐州，还是在六月一天的深夜，吕布部将河内人郝萌发动叛乱，率兵突入下邳城内，一直冲到州牧官邸大门外，齐声呼喊着向官邸发起了猛攻。吕布不知何人反叛，仓促之间，他拉起妻妾，也来不及戴帽子，光着膀子就从厕所上越墙而出，逃到都督高顺营中。高顺问："是何人叛乱，将军你自己心里有数吗？"吕布只说："我听到是河内人的口音。"高顺回答："那是郝萌。"高顺随即率军发起反击，弓弩一齐向叛军射来，叛军大乱，到天明时，郝萌率军返回了军营。郝萌的部将曹性担心自己与郝萌玉石俱焚，遂又与郝萌交战，在激战中，郝萌一枪刺中曹性，而曹性也砍断了郝萌一只胳膊。高顺砍下郝萌的人头，又让曹性躺在床上，一起送交吕布。吕布问曹性郝萌为何要谋反，曹性回答："郝萌受了袁术的指使。"吕布又问："参与阴谋的还有谁？"曹性回答："陈宫也是同谋。"当时，陈宫就在座，闻言，脸色登时大变，身边的人都觉察到了。因陈宫是大将，势力不弱，吕布遂没有再往下追究了。曹性又说："郝萌经常提及谋反之事，我说吕大将军有神人保护，不可击啊，我也没有想到郝萌竟然如此疯狂！"吕布对曹性说："你是个壮士啊！"遂派人悉心照顾他养伤，等到曹性伤愈后，就让他统领郝萌的部众。

五三　辕门射戟

在东汉末年一种说法，叫作“代汉者当涂高”，这是一种神秘的谶言，在社会上流传很广。

袁术的字叫公路，袁氏是春秋时期的辕涛涂的后代，因此，他觉得自己以及自己祖先的名字都与谶言相符，而且，袁氏出自陈姓，为属于土德的舜帝的后裔，袁术认为，汉朝的火德生土德，以黄色取代赤色，正符合五行相生相克之法，遂产生了自立为帝的念头。他听说孙坚在攻下洛阳后曾得到了传国玉玺，遂扣留了孙坚的妻子吴氏，将玉玺夺来。等到听说汉献帝在曹阳被李傕等人打得大败，袁术遂召集群臣开会，宣布自己将要登基称帝的打算。

听了袁术这一番话，众人无人敢发言。主簿阎象说道：“昔日，周朝从后稷开始一直到周文王，几代人积福行善，虽然已经控制了天下三分之二的土地，却依然向宗主国商朝称臣。大人虽然也是累世权贵，但没有周王朝建立之前那么兴旺；汉室虽然式微，但也没有商纣王那般暴虐！”袁术听了，顿时哑口无言。

袁术聘请隐士张范出山，但张范不从。张范，字公仪，河南修武（今河南省获嘉县）人。其祖父张歆为司徒，父亲张延曾任太尉，张范虽然属于官二代，却性格恬淡，与世无争，太傅袁隗曾想把女儿嫁给张范，但张范没有答应。董卓进京后，天下大乱，张范与弟弟张承一起南下到扬州避难。

接到袁术的聘任书后，张范派弟弟张承到袁术那里道歉。袁术对张承说：“过去，周朝王室衰弱，才出现了齐桓公、晋文公的霸业；秦朝大乱，汉室才得以兴起。如今，孤占据了如此广大的土地，拥有这么多部众，打算效仿齐桓公和汉高祖，你看如何？”张承回答：“这完全在于德行而不在乎是否强大。自己的德行能够与天下百姓的心愿契合，即使是一介匹夫，也照样能干成一番大业，但是，假如利用天下混乱之际，觊觎神器，为万民所抛弃，又有谁能帮助他兴起呢？”袁术听了，一脸不高兴。

孙策听说后，也给袁术写信义正词严地谴责说：“去年冬天，听到您将要称帝，乍听之下，我内心充满了恐惧；不久，又听说您准备了贡品，准备向许都进贡，万民都又释然了。前不久，又听说您将旧话重提，并且已经定下了具体日期，这又让我失魂落魄，猜想肯定是谣传，如果真的如此，百姓又将依靠谁呢？昔日，兴起义军，万民响应，之所以如此，就是董卓擅自废立皇帝，杀害太后和少帝，奸淫宫女，破坏旧都，罪恶滔天，所以，各地才纷纷举兵。等到董卓已死，幼主东还，下令让各地罢兵，可是，河北袁绍与黑山贼沆瀣一气，曹操在徐州东部残害生灵，刘表在荆州割据一方，公孙瓒在幽州为所欲为，刘繇在江东比权量力，刘备在淮北争夺地盘，因此，我们才没有放下武器，接受圣命。如今，刘繇、刘备已经被击破，曹操等人也都饥饿困顿，我本以为我们应当与天下的有志之士一起，消灭这些个丑恶之徒，您竟然舍弃这个，想自己称帝，这的确违背了天下人的希望，这是其一。成汤讨伐夏桀，口号是：‘夏朝太多罪恶。’周武王讨伐商纣王，也指斥他刑罚严酷。这二位开国皇帝虽然是非常英明的，但假如当时的君主并没有什么过错，也难以夺取天下。如今的皇上并没有什么罪过，仅仅是年龄太小，受到强臣的逼迫，这与商汤、周武王之时完全不同，这是其二。董卓虽然贪婪荒淫，欺上凌下，也不敢废黜君主，自立为帝，即便如此就已经引起天下之人的痛恨了，更何况要做出比这更严重的事情呢？这是其三。天下神器，必须上合天意，下顺人心，如今并无征兆，却突然称帝，这是从未有过的事，这是其四。天子异常尊贵，富有四海，谁不想要？陈胜、项羽、王莽、公孙述等人虽然也都曾称了帝，但最终还是归于覆灭，因此，帝王之位不是随便可以夺得的，这是其五。另外，我又听说我们年幼的圣上非常聪明睿智，其品德仿佛是上天赋予的，虽然天下之人尚未受到他的恩德，但是都愿意向他效忠，这是其六。大人一家五代都是朝廷重臣，为大汉的辅弼之臣，得到朝廷的厚恩，无人能比，更应该向朝廷尽忠报答，守住臣节，像周公召公那样辅佐王室，这也是天下人对大人的期望啊，这是其七。圣贤之人就在于能够审时度势，行动谨慎，如果非要做难以成功之事，圣贤是不会干的，这是其八。当今很多人被图谶之书误导，牵强附会，不过是为了取悦自己的主公，完全不考虑成败的可能性。对于称帝之事，从古至今都是应当非常谨慎的，能不深思熟虑吗！这是其九。忠言逆耳，反对的意见会让人生厌，但假如对大人有益，我也不敢闭口不言。”起初，袁术自以为拥有淮南地区的军队，判断孙策肯定会拥护自己的，等到得到孙策的来信，顿时忧愁沮丧，并染上疾病。但是，袁术已经鬼迷心窍，根本不听，孙策遂正式与袁术决裂。此事大致发生在曹操奉迎汉献帝来到许都之前。

如今的袁术已经失去了江东孙策的支持，而与自己为敌的刘备又投降了吕布。袁术与刘备的交手，并没有如愿得到徐州，相反，徐州牧由过去被自己轻视的刘备换成了以骁勇善战著称的吕布，并且，如今的刘备又投降了吕布，徐州力量不仅没有削弱，相反，一旦刘备与吕布联手，徐州将成为自己最大的威胁，因此，就在刘备进驻小沛后不久，袁术为了离间吕布、刘备之间的关系，主动派人前往下邳，向吕布示好，请求二人结成儿女亲家，为自己的儿子娶来吕布的女儿为妻。在袁术与刘备的争斗中，吕布是最大的获利者，不仅顺利地夺得了徐州，而且，刘备还投降了自己，如今，袁术又向自己求亲，在关东地区颠沛流离了三年多的吕布从未像建安元年这样顺利过，左右逢源的他当即又答应了袁术的请求。

袁术的最终目的并没有改变，那就是吞并徐州，他请求与吕布结成亲家也不过是想孤立刘备。当吕布答应后，袁术就派遣部将纪灵等人率领三万步骑北上小沛，对刘备发起了进攻，刘备遂向吕布求救。在对待是否解救刘备这一问题上，吕布与手下众将的意见是有分歧的。当时的刘备虽然将徐州牧印绶让给了吕布，但吕布深知一山不容二虎，把刘备放在自己的眼皮底下，终归不是一件好事，因此，早就有了清除刘备之心，因此，当刘备前来求救时，吕布手下众将就说：“将军经常想杀掉刘备，如今，正好可以借袁术之手杀了他。”但是吕布说：“你们说的不对。一旦袁术击败刘备，占领了小沛，就可以联络徐州北面的泰山诸将，对我徐州形成包围态势，因此，不得不去救援刘备。”

吕布说的“泰山诸将”，是指臧霸、吴敦、尹礼、孙观及其哥哥孙康等人。臧霸，字宣高，泰山华（今山东省费县东北六十里）人。其父臧戒，担任县狱掾，泰山太守以私怨想杀害一个人，臧戒不从，太守大怒，下令将臧戒逮捕送到泰山郡（今山东省泰安市），有上百人押运。当年，臧霸年仅十八岁，率领数十名门客在费县西山（费县西北五十里的蒙山）中劫夺，押运人员无人敢动，遂与父亲一起逃奔徐州的东海郡（今山东省郯城县）。黄巾复起后，臧霸率众追随徐州牧陶谦，因战功被拜为骑都尉，遂在徐州招募军队，与孙观、吴敦、尹礼等人各自招募了军队，臧霸为大头领，驻扎在开阳（今山东省临沂市北十五里）。孙观，字仲台，是臧霸的同乡；臧霸小名奴寇；孙观小名婴子；吴敦小名黯奴；尹礼小名卢儿。泰山诸将是陶谦的旧部，曹操又曾血洗徐州，因此，他们在政治立场上与曹操为敌，当吕布夺占兖州时，曹操的旧部徐翕、毛晖也都背叛了曹操，等到曹操重新夺回兖州后，二人就逃奔到了臧霸那里。虽然臧霸等人曾为陶谦效力，但他们各自又有很大的独立性，在刘备接管徐州后，徐州内部发生了巨大的分化，从事态发展来看，泰山诸将并没有投靠刘备，当刘备穷途末路之时没有北上投靠泰山诸将，而是选择了向自己的仇敌吕布投降，似乎也说明了这一点。当吕布接管徐州后，臧霸等人同样也没有归顺吕布，吕布最担心的是一旦袁术击败刘备，与臧霸等人联络，就会将下邳完全包围起来。

吕布当即率领一千步兵、二百骑兵火速赶往小沛。纪灵等人听说吕布前来，都不敢再战。吕布在小沛城西南一里的地方安营扎寨，派侍从去邀请刘备前来赴宴，等到刘备到来后，吕布又请纪灵等人前来。

吕布对纪灵等人说："玄德，是我吕布的弟弟，被各位围困，不得不前来伸出援手。吕布我不喜欢与人相斗，只愿意替人解开恩怨。"说完，命部下在营门前举起一支画戟，吕布说："各位看仔细了，假如我吕布一箭射中画戟的那个小枪尖，诸位就请各自罢兵，如果一箭射不中，你们就留下来继续相斗。"

当即大家走到帐外，只见吕布弯弓搭箭，一箭射去，正中画戟旁的小枪尖。

纪灵等人一见大惊失色，无不说道："将军真乃天威啊！"

第二天，三方在一起再次举办酒会，尽欢而散。

辕门射戟之后不久，刘备在小沛又逐渐恢复了元气，招募了近一万部众。但不久，刘备与吕布二人就又发生了新的矛盾。吕布想让下属袁涣给刘备写信，美美地辱骂刘备一通，袁涣却不从命。吕布再三强求，袁涣就是不从，吕布大怒，抽出兵器，威胁道："你是想死还是想活？"袁涣神色不变，笑了笑回答："我袁涣听说过，只有德行才能让他人羞愧，没听说过辱骂能起什么作用。假设对方是位君子，将会对将军的话嗤之以鼻；假如对方本是个小人的话，还会反过来回骂将军，如此一来，受辱的是将军您而不是对方。况且，袁涣我昔日曾经侍奉过刘将军，就如同今日是您的下属一样，如果将来我离开将军您的话，再回过头来辱骂您，这合适吗？"吕布听了，一脸羞愧，只好作罢。袁涣，字曜卿，陈郡扶乐（今河南省太康县）人。其父袁滂曾任司徒。刘备担任陶谦的豫州刺史时，曾举荐他为茂才，后避乱来到淮南，成为袁术的下属，不久又被吕布扣留。

吕布担心刘备会死灰复燃，遂亲自率军进攻刘备，刘备再次战败，逃到了许都，归顺了曹操。曹操对刘备非常看重，任命他为豫州牧。曹操来到许都后，就任命程昱为东中郎将，领济阴太守，都督兖州事务，程昱对曹操说："我观察刘备此人有英雄之才，并且还深得部众之心，终归不会屈居人下，不如早早除掉他。"曹操问郭嘉，郭嘉回答："程昱说的对。不过，大人兴起义兵，为百姓除暴安良，推心置腹以招徕各方英雄豪杰，即便这样，还唯恐他们不会前来投靠。如今刘备有英雄之名，穷途末路，前来投靠，如果杀害了他，必然会让大人蒙受加害贤才的恶名。这样一来，才智之士将人人自危，重新选择自己的主公，届时，大人将与谁一起去平定天下呢？杀害一个人却令天下人失去了对您的仰慕，安危的关键就在于此，不可不深思啊！"曹操笑道："你说的对！"遂又拨付给刘备一些军队，给了他一些军粮，让他重新回到小沛，收集残兵，以对付吕布。但《傅子》的记载恰恰与之相反，称：刘备来降后，郭嘉对曹操说："刘备雄心勃勃，又很得人心；张飞、关羽都是万人难以抵挡的猛将，死心塌地为他效命。以我观察，刘备最终不会屈居人下的，他的内心难以揣测。古人说过：'一日纵敌，数世之患。'应该早早安排个地方。"但曹操不从。

五四　一伐张绣

当曹操迎接汉献帝定都许都，袁术、刘备、吕布三方你争我夺之际，江东的孙策也将矛头对准了会稽郡的王朗，此时距离他击败扬州刺史刘繇仅仅过去数月。

当时，吴郡（今江苏省苏州市）人严白虎，乌程（今浙江省湖州市境内）人邹他、钱铜，前合浦（今广西壮族自治区合浦县东北）太守嘉兴（今浙江省嘉兴市）人王晟等人各自拥众少则数千，多则一万余人，盘踞在吴郡、会稽郡各地，众将对孙策建议先击破严白虎等人，然后再进攻王朗。孙策却说：“严白虎等人不过是一群乌合之众，没有什么大志，容易被制服。”遂不顾身后的严白虎等人，径直率军渡过了浙江。

会稽郡功曹虞翻，字仲翔，会稽余姚（今浙江省余姚市）人。年少好学，胸怀大志。孙策南征，虞翻劝说王朗道：“孙策善于用兵，不如暂且避一避。”但王朗不从，派兵在固陵（在今浙江省杭州市萧山区西十二里，春秋时越国范蠡曾在此构筑固陵城以抵御吴国）抵御。孙策屡次率军渡河发起进攻，却被王朗军队击退。孙策叔父孙静建议道：“王朗驻守坚城，一时难以攻克。查渎（今浙江省杭州市萧山区西南九里）在这里以南数十里，是一个战略要地，应当从那里攻入敌人的后方，这就是兵法上所说的出其不意、攻其不备。我愿意亲自率领本部人马充当先锋，一定能够得胜。”

孙策说：“好！”

于是，传令军中：“连日来雨水浑浊，大家喝后大多腹痛，各军迅速准备数百口大木桶澄清雨水。”

当晚，孙策下令在军中四处点燃火把，迷惑王朗，偷偷率军迂回到查渎，用大木桶渡过了全军，再直扑高迁屯（今浙江省杭州市萧山区东北，一说在萧山区西），迂回到了王朗军的后方。王朗大惊，赶忙派遣前丹阳太守周昕等率军迎战，孙策大破周昕等人，临阵将周昕斩杀。

王朗弃城而逃。过去，王方平（东汉末年著名的修仙人）曾写了一部谶言书，他在书中说过："事情紧急的时候，来南岳找我。"虞翻开始的时候想与王朗一起北上广陵，但王朗想到王方平的这句话，遂决定乘船南下。一行人逃到东冶（今福建省福州市，一说在今浙江省台州市），当地太守不愿接受他们，虞翻入城劝说，才被接纳。孙策乘胜追击，再次大破王朗军，在东冶实施屠城，王朗只好向孙策投降。《翻别传》称："朗使翻见豫章太守华歆，图起义兵。翻未至豫章，闻孙策向会稽，翻乃还。会遭父丧，以臣使有节，不敢过家，星行追朗至候官。朗遣翻还，然后奔丧。"与此记载不同。

孙策斥责王朗一番，就释放了他，遂自任会稽太守。

由于孙策集团原来从属于袁术，并且，在袁术的指使下诛杀了江东大族庐江太守陆康，致使江东大族们对孙策采取了一种不合作甚至是仇视的态度，摆在孙策面前的是如何拉拢江东大族们。对于负隅顽抗的，他采取了恐怖的屠杀政策，比如对周昕兄弟，而对于能够拉拢的，则极尽拉拢之能事。王朗投降后，孙策又任命虞翻为功曹，还把虞翻当作自己的老朋友一般看待，他特意给虞翻写信说："今日之事，我将与你一起处理，不要说孙策我只把你像一般官吏看待。"

孙策喜欢打猎，虞翻劝谏道："大人喜欢临时决定出行，随从官员无暇做好准备工作，士兵们也十分辛苦。一个大人物如果不稳重就会失去威严，所以说，白龙化为一条鱼，连微贱的渔夫豫且就可以射他；白蛇到处游荡，刘邦也杀了它。对此，请多加留意。"孙策说："你说的对！"却始终没有改正。《三国志·虞翻传》注引《吴书》称：一次，孙策讨伐山越，诛杀了山越头领，而后下令部下全部去追杀敌人，孙策自己与虞翻在山中相遇。虞翻问道："将军的侍从都去哪了？"孙策说："都去追杀敌人去了。"虞翻说："这太危险了！"让孙策下马，说："这里草深，一旦出现意外，来不及打马狂奔，需要牵马前行，手持弓箭步行。我擅长使用长矛，请求在前面开路。"等二人来到平地后，虞翻劝孙策骑上马，孙策说："你没有马，怎么办呢？"虞翻回答："我走路飞快，一天能走二百里地，自从我军作战以来，将士们没有人能比得过我的，大人你尽管策马飞奔，我能从容赶上。"等二人来到大路上以后，遇见一名军中的鼓手，孙策要来鼓手身上的号角，亲自吹响号角，将士们听到后，才一一返回。

孙策粗定会稽、丹阳、吴三郡，除了他自领会稽太守外，又任命舅舅吴景为丹阳太守，朱治为吴郡太守，以张昭、张纮、秦松、陈端等人为谋士。

在孙策粗定江东三郡之后，安定了许都的曹操也考虑着下一步的进攻方向。

此时，曹操控制汉献帝，拥有豫州、兖州，全国其他各地的诸侯分别是：袁绍拥有冀州，兼控制青州、并州；公孙瓒控制幽州；公孙度控制辽东；刘璋拥有益州；吕布控制徐州；袁术控制淮南；孙策控制江东一部；刘表控制荆州；关西诸将马腾、韩遂、李傕等人控制凉州、京兆尹；张鲁占据汉中。

从战略态势上看，曹操位居中原，处于四战之地，稍有闪失，就会陷于四面受敌的险境，好在是：一是曹操控制着汉献帝，处于挟天子以令诸侯的有利地位，可以利用汉献帝以实现自己的政治目的。在将汉献帝迎入许都之初，曹操对汉献帝的态度一直非常谦恭，不遗余力地向汉献帝表示自己的忠心。存世的曹操《上杂物疏》《上献帝器物表》《上九酝酒法奏》等都是曹操巴结汉献帝的表现，其中，他在《上献帝器物表》中称："臣祖腾，有顺帝赐器。今上四石铜鋗四枚，五石铜鋗锁一枚，御物有纯银粉铫一枚，药杵臼一具。"在《上九酝酒法奏》中称："臣县故令南阳郭芝，有九酝春酒。法用曲三十斤，流水五石，腊月二日清曲，正月冻解，用好稻米，施去曲滓，便酿法饮。日譬诸虫，虽久多完，三日一酿，满九石米止。臣得法酿之，常善。其上清滓亦可饮。若以九酝苦难饮，增为十酿，差甘易饮，不病。今谨上献。"为了汉献帝的健康，他更是把自己得到的酿酒法毫无保留地上报给了汉献帝。二是起码从表面上还维系着与袁绍的和平关系。三是淮南袁术、吕布和刘备之间还在相互倾轧。

原本曹操打算先解决了徐州吕布，但很快事态就发生了变化。

张济驻扎在弘农，军中断粮，遂率军南下，进入荆州地区。在进攻穰城（今河南省邓州市）的战斗中，张济被流箭射杀。荆州官员听说张济死后，纷纷道贺，刘表说道："张济走投无路前来投靠，穰城守将不懂礼仪，竟至于发生了战斗，这不是我的本意，我只接受吊唁，不接受道贺。"派人前去张济军中安抚。张济的部众听说后，都十分高兴，打心眼里愿意归顺刘表。张济的同族侄儿、建忠将军张绣接替张济统领部众，驻扎在南阳。

当初，汉献帝离开长安后，宣威将军贾诩送还印绶，依附于华阴的段煨。贾诩名气很大，段煨的部众都对他非常敬重，段煨也因之对他很是礼遇，可是，贾诩暗中打算投奔张绣。有人对他说：“段大人对你很厚待，你还能去哪呢？”贾诩回答：“段煨生性多疑，有猜忌我的苗头，虽然对我很是礼遇，但难以持久，恐怕会杀掉我。我离去之后，他内心肯定会很高兴，又希望我能替他结来外援，一定会厚待我的妻子儿女；张绣没有幕僚，也希望能得到我的帮助，这样一来，我自己和我的家人都会安全了。”贾诩遂离开了段煨，前去南阳，投奔了张绣，果然，在贾诩面前，张绣以晚辈自居，而段煨也对贾诩的妻子儿女非常照顾。贾诩劝说张绣投靠刘表，张绣同意了。贾诩遂亲自前往襄阳拜见刘表，刘表以贵宾之礼接待了贾诩。然而，贾诩回来后，非常失望，他说：“刘表是承平治世中三公的材料，却看不出事态的发展变化，多疑少决，没有什么作为！”刘表爱护百姓，尊重士人，只想保境安民，因此，关西、兖州、豫州依附于他的士人多达上千人。刘表还下令设立学校，整日研究经书，又命前雅乐郎杜夔制作雅乐。等到雅乐制成后，刘表想让杜夔当众演奏，杜夔却说：“如今，将军您的称号不是天子，当众演奏雅乐，不是不合适吗？”刘表这才作罢。

张绣在南阳，背后又有刘表的支持，这让曹操非常担心，因此，他决定先解决了近在咫尺的张绣。建安二年（公元197年）一月，曹操亲自率军南下，前去讨伐张绣，曹军来到淯水（今河南省南阳市白河），张绣即率众投降了。

不战而收降了张绣，曹操大喜过望，设宴款待张绣及其将帅们。在酒宴之上，曹操亲自给各位敬酒，典韦手持大斧，斧刃超过一尺，威风凛凛地站立在曹操一旁。曹操每到一个人的身边，典韦总要高举大斧，凶神恶煞地瞪着那人，直到酒宴结束，张绣及其手下都是战战兢兢，无人敢抬头。曹操不禁得意忘形了起来，他将张济的妻子（张绣婶母）纳为自己的夫人，这引起了张绣的怨恨。曹操听说后，遂生杀掉张绣之心。曹操试图拉拢张绣的心腹猛将胡车儿，亲手送给胡车儿金子，张绣得知后，怀疑曹操想让胡车儿刺杀自己，遂决心反叛。他听从了贾诩之计，对曹操谎称军营地处低洼，请求移到高处，并说：“车辆少、载物多，请求让士兵们穿着铠甲前去。”曹操信以为真，就同意了。张绣的行军路线恰巧经过曹操的大营，在接近曹操大营后，张绣一声令下，士兵们突然从车上拿起武器，冲入曹操营中。

毫无防备的曹操被打得晕头转向，身中流箭。《魏书》称：“公所乘马名绝影，为流矢所中，伤颊及足，并中公右臂。”在危急关头，曹操的长子曹昂将自己的马交给了曹操，曹操骑马狼狈而逃，而曹昂却为乱兵所杀，一齐被杀的还有曹操的侄儿曹安民。《世语》称："昂不能骑，进马于公，公故免，而昂遇害。"校尉典韦手持长戟挡在营门前，殊死力战，一戟扫去，总要砍断数十杆长矛。张绣的士兵们只好从其他营门冲进了军营。典韦与身边十余名猛士无不以一当十，杀伤了很多敌人，逐渐地，典韦身边的人几乎全战死了，典韦本人也身中数十枪，长戟也打折了。双方短兵相接，敌人直接冲上前来，只见典韦双手各夹住一名敌人，将二人撞死，余人吓得不敢再近前。典韦又冲上前去，接连杀死了几个人后，圆睁双眼，破口大骂而死。典韦死后，敌人才敢近前，割下他的头颅。

曹操逃到舞阴（今河南省泌阳县西北六十里）。张绣率军追击，被曹操击破，张绣遂回到了穰城，再度与刘表联合。当时，曹军各军一片大乱，各自抄小路寻找曹操，唯独平虏校尉于禁率领所部数百人，边打边撤，等敌人追兵稍远，才从容整顿军队，敲起战鼓而回。途中，于禁见十余名赤身裸体的伤兵，询问原因，伤兵们说："被青州兵抢劫了。"曹操以青州兵起家，因此，对他们很宽纵，这些人原来出身黄巾军，匪性不改，趁机劫掠，于禁大怒，说道："青州兵也是曹公的军队，如今竟敢还去做贼！"遂率军进攻青州兵。于禁回到舞阴后，先构筑营垒，有人对他说："青州兵已经恶人先告状了，你赶紧去曹大人那里申辩去！"于禁却说："如今敌人就在身后，很快就要到了，不先做好准备，将如何迎敌？曹公聪明睿智，谁能在他面前进谗言！"等到构筑好营垒后，于禁这才参见曹操，说出了事情的原委。曹操大喜，说道："淯水之败，我自己就非常狼狈，而将军却能在大乱中镇定自若，治军严整，讨伐暴乱，巩固营垒，有不可动摇的气节，即使古代的名将，又能超过你哪一点呢！"遂封于禁为益寿亭侯。

五五　得失之间

淯水之败，对曹操的打击很大。

首先，打乱了曹操的部署。曹操之所以将张绣作为首先进攻的目的，就在于张绣实力较弱，且刚刚来到南阳，立足未稳；还在于他与荆州牧刘表之间的联盟刚刚建立，况且，张济、张绣集团作为董卓的余孽，曹操也师出有名。令曹操欣喜异常的是，张绣不战而降，曹操不费吹灰之力就将手伸到了荆州刘表的地盘，既扩大了战略纵深，又壮大了自己的实力。可是，乐极生悲，得意忘形的曹操因纳张绣的婶婶而激怒了张绣，不仅将曹操打得惨败，而且又强化了张绣与刘表之间的关系，让曹操在南方平添了一个劲敌。

其次，此次战败让曹操脸面尽失。回顾曹操此前的一系列军事行动，汴水惨败是由于众寡不敌；徐州退却是因为吕布偷袭；其他战役击破黑山贼、收编黄巾军、打垮袁术、夺回兖州、挺进豫州，曹操一直是用兵如神，可是，恰恰在南阳，曹操栽在张绣的手里，猛将典韦、长子曹昂、侄儿曹安民均死于乱军之中，曹操本人也差一点丢了性命，更重要的是，这次惨败竟然源于曹操的好色！还是在舞阴的时候，为了安慰众将，曹操对大家说：“我这次招降张绣，错就错在没有让他送上人质，以致落得大败。我已经知道这次失败的原因了，你们大家走着瞧，从今以后，我再也不会战败了！”这自然是曹操替自己开脱之词，谁都知道曹操这次惨败，不是张绣送没送人质的问题，而在于曹操好色，在顺境中得意忘形了。对此，众将们当然不便说出，但曹操的丁夫人敢于埋怨曹操。曹昂为刘夫人所生，但刘夫人早死，由曹操最宠爱的丁夫人抚养，丁夫人也对曹昂视如己出，非常疼爱。等到曹操率军回到许都以后，丁夫人得知曹操因为好色而令爱子被杀，对曹操非常怨恨，经常说：“是你杀了我儿，你还一点都不顾念！”说得曹操很是郁闷，遂将丁夫人送回了娘家。

第三，曹操在许都朝廷中的地位受到一定程度的动摇。根据《世语》记载：“旧制，三公领兵入见，皆交戟叉颈而前。”也就是说，按照汉朝的规矩，三公率军入宫觐见皇帝时，由宫廷侍卫手持长戟夹着三公的脖子，才能觐见。虽然曹操在汉献帝来到许都以后，极力表现自己的忠心，但汉献帝似乎并不买账，只是想借助于曹操恢复王室的尊严。曹操在讨伐张绣出征时，汉献帝下令恢复了这一传统的制度，吓得曹操一身冷汗。从此之后，曹操再也不去拜见汉献帝了。

此次战败后，袁绍也对曹操的态度更加傲慢了，在信中，对曹操是冷嘲热讽。数日之内，又羞又气的曹操喜怒无常，完全变了一个人。大家都认为这是淯水之败之故，钟繇询问荀彧，荀彧回答：“以曹公的聪明，肯定不会对往事追悔不已，估计还有别的原因。”荀彧前去询问，曹操就把袁绍的书信拿出来让荀彧看，并说：“如今，我决心前去讨伐袁绍，可是，又不是他的对手，这该如何是好？”荀彧回答：“古人成败的经验教训告诉我们，必须有才能。如果是那个有才能的人，即使开始弱小，最终会变得强大；如果没有才能，即使开始强大，也容易变得弱小，刘邦、项羽的存亡就看得清清楚楚。如今，与大人争夺天下的，只有一个袁绍罢了。袁绍外表宽和却内心猜忌，用人却又疑人，而大人却通达，不拘小节，唯才是举，在气度上超过袁绍；袁绍犹柔寡断，总是丧失先机，而大人却能断大事，应变能力超群，这是在谋略上胜过袁绍；袁绍治军宽纵，军纪散漫，军队虽多，其实没有什么用处，而大人赏罚严明，士兵虽少，都愿意拼命作战，这是在军事才干方面胜过他；袁绍依靠自己的家世，沽名钓誉，因此，那些没有多少才能却有虚名的人大多归附于他，而大人用至诚之心对待别人，对于有功的人赏赐起来毫不吝惜，所以，天下忠诚正直又有真才实学的人都愿意为大人卖命，这是在德行上胜过袁绍。以这四种长处辅佐天子，仗义征伐，谁敢不从？袁绍即使再强，又能有什么作为！”

《傅子》记载，曹操说：“袁本初拥有冀州之众，青州、并州也都服从于他，地广兵强，屡屡出言不逊，我想去讨伐他，却力不能敌，该如何是好？”

郭嘉回答：“刘邦与项羽实力悬殊，这是你所知道的。汉高祖是靠自己的智慧取得的胜利，项羽虽然强大，但最终还是被汉高祖打败了。依我看来，袁绍有十种失败的征兆，大人有十种胜利的征兆，虽然目前袁绍强大，但也无能为力。袁绍繁文缛节很多，大人却任其自然，这是在大道上胜过他，这是其一。袁绍一切行动都没有尊奉朝廷，是忤逆的，而大人却尊奉天子，为天下作表率，这是在大义上胜过他，此其二。汉末政治失之于宽，而袁绍却仍然采取宽和的政策，所以没有什么效果，大人施行严厉的政策进行救治，所以上下知道规矩，这是在政策上胜过他，此其三。袁绍表面宽和但内心猜忌，用人却又怀疑人家，任人唯亲，大人表面上随和内心却明察秋毫，用人不疑，唯才是举，不分远近，这是在度量上胜过他，此其四。袁绍多谋少决，总在后悔，而大人听到计策就立即执行，应变无穷，这是在谋略上胜过他，此其五。袁绍借助世代积累下来的资本，高谈阔论以赚取虚名，那些有名无实的士人大多前去投靠，而大人却以至诚之心对待大家，不图那些虚名，提倡简朴，为大家作出表率，对有功之人赏赐起来一点也不吝惜，有名有实的士人都愿意替大人效力，这是在德行上胜过他，此其六。袁绍看见有人忍饥挨饿，脸上立刻显出怜悯之情，但他看不见的，也就想不到，这就是所谓的妇人之仁。大人对于眼前之事也许会忽略，至于大事，能与四海之人联络，对人的恩惠都超过了他们的期望，虽然大人并没有与这些人见过一面，但思虑周详，没有办不成的事，这是在仁爱上胜过他，此其七。袁绍大臣之间相互争权夺利，谗言四起，大人以道义驾驭下属，谗言在此绝迹，这是在清明上胜过他，此其八。袁绍是非不分，大人以礼仪提倡所认可的事情，对不认可的，以法律加以限制，这是在秉公执法上胜过他，此其九。袁绍好高骛远，却又不懂军事，大人以少克众，用兵如神，战士们都依赖大人，敌人也都畏惧大人，这是军事上胜过袁绍，此其十。”曹操听了，笑道：“像你说的，孤有何德何能配得上呢？”

郭嘉又说：“袁绍正在策划着向北打击公孙瓒，可以趁着他远征，我们先消灭了东面的吕布。如果袁绍南下，吕布再在东部与之联手，就不好办了！”

荀彧也说：“如果不先消灭了吕布，黄河以北的袁绍就不好对付了。”

曹操说：“你们说的对。不过，我担心的是：袁绍率军进入关中，联络关中的羌族和匈奴族人，再南下联络益州、汉中，这样一来，我们以兖州、豫州两个州的军民与天下六分之五的力量相抗衡，这又将如何办呢？”

荀彧回答：“关中的将帅有十多个，相互之间各自为政，谁也不服从谁，只有马腾、韩遂最强。他们看到关东各个势力相互争斗，必定会保持中立，坐山观虎斗。如今，假如以朝廷之名前去安抚，派遣使者与他们联合，即使不能保证一劳永逸，长期安定，也能确保在大人平定关东各地时，他们不来添乱。侍中、尚书仆射钟繇足智多谋，如果把关西事务交给他全权处理，大人就不用担心了。”

曹操遂上表请求汉献帝任命钟繇为侍中、兼任司隶校尉，持节都督关中各军，给予他全权处理权。钟繇来到长安以后，分别给马腾、韩遂等人写信，分析利弊祸福，促使二人都向许都送来了儿子当人质。

确定了安抚袁绍、打击吕布的策略之后，曹操让汉献帝把原本给自己的大将军一职封给了袁绍。

建安二年（公元197年）三月，汉献帝下诏命令将作大匠孔融持节前往邺城，拜袁绍为大将军，兼都督冀州、青州、并州、幽州四州。曹操将不属于袁绍的幽州划给了袁绍，用心险恶，其目的就是让袁绍与公孙瓒二人再起争斗，给自己平定黄河以南换取宝贵的时机。

五六　袁术称帝

袁术与吕布联手，才让曹操知难而退，选择先打张绣，可是，首战失利，的确让曹操郁闷了一阵子。

吕布盘踞徐州，与兖州近在咫尺，并且，陈宫在兖州还有一定的影响力，刚刚被逐出兖州，吕布、陈宫并不死心，一旦有个风吹草动，二人必定会卷土重来。因此，在曹操回到许都之后，与荀彧、郭嘉二人厘清了思路，遂决定采取先迷惑袁绍的策略，将徐州的吕布作为首先打击的目标，并派遣刘备回到小沛，暂时牵制住吕布。

就在曹操决定进攻吕布之时，渐趋平静的东部局势却因一件事情而陡然发生了巨大的变化，也给曹操带来了一个千载难逢的良机——那就是袁术称帝事件。

建安二年（公元197年）春，在河内张炯的劝说下，利令智昏的袁术终于按捺不住，一意孤行决定登基称帝，自称仲家。以九江太守为淮南尹，设置了公卿百官，并举办了祭祀天地的仪式。仲家的解释有很多种，唐代李贤在给《后汉书》作注时称："仲或作冲。"钱大昕也认可这一说法；沈涛则认为，仲是袁术建立的国号，仲家就好像汉朝帝室自称汉家一样。袁术想以前兖州刺史金尚为太尉，金尚不从，密谋逃跑，结果被袁术抓获，被杀。

建安二年（公元197年）五月，袁术派使者韩胤前往下邳，向吕布通报了自己称帝之事，并顺便为儿子迎娶吕布的女儿，吕布没有多想就答应了，让韩胤将自己的女儿带走了。沛相陈珪得知后，担心吕布与袁术结盟后，将会引起天下大乱，遂前往下邳面见吕布。陈珪见到吕布后，劝说吕布道："曹公奉迎天子，辅佐朝廷，有命世之才，将征讨四方，将军应该与曹公齐心协力，以求泰山之安。如今，将军与袁术结成亲家，将招来不仁不义的恶名，肯定会危若累卵！"

《古文苑》所载邯郸淳写的《鸿胪陈君碑》则称，劝说吕布与袁术绝交的还有陈纪。陈纪，字元方，是曹魏名臣陈群的父亲。《世说新语》记载了陈纪五则逸事，分别散见于《方正》《夙慧》《言语》《政事》《规箴》。其中，《方正》中为：

“陈太丘（陈纪之父陈寔）与友期行，期日中。过中不至，太丘舍去，去后乃至。元方时年七岁，门外戏。客问元方：‘尊君在不？’答曰：‘待君久不至，已去。’友人便怒曰：‘非人哉！与人期行，相委而去。’元方曰：‘君与家君期日中，日中不至，则是无信；对子骂父，则是无礼。’友人惭，下车引之。元方入门不顾。”

《夙慧》中为：

“宾客诣陈太丘宿，太丘使元方、季方炊。客与太丘论议，二人进火，俱委而窃听。炊忘著箄，饭落釜中。太丘问：‘炊何不馏？’元方、季方长跪曰：‘大人与客语，乃俱窃听，炊忘著箄，饭今成糜。’太丘曰：‘尔颇有所识不？’对曰：‘仿佛记之。’二子长跪俱说，更相易夺，言无遗失。太丘曰：‘如此但糜自可，何必饭也？’”

《政事》中为:

“陈元方年十一时，候袁公。袁公问曰：贤家君在太丘，远近称之，何所履行？元方曰：老父在太丘，强者绥之以德，弱者抚之以仁，恣其所安，久而益敬。袁公曰：孤往者尝为邺令，正行此事。不知卿家君法孤，孤法卿父？元方曰：周公、孔子，异世而出，周旋动静，万里如一。周公不师孔子，孔子亦不师周公。”

其余不赘。陈纪于建安四年去世，享年七十一岁。被袁术任命为九江太守的那位陈纪，可能另有其人。

不论是陈珪还是陈纪，总之，在吕布听了他们的建议之后，又想到在自己刚出关、来到南阳时袁术并没有接纳自己的旧怨，遂决定追回女儿，与袁术绝交，并将韩胤押送到了许都。韩胤被送到许都后，曹操下令将其斩首示众。汉献帝还在河东时，曾给吕布下诏让其率军前来，但吕布刚被曹操击败，又缺乏军粮，无法前去，不过，吕布还是给汉献帝上书表示了忠心。汉献帝接到吕布的奏疏后，遂晋封其为平东将军，封平陶侯，然而，使者行至山阳（山阳郡在今山东省金乡县西北四十里；山阳县在今河南省修武县西北三十五里）境内把诏书给弄丢了。当曹操得知袁术称帝之后，遂临时决定放弃打击吕布，先行解决众矢之的的袁术，就主动给吕布写信，表示愿意与吕布重归于好，还在信上说明自己奉迎天子、安邦定国的本意，并以汉献帝的名义下诏悬赏捉拿公孙瓒、袁术、韩暹、杨奉等人。

吕布得到曹操的书信和汉献帝的诏书后，不禁大喜，又给汉献帝上书，称："我本来应该奉迎大驾，知道曹操忠孝，已经将陛下接到了许都。臣昔日与曹操交兵，如今，曹操辅佐陛下，臣是外藩镇将，唯恐率军前来，会引起不必要的猜疑，所以，臣才一直待在徐州，战战兢兢不敢乱动。"又给曹操回信说："吕布我是个得罪过您的罪人，理当被斩首，您却亲自写信安慰我，还美美地夸奖了我一番。我又见到了朝廷悬赏捉拿袁术等人的诏书，吕布我一定竭尽全力效命。"于是，曹操又派遣奉车都尉王则充当使者，携带诏书，将平东将军印绶送交给了吕布。曹操又给吕布写信说："山阳守将送来将军丢失的印绶，朝廷没有质量上乘的金子，我拿出我自己家中的好金子，给将军另外制作了一枚大印；朝廷没有装饰大印的紫色绶带，我把我自己佩带的紫色绶带配到印上，以表我对将军您的拳拳之心。将军上次派来的使者不合格：袁术称帝，将军制止，可是将军的使者没有上书提及；朝廷方面信任将军，允许将军再次上书，以表明将军是忠于朝廷的。"吕布开始时虽然与袁术解除了婚约，但态度暧昧，陈珪想让吕布派自己的儿子陈登前往许都，但吕布不同意。

曹操在拉拢吕布的同时，还要求他与袁术决裂。经过一番讨价还价，曹操以汉献帝的名义又晋升吕布为左将军。曹操把袁术曾任的左将军送给了吕布，这与把公孙瓒的幽州指给袁绍，谋略如出一辙，无非是想挑拨他们之间内斗，自己能火中取栗。吕布不知是计，接到任命后大喜，遂同意陈登带上谢恩奏章以及给曹操的书信前往许都，还回赠给曹操一条好的绶带。陈登见到曹操后，对曹操说吕布有勇无谋，既没有原则，又没有立场，应早早对其下手。曹操说："吕布狼子野心，确实难以长久豢养，除了你没有人能洞悉他的真伪。"遂增加陈珪的俸禄为中二千石，拜陈登为广陵太守。临别，曹操紧紧握住陈登的双手，说道："东方之事，就拜托给你了！"命令他暗中组织军队，作为内应。

吕布的徐州牧是从刘备手里夺来的，并没有得到朝廷的认可，因此，在陈登前往许都之前，吕布还交给他一个任务，那就是让朝廷正式任命自己为徐州牧。等到陈登回来后，吕布大怒，拔出画戟砍断茶几，怒吼道："你的父亲劝我与曹操联合，与袁术断交。如今，我一无所获，你们父子却升官的升官，加薪的加薪，我是被你出卖了！”陈登神色不变，慢腾腾地说：“陈登见到曹公，称养将军如同喂养老虎，要经常喂肉，吃不饱就会吃人。曹公却说：‘不像你说的。就像养鹰，饿着会为我所用，吃饱了就飞走了。’这是曹公说的原话。”吕布听了，这才释然了。

经过数月的努力，曹操终于在吕布与袁术之间打入了一个楔子，又在吕布周围布下了刘备这个棋子，还在吕布内部安了陈珪、陈登父子这枚定时炸弹，可谓硕果累累。大约就在这时，曹操写下了著名的《蒿里行》：

“关东有义士，兴兵讨群凶。初期会盟津，乃心在咸阳。军合力不齐，踌躇而雁行。势利使人争，嗣还自相戕。淮南弟称号，刻玺于北方。铠甲生虮虱，万姓以死亡。白骨露于野，千里无鸡鸣。生民百遗一，念之断人肠。”

与此同时，他也在《对酒》中说出了自己理想中的太平盛世：

“对酒歌，太平时，吏不呼门。王者贤且明，宰相股肱皆忠良。咸礼让，民无所争讼。三年耕有九年储，仓谷满盈。斑白不负载。雨泽如此，百谷用成。却走马，以粪其土田。爵公侯伯子男，咸爱其民，以黜陟幽明。子养有若父与兄。犯礼法，轻重随其刑。路无拾遗之私。囹圄空虚，冬节不断。人耄耋，皆得以寿终。恩德广及草木昆虫。”

他也将为此付出毕生的努力……

五七　东征袁术（一）

原本袁术、吕布均与曹操为敌，如今，曹操竟然不费吹灰之力就将吕布拉拢了过去，袁吕二人不仅结亲不成，反成了冤家，这的确让袁术始料不及。

吕布不仅悔婚，又将韩胤送交许都，这更让袁术羞愤难当，一怒之下，他派遣大将张勋、桥蕤等人率军与韩暹、杨奉联合，拼凑了数万步骑兵分七路朝下邳杀来。当时，吕布仅有三千部众、四百匹战马，担心众寡不敌，对陈珪说：“都是因为你，如今才招致袁术大军前来，你说该怎么办？”陈珪回答：“韩暹、杨奉与袁术之间不过是仓促联合起来的，过去并无渊源，难以长久团结，我儿子陈登将他们比作捆绑在一起的鸡，不可能栖息在一起，很快就能将他们分开。”吕布遂采纳了陈珪的建议，给韩暹、杨奉写信说：“二位将军亲自护送皇上回到关东，为国立下汗马功劳，理当垂名青史，万古不朽。如今，袁术叛逆，我们应当一起讨伐他，为何又与贼臣一起来讨伐我呢？我吕布有诛杀董卓之功，与二位将军一样都是我朝的功臣，可以趁现在一起击败袁术，建功立业，机不可失啊！”并承诺将缴获的袁术军辎重全部让给韩暹、杨奉二人。二人接到吕布的书信后，不禁大喜，当即决定听从吕布。吕布遂率军迎战。

当吕布军推进到距离张勋等部一百多步时，韩暹、杨奉两军的士兵们突然大呼小叫起来，向张勋等军发起了攻击。张勋军猝不及防，顿时大乱，被吕布、韩暹、杨奉打得大败，张勋军中十位领兵大将被杀，伤亡以及落水而死的士兵不计其数。胜利之后，吕布又与韩暹、杨奉二军一起水陆并进，向寿春杀来，一直推进到钟离（今安徽省凤阳县东），所到之处，烧杀劫掠。联军得胜后，渡过了淮北，给袁术留下一封书信，将袁术羞辱了一番。在信中，吕布写道：“你自恃军力强盛，经常说你手下的猛将武士一直想消灭我，你总在压制他们。吕布我虽然并不勇敢，但虎步淮南，你却逃窜到寿春，连脑袋都不敢伸出来看我一看。你的猛将武士们都跑到哪里去了？你就爱说大话，诓骗天下，但又怎能把天下之人全都欺骗了？古代两国交兵，使者穿梭其间，给你写信这事也不是我吕布发明的，你我相距不远，我静等你的回复。”袁术哪敢前来？又岂能回复？等到吕布联军全部渡到淮河北岸以后，袁术这才亲自率领五千步骑趾高气扬地出了寿春城，沿着淮河南岸虚张声势地巡视一番，吕布的骑兵在淮河北岸哈哈大笑，这才缓缓退去。

当时琅邪［《郡国志》琅邪国本治开阳（今山东省临沂市），殆汉末徙治莒（今山东省莒县）］相萧建盘踞在莒县，不与吕布来往。吕布给萧建写信说：“天下兴兵，本是为了消灭董卓。吕布我诛杀了董卓，来到关东，目的是在关东征兵，西迎陛下，光复洛阳，可是，关东诸将相互残杀，无人顾念国家。吕布我老家是五原的，距离徐州有五千多里，在天的西北角，不会前来与他人争夺天的东南之地。莒县与下邳相距不远，应该相互来往，你岂能认为占领一个郡就能称帝、拥有一个县就想称王！过去，乐毅进攻齐国，呼吸之间就攻下了七十多座城池，只剩下莒县、即墨两座城池还在齐国手里，之所以如此，是齐国还有一个名将田单。吕布虽然不是乐毅，但你也不是田单，你可以把我的书信交给下属们仔细讨论一番。”萧建接到吕布的书信后，就派遣主簿给吕布送上礼物，又送来了五匹良马。不久，“泰山诸将”中的臧霸偷袭莒县，缴获了萧建大量物资。臧霸曾承诺分给吕布一点，却没有兑现，吕布决定亲自率军去取。督将高顺劝谏道：“将军威名远播，远近畏惧，谁不服从？想要什么能得不到？却要亲自前去索取！万一攻不下莒县，岂不自贬身价？”但吕布不从。果然，等到吕布来到莒县城下，臧霸不明吕布此行的意图，遂固守城池，吕布无功而返。等吕布回去后，臧霸又与吕布和好了。高顺为人清白正直，寡言少语，又很有威严，所部有七百多人，号称一千人，号令整齐，每战必克，号称“陷阵营”。郝萌叛乱后，吕布开始疏远高顺，因魏续是吕布的近亲，遂将高顺的部队交给了魏续，等到打仗的时候，才将陷阵营临时划给高顺统领，即便如此，高顺却一直对吕布忠心耿耿，毫无怨言。吕布性情冲动，举动反复无常，高顺总是劝谏说：“将军举动，从未经过三思，每次做错，动不动说自己又做错了。岂可一而再再而三地犯错？”吕布虽然知道高顺忠心，却做不到。

经过曹操这么一搅和，吕布、袁术二人反目成仇，先打了起来，这让曹操喜出望外。尝到了借力打力的好处后，为了先消灭袁术这个出头鸟，曹操又派遣议郎王辅携带汉献帝的诏书拜孙策为骑都尉，袭爵乌程侯，领会稽太守，又以汉献帝的名义下诏称："前左将军袁术不顾朝廷厚恩，公然叛逆，祸国殃民，虽有传言，但我一直认为绝不可能，等到我接到使持节、平东将军领徐州牧温侯吕布的上书，称袁术妖言惑众，我才确信袁术居心险恶，修筑王宫，设置百官，祭祀天地。吕布前后上书还称赞孙策心向本朝，打算回军讨伐袁术，为国效力，故此，命其继承其父的爵位，并将会稽郡交给其管理。孙策应当立即与吕布以及代理吴郡太守陈瑀一起讨伐袁术。"孙策想要一个将军的名号，提高自己的身价，王辅遂代表皇帝任命孙策为明汉将军。

孙策上书谢恩道："臣孤陋寡闻，住在边陲。陛下广播恩泽，让臣继承爵位，又管理一个大郡。受到陛下如此眷顾，实在是不敢担当。兴平二年十二月二十日，我在吴郡曲阿得到袁术所呈的奏表，任命臣为代理殄寇将军，等到后来接到诏书，我才恍然大悟，知道那是袁术造的假。虽然我当即就不再使用，但仍然心有余悸。臣十七岁的时候，父亲就去世了，一直担心无法继承亡父的遗志，不曾像霍去病那样十八岁就建立了赫赫战功，也不如东汉二十八位开国大将那样非常年轻就开始辅佐光武帝。我刚带兵时年纪已经不轻了，虽然无能，但也一心想为国尽忠。袁术丧心病狂，罪孽深重，我依靠着陛下的威力，奉辞伐罪，一定能够取胜，以报答陛下的厚恩。"孙策派奉正都尉刘由、五官掾高承前往许都，向汉献帝进贡。

当时，陈瑀驻扎在海西（今江苏省连云港市海州区以南），孙策接到汉献帝的诏书之后，即命令部队戒严，并派人与吕布、陈瑀商议军务。如前所述，陈瑀是陈珪的叔父，可能是受到曹操的指使，当孙策率军行至钱塘（今浙江省杭州市）时，陈瑀暗中计划着偷袭孙策军队，命都尉万演等人偷偷渡江南下，携带三十多个印绶分别前往丹阳（今安徽省当涂县东北五十里）、宣城（在今安徽省南陵县东四十里清弋江上）、泾（今安徽省泾县西）、陵阳（今安徽省青阳县东南六十里）、始安（今地不详）、黟（今安徽省黟县东）、歙（今安徽省歙县）等地，联络这里的变民头领祖郎、焦已等人以及盘踞在吴郡乌程（今浙江省湖州市）的严白虎等人，命令他们充当内应，一旦孙策的军队离开后，就攻克江东各郡。孙策觉察出了陈瑀的阴谋，就势派遣吕范、徐逸率军北上，进攻陈瑀，在海西大破陈瑀，俘获陈瑀将士及其家眷四千人。陈瑀单身匹马投奔袁绍，袁绍任命其为故安（属幽州，在今河北省易县东南）都尉。

陈瑀偷袭孙策的计划泄露，不仅自己丢掉了据点，而且也让曹操借吕布、孙策、陈瑀之力进攻袁术的计划破产了。

五八　东征袁术（二）

东汉第二任皇帝汉明帝刘庄共有九个儿子，他封了其中一个儿子刘羡为广平王，后改封陈王，以淮阳郡为陈国。刘羡死后，其子刘均嗣位，后来，刘均多次犯法，被削去西华（今河南省西华县）、项（今河南省项城市）、新阳（今安徽省太和县北）、圉（今河南省杞县南）、宜禄（今河南省沈丘县北）、扶沟（今河南省扶沟县东北）六县，刘均死后，儿子刘竦继承，两年后死去，无后；东汉朝廷又立刘均的弟弟刘崇为陈王，五年后，刘崇去世，儿子刘承继位，刘承死后，儿子刘宠嗣位为陈王。

据《后汉书·郡国志》记载，陈国下辖陈（今河南省淮阳县）、阳夏（今河南省太康县）、苦（今河南省鹿邑县东）、宁平（今河南省鹿邑县西南）、柘（今河南省柘城县北）、新平（今河南省淮阳县东北）、扶乐（今河南省太康县西北）、武平（今河南省鹿邑县西北）、长平（今河南省西华县东北）九个县。陈王刘宠善射，能十发十中，而且十发还全能命中同一处。黄巾起义后，各个郡县的地方官都弃城而逃，刘宠有数千张强弩，率军自守，陈国百姓素来都听说过陈王善射，都不敢叛乱。陈国国相骆俊素来对百姓有恩，当时，东汉各个封国的王侯们不仅收不到田租，而且还屡屡遭到乱民、军阀的洗劫，有的两天才能吃上一顿饭，有的死于道路之上，而唯独陈国很富裕，因此，在黄巾大乱中，陈国得以保全，附近归附的百姓多达十余万人。董卓拥立汉献帝之初，关东义军纷纷而起，刘宠也率军驻扎在阳夏，自称辅汉大将军。袁术曾向陈国借粮，但遭到骆俊的拒绝，袁术非常恼火，遂派来刺客诱杀了刘宠和骆俊，国主和国相死后，陈国遂走向衰败。另从《三国志·何夔传》的记载中可以看出，在袁术与吕布交兵前后，袁术又与桥蕤一起率军北渡淮河，向蕲阳（今安徽省宿州市）发起了进攻，蕲阳为曹操坚守。袁术进攻蕲阳，就是要切断曹操与吕布之间的联系。

陈国隶属豫州，蕲阳亦属豫州的沛国，均是曹操的地盘。袁术胆敢染指豫州，这让曹操觉得必须将袁术的手打回淮南。曹操原想利用吕布等人借刀杀人，但吕布似乎也看出了曹操的险恶用心，在与韩暹、杨奉联合南下时，只是一路劫掠袁术的统治区，并没有彻底消灭袁术的意思，并且，在曹操命令吕布等人发起第二次战役后，吕布也是迟迟不动，给自己留足了后手。

求人不如求己。

建安二年（公元197年）九月，司空曹操亲自率军发起了东征袁术的战役。袁术听说曹操亲自前来，早已吓破了胆子，留下将军桥蕤等人驻扎在蕲阳（今安徽省宿州市）抵御，他自己则抛弃军队狼狈南下。曹操率军击破了桥蕤等人，将其全部斩首。袁术遂南渡淮河，不敢再来淮北。当时，遇到旱灾，出现粮荒，淮南百姓饥饿困顿，从此，袁术集团开始走向衰亡。曹操征辟陈国人何夔为司空掾。何夔，字叔龙，陈郡阳夏（今河南省太康县）人，其曾祖父何熙曾任东汉车骑将军，其叔父何衡曾任尚书。何夔在淮南避乱，袁术想让他出仕，他却不从，因何夔的堂姑是袁术堂兄山阳太守袁遗的母亲，所以，袁术虽然恨何夔，也没有加害于他。据《三国志·何夔传》的记载，何夔是建安二年从袁术那里潜逃的，到建安三年才回到老家，不久，被曹操征辟为司空掾属。《资治通鉴》将此事记载在建安二年曹操蕲阳之战后，可能是出于叙述方便的缘故才这样安排的。当时，有谣言传说袁术军队发动了叛乱，曹操询问何夔："你相信吗？"何夔回答："受到上天帮助的，就会万事顺遂；受到人民帮助的，就会有信誉。袁术既没有信誉，又不能使万事顺遂，却希望能得到上天和万民的帮助，这肯定是不会成功的。无道之主，连亲戚都会背叛，更何况是他的下属呢？以我观察，这事肯定不假。"曹操说："治理国家，失去了贤才，国家就会灭亡。你不为袁术所用，他那里发动叛乱，这不是太正常了吗！"曹操个性严厉，司空掾属们动辄得咎，常常因公事处理不当而受到杖打；何夔身上经常带着一瓶毒药，准备被打时吞下，誓死也不被羞辱，因此，曹操一直也没有杖打过他。

除了得到何夔之外，在蕲阳之战后，曹操还得到了一位猛将——许褚。

许褚，字仲康，谯国（谯国是曹操在建安十八年被封为魏王、建立魏国之后，分沛国所建，因此，《资治通鉴》称许褚是沛国人）谯（今安徽省亳州市）人，是曹操的同乡。他身高八尺多（1.84米以上），长得虎背熊腰，相貌非常雄壮，武力过人。他在当地聚集少年以及宗族数千家，构筑坞堡，抵御贼寇。当时，汝南葛陂（在今河南省项城市南、新蔡县东北）变民一万多人进攻许褚的坞堡，许褚寡不敌众，打得筋疲力尽，箭全部射完了。在万分危急之时，许褚命令手下将巨石堆放在坞堡四角，看到敌人冲上来了，许褚就手持巨石朝敌人砸去，将敌人打得落花流水，敌人再也不敢近前。坞堡内被围日久，粮食吃光了，许褚遂谎称求和，用坞堡内的牛与敌人交换粮食。交换时，牛总是又从敌人那里逃回，许褚跳出阵前，单手拖住牛尾巴，拉起牛倒行了一百多步。敌人大惊失色，牛也不要了，狼狈撤离。从此，淮（淮河）、汝（汝河）、陈（今河南省淮阳县）、梁（今河南省商丘市）之间，听到许褚的大名，无不心生敬畏。曹操这次东征，掠取汝河、淮河一带的土地，许褚率领部众归附了曹操。在典韦战死半年之后，曹操又得到了与典韦不相上下的许褚，一见之下，曹操非常高兴，说道："你就是我的樊哙！"当日即拜其为骑都尉，作为自己的贴身侍卫，跟随许褚一起前来投靠的侠客剑士，曹操也全部任命为虎贲武士。

前太尉杨彪的妻子是袁术的姐妹，杨彪的儿子杨修是袁术的外甥，曹操想借此除掉杨彪一家，遂诬陷杨彪阴谋废黜皇帝，拥立新帝，请求汉献帝下令以大逆之罪将杨彪打入大牢。将作大匠孔融听说后，来不及穿上朝服，就匆匆忙忙来见曹操，说道："杨大人一家四代（杨彪父亲杨赐、祖父杨秉、曾祖父杨震均为高官）都清白正直，为四海之人所敬仰。《周书》称，父子兄弟，罪行相互不牵连，怎能把姓袁的罪行归咎于杨大人身上呢？"曹操回答："这是圣上的意思。"孔融又说："假若周成王杀害了召公，周公能推说自己不知情吗？"曹操下令许令满宠负责审理杨彪一案，尚书令荀彧与孔融都嘱咐满宠："只能问口供，绝不可严刑逼供。"但满宠未予理睬，还是像对待普通罪犯一样严刑拷打。过了几天，满宠求见曹操，向曹操报告说："经过严刑拷打，杨彪口供不改。此人名闻四海，如果糊里糊涂地就定罪，必定会让天下之人失望，我私下替大人感到惋惜。"曹操听后，当天就下令将杨彪释放回家了。当初，荀彧、孔融听说满宠拷打了杨彪，均勃然大怒，等到杨彪因受到拷打而被释放后，才明白了满宠的苦心，对他非常感激。杨彪经此一劫，看清了汉室也已没落、大权已落入曹氏之手的现实，遂谎称得了脚部痉挛，无法行走，在随后的十余年里从不出行，也因此得以善终。对此，《魏书》又有不同的记载，称："袁绍宿与故太尉杨彪、大长秋梁绍、少府孔融有隙，欲使公以他过诛之。公（指曹操）曰：'当今天下土崩瓦解，雄豪并起，辅相君长，人怀怏怏，各有自为之心，此上下相疑之秋也。虽以无嫌待之，犹惧未信；如有所除，则谁不自危？且夫起布衣，在尘垢之间，为庸人之所陵蹈，可胜怨乎！高祖赦雍齿之雠，而群情以安，如何忘之？'绍以为公外托公义，内实离异，深怀怨望。"

建安二年（公元197年）十一月，在击败袁术之后，曹操再次南下，发起了第二次讨伐张绣之战。曹操来到淯水岸边，祭祀阵亡将士，唏嘘流泪，令左右都非常感动。接着，曹操率领曹军继续南下，很快就攻克了湖阳（在今河南省唐河县境内），生擒刘表部将邓济；又转攻舞阴（今河南省泌阳县），也顺利拿下了。

韩暹、杨奉在下邳依附吕布，在徐州、扬州之间靠掳掠为生，军队断粮，二人决定率部前往荆州，但他们向吕布辞行，吕布不同意。虽然如今吕布和刘备都归顺了朝廷，但二人毕竟有过过节，杨奉遂暗中与刘备联络，打算一起除掉吕布。杨奉、韩暹是朝廷明令悬赏捉拿的要犯，刘备一方面要借杨奉的人头向曹操示好，另一方面又可以兼并杨奉的军队，可谓一举两得，况且，吕布的作战能力，刘备又不是不知，即使与杨奉、韩暹一起也未必是吕布的对手，因此，在权衡左右后，刘备决定诱杀杨奉，遂假装答应了他的请求。杨奉信以为真，放心大胆地率军来到了小沛。刘备将杨奉接入城内，宴席刚过一半，刘备却突然翻脸，下令将杨奉捆绑了起来，当即斩杀。韩暹失去杨奉的支持，也无力自存，遂与数十名骑兵逃往并州，途中被杼秋（今安徽省砀山县）令张宣杀死。其他河东诸将胡才、李乐留在河东，胡才为仇人所杀，李乐病死；原来显赫一时的郭汜也在郿（今陕西省眉县）为部将伍习所杀。到建安三年（公元198年）四月，曹操以汉献帝之名命令谒者仆射裴茂，命令关中诸将段煨等人一起讨伐李傕，诛灭了李傕的三族。事后，朝廷任命段煨为安南将军，封阌乡（今河南省灵宝市境内）侯。

五九　三伐张绣

建安三年（公元198年）一月，曹操从南征张绣前线回到了许都，创设司空军师祭酒一职，考察曹操诸位谋士，担任此职或类似职务的有：荀攸（军师）、郭嘉［司空军祭酒（因晋人避司马师讳改称）］、董昭（司空军祭酒），其后，荀攸又曾担任中军师、钟繇为前军师，凉茂为左军师、毛玠为右军师；王粲、陈琳、阮瑀、路粹等人也曾任军谋祭酒，类似秘书；刘桢、荀纬为军谋掾，为军师祭酒的下属。

三月，曹操又决定发起第三次南征，以期彻底消灭张绣势力。

军师荀攸对曹操说："张绣与刘表相互支援，实力较强，然而，张绣是一支外来军队，全靠刘表供应军粮，时间一长，刘表肯定无力供应，双方之间的矛盾在所难免，不如暂缓出兵，等到他们之间发生矛盾之后，再引诱张绣，一定能诱使其投降；如果我们逼得太紧的话，他们势必相互救援。"但曹操一直想替儿子报仇，没有听从荀攸的意见，亲自率军将张绣团团包围于穰城之内。在战役之初，曹军取得了大胜，据《三国志·许褚传》记载：（许褚）"从征张绣，先登，斩首万计，迁校尉"。这里的斩首万计，应为曹军斩杀张绣上万人。

五月，刘表也发兵北上，前来救援，曹军与刘表军作战，却未能取胜，战斗陷入胶着。曹操有些许后悔，他对荀攸说："没有听从你的建议，竟然到了这个地步！"

与此同时，北方的袁绍似乎也在蠢蠢欲动。

自从曹操将汉献帝迁到许都一年来，袁绍每次接到来自许都的汉献帝的诏书，总是担心会有于己不利的地方，遂打算将汉献帝迁到距离自己较近的地方。他现在才看出挟天子以令诸侯的好处，当然也想把汉献帝迁到邺城，但显然曹操是不会同意的，袁绍就退而求其次，派人劝说曹操称，许县这里地势低洼，又潮湿，而洛阳饱经战乱已经残破，不如再迁都鄄城。虽说鄄城是曹操的地盘，还是兖州的治所，背靠黄河，易守难攻，但毕竟这里距离袁绍的统治核心邺城太近了，因此，曹操没有听从。

见迁都之计没有得逞，袁绍的谋士田丰对袁绍建议道："既然曹操拒绝迁都，就应该早早对付曹操集团，奉迎天子，举手投足都以皇帝的名义来号令四海，这才是上策。如若不然，将最终会受人所制，后悔都来不及了。"此时的袁绍正将主要精力放在对付幽州的公孙瓒上面，还不是与曹操翻脸的时候，因此，他没有听从。

虽然袁绍并没有听从田丰的建议，但田丰的这一建议不胫而走。曹操还在穰城前线时，一名从袁绍那里叛逃的士兵面见曹操，称："田丰劝说袁绍：'趁虚偷袭许都，挟天子以令诸侯，则天下指日可定。'"曹操得报后惊出一身冷汗，赶忙撤离，张绣率军在后面紧紧追赶。另据《三国志·曹仁传》记载："太祖征张绣，仁别徇旁县，虏其男女三千余人。太祖军还，为绣所追，军不利，士卒丧气，仁率厉将士甚奋，太祖壮之，遂破绣。"《三国志·李通传》记载："太祖讨张绣，刘表遣兵以助绣，太祖军不利。通将兵夜诣太祖，太祖得以复战，通为先登，大破绣军。"

此时，曹军形势十分不利。刘表军已经提前占领了安众，切断了曹军的退路。安众，在今河南省南阳市镇平县东南，《水经·湍水注》称："涅水又东南经安众县，堨而为陂，谓之安众港。魏太祖破张绣于是处。"《水经·淯水注》亦称："梅溪水出南阳宛县北紫山，南经杜衍县东。土地垫下，湍溪是注，古人于安众堨之，令游水是潴，谓之安众港。"由此可知，在古代，在镇平县东南一带地势低洼，古人将流经镇平县的赵河与流经南阳市区的梅溪河在这里修筑了堤坝，形成一片沼泽地带。刘表军队就是依托安众港阻击曹军，以图与张绣军前后夹击曹军。

曹军行动缓慢，各军相距很近，缓慢前进。曹操给尚书令荀彧写信说："敌人来追我，虽然每天前进数里，但我断定，等我回到安众以后，一定能够击破他的。"这当然是曹操在给自己打气，好让许都的荀彧安心。

等到曹操来到安众之后，张绣军与刘表军全部占据了有利地形，曹军腹背受敌。曹操当晚下令部队连夜开凿一条道路，将辎重全部送出了敌人的包围圈，并设下了伏兵。等到天明之后，张绣发现曹军已经撤离，立即命令全军全速追击。贾诩劝阻说："不可追击，前去追击必败。"但张绣不听。果然，曹操率领精兵断后，早已设下埋伏，见张绣前来，曹军步骑夹击，将张绣打得大败。

贾诩登上城墙，见张绣败还，对张绣说："赶快折返，继续追击，肯定能胜！"

张绣顿时迷惑不解，向贾诩道歉说："我没有听你的话，致使遭到惨败，如今已经败了，为何还要去追？"

贾诩也不解释，只是催促道："兵势变化多端，赶快去追！"

张绣虽然丈二和尚摸不着头脑，但他素来对贾诩口服心服，只得整顿军队，再次追击曹军。与曹军后卫部队交手后，果然取得了胜利。

回来之后，张绣问贾诩："我用精兵追击败退之曹军，你却断言我一定会战败；我又带着败兵去进攻得胜之曹军，你却说我一定能取胜，战况完全与你判断的一模一样，这是什么原因呢？"

贾诩回答："这太简单了。将军虽然善于用兵，但不是曹公的对手。曹公军队撤退之初，曹公必然会亲自断后，因此，我断定将军必败。曹公进攻将军，既然没有什么失误之处，还没有把力量用尽，却突然撤军，肯定是许都出现了问题。曹公击破将军追兵之后，必定会轻装迅速北上，只留下诸将断后。曹公的诸将虽然勇猛，又不是将军你的对手，因此，虽然将军使用的是刚刚战败过的士兵，却一定能够取胜啊！"

听了贾诩的这一番解释，张绣这才佩服得五体投地。

回到许都后，过了数日，荀彧问曹操："不久前，你断言一定能击破张绣，这是何故？"

曹操回答："敌人阻挡我回家的军队，还把我军陷入腹背受敌的险境，这就是兵法上所谓的'置之死地而后生'，因此，我断定我军一定能够取胜！"

建安二年（公元197年），曹操东征袁术，把袁术打残，从当时的情况来看，吕布、刘备均已经归顺了朝廷，又与袁术为敌，足以牵制住袁术；不仅如此，即便是吕布与刘备二人之间也有宿怨，相互掣肘，二人对许都也构不成太大的威胁，因此，曹操在下半年以及建安三年春就马不停蹄地两次南征张绣，并非没有一点道理。曹军的攻势取得了一些胜利，曹军触角已经伸到南阳盆地及其周边地区，《三国志·杜袭传》称："建安初，太祖迎天子都许。（杜）袭逃还乡里，太祖以为西鄂长。县滨南境，寇贼纵横。时长吏皆敛民保城郭，不得农业。野荒民困，仓庾空虚。（杜）袭自知恩结于民，乃遣老弱各分散就田业，留丁强备守，吏民欢悦。”

《赵俨传》称赵俨被任命为朗陵令，也都说明了这一点。但是，不出荀攸所料，曹军接连的攻势让张绣与刘表之间联系更紧密了。在建安三年春季的这场攻势中，曹军几乎陷于全军覆没的险地。

事实让曹操再次把目光转向了东部地区。

消灭吕布，是曹操的既定方针，只是因为袁术称帝，为了避免袁术、吕布联合，曹操才接受了吕布的投降，但其内心仍然对吕布非常猜忌，把刘备放在小沛就是让刘备看住吕布。吕布当然也知道曹操居心叵测，虽然兴兵与袁术交手，但并没有彻底消灭袁术的打算，只是掳掠了袁术一些物资就又打道回府了。在建安二年的下半年里，当曹操东征袁术之时，吕布并没有协同曹军作战，而是无所作为，这也显示了吕布对曹军的态度。随着袁术被曹操打回淮南，曹军在东部地区的影响力开始加强，刘备又借着曹操的威势，成功地瓦解了吕布、杨奉、韩暹联军，诛杀了杨奉，逼死了韩暹，极大地削弱了吕布的力量。在刘备的小战略上，这么做一方面是为了自己在曹操那里加分，但更重要的方面是为了增强自己的实力，时刻瞄准自己被吕布夺去的徐州，而刘备的这一系列作为，恰恰又符合曹操坐山观虎斗这一大战略，能让自己腾出手来处理南方的张绣。

据《英雄记》记载，在建安三年春，正当曹操第三次南征张绣时，吕布曾派人携带黄金前往河内向张杨购买马匹。使者途经刘备地盘时，却遭到刘备军队的洗劫。刘备主动挑起事端，自有他的道理。刘备是一个当大哥的人，从来不肯屈居人下，心甘情愿地当个老二、老三，可如今的情况却是，自己寸土没有，还依附于曹操门下，按理说，他与吕布二人虽有过节，但均已归顺了朝廷（也就是曹操），不该再有纷争，应该相安无事，只需齐心协力为曹操做事即可，但如此一来，等到吕布与曹操之间合作时间一长，刘备将再无东山再起的机会了。好在是，如今吕布刚刚归顺曹操，二人之间的关系并不紧密，假如自己与吕布发生冲突，自己肯定是打不过吕布的，但是，刘备判断，以曹操不会容忍吕布坐大以及曹吕二人的关系现状来看，曹操肯定会帮助失败的自己，而不是吕布，这样一来，刘备就成功地破坏了刚刚建立起来的曹吕联盟，不仅能让曹吕二人两虎相争，而且又削弱了曹操潜在的竞争力，更重要的是将东部这碗水搅浑，自己能火中取栗，兴许还能再度夺回徐州。刘备主动挑衅吕布这一近乎自杀性的举动其实隐藏着一个巨大的政治阴谋。

这次刘备与吕布之间的冲突，理亏在刘备，但是，曹操并没有出面调停，这也许是因为，在感情上，曹操更倾向于有英雄之名（实则也经常背主求荣）的刘备，而对经常背主求荣的吕布心存芥蒂；从另一方面来说，在曹操看来，一直是败多胜少的刘备似乎更容易控制，而武力超群的吕布则更让人忌惮吧！

六〇 东灭吕布（一）

得知刘备竟敢劫掠自己的使者，吕布不禁勃然大怒，立即派遣中郎将高顺、北地太守张辽等人率军进攻刘备。曹操派夏侯惇领兵救援，却被高顺等人击败。建安三年（公元198年）九月，高顺等将攻破小沛，俘获了刘备的妻子儿女，刘备再次单人匹马仓皇而逃。与此同时，为了应对曹操可能发起的进攻，吕布又主动与袁术和解了。

张辽，字文远，雁门马邑（今山西省朔州市）人。张辽本姓聂，是西汉马邑富商聂壹的后代。聂壹曾在汉武帝元光元年（公元前134年）向汉武帝献策，以马邑城为诱饵，引诱匈奴单于大举南下，汉军将其围歼；汉武帝采纳了他的建议，遂派李广等五将军率领三十万大军在马邑设伏，但在匈奴单于进入汉军伏击圈的前一刻，发现此地既不见一个人影，又不见牛羊，顿生疑窦，遂攻破了一座汉军碉堡，俘获一名汉军，此人向单于透露了三十万汉军就在附近设伏的这一惊天秘密，单于大惊失色，速速撤军，马邑之谋遂告破产。聂辽年少时为躲避仇家，而改姓张，担任郡吏。当时的并州刺史丁原因张辽武力过人，召其担任从事，率军前往洛阳。何进又派他前往河北招募军队，张辽招募了一千多人，回到洛阳后，何进已经被杀，张辽的军队遂隶属于董卓；董卓为吕布所杀后，张辽又成了吕布的下属，被晋升为骑都尉。建安元年，吕布得到徐州后，任命张辽为鲁相，当时，张辽年仅二十八岁。

东部局势发生突变，曹操决定亲自率军讨伐吕布。众将均说：“刘表、张绣近在咫尺，我们却要长途奔袭吕布，这非常危险。”荀攸说：“刘表、张绣受到我军的打击，肯定不敢贸然采取进攻许都的行动；吕布骁勇善战，又仗恃袁术作为后盾，如果纵横淮河、泗水之间，当地豪杰必定会纷纷响应。如今，趁着他刚刚背叛，内部人心不一，我大军前去一定能够将其击败。”曹操说：“很对！”

建安三年（公元198年）九月，曹操遂发兵东击吕布。此时，由于吕布击败了刘备，泰山诸将臧霸、孙观、吴敦、尹礼、昌豨等人也都归顺了吕布。刘备在梁国（今河南省商丘市）境内与曹操的大军相遇，遂一起东进，逼近彭城（今江苏省徐州市）。陈宫对吕布说：“应当对曹军予以迎头痛击，我军以逸待劳，一定能够取胜。”但是，吕布说：“不如等他来进攻下邳，将他们驱赶到泗水里统统淹死！”《水经注》称：“泗水又东南过彭城县东北，又东南过吕县南，又东南过下邳州市西。”由于吕布没有发兵增援彭城，十月，曹军顺利攻克了彭城，俘获吕布任命的彭城相侯谐，并实施了残酷的屠城。也许，当曹操一踏入徐州地界，就想到了父亲之死，促使他再次大开杀戒，这是曹操时隔四年后第二次对徐州百姓的大屠杀了。

广陵太守陈登与郡吏陈矫、徐宣一起率领本郡部队，配合曹军，先行北上推进到下邳。当时，陈登的弟弟们都在下邳城内，吕布遂扣押陈登的三个弟弟，威逼陈登归顺自己，但陈登不以为意。吕布的刺奸（刑法官）张弘担心自己会受到连累，趁夜将陈登的弟弟们送出了下邳。

吕布出城与曹军多次交手，但都被曹军打得大败，只好退回城内，再也不敢出战了。曹操给吕布写信劝降，吕布害怕了，打算就此投降。陈宫却说：“曹操远来，补给线过长，肯定不能停留太久。将军如果率领步骑驻扎在城外，陈宫我率领剩余部队固守城内。如果敌人进攻将军，陈宫就率军出城抄他的后路；如果曹军全力攻城，将军就从外围救援。不出十天、最多一月，曹军必定军粮吃紧，我们再趁机发起进攻，可一举将其击败。”吕布听了，觉得有理，打算命陈宫与高顺一起守城，他则亲自率领骑兵出城切断曹军的粮道。

吕布的妻子却劝阻道：“陈宫与高顺二人素来不和，将军一旦出城，二人肯定会发生内讧，假如有个闪失，将军将去何处落脚？况且，曹操对陈宫恩深义重，就像对待怀中的幼子一样，可是，他最终叛离了曹操，投靠了将军。将军对待陈宫不如曹操，却要将整座城池托付给他，抛妻别子，孤军远出，一旦出现变故，贱妾岂能再做你的妻子？希望将军三思，不要被陈宫等人误导了。过去贱妾在长安已经被将军丢弃，幸赖庞舒私藏妾身，辗转送给将军，如今，你不用再顾及我啊？”吕布听了妻子的话，忧愁烦闷，无计可施，遂又暗中派遣下属许汜、王楷向袁术求救。许汜、王楷二人均为叛迎吕布的原兖州官吏。

二人来到淮南后，袁术幸灾乐祸地说："吕布不送女儿，理应失败，此时为何又来求我？"许汜、王楷回答："陛下今天不救吕布，是自取败亡。曹操击破吕布后，下一个就轮到陛下了。"袁术遂整顿军队，声援吕布。吕布担心在女儿没有送去之前，袁术不会发兵，遂将女儿用丝绸缠裹在赤兔马上，趁夜亲自出城护送女儿。在突破曹军包围圈时，吕布被曹军发觉，顿时箭如雨下，无法通过，只好撤回城内。

河内（治所野王，今河南省沁阳市）太守（曾任大司马）张杨是吕布的好友，也想出兵相救，但力量不足，只是驻扎在东市（在今河南省沁阳市东），遥遥声援。十一月，张杨被部将杨丑杀害，响应曹操，但不久，杨丑的部将眭固（原黑山贼头领）又将杨丑杀死，统领张杨的部众投靠了袁绍。

曹操在下邳城外开挖壕沟，将下邳围得水泄不通，但始终无法攻下下邳城。时间一长，曹军士兵均十分疲惫，再加上河内有变、袁绍可能会南下，又担心许都南面的张绣和刘表，曹操遂产生了撤军的念头。荀攸、郭嘉劝说道："吕布勇而无谋，如今，他接连败北，早无锐气。三军以将帅为主心骨，将帅失去了锐气，全军就没有了战心。陈宫虽然有智慧，但反应迟钝。如今，趁着吕布锐气消亡、陈宫还没有想出妙计之时，发起猛烈的进攻，可一举攻克下邳。"《傅子》记载："太祖欲引军还，（郭）嘉曰：'昔项籍七十余战，未尝败北，一朝失势而身死国亡者，恃勇无谋故也。今布每战辄破，气衰力尽，内外失守。布之威力不及项籍，而困败过之，若乘胜攻之，此成禽（擒）也。'太祖曰：'善。'"

曹军在围攻雍丘之战中曾成功地采用水攻之法，顺利攻克了城池，这一次，曹操再次想到了使用水攻，他下令引来沂水、泗水开始倒灌下邳。

又经过了一个多月，吕布更加困窘。吕布此人虽然十分骁勇，但没有谋略，又非常猜忌，只信任手下的将领们，而这些将领们却矛盾重重，吕布又无法协调他们之间的关系，因此，诸将各自心怀疑虑。在曹军围困下邳期间，袁术曾率领一千骑兵前来救援，但被曹军击败，再也不敢前来了。吕布见大势已去，又产生了投降曹操的念头，一天，他登上白门楼，对城外的曹军士兵们高喊："你们不必这样对我，我自会向明公自首的！"陈宫说道："逆贼曹操，是什么明公！今日投降，就像以卵击石，自投罗网，岂能活命？"《元和郡县志》称："下邳城有三重，大城周十二里，中城周四里，魏武擒吕布于白门楼，即大城之门。魏武决泗水灌城，即此处。"

还是在曹操包围下邳之前，吕布骑将侯成派门客带着十五匹战马出城放牧，门客驱赶着马一路向西而去，打算投奔刘备。侯成亲自率领骑兵将马匹全部追回，诸将凑了份子祝贺侯成。侯成亲自酿了五六斛美酒，打了十余头野猪，准备招待众将。在饮宴之前，侯成先带上半扇猪肉、五斗酒亲自送到吕布家中，跪下说道："前不久，我蒙将军之恩，追回了马匹，诸将都来祝贺，我亲自酿了一点美酒，猎得一些野猪，不敢先尝，先送给将军，以表寸心。"吕布听后大怒，吼道："我禁酒，你却酿酒，与诸将一起聚会、结成兄弟，是想密谋杀害我吗！"侯成吓得魂不附体，遂扔掉美酒，返还诸将的贺礼，并非常不安。

如今，下邳城已经被曹军围困将近三个月了，到了山穷水尽的地步，侯成遂与宋宪、魏续等人密谋叛变。十二月二十四日，侯成等人突然逮捕了陈宫、高顺，率众出城投降了曹操，曹军遂攻进了城内。

吕布率领亲兵登上白门楼，曹军将城门楼团团围住，向楼上冲来。见大势已去，吕布对亲信们说："你们可砍下我的脑袋，向曹操请功！"亲信们不忍，吕布这才丢下武器，走下城楼投降。

曹军上前，将吕布五花大绑，捆得结结实实。

六一　东灭吕布（二）

吕布被人带到了曹操面前。

见到曹操后，吕布问道：“明公如今为何如此消瘦？”

曹操很诧异，说道：“你在哪里认识我？”

吕布又说：“昔日在洛阳，你我曾在温氏园中相遇过。”

曹操回答：“是啊。我忘记了。之所以消瘦，是未能早一点抓住你。”

吕布说道：“从今以后，天下可以安定了！”

曹操问道：“为何说出这话？”

吕布说：“明公最担心的不过是我吕布，如今我已经服气了。假如令我吕布率领骑兵，明公率领步兵，则天下不难平定。齐桓公忘记管仲射钩的旧怨，任命其为相国。如今，让我吕布替明公尽心竭力，充当先锋，可以吗？”

曹操听了，面露迟疑之色。

吕布见状，又转脸对曹操身边的刘备说：“玄德，如今你为座上客，我为阶下囚，绳索捆绑得太紧了，你就不能出言相救？”

曹操笑道：“捆绑老虎不得不紧啊！何不直接给我说？反而去找你的清官？”遂下令给吕布松绑。

刘备却连忙阻止道：“不合适。明公难道忘记了吕布是怎么对待丁原和董太师的吗？”

曹操微微地点了点头。

吕布直视刘备，说道：“大耳朵儿子！为人最不可信！”

这时，主簿王必上前，又对曹操说：“吕布，是个大敌。他的部众就在不远处，不可饶了他。”

曹操对吕布说道："我本意要放了你，可是，主簿不同意，你说怎么办呢？"

明代于慎行在评价刘备的举动时说道："吕布，剑客之雄耳，非大豪也。然使得为操用，夏侯惇、许褚之流远出其下，何至如丁原、董卓哉？而玄德不肯一言，非忌布也，乃忌操也。先主此等识见又操所不能参耳。"个人认为此论非常正确。

曹操又问吕布为何失败。

吕布回答："我对诸将恩深义重，他们却忘恩负义，危急时刻背叛了我。"

曹操说道："你背着爱妻，却贪恋诸将的妻子，还说什么恩深义重？"

吕布听后，无言以对。

曹操又转脸对陈宫说道："公台啊，你平生自以为足智多谋，如今你看如何？"

陈宫指着吕布说道："因为此人不听我的，才落到这步田地。如果他听从我的注意，未必会被你生擒。"

曹操笑道："今日之事，你说该如何办？"

陈宫回答："我为你的臣子却不向你尽忠，身为儿子却没有尽到孝道，死，是我的本分！"

曹操又问："你死了，你家中老母又如何安排呢？"

陈宫回答："陈宫听说以孝治天下的，不会加害他人的亲属。老母是死是活，全在明公，不在我。"

曹操又问："你的妻子儿女们呢？"

陈宫又答："陈宫听说将要在天下施行仁政的，不会灭绝别人的后嗣，我的妻子儿女是死是活，也在明公。"

曹操还没有继续往下说，就听陈宫说道："请把我拉出去砍头，以严明军法！"说完，只见他掉头不顾，从容走出帐外，别人拉也拉不住。曹操望着刚烈的陈宫倔强的背影，竟然忍不住流下了眼泪。

陈宫、吕布、高顺均被曹操吊死，砍下头颅，送到许都示众。陈宫死后，曹操将陈宫的母亲召来，养老送终，又把陈宫的女儿嫁人，对待陈宫的家眷比以往还优厚。

下邳城破之后，鲁相张辽率众投降，曹操任命其为中郎将。前尚书令陈纪以及儿子、曾任刘备的豫州别驾陈群也在吕布军中，曹操对二人非常礼遇，并任命陈群为司空西曹掾属。当时，有人又向曹操推荐乐安王模、下邳周逵，曹操一一征辟，但陈群驳回曹操的任命，理由是二人德行不够，终归会身败名裂，曹操不听。后来，二人果然因品德败坏而被曹操诛杀，曹操因此向陈群道歉。陈群又举荐了广陵陈娇、丹阳戴乾。后来，戴乾在平叛中殉国，陈娇也成为曹魏名臣。

吕布被擒后，臧霸藏匿起来，曹操悬赏捉住了他，一见之下，曹操对他非常欣赏，遂命他前去招抚吴敦、尹礼、孙观以及孙观的哥哥孙康等人，这些人都听从臧霸的召唤，率众投降了曹操。曹操下令分出琅邪、东海、北海三郡一部分又成立了城阳（今山东省诸城市）、利城（今江苏省赣榆县西北六十里）、昌虑（今山东省滕州市）三郡。任命臧霸为琅邪（今山东省临沂市）相，吴敦为利城太守、尹礼为东莞（今山东省莒县）太守、孙观为北海（今山东省寿光市东南）太守、孙康为城阳太守，将青、徐二州的地盘全都托付给了臧霸。陈登也因功被拜为伏波将军。

徐翕、毛晖原为曹操的部将，兖州大乱后，二人都背叛了曹操，等到曹操平定兖州后，二人又都投靠了臧霸。曹操招降臧霸后，让刘备给臧霸传话，令其将二人的人头送上。臧霸对刘备说："臧霸之所以能立足于天地之间，就是我不会干出此等不义之事。臧霸我受曹公活命之恩，自然不敢违抗军令，但是，要建立霸业的主公是可以用大义来说服的，希望将军能替我进上一言。"刘备又将臧霸的话转述给了曹操。曹操听后，喟然叹息，他召来臧霸，称赞他道："只有古人才能做出此等有气节之事，而你却能在今日做出来，这正是我愿意看到的。"遂冰释前嫌，将徐翕、毛晖二人均拜为郡守。与徐翕、毛晖二人相似的情况还发生在毕谌的身上。曹操担任兖州牧时，毕谌为兖州别驾。吕布袭占兖州时，张邈劫持了毕谌的母亲、弟弟、妻子，曹操见到毕谌后，对他说："我治理失当，听说你的母亲、弟弟被张邈扣留，人心都是肉长的，你还是去吧。这是我自愿让你走的，并非是你抛弃我的。"毕谌跪下叩头，流着眼泪表示绝无二心。曹操听了，深受感动，也潸然泪下。可是，毕谌出来后，就逃走了。等到吕布被灭后，毕谌也被曹操生擒，众人都替他捏了一把汗。曹操说道："对自己的家人能够尽孝的，岂能不会对主公尽忠？这正是我所需要的！"遂任命其为鲁（今山东省曲阜市）相。除此之外，曹操还有意外收获，得到了一位美女。据《献帝传》还记载：（秦）"朗父名宜禄，为吕布使诣袁术，术妻以汉宗室女。其前妻杜氏留下邳。布之被围，关羽屡请于太祖，求以杜氏为妻，太祖疑其有色，及城陷，太祖见之，乃自纳之。宜禄归降，以为铚（今安徽省淮北市濉溪县）长”。

建安三年（公元198年）年底，曹操经过近三个月的作战，终于消灭了吕布集团，安定了徐州。在徐州期间，曹操委任泰山诸将担任徐州、青州各地郡守，此举与派遣钟繇西入长安、安抚关中诸将的策略有异曲同工之妙，不仅利用非嫡系部队稳定了自己的两翼，而且，在未来与袁绍的较量中可以牵制甚至打击袁绍的两翼，可以说起到了四两拨千斤的效果。

然而，就在曹操围攻吕布之时，河内张杨的被杀不得不让曹操将目光再度转向了黄河以北。

自从曹操迁都许都以后，原任大司马张杨一直是曹操集团的打击对象，但由于张杨力量薄弱，且并没有完全站在袁绍一边，作为袁绍与曹操之间的缓冲，对于曹操而言，利大于弊，因此，曹操一直没有打击他，以免引起河北袁绍的警觉。如今情况却发生了变化，眭固诛杀了归降曹操的杨丑，并率众投靠了袁绍，袁绍势力直逼黄河北岸，这让曹操感到了巨大的压力。但据《文选》记载的后来陈琳替袁绍撰写的《为袁绍檄豫州》中称：“往岁伐鼓北征，讨公孙瓒，强御桀逆，拒围一年（指袁绍讨伐公孙瓒一事）。操因其未破，阴交书命，欲托助王师，以相掩袭，故引兵造河，方舟北济。会其行人发露，瓒亦枭夷，故使锋芒坐缩，厥图不果。屯据敖仓，阻河为固。”

以及章怀注引《献帝春秋》称：“操引军造河，托言助绍，实图袭邺，以为瓒援。会瓒破灭，绍亦觉之，以军退屯于敖仓。”由此可知，曹操在消灭吕布之后率军北上，名为讨伐张杨，其实有着一个更大的阴谋，那就是想趁袁绍大军远在幽州之际，偷袭邺城！

建安四年（公元199年）二月，曹操率军从下邳北上回到了昌邑（兖州山阳郡治所，今山东省金乡县西）。在昌邑休整一段时间后，四月，他率军继续向西北而来，进抵黄河南岸。

此时，已经归降袁绍的眭固正驻扎在射犬（今河南省沁阳市东北）。曹操命令将军史涣、堂弟曹仁率军渡过黄河进攻眭固。据《三国志·乐进传》记载：（乐进）“击眭固于射犬……皆破之，拜讨寇校尉。”《徐晃传》记载：（徐晃）“从征吕布，别降布将赵庶、李邹等。与史涣斩眭固于河内”。《于禁传》记载：（于禁）“别与史涣、曹仁攻眭固于射犬，破斩之”。可知，乐进、于禁和徐晃三将也都参加这次战斗，也反映了曹操对此战的重视程度。乐进，字文谦，阳平卫国（今山东省菏泽市西北一百七十五里）人。他长得短小精悍，果决刚烈，一直就担任曹操的帐下吏，后为军假司马、陷阵都尉。参与了濮阳之战、雍丘之战、苦县之战，全部冲杀在前，因功被封为广昌亭侯。徐晃，字公明，河东杨（今山西省洪洞县东南）人。起初，徐晃为河东郡郡吏，跟随杨奉讨伐变民，因功被拜为骑都尉。李傕、郭汜之乱时，徐晃曾劝说杨奉奉迎汉献帝东归，杨奉采纳了他的建议。汉献帝来到安邑以后，封徐晃为都亭侯。等到汉献帝回到洛阳以后，韩暹、董承矛盾加深，徐晃又劝说杨奉归顺曹操，刚开始，杨奉同意了，但不久又反悔了。曹操发兵进攻杨奉的根据地梁，徐晃遂归顺了曹操。曹操命令徐晃率军进攻卷、原武（二地均在今河南省原阳县）的变民，徐晃顺利将敌人击败，被曹操拜为裨将军。（胡三省称："按沈约《志》，曹魏置将军四十号，偏将军、裨将军居其末"）

眭固命令张杨原来的长史薛洪、河内太守缪尚留守射犬，他亲自率军向北，准备前往邺城向袁绍求救，但眭固尚未离开射犬，就与曹军遭遇。经过一场大战，曹军大破眭固军，临阵斩杀了眭固，于是，曹操亲自渡过黄河，率领大军包围了射犬城。河南尹董昭曾在张杨军中待过一段时间，曹操命其单人匹马入城劝降，董昭入城后，劝说薛洪、缪尚，二人当日即率众出城投降。二人投降后，被曹操封为列侯；不久，董昭也被曹操封为冀州牧（显然是冲着袁绍来的）。攻克射犬后，曹操又任命魏种为河内太守，将黄河以北的事务都委托给他全权处理。过去，曹操担任兖州牧时，曾举荐魏种为孝廉，吕布袭占兖州后，曹操曾自信地说："只有魏种不会背叛我。"等到听说魏种同样背叛了自己，曹操大怒，说道："魏种啊魏种，你不南逃到南越，北逃到胡地，我是不会饶了你的！"等到打下射犬后，生擒了魏种，这时，曹操说道："我还是看重他是个人才啊！"遂亲自给魏种松绑，又任命他为河内太守——此举当然与使用臧霸等人相似。史称，曹操"矫情任算，不念旧恶"，大抵指的就是这些。

曹操遂率军回到了敖仓（今河南省荥阳市东北）。

六二　消灭公孙

建安三年（公元198年），曹操最大的收获就是消灭了吕布，还将一些泰山诸将任命为青州的官吏，将手伸到袁绍的地盘里，此后，他又迅速收拾了投降袁绍的眭固，袁曹之间的矛盾随之激化起来。袁绍当然想就此与曹操翻脸，但此时的他深陷与公孙瓒的争斗之中无法脱身。

初平四年（公元193年），袁绍和公孙瓒接受朝廷调解各自罢兵，同年，公孙瓒率军撤回幽州，就杀害了名震天下的太傅、幽州牧刘虞。公孙瓒诛杀刘虞虽然独占了幽州，但引起了巨大的负面影响。刘虞地位尊崇，德高望重，不仅是长安朝廷的依靠，又受到关东各势力的认可，还得到幽州军民、塞外鲜卑乌桓等少数民族的一致拥护。

首先，公孙瓒把自己推到了叛逆之列。在此之前，公孙瓒北抗鲜卑，南伐黄巾，可以说，得到了东汉朝廷的充分肯定，即便是后来与袁绍争夺冀州，也是事出有因，都容易被人理解。过去，孙坚也曾诛杀荆州刺史王叡、南阳太守张咨，但都是托名他们不配合反董行动，而且，二人的名望远在刘虞之下，从此之后，东汉朝廷已经将公孙瓒等同于袁术、杨奉、韩暹等人视为叛逆。

其次，公孙瓒失去了幽州军民之心。刘虞被杀后，刘虞的从事渔阳鲜于辅、齐周、骑都尉鲜于银（曾与田畴一起前往长安）等人，率领州兵打算替刘虞报仇，以燕国阎柔素有恩信，遂共推阎柔为乌丸司马（应劭《汉官仪》称：“护乌丸校尉有司马三人，秩六百石”）。阎柔招诱乌桓、鲜卑人聚集了数万人马，与公孙瓒为敌。阎柔，广阳（今北京市房山区）人，从小流落在乌桓部落中，深受乌桓人的信任。阎柔在被推举为乌丸司马后，又诛杀了护乌丸校尉邢举，取而代之。

再次，给袁绍一个绝佳的借口。曹操基于无暇北顾，极力避免与袁绍发生正面冲突，正想把袁绍的注意力吸引到其他方向，袁绍要想南下与曹操争夺天下，也必须安定自己的后方，而公孙瓒诛杀刘虞，不仅给了曹操将袁绍这股祸水引向幽州的口实，也给了一直觊觎幽州的袁绍一个很好的借口，可以堂而皇之地以朝廷之名讨伐公孙瓒。

如前所述，幽州冀州乌桓大致分为五部，自东向西分布如下：辽东属国（今河北省义县）苏仆延（自称峭王）部、辽西郡（今河北省卢龙县）丘力居部、右北平（今河北省唐山市丰润区）乌延（自称汗鲁王）、渔阳（今北京市密云县）乌桓、上谷郡（今河北省怀来县）难楼部。汉献帝初平年间（公元190—193年），丘力居去世，儿子楼班年幼，侄儿蹋顿代立为王，统领其他三王（峭王、汗鲁王、难楼）的部落。

阎柔率领胡、汉数万联军与公孙瓒任命的渔阳太守邹丹在潞北（今北京市通州区）交战，斩杀邹丹等四千多人。乌桓峭王苏仆延率领本部以及鲜卑部众共计七千多骑兵随鲜于辅一起南下，迎接刘虞的儿子刘和，并与袁绍的部将麹义一起集中了十万大军，与公孙瓒所部在鲍丘（在今河北省三河市与天津市宝坻区之间）交战，再次大破公孙瓒的军队，斩杀了两万多人。《水经·鲍丘水注》称斩首一万。于是，代郡（今山西省阳高县）、广阳郡（今北京市大兴区）、上谷郡（今河北省怀来县）、右北平郡（今河北省唐山市丰润区）的军民纷纷响应，诛杀公孙瓒任命的官吏，也加入鲜于辅、刘和的军队中，屡次击败公孙瓒军，公孙瓒逃回易京（今雄安新区）固守，也实施了屯田。袁绍被任命为大将军后，又承制拜辽东属国苏仆延、辽西蹋顿、右北平汗卢维（汗鲁王）为单于。麹义军与公孙瓒相持一年多，粮食吃尽，只好率领剩余数千人撤退，公孙瓒率军追击，大破麹义，将麹义军辎重全部缴获。

过去，在幽州有童谣称："燕南垂，赵北际，中央不合大如砺，惟有此中可避世。"公孙瓒认为易县（今河北省易县）就是童谣中说的那个万全之地，遂镇守易县。他下令在易县城外构筑了十道壕沟，壕沟环绕之内又构筑了数千个巨大的土丘，全部高五六丈，在土丘上又修筑了高楼，其中，居中的土丘最高，高达十丈，在里面囤聚了三百万斛粮食，公孙瓒就居住其中。《英雄记》称："瓒诸将家家各作高楼，楼以千计。"公孙瓒在自己居住的高楼上安装了大铁门，楼内只允许妻妾们在内居住，凡是七岁以上的男子均不得入内。所有的公文全都用绳索吊上来，公孙瓒还命楼内的姬妾、妇女练习大声传话，能让数百步以外的人都能听清楚，以传达他的指示。

原本公孙瓒重视农业生产，大兴屯田，休养生息，静待时机，这一策略并不错，但任何事情都不能做过了头。乱世之中，自己不主动出击，天上不可能掉下馅饼，也不可能打出一片属于自己的天地来。而如今，公孙瓒仿佛被彻底打怕了，与曾经叱咤风云的他就像是换了一个人，变成了一个彻头彻尾的缩头乌龟，整日龟缩在自己的碉堡里，既不见宾客，也不亲近左右，他手下的谋士猛将看不到前途，逐渐离开了他，从此以后，公孙瓒更是很少派军出战，这当然是在自取灭亡。公孙瓒的部将被敌人包围，公孙瓒却不发兵相救，他有他自己的一套歪理："我救他一人，以后，再出现这种情况，守将就不会誓死力战了；如今，我不去救援，以后的守将想到这就会作困兽之斗了。"因此，在袁绍发兵北上之时，公孙瓒在南部边境的守军自忖无力抵敌，又知道没有救兵，纷纷诛杀自己的上司投降，致使袁绍军队很快就进入幽州腹地。

公孙瓒构筑高楼，还有他自己的一番道理，他说："过去，我把叛乱的胡人驱赶到塞外，又在孟津（今河南省孟津县）扫荡了黄巾军，那个时候，我自以为天下之事能轻松搞定。今天看来，这都不是我所能搞定的，不如暂且休养生息，专心进行农业生产，大力储备粮食，以度过灾年。兵法上说：'百楼不攻。'如今，我有一千多座高楼，囤聚了三百万斛粮食，等到我们把这些粮食吃尽的时候，天下之事就见分晓了。"

汉献帝迁都许都以后这两三年里，袁绍与公孙瓒二人打打停停，缠斗不已，而公孙瓒就龟缩在易京的高楼群里，袁绍也一直无法攻克。利用这宝贵的两三年，曹操挟持汉献帝，三伐张绣，打残袁术，收降刘备，消灭吕布，夺占河内，实力逐渐壮大，还将手伸到了黄河以北。咄咄逼人的曹操让袁绍感到如鲠在喉，昔日的盟友已经成了他袁绍最大的威胁，于是，他决定与公孙瓒之间迅速有个了断，赶紧转过头来对付曹操。

建安三年（公元198年）年底，就在曹操消灭吕布前后，袁绍就给公孙瓒写了一封长信。袁绍在信的开头先是回顾了二人同心讨伐董卓的友谊，而后指责公孙瓒先挑起事端，再说自己无奈之间才发兵抗击，结果是犹如天助，打得公孙瓒大败而归，并指出这是你公孙瓒咎由自取，不是我袁绍的错。接着，袁绍又开始劝说，大意是："从此以后，双方的矛盾更深了，致使幽冀二州百姓死了很多，自己每每想到这里，未尝不叹息流泪。后来又接到你公孙瓒的书信，在信中你的言辞变得稍微和缓了一些，我想到我们之间过去的友谊，再加上考虑到无辜的百姓们，总是命令军队南下避战，可是，你的军队总是前来挑衅，一个将帅却出尔反尔，残害生灵，致使众叛亲离，令本州的鲜卑乌桓都愿意为我效命，这也不是我的能耐，而是你把他们驱赶到我的阵营里来了。开始，我还以为你会振作精神，与我决一死战，以报昔日之仇，结果，你却龟缩起来，寂寂无闻。如今，天子回到了旧京，天下逐渐太平，你为何要守着巴掌大的一块地盘，心甘情愿受到恶名？你我不如冰释前嫌，重归于好吧。”

对于袁绍的一番劝说，公孙瓒充耳不闻，既不反对，也不响应，就是不回复，只是增修工事。他自信地对长史关靖说：“当今各地纷争不已，没有人能在我城下坚持一个年头的，他袁本初又能拿我怎么样！”关靖，是太原人，本是一名酷吏，并无才略，但特别会谄媚，因此，公孙瓒对他非常信任。

得不到公孙瓒的答复，袁绍决定集中兵力一举消灭了他。公孙瓒派儿子公孙续向黑山贼求救，并打算亲自率领骑兵冲出重围，沿着西山（太行山）南下，借助黑山贼的部众侵扰冀州，切断袁绍军的后路。关靖劝谏说：“如今将军的将士们无不怀有离散之心，之所以还能坚守在这里，是他们与自己的家眷在一起，又有将军替他们做主啊。将军一直坚守在这里，袁绍肯定会自行退去，等到袁绍退去之后，各地的部众又会集合起来了。如果将军舍弃他们而去，后方没有主将镇守，易京将非常危险。将军失去了根据地，在荒野中流浪，又能干成什么！”公孙瓒听了，遂没有离开。袁绍的军队一点点地蚕食公孙瓒的碉楼，公孙瓒日益困窘。

建安四年（公元199年）三月，黑山贼帅张燕与公孙续率领十万人马，兵分三路前来救援。张燕的援军尚未来到，公孙瓒派人携带书信通报公孙续说：“袁军的进攻仿佛有鬼神相助，鼓角在地下轰鸣，云梯在我碉楼上舞动，我已经感到日暮途穷了。你要在张燕面前磕破脑袋，一定求他速速派来骑兵，来到之后，在城北点起烽火，我就率军从城内杀出。不然，我死以后，天下虽大，也没有你容身之处了啊！”袁绍的侦察兵截获了这封书信，袁绍命陈琳又更改了其中的语句，再送交公孙续。袁绍提前设下伏兵，按照公孙瓒书信的要求在城北点燃烽火，城内的公孙瓒误以为援军已经到了，遂率军从城内杀出，结果被袁绍打得大败，再次逃入城内固守。

袁绍命令部队在公孙瓒构筑的高台下面开挖地道，地道一直通至城楼的下面，用木桩支撑，以防垮塌，然后，工兵撤出地道，用火焚烧木柱，木柱被烧毁后，地道遂自行崩塌，高台上面的碉楼也随之倾塌。袁军就是采用这种办法，以蚂蚁啃骨头的韧劲，逐一清除了公孙瓒的碉楼，逐渐接近处于最中心的公孙瓒居住的大碉楼。眼睁睁地看着自己苦心经营的碉楼群一个一个倒塌，原本以为万无一失的碉楼竟然让袁绍用这种方法瞬间化为灰烬，公孙瓒打击太大了，他自知必死，先勒死自己的姐妹、妻子，然后，引火自焚。袁绍下令士兵们冲上去，在火中把他拉出，斩首；田楷也战死了。关靖叹息道："原来我如果不制止将军出城，也许事情不会落到这步田地。我听说君子将他人陷于险境，一定要同他一起赴难，我岂能偷生！"遂打马冲入袁绍军中赴死。公孙续也为屠各胡所杀。袁绍将公孙瓒的人头送到了许都。

公孙瓒死后，渔阳人田豫劝说渔阳太守鲜于辅说："曹操奉天子以令诸侯，最终肯定能平定天下，应该趁早投靠他。"鲜于辅遂向曹操效忠，曹操以汉献帝之名任命鲜于辅为建忠将军，都督幽州六郡。田豫，字国让，刘备追随公孙瓒时，田豫曾是刘备的部下，刘备当豫州刺史后，田豫因母亲年事已高请求北归，刘备洒泪而别，说："遗憾不能与你一同办成大事啊！"田豫北归后，担任公孙瓒的手下，公孙瓒虽然知道田豫足智多谋，却不能任用。后来，曹操将田豫征召为丞相军谋掾。

六三　坐断江东

建安三年（公元198年），除了曹操、袁绍之外，呈上升趋势的还有江东时年二十四岁的孙策。

孙策从汉献帝兴平二年（公元195年）渡江开始夺取江东，当年即赶跑了朝廷任命的扬州刺史刘繇，次年（建安元年），就与袁术断绝了主从关系，并顺利夺取了会稽郡，收降了王朗。建安二年（公元197年），袁术称帝，曹操加封孙策为骑都尉，袭爵乌程侯，意欲令其与吕布、陈瑀夹攻袁术，但由于陈瑀阴谋挑起江东内乱，曹操这一计划随之流产，不得不亲自东征袁术。陈瑀这一阴谋败露后，孙策开始着手打击江东盘踞各地的山贼，以消除内部隐患。

到建安三年，孙策已经消灭了盘踞在乌程的邹他、钱铜，前合浦太守嘉兴王晟以及严白虎等人。为了斩草除根，孙策采取了严酷的灭绝政策。《三国志・孙韶传》注引《会稽典录》称：“孙策平定吴、会，诛其英豪”，就是指此。另据《吴录》记载，孙策的母亲吴氏对孙策说：“王晟与你父亲有升堂见妻的情分，如今，他的儿子、兄弟们都已为你所杀，只剩下他这一个老头，又有什么可忌惮的呢？”在母亲的规劝下，孙策这才饶了王晟一命，其余的人全部诛灭三族。

孙策亲自率军讨伐严白虎，严白虎固守险要，派弟弟严舆前往孙策军中求和，孙策答应了。严舆请求与孙策单独见面，见面之后，孙策突然抽出佩刀，朝严舆座席砍去，严舆本能地晃动了一下身体。孙策笑着说：“我听说你能从座位上直接跃起，行动异常矫捷，我只想给你开个玩笑！”严舆回答：“我见到白刃才会。”孙策知道严舆的本事也不过如此，又突然用手戟朝严舆掷来，严舆当即就被杀死了。严舆有骁勇之名，他的死讯传来，严白虎军中个个全无战心，被孙策打得大败。严白虎逃往余杭（今浙江省杭州市余杭区），依附许昭［此人生平不详，与自称阳明皇帝的会稽人许昭（又名许昌）以及汝南的许劭不是同一人］。程普建议进攻许昭，孙策回答："许昭对自己旧主子吴郡太守盛宪有义，又对老友严白虎有诚信，这是大丈夫该做的。"遂饶了严白虎。

建安三年，曹操诛杀吕布之后，开始重视江东的经营，不仅晋升广陵太守陈登为伏波将军，而且加大了对孙策的拉拢力度。恰巧此时孙策派正议校尉张纮前来许都进贡，曹操遂以汉献帝之名正式任命孙策为讨逆将军，封为吴侯；又把自己的女儿嫁给了孙策的四弟孙匡，替自己的儿子曹彰娶了孙策堂兄孙贲的女儿，并下书征辟孙策的二弟孙权、三弟孙翊；又晋升张纮为侍御史。曹操又以汉献帝之名征召原会稽太守王朗进京，孙策答应了。王朗从曲阿出发，乘船顺着东海沿岸北上，经过千辛万苦才回到许都。曹操问王朗："孙策是什么原因能搞成这个局面？"王朗回答："孙策骁勇，当世无敌，不仅有才能，而且还有大志；张昭为军民的依靠，担当他的辅相；周公瑾乃江淮之间的豪杰，为其大将。谋略可成，志向远大，终当成为天下的大贼，不只是些鸡鸣狗盗之徒啊！"曹操遂拜王朗为谏议大夫，参司空军事。曹操一方面给孙策加官晋爵，另一方面又与孙氏结为亲家，似乎充满了柔情蜜意，核心却是想让孙策将孙权、孙翊送到许都当人质，把江东孙策集团当成自己的外藩。

孙策当然看穿了曹操的用心，对曹操给予的官位自然照单全收，但迟迟不送去人质，还是坚持走独立发展的路子。孙策在江东力量的不断壮大以及与曹操关系的迅速升温，让袁术如坐针毡。随着袁术与孙策矛盾的加深，周瑜、鲁肃打算辞去袁术任命的官职，渡江南下，投靠孙策。孙策亲自率军迎接二人。周瑜来到江东以后，孙策即授予其为建威中郎将，给他配备了两千人，五十匹战马，又赏赐给周瑜鼓吹，替他建造了府邸，赏赐了很多财物。孙策下令称："周公瑾英俊潇洒，是一位难得的贤才，与孤从小就是玩伴，情同手足。过去，他曾在丹阳调派军队、军粮、战舰，帮助我建立了大功，无论是从德行上讲，还是从论功行赏这方面说，这点赏赐都不足以报答公瑾。"三吴军民都称其为周郎。因周瑜就是庐江人，在当地很有影响力，又在丹阳待过，孙策就让他镇守牛渚（安徽省当涂县采石矶，为长江南岸的重要渡口），后来，又担任春谷（今安徽省繁昌县）县长。《吴书》记载，鲁肃在过江之前，对手下说："中原大乱，盗贼纵横，淮河、泗水之间不是安全之地，我听说江东沃野千里，民富兵强，可以避乱，你们愿意与我一起前去那里，以观世局的变化吗？"大家都表示同意。鲁肃遂带领三百多人南行，州里的军队追赶上来，鲁肃等人放慢脚步，对追兵说："你们也是好男儿，应当明白道理。如今，天下大乱，有功不赏，不追赶我们也不会被罚，何苦要苦苦相逼呢？"又将盾牌插在地上，张弓搭箭，一箭洞穿盾牌。追兵见状，遂逐渐退去。鲁肃来到江东后，孙策对他也十分看重，把他的家安置在曲阿。不久，鲁肃的祖母去世，鲁肃又回到江北，将祖母安葬在东城。

袁术没有精力与孙策正面交锋，他也效法陈瑀的故技，让人携带印绶与丹阳宗部的头领祖郎等人联络，鼓动祖郎等人再联系山越，在江东发动叛乱。此时，孙策已经消灭了宣城以东的宗部以及山越势力，只剩下泾县（今安徽省泾县西）以西六个县尚未归附。刘繇被孙策打败，逃奔豫章（今江西省南昌市）后，太史慈也藏匿于芜湖（今安徽省芜湖市）地区的山中，自称丹阳太守。等到孙策军队继续西进时，太史慈遂从芜湖南下，进驻泾县，受到当地山越的拥护和支持。孙策亲自率军讨伐祖郎，在陵阳（今安徽省青阳县东南六十里）一战中，将祖郎生擒。孙策对祖郎说："过去，你率众偷袭我，砍中了我的马鞍，如今，我将创立大业，捐弃前嫌，唯才是举，不仅仅是对你这样，对天下其他人都是如此，你不要害怕。"祖郎遂叩头谢罪，表示愿意投降。孙策当即下令打开他的枷锁，任命其为门下贼曹。接着，孙策又率军折返泾县，讨伐太史慈，在勇里（泾县境内）将其生擒。孙策解下太史慈身上的绳索，握住他的双手，说道："还记得神亭的事吗？当时，你如果逮住了我，会如何处置？"太史慈回答："难以逆料。"孙策哈哈大笑道："如今，我要与你一起干一番大事。我早就听说你刚烈，讲义气，是闻名天下的智勇之士，只是选择的主公不合适罢了。我是你的知己，你不用担心以后会有什么不如意的！"遂任命其为门下督。部队凯旋，祖郎、太史慈二人在前开道，全军将士都引以为荣。

平定了泾县以后，孙策就打道回府了。不久，在豫章的刘繇去世，刘繇旧部一万余人打算推举豫章太守华歆当他们的首领。华歆是个迂腐文人，认为，在天下大乱之际，擅自争权夺利，这不是臣下应该做的，坚决拒绝接受。刘繇手下的将士们苦苦劝说了足足一个多月，这个华歆就是不听，刘繇旧部这一万军队一直处于群龙无首的状态，不知该归附何方。孙策听到了这个消息，就让太史慈前去招安，他对太史慈说："刘大人（指与孙策为敌的太史慈同乡刘繇）过去责备我替袁术进攻庐江，这话太偏颇了，于情于理都不充分。为什么我这么说呢？我亡父手下有数千军队，都在袁术手里，我想要立功立事，就不得不屈从于袁术，我到袁术那里去了两次，他才给了我一千多人，还让我替他进攻庐江。在当时的情况下，我不得不替他卖命。袁术后来不遵守臣节，竟敢僭越称帝，我劝谏再三，他就是不听。大丈夫相交，重的是情义，但一旦出现大的变故，也不得不绝交，这就是我结好袁术最后又与之绝交的经过。如今，刘繇已经去世，遗憾我不能趁其生前与其当面辩论个清清楚楚。他的儿子还在豫章，也不知华歆对他如何，他的旧部是否还愿意听他儿子的话？你是他的同乡，过去又与他共过事，能否借探望他儿子之机，捎带向他的旧部转达我的意思？愿意来跟我的，就带上他们一起回来；不愿意来的，就安抚他们一番。另外，再观察一下华歆担任郡守的能力怎么样？庐陵、鄱阳一带的百姓是否拥护他？此行，你手下的军队，你愿意带多少就带多少。”

太史慈回答：“太史慈我犯有不赦之罪，将军像齐桓公、晋文公那样宽宏大量，对我恩重如山。古人为知己者死，我也会以死效忠将军。如今双方没有交战，我带的兵不宜太多，只需数十人即可，足以保证路上安全了。”孙策身边的人都说：“太史慈必定去而不还了。”有人担心太史慈与华歆是同乡，会留在豫章替华歆出谋划策，又有人说，太史慈必定会向西投靠黄祖，再辗转返回北方。孙策却非常自信地说：“你们大家都说错了，我已经考虑成熟了。太史慈虽然骁勇刚烈，但并不是一个纵横捭阖的人，他的内心还有做人需要坚守的底线，言行举止都尊奉道义，对自己承诺过的事就一定要办到，一旦答应了知己，即使是死也不会背叛，你们大家不用担心。”又说：“子义离开我，又能跟谁呢！”孙策在吴郡阊门（苏州西门）相送，他握住太史慈的双手，深情地问道：“什么时候能回来？”太史慈回答：“不出六十日。”果然，太史慈如期回来。回来后，太史慈对孙策说：“华子鱼的确是个正人君子，但不是一个定国安邦的人才，也没有什么应对策略，只能自守豫章而已。丹阳人僮芝占据庐陵（今江西省吉安市），谎称接到朝廷诏书，遂自称太守；鄱阳（今江西省鄱阳县）百姓头领设立宗部，发兵驻守在郡界，不接纳华子鱼派来的官吏，称：‘我们已经另外设立了郡政府，不再接受豫章郡的管辖了，需要等待朝廷派来正式的太守，我们才接纳。’华子鱼不但处理不了庐陵、鄱阳两地，而且，近期在海昏（今江西省永修县）上缭（永修境内）又有五六千家人聚集在一起，成立宗部，只向政府缴纳布帛而已，郡里想招募一个人都招不来，华子鱼也只是干瞪眼，却毫无办法。”孙策听了，乐得拍着双手，哈哈大笑，于是，产生了继续西进、兼并豫章的想法。

六四　讨伐黄祖

建安四年（公元199年）年初，袁绍消灭了公孙瓒，而曹操则刚刚消灭了眭固，夺占了河内，二人的裂痕逐渐加深，而就在此时，袁术也病死了。

袁术自从称帝以后，骄奢淫逸，生活过得比过去还奢靡，《后汉书·杨彪传》注引华峤《书》称：“东京杨氏、袁氏，累世宰相，为汉名族。然袁氏车马衣服，极为奢僭。”由此可知，袁家家风就是如此，袁术从小就是在这样的环境里长大的，很难改变长期养成的生活习惯，再加上自己又称帝了，更是志得意满，丝毫没有想到该如何巩固自己的地位。在袁术的后宫里，妻妾成群，养了数百美女，个个身穿绫罗绸缎，整天大鱼大肉都吃得腻味了。《九州春秋》记载，司隶校尉冯芳举家在淮南避乱，冯芳之女长得非常美。一次，袁术在城楼上看到后就将冯氏纳为夫人，对她非常宠爱。袁术的其他妻妾想害死冯氏，就对她说：“袁大人是贵人，内心欣赏有志节的人，你应当经常忧愁哭泣，这样你就能永远受到大人的敬重。”冯氏信以为真。袁术再见到冯氏，冯氏总是当着袁术的面哭泣，袁术认为冯氏不愿屈从自己，是个有气节的妇人，内心非常沮丧。袁术的其他妻妾遂将冯氏勒死，袁术觉得冯氏是因为不得志而死，丝毫没有怀疑，只是厚葬而已。

当时，淮南的军民饥饿困顿，而袁术却只顾自己享受，根本不把百姓的疾苦放在心上。舒仲应被袁术任命为沛相，袁术给他送去十万斛大米当军粮，舒仲应全部拿出来赈济灾民。袁术听说后，不禁大怒，要将舒仲应杀死。舒仲应说：“我知道我肯定会死，我是故意这么做的，我宁愿失去我一个人的性命，而救民于涂炭之中！”袁术下马拉起他，说：“仲应，你想一个人博得大名，就不让我与你分享吗？”

很快袁术就坐吃山空了，淮南之间千里，发生了人吃人的惨剧。袁术无法在寿春立足，遂焚烧宫室，南下潜山（今安徽省霍山县），投奔部将陈简（《三国志》称陈兰）、雷薄二人，但二人拒绝接纳。袁术在半道上停留三天，部众饥饿，很多人都逃走了，袁术忧愁愤懑无计可施，遂决定将帝号送给从兄袁绍，以换取袁绍的庇护。袁术在给袁绍的信中说："汉室失去天下已经很长时间了，权力掌握在大臣手里，地方群雄割据，这与周朝末年没什么两样，最终，强者将夺得天下，况且，袁氏终当称王，这在谶言中说得明明白白。如今，你拥有四个州的地盘，百姓有百万之众，天下只有你最强，德行也只有你最高。曹操岂能振兴已经衰弱的汉室？"袁绍接到袁术的书信后，内心也认为弟弟说得对。袁谭从青州率众南下，打算经过下邳迎接袁术，曹操派刘备、朱灵、路招切断了袁术北上之路。袁术无法通过，只得又折返寿春。朱灵，字文博，原为袁绍部将。《九州春秋》记载，在袁绍与公孙瓒对垒时，袁绍部将季雍在鄃（今山东省平原县西南）背叛了袁绍，公孙瓒派兵进驻鄃县。袁绍派朱灵率军前去进攻，当时朱灵全家都在城内，公孙瓒的军队将朱灵的母亲、弟弟都绑在城墙上，劝诱朱灵。朱灵望着家人哭泣道："大丈夫一旦委身于人，岂能再顾念家人啊！"遂下令袁军猛攻城池，城破后生擒季雍，但朱灵全家也被杀害了。

建安四年（公元199年）六月，袁术一行来到距离寿春八十里的江亭，他问厨师还有多少粮食，厨师回答还剩下三十斛麦屑。当时，正值盛夏，袁术想喝点蜂蜜茶解渴，但没有。他颓然地坐在干床板上，叹息了很久，突然大声说道："我袁术今日竟然落到这步田地了啊！"当即栽倒到床下，口吐数升鲜血而死。

袁术死后，他的堂弟袁胤、女婿黄猗等人畏惧曹操，不敢继续留在寿春，遂率领部众带着袁术的棺材南下，投奔驻扎在皖城（今安徽省潜山县）的庐江太守刘勋。《三国志·孙策传》称："术死，长史杨弘、大将张勋等将其众，欲就策，庐江太守刘勋要击，悉虏之，收其珍宝以归。"与此记载不同。前任广陵太守徐璆得到了袁术从孙坚妻子吴夫人那里索取的传国玉玺，送到了许都。

在袁术死后，曹操任命严象担任扬州刺史。当时，在扬州地界里有郑宝、张多、许乾等很多变民头领，其中，郑宝非常骁勇，深为当地人所忌惮。郑宝打算裹挟着百姓渡江南下，到江东发展，因刘晔是当地的名人，想威逼他先提议。刘晔，字子扬，是淮南成德（在今安徽省寿县东南）人，为光武帝刘秀的儿子阜陵（今安徽省全椒县东十五里）王刘延的后代。其父刘修，其母名叫修，刘晔还有个哥哥刘涣。刘晔母亲去世时，刘涣才九岁，刘晔才七岁。其母临终前，对两个儿子说："你父亲侍妾本性险恶，我死以后，担心她会祸害我们家，你们长大后，如果能除掉她，我死而无憾。"刘晔十三岁时，对哥哥说："可以实行母亲的临终嘱咐了。"二人遂入室将那人杀死。许劭在扬州避乱期间，曾称刘晔有佐世之才。

如今，刘晔年仅二十多岁，听说郑宝的计划后，非常担心。正巧，曹操派人来到扬州办事，刘晔前去拜见，并邀请使者住在自己家中。郑宝果然率领数百人携带酒肉来见使者，刘晔命仆人把郑宝的部众安排在中门外面吃饭，与郑宝在内室饮宴。刘晔暗中指使壮士趁劝酒之际，杀死郑宝。郑宝酒量很大，一直不醉，那人不敢发动。见状，刘晔亲自抽出佩刀一刀砍下了郑宝的脑袋，然后，走出屋外，说道："曹公有令，有敢乱动的，与郑宝同罪！"众人惊骇之余，都逃回了军营。郑宝军营里尚有数千精兵，刘晔担心他们作乱，随即带上数名家童，骑马来到营门外，开导他们投降。郑宝部众遂心服口服，公推刘晔为主。刘晔看到汉室衰微，自己又是皇亲，不愿领兵，遂带上这支部队来到皖城交给了刘勋。刘勋感到非常奇怪，刘晔解释说："郑宝无法无天，部众素来以劫掠为生，我没有什么背景，如果要约束他们，肯定会引起他们的怨恨，因此才将他们交给大人您。"

因刘勋接纳的袁术部众人数太多，粮食供应不上，遂派堂弟刘偕向江南上缭（今江西省永修县境内）的宗部头领索要三万斛大米，但刘偕在上缭停留了一个多月，各宗部头领才给他三千斛，这让他大为不满，暗中劝说刘勋率军南下袭击各宗部。刘勋力量迅速膨胀，引起了江东孙策的猜忌，他派人来到皖城，送上一份厚礼，态度非常谦卑地劝说刘勋道："上缭宗部屡屡侵犯本郡，我早就想打他们了，只是路远不便。上缭非常富裕，希望大人发兵前往讨伐，我愿意出兵增援。"刘勋大喜，下属们也都纷纷向他道贺，唯独刘晔摇头反对，说道："上缭虽然很小，但城高池深，易守难攻，十天半月无法攻下，如此一来，部队在外面已经非常疲惫，后方又很空虚。孙策乘虚偷袭我们的后方，我们的根据地肯定会陷落。届时，将军想继续进攻，却又受困于敌人，想退回，又无处可退。如果将军一定要发兵，大祸就要临头了！"但刘勋不从，遂发兵南下。刘勋的军队进抵海昏（今江西省永修县）时，宗部头领们发现情况不妙，全都坚壁清野，躲藏了起来，刘勋军队一无所获。

曹操在建安四年年初，又以汉献帝之名命令自己、孙策、卫将军董承、益州牧刘璋等人一起讨伐袁术、刘表，孙策接到诏书后，即整顿军队准备对袁术发起进攻。孙策的军队还没有出发，袁术就病死了，孙策就势率军西进讨伐杀父仇人、驻扎在夏口（今湖北省武汉市）的黄祖。

孙策的军队行至石城（今安徽省池州市贵池区西）时，听说了刘勋倾巢出动、进攻上缭的消息，他当即命令堂兄孙贲、孙辅二人率领八千军队继续推进到彭泽（今江西省湖口县），切断刘勋的退路，他自己则与周瑜二人率领两万军队弃舟登岸，奔袭皖城。孙策很快就攻克了皖城，俘获袁术、刘勋的家眷以及袁术旧部三万余人。而后，孙策任命李术为庐江太守，留下三千军队驻守皖城，把俘虏全部押回了江东。

刘勋回到彭泽，又被孙贲、孙辅击败，遂从浔阳（今江西省九江市）徒步来到置马亭（在今九江市境内）。听说孙策已经攻克了皖城，刘勋只得率军西逃，来到西塞（今湖北省大冶市东九十里，一名道士洑矶；《水经注》称："黄石山连迳江侧，东山偏高，谓之西塞"）。不久，刘勋又来到流沂（今湖北省鄂州市），在那里构筑防御工事，并向刘表、黄祖求救。黄祖派遣其子黄射率领五千水军前来增援，孙策率军乘胜追击，再次大破刘勋，刘勋与刘偕逃到许都，投降了曹操，黄射也退去了。孙策缴获了刘勋一千多艘战舰，俘虏了刘勋两千多人马，而后，继续西进向夏口（今湖北省武汉市）的黄祖发起了进攻。刘表派侄儿刘虎、部将韩晞率领五千长矛军前来助战。

十二月八日，孙策兵临沙羡（在今湖北省嘉鱼县北长江中，从晋武帝以后迁至今湖北省武汉市武昌区南）。十一日凌晨，孙策率领周瑜、吕范、程普、孙权、韩当、黄盖等将向黄祖、刘表联军发起了猛烈的攻击，很快就大破黄祖军，阵斩刘虎、韩晞等两万多人，俘获黄祖妻子儿女，缴获六千多艘战舰，各类财物堆积如山，黄祖军被水淹死的又有上万人，唯独黄祖脱逃。

六五 全取江东

孙策发兵进攻夏口的黄祖，是因为：

一、有许都朝廷的命令。此时各个军阀都是深谙纵横捭阖、远交近攻之术，刘表、张绣与曹操为敌，且与袁绍勾勾搭搭，曹操出于牵制刘表的目的，鼓动孙策进攻袁术、刘表，是题中应有之义。

二、黄祖与孙策有杀父之仇。七年前，孙策之父孙坚被黄祖射杀，此仇一直未报，如今，孙策手里握有汉献帝的诏命，前去讨伐黄祖是名正言顺之事。

三、迷惑刘勋。孙策以讨伐黄祖之名，整顿军队西上，不会引起刘勋的警觉。在孙策大军西上时，刘勋果然没有介意，反而以为孙贲、孙辅之军是在帮助自己，结果，让孙策先端掉了老巢。

四、华歆无所作为。太史慈给孙策带来了豫章的绝密情报，孙策由此断定豫章太守华歆根本无所作为，这也是孙策敢于长途奔袭夏口的另外一个原因。

击败黄祖后，孙策并没有继续北上，而是回师东进了，其间的原因也非常简单：有人也想端掉他孙策的老巢！

此人便是伏波将军陈登。陈登在广陵郡很有威名，史称，他“忠亮高爽，沈（沉）深有大略，少有扶世济民之志。博览载籍，雅有文艺，旧典文章，莫不贯综”，在东汉末年也是一位风云人物。但在当时的许都，人们对陈登的评价并不太高，认为他“骄而自矜”，陈登却说：“家庭内部和睦，有德有行，我敬重陈纪兄弟；冰清玉洁，有理有法，我敬重华歆；疾恶如仇，有胆有识，我敬重赵昱（为笮融所杀的前广陵太守）；博闻强记，卓尔不群，我敬重孔融；雄姿英发，有王霸之略的，我敬重刘备。我敬重的都是此类人，又有什么骄傲的呢？其他那些人不过是些碌碌无为之徒，有什么值得挂怀的？”后来，在陈登死后，逃到襄阳的许汜和刘备与刘表一起谈论天下名士，许汜对陈登很轻视，说："陈登不过是一个江湖之人，太骄傲了。"刘备问刘表："许先生的话是对是错？"刘表回答："我如果回答错，许先生是个好人，不该说错；如果我说对，陈登又名满天下。"刘备问许汜："你说陈登骄傲，能举个例子吗？"许汜说："过去，我避乱经过下邳，前去拜见陈登，可是，陈登不懂一点宾主之礼，一直不与我交谈，自己径直上到大床上躺下，却让我躺在床下。"刘备说："你有国士之名，如今天下大乱，帝王失去居所，人们都希望你能忧国忘家，有拯救国家的大志，你却到一个地方求田问舍，说出的话来毫无可采之处，这是陈登最看不起的，为何要与你交谈？如果是小人我的话，还想高卧于百尺高楼之上，而让你睡在地上，岂止上下床之间呢！"刘表听后放声大笑。刘备继而又说道："像陈登的文武胆略，只能在古人中间寻找啊，一般人是难以相提并论的。"

据《先贤行状》及《三国志·孙策传》注引《江表传》称，陈登将广陵的治所迁至射阳（今江苏淮安市东南）。陈登在广陵期间，赏罚严明，深得当地百姓的喜爱，海盗薛州拥有一万多户部众，也归降了陈登；陈登还兴修水利，百姓们称之为陈登塘，《读史方舆纪要》称："高家堰在淮安府西南四十里，陈登筑堰防淮，此其故址也。"陈登在江淮之间深得人心，遂产生了吞并江东孙策的野心。

如前所述，陈登是陈瑀的侄儿，孙策将陈瑀灭掉，陈登一直伺机想替叔父报仇雪恨。当他看到孙策倾巢出动，长途奔袭黄祖后，也效法陈瑀、袁术的故技，暗中派人潜入江东，给严白虎的余党封官许愿，企图将江东搞乱。

孙策当然想一举灭掉刘表、黄祖，但他对陈登的心思也是洞若观火，对其不得不防。况且，孙策在江东的地位尚不十分稳固，尤其是他在平定江东过程中，诛杀了大量江东大族以及对自己不恭的名士们，比如，《吴录》记载，有一位叫高岱的名士，隐居在余姚，孙策听说高岱精通《左传》，遂派人邀请他前来，打算与其畅谈一番。有人想害高岱，遂对孙策说："高岱此人一直认为将军只是一介武夫，并无文学之才，如果将军与他谈论，他装作不知的话，你就知道我说的不假了。"又对高岱说："孙将军为人讨厌胜过自己的，如果他有什么问题问你，你就说不知道，这才会让他满意，如果你与他辩论，恐怕性命不保。"高岱信以为真，等见到孙策后，遇到孙策提出一些不解的问题，高岱就谎称不知。孙策大怒，认为高岱轻视自己，遂将其打入了大牢。高岱名气很大，很多人前来替他求情，孙策登上高楼，看到求情的人填塞街巷，这更是触犯了孙策的忌讳，遂果断下令将高岱杀害了。

孙策清除江东大族固然有他不得已的苦衷，但势必带来巨大的负面影响，这些长期盘踞在江东的大族豪强们虽然受到很大的打击，可是，他们潜在的影响力仍然不容小觑，一旦有个风吹草动，势必风云再起。另外，在泾县以西的豫章郡还有一个华歆需要解决。华歆虽然不是一位英雄人物，但在他的周围不乏蠢蠢欲动的宗部头领，时间一长，如果再出现一位英雄人物，将会直接威胁到江东腹地，因此，孙策只有趁机全取了江南，才有余力与群雄争夺中原。

当孙策挥师东进时，遂打算顺便解决了华歆，于是，他率军进入豫章郡，驻扎在椒丘（今江西省新建县北）。虞翻曾任王朗的功曹，而王朗与华歆是老友，因此，孙策想不战而屈人之兵，让虞翻前去劝降，他对虞翻说："华子鱼当然是位大名鼎鼎的人物，却不是我的对手。如果不开城投降，战鼓一鸣，不能不会出现伤害，你替我走一趟，替我传达我的意思。"

虞翻来见华歆，对他说："我听说大人与我们郡的前任太守王朗齐名，闻名四海，虽然我偏居东南一隅，对您却非常敬仰。"

华歆谦虚地说："我不如王会稽。"

虞翻又说："我不知豫章郡的粮草、兵器以及居民的战斗力，与我们郡相比如何？"

华歆回答："差远了。"

虞翻又说："大人称不如王会稽，那是谦虚之词；精兵不如会稽郡，那倒是真的。孙讨逆智略超过当世，用兵如神，过去，曾赶跑了刘扬州（指刘繇），这是大人亲眼所见的；而后又南定我们郡，想必大人也听说过。如今，大人打算困守孤城，粮草不足，如果不早早决断，后悔就来不及了。如今，孙将军的大军已经近在椒丘，在下也将回去，如果大人到明天中午仍然定不下迎接孙将军的决定，在下就告辞了。"

华歆说："我在江南时间也长了，经常想北返中原，孙会稽前脚来，我后脚就离开这里。"

华歆连夜命人撰写迎降檄文，第二天一大早，就派人来到孙策军中奉迎。

孙策遂率军进抵豫章（今江西省南昌市）城下，华歆身穿便装出城相迎。孙策对华歆说："府君德高望重，名满天下，为远近人心所归。孙策我年少幼稚，应该以子弟之礼见您！”遂向华歆下拜，奉为上宾。

孙策在短短的数月之间，就占皖城，破刘勋，败黄祖，下豫章，以一旅之众轻松挫败了三方势力，不费吹灰之力就将自己的势力范围向北拓展到了长江以北，向西延展到了豫章。他不仅用兵如神，更重要的是还具备那种超群的战略眼光和对世事人心敏锐的洞察力：打刘勋，靠的迷惑和偷袭；败黄祖，靠的是果敢和顽强；降华歆，靠的是自信和智谋。曹操听说孙策平定了江南，感到非常头疼，他经常把孙策挂在嘴边，叹息着说道：“这个小疯狗实在是难以对付啊！”

得到豫章郡以后，孙策将豫章郡一分为二，又成立了一个庐陵郡（今江西省吉安市），任命孙贲为豫章太守，孙辅为庐陵太守。恰巧，割据庐陵的变民头领僮芝病死了，孙辅遂进驻庐陵。孙策又命周瑜镇守巴丘（今江西省峡江县北），负责接应豫章、庐陵两地，又能监视他这两个堂弟（孙贲、孙辅二人是亲兄弟）。

孙策在占领皖城、豫章后，一改大肆杀戮大族的做法，对袁术一家非常照顾，后来，袁术的女儿嫁给了孙策的二弟孙权，袁术的儿子袁曜被拜为郎中，袁曜的女儿又嫁给了孙权的儿子孙奋；攻克豫章后，孙策收敛刘繇的棺材，善待他的家眷，这一系列举措都让孙策赢得了士大夫们的好评。这可能是基于孙策要改变自己形象的考虑，也可能是由于这一段时间里，他心情极好：除了在战场上连连获胜外，时年二十五岁的他刚刚得到了一位国色天香的美人。

桥公有两个女儿流落在皖城，二女均是绝色佳人，孙策、周瑜攻克皖城后，孙策纳大桥为妻，周瑜纳小桥为妻。孙策曾给周瑜开玩笑说：“桥公这两个女儿虽然流离失所，但得到我们二人做女婿，也该高兴起来了！”大小乔（其实应为大小桥）之名失传，其父桥公的名字也不得而知。有人说，这里的桥公就是曾十分看重曹操的前太尉桥玄，不过，桥玄死于光和五年（公元182年），时年七十五岁，似乎很难想象六十多岁的老人能生下两个貌美如花的女儿；再者，假如桥公就是前太尉桥玄的话，史书当不至于对其毫无交代。

孙策的改变有新婚的因素，也有母亲的教诲。一次，会稽功曹魏腾惹恼了孙策，孙策将要杀死他，众人无计可施，吴夫人跑到一眼大井边，对孙策说：“你刚刚安定了江南，很多事情都还没办好，正是礼贤下士、舍过录功之时，魏功曹忠于职守，你今日竟然要杀害他，明天大家都将背叛你了！我不忍心看到你大祸临头，提前跳到这口井中死了算了！”孙策大惊失色，慌忙把魏腾放了。

六六　山雨欲来（一）

建安四年（公元199年）是孙策略定江东的一年，也是袁绍、曹操精心布局、准备决战的一年。

在这一年年初，袁绍刚刚消灭了公孙瓒，而曹操也在前一年年底刚刚灭掉吕布，在这一年年初消灭了眭固，把手伸到了黄河以北。袁绍自从灭掉公孙瓒以后，逐渐骄傲起来，向汉献帝进贡的次数和数量明显减少。他暗中让主簿耿包对自己说：“火德已尽，袁氏是土德，应当顺应天意。”袁绍把耿包的话转述给全体官吏，但是，大家一致认为耿包的话纯属妖言惑众，应该将其斩首示众。袁绍不得已只好杀死了耿包，来洗清自己。

袁绍有三个儿子：长子袁谭、次子袁熙、三子袁尚。他打算让三个儿子各据一州，沮授劝谏道：“人道是：‘一只兔子逃到街上，万人追逐，等一个人抓住后，其他的人都会罢手，这就是已经有了主人的缘故。’儿子们年龄相当，就选择贤能的；德行相当，就依靠占卜，这是从古至今的做法。希望你能三思。”袁绍却说：“我想让三个儿子各自占据一个州，观察观察他们的才能。”沮授回答：“内乱将由此而起了。”袁绍不听，遂以长子袁谭管理青州，为都督，又以次子袁熙管理幽州，外甥高干管理并州。在袁绍的统辖范围，有数十万军队，他以审配、逢纪主管军事，以田丰、荀谌、许攸为谋士，颜良、文丑为将军，挑选了十万精兵，一万骑兵，准备向许都发起进攻。

沮授劝谏道：“近年，我们刚刚讨伐公孙瓒，军队出征一年多，百姓疲惫，仓库空虚，不可轻举妄动。应当先向许都派去使者告捷，休兵安民，如果曹操不让我们的使者进京，我们就可以上书弹劾他，然后在名正言顺地进驻黎阳（今河南省浚县），逐渐蚕食黄河以南地区。要建造充足的战舰，修缮攻城器械，并派遣精锐骑兵分道侵扰曹操的边境，令其不得安生，我们则以逸待劳，如此一来，可轻松平定天下。”

审配、郭图却说：“兵书上说：‘十倍于敌，则可以包围敌人；五倍于敌，就可以发起进攻；与敌人力量相当，就能够与敌决战。’如今，依靠着明公的神武，拥有中国北方强大的军队，前去讨伐姓曹的，将易如反掌，如今不趁机发起进攻，等到将来，恐怕就难了。”

沮授说道：“救乱除暴的军队，被称为义兵；自恃强大的军队，被称为骄兵。义兵无敌，骄兵必败。曹操奉迎天子，迁都许县，如今，我们举兵南下，兵犯朝廷，在大义上是理亏的。况且，作战依靠的是谋略，不在乎敌我的强弱。曹操的军队纪律严明，士卒精练，不似公孙瓒那种坐以待毙的人物。如今，明公不采用万全之策，却出动无名之师，我非常担忧！”

审配、郭图又说：“周武王讨伐商纣王，没人说他不义，我们讨伐的是曹操，怎能说师出无名呢？况且，如今明公如此强大，军队士气高昂，不趁此良机赶快奠定大业，这应了‘上天给予的，如果不取，反而会变成灾难’这句话了，也就是越国称霸、吴国灭亡的原因。监军的考虑着眼于持重，却没能做到随机应变。”

袁绍遂采纳了二人的建议。

郭图等人趁机又在袁绍面前说沮授的坏话：“沮授统领各军，威震内外，如果他声望不断增强，以后将怎么控制？主公与臣下权力有大有小，就会干成一番事业；主公与臣下的权力相同，就会灭亡，这是黄石公曾经教导过的。况且，如果他在外统领军队，就不应该再管理内务了。”袁绍就将沮授统领的军队一分为三，设置了三个都督，分别由沮授、郭图、淳于琼三人各自率领一支军队，一起南下。骑都尉崔琰劝谏道：“天子住在许县，人心偏向那边，不可进攻。”但袁绍不从。

许县的诸将听说袁绍将要进攻许县，都非常恐惧，曹操给大家打气说：“我了解袁绍的为人，此人志向很大但智谋不足，外表英勇但实际上胆小，对人猜忌又缺少威严，他的军队人数虽多但各部的职责不清，将领骄傲自大又政令不一。他袁绍所占的地盘虽大，粮食虽多，不过是送给我们的礼物而已。”

孔融对荀彧说：“袁绍地广兵强，田丰、许攸都是智谋之士，替他出谋划策；审配、逢纪忠心耿耿，替他办事；颜良、文丑都是猛将，替他领兵打仗，要想打败他，不是太难了点吗？”

荀彧回答：“袁绍军队虽多，但纪律不严；田丰个性刚强，总是冒犯上级；许攸贪婪自私，无法克制自己；审配独断专行，却没有智谋；逢纪为人果断，却刚愎自用。像个性如此的这几个在一起，势必不能相互包容，必生内讧。颜良、文丑，不过是匹夫之勇罢了，一战即可将他们拿下。”

建安四年八月，曹操率领两万精兵进驻黎阳，并命令臧霸等人率领精兵进入青州，控制东部局势。当时，于禁表示愿意充当前锋，曹操大喜，即分配给其两千步兵，让其守卫延津（今河南省延津县北）。九月，曹操回到许都，派一部分军队守卫官渡（今河南省中牟县北）。

袁曹双方都在加紧布局，对于袁绍而言，之所以没有立即发起进攻，大约有以下几点。

一是北方尚不安定。袁绍虽然消灭了公孙瓒，但幽州地区尚有鲜于辅、田豫、阎柔、黑山贼以及乌桓势力，在袁曹之间即将到来的决战中，这四股势力的向背将直接关乎袁曹力量的消长：对袁绍而言，这四股势力是自己后方稳定的保障；对曹操而言，他们则是牵制袁绍兵力，扰动袁绍后方的第二军团，因此，袁曹双方都使尽浑身解数来争取这四股力量。从事态的发展来看，曹操因手中握有汉献帝这张王牌，在与袁绍的较量中显然处于上风：鲜于辅在田豫的劝说下，亲自率众前往许县，被曹操以汉献帝之名任命为建忠将军，都督幽州六郡，又晋升为右度辽将军，封南昌亭侯，派其回到幽州，继续牵制袁绍；阎柔也派人前来接受曹操指令，被曹操正式任命为护乌桓校尉；黑山贼张燕在袁绍与公孙瓒交战时，曾派部将杜长等人增援公孙瓒，结果反被袁绍击败，实力削弱，但其一直没有屈服于袁绍，当他得知曹操与袁绍矛盾加剧后，即派人主动要求协助朝廷，曹操就势任命其为平北将军。在这四股势力中，鲜于辅、张燕、阎柔已经完全投靠了曹操，唯有乌桓在袁绍封官许愿下，还是比较倾向于袁绍的，但也只是保持中立而已。在这种情况下，袁绍尚需时日对后方可能发生的事态预先进行安排，留出足够的兵力对付来自三方的威胁。

二是袁军大战之后需要休整。正如沮授所言，袁军刚刚消灭公孙瓒，部队非常疲劳，袁绍还是部分采纳了沮授的建议，并没有立即对许县发起进攻。

三是联络同盟军的工作还没有结果。曹操在试图搞乱袁绍的后方，袁绍也同样想到了这一点。曹操的后方是张绣和刘表以及许都内部曹操的异己势力，袁绍在这方面也开始大做文章。袁绍派人招抚张绣，并亲自给贾诩写信示好。张绣有些心动，贾诩却当场对袁绍的使者说道："你给袁本初带去我们的歉意：他们兄弟之间尚且反目为仇，岂能包容天下其他英雄豪杰？"张绣听罢，大惊失色，赶忙说道："何至于此！"悄声对贾诩说："既然与袁绍弄得这么僵了，我们该归降谁呢？"贾诩回答："不如归顺曹公。"张绣又说："袁绍强大，曹操弱小，况且，过去我们还与曹操有仇，这合适吗？"贾诩回答："这正是合适之处。曹公奉天子以号令天下，这是应该服从他的第一个理由；袁绍强盛，我们带着我们这点军队归顺他，他肯定不会看重我们，而曹公弱小，得到我们肯定非常高兴，这是第二个理由；有霸王之志的人会忘掉私怨，以向世人展示自己宽广的胸襟，这是第三个理由。希望将军不要再疑虑了！"

建安四年十一月，张绣率众投靠了曹操。曹操大喜，紧紧握住张绣的双手，说了很多安慰他的话，举办盛大的宴会款待他们，将张绣的女儿许配给自己的儿子曹均，拜张绣为扬武将军。他还握住贾诩的手，说道："让我的诚信被天下之人都看重的人，正是你啊！"任命贾诩为执金吾，封都亭侯，晋升为冀州牧。

六七　山雨欲来（二）

袁绍在张绣那里碰了一鼻子灰，他又派人向刘表求援。刘表虽然表面上答应了他，但既不帮助袁绍，也不帮助曹操，内心却只想割据荆州，伺机而动。

刘表过去就一直与袁绍勾勾搭搭，又向许都朝廷进贡，这种骑墙战术在短期内似乎是左右逢源，但最终必定会被强者灭亡。当初，治中邓羲就曾劝他不能这样，他却反驳道："一方面向朝廷进贡，另一方面又顺从盟主，这才是最正确的，治中有何奇怪的呢？"邓羲见刘表不听，遂辞去了官职。

刘表的态度自然让曹操觉得他是自己潜在的对手，可能有曹操方面的引诱，也可能没有，荆州辖区的长沙太守张羡背叛了刘表。张羡，南阳人，过去曾任零陵县长、贵阳县长，性格桀骜不驯，刘表看不起他，张羡一直怀恨在心。《三国志·桓阶传》记载，孙坚担任长沙太守期间曾举荐桓阶为孝廉，被朝廷任命为尚书郎，因此，桓阶对孙氏一直感恩戴德，后桓阶担任长沙郡功曹。如今，刘表与曹操、孙策为敌，桓阶从内心深处当然倾向于曹操和孙策，所以，他对张羡建议说："举事如果不遵循大义，未有不失败的，因此，齐桓公率领诸侯尊奉周天子，晋文公驱逐王子带迎回了周襄王。如今，袁绍的所作所为却不是这样，可是刘表依附于他，这是自取灭亡啊。大人一定要建功立业，全身避祸，就不该与其同流合污。"张羡说："那该如何是好？"桓阶又说："曹公虽然弱小，却站在正义一边，解救朝廷的危难，奉王命以讨伐有罪之人，谁敢不服？如今，如果率领江南四郡固守三江，作为曹公南方的内应，这不是很好吗？"张羡回答："好！"遂背叛了刘表，并派人前往许都向曹操通报，曹操听后大喜。刘表派兵包围长沙，强攻数年，一直攻不下来，不久，张羡病死，其子张怿继任。刘表趁机攻下了长沙，并继续南下兼并了零陵、桂阳，刘表的地盘有数千里，军队十余万。

此时，从事中郎韩嵩、别驾刘先劝说刘表道："如今，两雄相争，天下的权重全在将军。将军如果想有所作为，当然可以趁他们打得筋疲力尽时发起进攻；如果不是这么打算的，必须有所选择，决定自己将要追随的对象。将军拥有十万之众，坐观他人成败，人家求援的，也不伸出援手；看到贤能的，也不肯归附，这样一来，双方都会怨恨将军，恐怕难以一直保持中立。曹操善于用兵，很多贤能之士都投靠了他，势必击败袁绍，然后，再挥师南下，恐怕将军无法抵挡。如今的上策是不如交出荆州，归顺曹操，曹操肯定会对将军感恩戴德，则将军也能永享福禄，传之子孙，这才是万全之策啊！"蒯越也这样劝他。

刘表满腹狐疑，遂派韩嵩前往许都，观察情况，并对韩嵩说："如今天下尚未平定，而曹操挟持天子在许都定都，你替我走一趟看看形势。"

韩嵩回答："圣人通达世事，此等的能守住节操。韩嵩我不过是个守节之人，君臣名分已定，我一定会以死坚守我的名节。如今，我韩嵩既然已经做了将军你的下属，就只听从将军你的命令，即使是赴汤蹈火，也在所不辞。以我观察，曹公必定会得到天下。将军能顺从天子，投靠曹公，派我前去自然是可以的；如果还狐疑不定，韩嵩一旦到了京师，天子授予臣一个官职，而又不准我辞让，那么，我就成了天子的大臣、将军您的旧吏了。当下的主公才是主公，到那时，韩嵩就会效忠天子，以大义不得再替将军你卖命了。还请将军三思！不要辜负了韩嵩我！"

刘表觉得韩嵩是不想去，就强迫他前往。果然，韩嵩到了许都以后，汉献帝下诏拜其为侍中、零陵太守。回来后，韩嵩对汉献帝以及曹操是赞不绝口，并劝说刘表送去人质。刘表大怒，以为韩嵩对自己怀有二心，遂召集全体官吏，布置刑场，要将韩嵩处死，数落道："韩嵩你竟敢怀有二心！"

众人无不吓得面如土色，想让韩嵩谢罪，但韩嵩面不改色，慢腾腾地说道："是将军辜负了韩嵩我，我韩嵩没有辜负将军！"并提及临行前自己亲口说的话。刘表的妻子蔡氏劝说道："韩嵩是当地的知名人士，况且，他襟怀坦荡，言语坦率，没有理由杀人家！"刘表仍然余怒未消，下令严刑拷打随行人员，有的被拷打致死，最终也没有问出什么，于是，这才饶了韩嵩，但还是将他囚禁了起来。史称："（刘表）虽外貌儒雅，而心多疑忌，皆此类也。"

也就是在这种情况下，曹操才鼓动孙策进攻黄祖、刘表，其目的当然是想让孙策把刘表的注意力吸引到东南方向，免去自己的后顾之忧。除了南方的刘表外，对于关中诸将曹操仍然不太放心。

与刘表的态度一样，在即将到来的袁曹决战中，关中诸将也不知该站在哪一边，凉州牧韦端遂派从事杨阜到许都察看。杨阜，字义山，天水郡冀县（今甘肃省甘谷县）人。《魏略》称其从小就与同郡的尹奉、赵昂齐名，均为凉州从事。在许都，杨阜被汉献帝任命为安定长史，回来后，关中诸将问他："袁曹二人谁能取胜？"杨阜回答："袁公宽和却少决断，好计谋却又不会选择；优柔寡断就难以树立威信，不知该如何选择就会误事，现在看起来虽然很强，但最终难以建成一番大业。曹公雄才大略，抓住机会，毫不迟疑，法令统一，部队精良，往往能重用一些意想不到的人才，重用的人又都能尽心竭力，非常称职，他一定能成功！"杨阜不想当这个长史，就辞去官职。韦端后来被朝廷征召为太仆，其子韦康继任刺史，征辟杨阜为别驾。

当时，在钟繇的安抚下，关中诸将其实已经保持了中立，甚至还稍稍偏向于曹操一方。就在曹操与袁绍相持于官渡之际，钟繇从关中送来了两千匹战马。曹操给钟繇写信夸奖道："收到你送来的马匹，非常及时。平定关中，让朝廷没有西顾之忧，这都是你的功劳啊！过去萧何镇守关中，给军队源源不断地送来军粮，也正与你做得相似。"因此，曹操并不太担心关中，倒是让他最担心的还是刘表的态度，虽然孙策的确在夏口之战中打败了黄祖，但孙策有他自己的小算盘，并没有继续与刘表死缠烂打，而是见好就收，得胜之后就打道回府了，这让曹操非常失望，曹操知道刘表过去曾向汉献帝打过益州牧刘焉的小报告，还曾鼓动刘焉的下属甘宁等人发动叛乱，因此，益州与荆州之间矛盾甚深，于是，曹操又派治书侍御史卫觊前往益州，企图说服益州牧刘璋发兵东进，进攻刘表，此举当然与鼓动孙策西进是一个道理。

卫觊，字伯儒，河东安邑（今山西省夏县北）人，被曹操征辟为司空掾属，他是后来邓艾、钟会伐蜀时的监军卫瓘的父亲，他的重孙女卫夫人是东晋著名书法家王羲之的老师。

卫觊行至长安后，因道路不通，无法前往益州，遂留在了长安。当时，关中原来逃往各地的难民纷纷返回故乡，这些人大多被关中诸将收为部曲，卫觊给尚书令荀彧写信建议："关中土地肥美，沃野千里，过去这里大乱，流亡到荆州的百姓就高达十万多家，如今，百姓们听说这里恢复了安宁，又都盼望着回到故乡，可是，返乡的百姓无法立足，关中诸将竞相将他们招为部曲，而当地郡县力量薄弱，无力阻挠，诸将的力量会越来越强，一旦发生变故，一定会后患无穷。食盐是朝廷最大的财源，大乱之后，盐业专卖制度也遭到了破坏，我建议恢复过去的盐业专卖制度，像过去那样设置官吏，监管盐业买卖，用盐业利润买来耕牛，如果有返乡的难民，就把耕牛借给他们，鼓励他们从事农业生产，促使关中经济复苏，这样一来，远处的百姓听说后必定会竞相返乡。再派司隶校尉进驻关中，维持社会秩序，如此一来，关中诸将的力量将逐渐削弱，朝廷和百姓们的力量会慢慢增强，这是巩固根本、削弱敌人的良策啊。”荀彧上报曹操，曹操予以采纳，于是，东汉朝廷派谒者仆射担任盐官，进驻河东郡安邑县的盐池，又命司隶校尉进驻弘农。关中从此对许都朝廷由中立变为服从。

一切似乎都在向着曹操一方倾斜，但袁绍也不甘心失败，他开始采取多种手段试图从许都内部找出突破口，搞乱曹操集团。

到建安四年年底，双方的矛盾持续激化，战争一触即发，曹操又率军从许都回到了官渡。当时，常从士（贴身侍卫）徐他等人阴谋刺杀曹操，因许褚经常侍卫在曹操身边，不敢动手。徐他等人一直等到许褚休假这一天，决定动手，遂怀揣利刃进入曹操的大帐。许褚回到住所后，心里莫名其妙地感到不安，当即又折返回来值班，徐他等人对此并不知情。等到他们闯入大帐以后，却发现许褚还在，不禁大惊失色，许褚也觉察出徐他等人举动诡异，当场将数人击杀，从此以后，曹操对许褚更加信任，曹操走到哪，都由许褚在身边护卫，寸步不离。这次刺杀曹操事件出现在官渡之战行将爆发的前夜，由此判断绝不是徐他等人的一次偶发叛乱，肯定是有深刻的政治背景的，极有可能是袁绍集团策划的一次行动。这次刺杀行动也让曹操对自己的生命安全更加重视，他很快就想到了一个办法。《世说新语·假谲》记载，曹操经常对身边的侍卫们说：“我睡觉的时候，你们不要随便接近我，谁在我熟睡的时候走到我身边，我就会不自觉地杀了他，你们一定要记住这一点。”不久，曹操就假装睡着了，将被子蹬开。他身边的一位亲信侍从偷偷给他盖被子，曹操手起刀落，遂将那人杀死。从此以后，曹操睡觉的时候，再也无人敢接近他了。

六八　官渡之战（一）

自古以来，谁能经营好中原，谁就能得到天下。

但中原既能合天下之全势，又是一个四战之地。经营好中原，才能有效地控驭四面八方；经营不好中原，又极易被四方的割据势力撕裂，这里又会成为统治者的葬身之地，这对身处其间的英雄豪杰的战略眼光提出了极高的要求，而此时的曹操也正是如此。牵制刘表，怀柔关中，拉拢孙策，封赏鲜于辅，派出臧霸，在大战前夕，曹操费尽心机，给自己创造了一个非常有利的外部环境，经过曹操精心策划，一个占据中原、驾驭四方的良性态势已经逐步显现。

然而，一件让他意想不到的事几乎打乱了他精心安排的这一棋局。

车骑将军董承的女儿是汉献帝的贵人，董承自称接受了汉献帝的衣带中的密诏，要求与刘备等人一起除掉曹操。刘备知道曹操非常猜忌，因此，他在许都时非常低调，据《吴历》记载，当时曹操经常派心腹暗中监视诸将，发现将领们相互请客吃饭、勾勾搭搭的，总是找个借口将其人杀掉。刘备在许都时，经常闭门谢客，在菜园里种菜，以避嫌疑。一次，曹操与刘备吃饭时，从容说道：“当今天下英雄，只有你与我曹操二人而已，袁本初之类的何足挂齿。”刘备正在吃饭，乍听之下，以为曹操已经获悉了董承的阴谋，吓得筷子掉到了地上。恰巧天上响起一阵惊雷，刘备赶忙掩饰道：“圣人说过：‘惊雷大风，令人变色。’真是如此啊！一声惊雷的威力竟然能到这一步！”曹操的一句话撕开了刘备所有的伪装，也让刘备知道，曹操今天不杀自己，可能只是出于策略上的考虑，今天不杀，明天就会杀，这只是一个时间问题，想到这里，刘备遂答应了董承的要求，与长水校尉种辑、将军吴子兰、偏将军王服等人合谋。种辑一直就是杨定一党，与董承关系密切；吴子兰、王服二人生平不详。

董承的政变还没有来得及发动，到建安四年上半年，曹操就派遣刘备、朱灵、路招三人率军截击试图北上的袁术去了。董昭听说后，前来劝说曹操："刘备英勇，又志向远大，关羽、张飞是他的左膀右臂，恐怕刘备的内心难以预料啊！"曹操却说："我已经答应他了。"《华阳国志》记载，曹操令人前往沛县驻京办察看刘备的举动，只见刘备正在后园整理葱，仆人干得不好，刘备拿起棍棒在打仆人。听了汇报后，曹操说："这大耳朵老家伙还没有觉醒。"当晚，刘备与关羽、张飞等人趁夜迅速离开了许都。等刘备等人已经离开许都，程昱、郭嘉才得知，二人匆匆前来劝谏曹操说："大人过去没有处理刘备，我等确实有考虑不周的地方，可是，如今借给他部队，此人必定会有异心！"郭嘉又说："放了刘备，要乱了！"听了众人的劝谏，曹操猛然醒悟，派人去追赶，却已经追不上了。刘备等人来到徐州后，袁术就知难而退，到了六月，就病死了。

刘备离开许都以后，董承等人并没有因为刘备的离去而取消原计划。董承给王服说："郭汜只有数百人马就打败了李傕数万人，现在关键在于你与我同心不同心。过去，吕不韦也需要子楚（秦始皇之父）才富贵，你我二人的关系就是如此。"王服回答："我诚惶诚恐，不敢当啊，况且我手下的人马又少。"董承又说："成功以后，吞并了曹公的军队，还不够吗？"王服又问："如今京师之内是否有同谋？"董承回答："长水校尉种辑、议郎吴硕就是我的心腹。"于是二人订下了诛杀曹操、发动政变的计划。

建安五年（公元200年）一月初，董承的阴谋败露，曹操果断诛杀了董承、王服、种辑等人，全部灭掉三族。曹操命人入宫诛杀董贵人，当时董贵人有孕在身，汉献帝多次请求曹操暂时放过董贵人，等到她生下孩子以后再行刑，但盛怒中的曹操一口拒绝了。

董承阴谋败露后，刘备参与此事也大白于天下了。刘备来到下邳后，朱灵等人率军返回了许都，刘备留在下邳协防。等到董承被杀的消息传来，刘备决定先下手，遂杀害徐州刺史车胄，举兵反叛。他留下关羽驻守下邳，代行太守一职，自己则回到了小沛。刘备叛变后，利用徐州人仇视曹操的心理，说服不少当地军民背叛了曹操，泰山诸将之一的东海太守昌豨就是如此，此时的刘备已拥有数万人马，并派孙乾前去与袁绍联络。孙乾，字公祐，北海人，刘备担任徐州牧后，由郑玄引荐而被刘备辟为从事，遂一直追随刘备。至于董承被杀在前还是刘备背叛在前，史书表述的各不一样，《资治通鉴》《三国志·魏书》《三国志·关羽传》都将刘备杀车胄一事记载在建安五年即董承被杀之前，而《三国志·蜀书》则记载在董承被杀之后。按常理分析，如果没有董承的被杀，似乎刘备也不一定要背叛，因此，我们以《三国志·蜀书》来叙述此事，但这仅仅是常理，以刘备的为人也极有可能出于以下判断而自行发动叛乱：一、曹操已经看出了自己的英雄本色；二、破坏曹操的布局，在袁曹之间的对决中，自己慢慢壮大，甚至能够火中取栗；三、曹操在袁绍重兵面前不可能会挥师东征，因此，从这一点上来说，刘备在建安四年下半年就已经杀掉了车胄也不是没有可能。

刘备的叛变，打乱了曹操的部署。过去曹操曾对刘备泄露了自己将要进攻袁绍的计划，这下可好，刘备突然背叛，让曹操后悔不及。王粲的《汉末英雄记》称："曹操与刘备密言，备泄之于袁绍，绍知操有图己之意。操自咂其舌流血，以失言戒后世。"原本曹操已经令臧霸等人监视青州的袁谭，即使无法组织有力的进攻，从侧翼威胁到袁绍，但起码可以依托青州与兖州之间的黄河、泰山等天险，抵御袁谭的进攻，牵制袁军一部分兵力。如今，刘备的突然叛变，在兖州和豫州之间打入了一颗钉子，不仅让兖州处于腹背受敌的境地，而且让官渡、许都的侧翼暴露在刘备的打击之下。曹操得知后，立即命令司空长史刘岱、中郎将王忠率军东征，企图趁刘备立足未稳，一举将其击败。刘岱，字公山，沛国人，此刘岱与原任兖州刺史刘岱同名，而且字也相同，但不是同一人，彼人已于初平三年（公元192年，即8年前）为黄巾军所杀；王忠，扶风（今陕西省兴平市）人，李傕之乱中，王忠曾以吃人为生，后与同乡一起从武关东下，娄圭曾在南阳一带接收关中流民，王忠不愿归附娄圭，遂率众进攻，夺取了娄圭部众的武器，向曹操投降，被拜为中郎将；曹丕知道王忠曾吃过人，在一起出征时，让戏子们把坟墓里的骷髅挂在王忠的马上，取笑他，后来，王忠官至扬武将军。

刘备对刘岱、王忠等人说："像你们这样的来一百个也不能把我怎么样，就是曹公亲自前来，胜负也在未定之中！"果然，刘岱、王忠无法取胜。

官渡前线已经战云密布，战事随时就会爆发，徐州战事又一直没有结果，曹操遂决定亲征刘备。众将纷纷劝阻："与大人争夺天下的是袁绍，如今，袁绍就要南下了，而大人却置之不理，率军东征，一旦袁绍乘虚偷袭我们的后方，该如何是好？"

曹操回答："刘备，是人中豪杰啊，如今不迅速将其击破，必为后患。袁绍虽有大志，但他往往反应迟钝，肯定不会行动的。"

郭嘉也劝说曹操道："袁绍个性迟缓多疑，即使要南下也一定不会太快。刘备刚刚叛乱，众心不服，我们迅速发起进攻，一定很快就会将其击败。这是生死存亡的关键时刻，一定不要失去了！"

曹操说："对！"当即留下诸将驻守官渡，亲自率领精兵东征刘备。

得知曹操精锐部队东去以后，冀州别驾田丰劝说袁绍："与大人争夺天下的是曹操。曹操与刘备交手，难以立即分出胜负。大人率军进攻曹操的背后，可一战而定！时机到来了，部队才行动，今日就是这个时机！"袁绍却以一个十分荒唐的理由拒绝了——他的小儿子生病了！田丰听后，仰天长叹道："天哪！遇到千载难逢的时机，竟然以婴儿有病为由不去利用，可惜啊！大事去矣！"袁绍听了，勃然大怒，从此开始对田丰疏远起来了。史书言之凿凿，将袁绍没有立即南下归结于孩子生病，千载以下令人觉得袁绍就是个窝囊废，然而，当我们仔细研读史书会发现也许情况并非如此。《三国志·于禁传》记载："太祖壮之，乃遣步卒二千人，使禁将，守延津以拒绍，太祖引军还官渡。刘备以徐州叛，太祖东征之。绍攻禁，禁坚守，绍不能拔。"由此可见，曹操在建安四年就已经令于禁率领两千步兵驻守延津了，等到建安五年一月曹操东征刘备时，袁绍虽然自己没有南下，却命令袁军向延津发起了进攻，但没有得手。

刘备根本没有料到曹操会亲自前来，等到侦察兵前来报告说曹操真的亲自来了，刘备大惊失色，然而，仍然有些半信半疑，遂亲自率领数十名骑兵出城侦察。刘备望见曹操的帅旗后，遂抛弃部众，仓皇而逃。曹操将刘备部众全部俘获，又生擒了刘备的妻子。这是《魏书》的记载，《通鉴考异》认为，刘备不可能不战而逃，我们从郭嘉"刘备新起，众心不附"的话中分析，刘备不战而逃未必不是实情，这是因为：一、刘备手下的部队大部分原为曹军旧部，曹操亲自前来，军队内部很有可能哗变；二、刘备极有可能是在得知董承被杀后仓促叛变的，正如郭嘉所云刘备尚立足未稳；三、在这种情况下，刘备根本不是曹操的对手。刘备的妻子们曾两次被吕布俘获，又被送回，这次被曹操俘获，却没有了下文，也不知姓氏。《三国志·先主传》《甘后传》均称："先主数丧嫡室，甘氏随先主于荆州，产后主。"也就是说，在刘备来到荆州之前，妻子儿子都已经没有了。

曹操在占领小沛后，又迅速率军攻克了下邳，将关羽活捉，又乘胜进攻昌豨，将其击破。曹操得到关羽后，拜其为偏将军，对其非常礼遇。刘备逃往青州，袁谭曾是刘备举荐过的茂才，率领步骑迎接刘备。刘备随袁谭来到平原，袁谭飞马告知了袁绍。袁绍派部将沿途奉迎，他则亲自前往邺城二百里以外与刘备相见，给予刘备很高的礼遇。刘备在邺城待了一个月以后，打散了的部众才稍稍前来归附。刘备几乎是只身来到袁绍这里，相继回归的部众应该很少，而在袁绍的眼皮底下刘备又的确弄了一些部众，其中的奥妙究竟在哪里呢？这得益于一个人——赵云。来到邺城后，赵云来拜见刘备，刘备故技重演，与赵云同床而卧，极力拉拢，并暗中派遣赵云偷偷招募了数百人，对外宣称是刘左将军的部属，对此，袁绍一直被蒙在鼓里。

六九 官渡之战（二）

曹操闪电般地来到徐州，仅用十天半月就拔掉了刘备这颗钉子，清除了隐患，在击破昌豨后，曹操不敢久留，遂以同样的速度又在一月底回到了官渡。曹操回去之前，以董昭为徐州牧，镇守东南地区，但不久，又改任董昭为魏郡太守，将其调回军中。另据《三国志·何夔传》注引《魏书》称：“自刘备叛后，东南多变。太祖以陈群为酂（今河南省永城市西南）令，夔为城父（今安徽省亳州市东南）令，诸县皆用名士以镇抚之，其后吏民稍定。”由此可知，在曹操迅速击败刘备后，又在东南兖、徐地区任命名士们担任县令，镇抚当地。

直到这时，袁绍才如梦初醒，开始召集幕僚们商议向许都发起进攻。田丰说：“如今，曹操已经击破了刘备，许都已经不再空虚了。况且，曹操善于用兵，变化无穷，部众虽少，但不可轻视，不如按兵不动，再等机会。将军占据山川险要，拥有四州之众，结好外边的英雄豪杰，对内鼓励农业生产，然后，再挑选精锐部队，化整为零，乘虚渡过黄河，骚扰黄河以南地区。曹操救援东边，我们就袭击他的西边；曹操救援西边，我们则骚扰他的东边，让曹操疲于奔命，百姓不能安心从事生产，这样一来，我们一点都不疲惫，而敌人已经困顿了，不出三年，可坐等胜利。如今，放弃斗智的万全之策，却与他一战就要决出胜败，如果失利，后悔都来不及了！”但袁绍根本听不进去。田丰个性倔强刚直，他反复劝谏，终于惹恼了袁绍，袁绍借口他打击军心士气，下令将其打入了大牢。

于是，袁绍下令陈琳写下了著名的《为袁绍讨豫州檄》，向全国各地公开发布，在檄文中，袁绍这样说道：

“我听说圣主面临危局会制定策略来平定变乱，忠臣面临灾难将寻求对策来确立自己的地位，所以先有了不凡的英雄人物，然后才能干出非凡的事业；有了不凡的事业，才能立下不凡的功勋。这可非同寻常，不是普通人能想象得到的。从前，强大的秦国国君却很软弱，赵高执政，专权跋扈，作威作福，最终被灭族，至今背负骂名；到了吕后时期，吕禄、吕产专政，欺上瞒下，人人自危，绛侯周勃、朱虚侯刘章，愤怒起兵，诛讨叛乱，尊立皇帝，国家得以转危为安，他们也光照史册，成为大臣立功的典范。

“司空曹操，他的祖父曹腾，是从前的中常侍，与左悺、徐璜一起兴风作浪，骄横放纵，损害风化，虐待百姓；他的父亲曹嵩，是曹腾收养的义子，借助曹腾的地位，乘坐金车玉辇，勾结权势，篡夺皇位，颠覆皇权；曹操是阉人之后，素来就没什么品德，狡猾任侠，喜乱乐祸，袁绍我统领豪杰，铲除奸佞，又遇到了董卓的专权，欺凌百官，虐待百姓，于是我拔剑击鼓，发动诸侯，召集英雄，既往不咎，都予以任用，与曹操共同商讨讨伐董卓，本来以为曹操是英雄之才，可以任用，谁知他愚昧短见，轻易发动进攻，打了大败仗，丧失了许多兵力，袁绍我又分给他兵力，上表让他担任东郡太守；又让他担任兖州刺史，交给他军队，希望他能够像秦国将军孟明视一样将功赎罪。谁知曹操却更加飞扬跋扈，变本加厉地剥削人民，残害贤良，前任九江太守边让，英才俊逸，天下出名，直言正色，从不阿谀奉承，却被曹操杀死，将头颅悬挂示众，妻子二女都被杀害，从此，官员痛恨，民怨沸腾，一个人振臂一呼，整个兖州都群起响应，所以，他被徐方打败，土地被吕布夺取，逃到东部故乡，没有了立足之地。我袁绍本着扶弱惩强之心，而且不愿与善变的吕布同党，于是又出动兵马，征讨吕布，金鼓震天，吕布因而被打败，让他曹操起死回生，恢复了他的官职，就算袁绍我对兖州的百姓没有恩惠，也对他曹操有大恩大德。

“后来，皇帝把京都从长安迁到洛阳，群贼乱政，当时冀州正有北边少数民族的侵犯，所以，才派从事中郎徐勋为使者，下令曹操，让其缮修洛阳宗庙，保护年幼的皇上，可是，他趁机独断专行，住在宫内，玷污宫女，败乱法纪，一人兼任三职，专制朝政，封爵、赏赐全由他个人喜好，杀罚都出自他一人之口，他喜欢的人五族都受到恩惠，他讨厌的人就被夷灭三族，在公众场合议论的会被公开杀害，私下发牢骚的就被秘密处决，人们在路上只敢用眼色打招呼，百官也都不敢仗义执言，尚书只是名义上主持朝会，公卿们也只是名义上充当官职而已！前任太尉杨彪，历任司马、司徒、司空，地位尊崇，曹操因为私怨，罗织罪名，棒打鞭抽，恣意虐待；议郎赵彦，忠谏直言，他的建议都值得采纳，所以朝廷奖励他，给他加官晋爵，曹操打算篡权，杜绝言路，擅自逮捕并杀害了他，事先也不让皇帝知道；梁孝王是先帝的亲弟弟，他的陵墓非常尊贵，松柏桑梓，庄严肃穆，而曹操率领将领士兵，亲自挖掘他的陵墓，打破棺椁，露出尸体，盗取金宝，至令朝廷流泪，百姓感伤！他还成立所谓的发邱中郎将、摸金校尉，他的军队所过之处到处抢夺，没有坟墓不被挖掘的，他身处高官，却做桀纣那样的事，祸国殃民，毒害人鬼，再加上苛捐杂税，罗网布满田野，陷阱充塞道路，人们举手投足就能碰上他的罗网、陷阱，兖州、豫州到处是走投无路的百姓，京都许县也是民怨沸腾，历观古今书籍，曹操是最坏的大臣！

“袁绍我正在外征讨叛乱，没来得及教诲曹操，以为对他宽容，或许能使他自己有所收敛，但曹操豺狼本性，包藏祸心，竟然想谋害国家栋梁，孤立大汉皇帝，杀害忠正之人，自己想当一代枭雄。去年，我北征公孙瓒，公孙瓒也是个大贼寇，抵抗了一年，曹操趁我还没有打败公孙瓒，暗地发布命令，打算借皇上的名义，偷袭我的后方，所以，他才领兵到了黄河边，正要过河发起进攻，正巧，他的使者向我报告了这一计划，而此时，公孙瓒也已被我平定，所以，曹操的阴谋才被挫败。他又屯兵敖仓，以黄河为屏障，打算螳臂当车！我身负汉帝的委托，威震宇宙，雄兵百万，骑兵众多，猛将如云，并州横跨太行山，青州横跨济漯河；大军将渡过黄河，直接进攻他的正面，荆州也将出兵宛叶，攻击他的后方。聚集猛士，兵临敌军，就像举起烈火来烧蓬草、倾覆沧海来荡涤炭火，又有什么消灭不了！如今汉室衰弱，纲纪废弛，朝廷没有一个贤人辅佐，皇帝无所依赖，就算有忠义之人，受到曹操的胁迫，如何能施展能力？曹操又派七百精兵，围守皇宫，对外说保卫皇上，其实是拘禁皇上。我担心他行将篡位，这正是忠臣肝脑涂地、烈士立功的时候，怎能不好好努力！

“现在，曹操矫诏称制，调发各地军队。我担心边远的州郡，不明真相，发兵帮助他，这样，将违背人心，招致叛乱，落下恶名，为人耻笑，这不是聪明人该做的。从现在起，幽州、并州、青州、冀州，四州同时进兵，各县各郡也整顿义兵，包围曹操的边界；显示威武，共同匡扶社稷，这样一来，伟大的功勋就将建立起来了！

“能获得曹操人头的，封为五千户侯，赏钱五千万！曹操部下偏将官吏有投降的，都既往不咎。广宣恩信，大加厚赏，布告天下，让大家都知道我们的皇上有难了！

“此檄文犹如法律，大家要严格遵守！”

陈琳在建安七子中以五言诗见长，历来有“五琳七干（徐干）”之称，但他撰写的这篇檄文也同样非常著名，为历代文史学家所称道。该文语言犀利，极具煽动力。

不过，袁绍当然也知道是骂不死曹操的，于是，他从各个州郡中挑选了十万多大军，打算像消灭公孙瓒那样一举灭掉曹操……

七〇　官渡之战（三）

袁绍的邺城（今河北省临漳县）与曹操的许都（今河南省许昌市）相距约五百华里。

邺城为冀州魏郡的治所，下辖十五城，原来均在黄河西北岸。西汉文帝时黄河决口改道北流，将魏郡一分为二，到东汉末年，魏郡东南的清渊（今山东省临清市西南）、馆陶（今山东省馆陶县西南）、元城（今河南省南乐县）、阴安（今河南省清丰县北）、内黄（今河南省内黄县西北）、黎阳（今河南省浚县东）被隔在黄河以东以南。

要想彻底弄清楚官渡之战的周边地理情况，就必须先从古黄河说起。

古黄河流经洛阳以后，又向东经过巩县（今河南省巩义市）以北，此处有一个津渡，叫五社津，洛水从巩县的西北方向北流注入黄河；黄河又在成皋县（今河南省荥阳市西北二十公里汜水镇虎牢关村西北成皋城）以北向东流去，济水从黄河北岸注入黄河。成皋县的旧县城在大伾山［此大伾山与下述的黎阳县的黎山（今称大伾山）同名但不是一处］上，济水也就是从此处往北注入黄河。《穆天子传》称，穆天子在郑国射猎，一头老虎藏匿在芦苇之中，猛士高奔戎将老虎活捉，献给穆天子，穆天子让人把老虎养在笼子里，因此，此地又叫虎牢。在大伾山即虎牢的东边又有汜水从南而北注入黄河，因此，此处又称为汜水关、虎牢关、成皋关。

黄河再往东流不远，就到了荥阳县（今河南省荥阳市）以北。大禹治水时，曾在此地开挖了一条水渠，将黄河河水分流到淮河和泗水，这条渠就称为蒗荡渠。由于河水泛滥，西汉以前，在这里形成了一个巨大的沼泽地带，被称作荥泽，荥泽起到了沉淀泥沙的作用，但到了东汉时期，荥泽逐渐被泥沙壅塞，最终不复存在，黄河失去了荥泽的沉淀泥沙作用，开始泛滥。东汉明帝永平十二年（公元69年），明帝下令王景修筑从荥阳一直到黄河入海口的千里长堤，每十里修筑一座水门，调解水流、疏导淤积。顺帝、灵帝时期又分别进行了整修，黄河堤坝被称为金堤。

黄河继续往东北流，在今河南省武陟县东到酸枣县（今河南省延津县西南）西边这一带，向东分出一条支流，称为濮水。此后黄河继续折向东北，流经东燕县（今河南省延津县东北）老城的北边，在这里有一个渡口，被称为棘津、石济津和南津；黄河又向东流，向西分出一个支流与淇水汇合，从这里开始，黄河逐渐成为地上河，再向东流到遮害亭的南边，到遮害亭时，两边的黄河大堤已经高出地面四五丈了。河水再向东流，在滑台城（今河南省滑县）以北流过。此处有一个渡口，被称为延津，又称延寿津，而从濮水分出后到滑台之间黄河有很多津渡，也被人统称为延津。

黄河继续向东北流过黎阳县（今河南省浚县东北）的南边。黎阳老城的西南是黎山（今大伾山），东靠黄河，黄河的东岸有一座城，被称为鹿鸣城，又称为白马济（白马津）。在白马津的东南方向，有一座城，叫作白马城，因白马县又有韦乡，所以，白马津又被称为韦津。过去，黄河在白马县决口，与濮水、济水、黄沟合流，金堤筑成后，白马渎就断流了。过去白马渎向东北流经凉城（今河南省滑县东北），在白马津以东二十里处有一座山丘，南北二百步、东西五十步，有人称此地就是传说中的白马山。山下经常有成群结队的白马，马群悲鸣，黄河就会决口；马群奔跑，白马山就会崩塌。河水又继续向东北流经顿丘（今河南省浚县东北）的边界，稍前就是长寿津。在过去为了疏导黄河大水，从龙门又开凿了两条河道，一条称为漯川，一条称为北渎，也在附近流过。黄河又流经濮阳县北边，瓠子河从这里分出，濮阳县与卫县以黄河为界，附近有郭口津；黄河又流经鄄城县北，附近有卢关津；又向东北流经东武阳县以南，附近有委粟津；又从范县西边往东北流，在距离东阿六十里处就到了仓亭津。

回过头来，再从荥阳说起。从荥阳附近黄河折向东北，而从黄河又分出数条河流向东南方向而去。最重要的河流就是济水。济水发源于王屋山，旧史称济水是一条非常神奇的河流，时而以地下河的形式出现，时而浮出地表，横贯古黄河河床，从荥阳浮出地表，向东流经西、东广武城，流经敖山以北，山上有城，为天下粮仓，被称为敖仓城。《括地志》称："敖仓，在荥阳县西五里，石门之东，北临汴水，南带三皇山。”此后，与黄河流出的另一条河流荥渎（其上游引黄河水，建有石门，称为荥口石门）汇合，此地，济水又有汴水之名。经荥阳县以北后形成荥泽，又从荥泽向东流向浚仪（今河南省开封市），因此，该段河道又被称为官渡水、浚仪渠，或者蒗荡渠。济水再往东南流经阳武县（今河南省原阳县）境内，纵贯长城（指春秋时魏国的南长城，经今河南省原阳县折向东南到今河南省新密市），继续往东南流去，又一分为二：北济水流过酸枣县（今河南省延津县西南）的乌巢泽（今河南省延津县东南），乌巢泽以北有一个旧市亭。又流经大梁城（今河南省开封市）以北、长垣县西南、山东菏泽县、定陶县北，至郓城县南入于巨野泽。南济水流经阳武县故城（今河南省原阳县东南二十八里）南、封丘县（今河南省封丘县）南、大梁城（今河南省开封市西）北、小黄县故城（今河南省开封市陈留镇东北三十三里）北、东昏县故城（今河南省兰考县东北二十里）北、济阳县故城（今河南省兰考县北）南、冤句县故城（今山东省菏泽市西南四十里）南、定陶县故城（今山东省定陶县西北四里）南、乘氏县（今山东省巨野县西南）西，注入巨野泽。南北济水又从巨野泽流出，成为一条河流，流入大海。

由此可知，故黄河，从今河南省武陟县折向东北，流经今河南省新乡市以南、卫辉市以东、滑县以西，至黎阳（今河南省浚县东）以东黎山（今浚县东大伾山），流入今天的卫河河道一直流入大海。

黎阳城就在古黄河的西北岸。据《水经注》称：（河水）“又东北，过黎阳县南……黎山在其南，河水迳其东。其山上碑云：县取山之名，取水之阳以为名也……今黎山之东北故城，盖黎阳县之故城也。在浚县东北。山在城西，城凭山为基，东阻于河”。由此可知，黎阳、黎山（现在的大伾山）、古黄河、今浚县四者的地理位置应当为：今河南省浚县在西南、黎山在浚县东北、古黄河由西南而东北，过黎山东，黎阳在黎山北七里。

如前所述，在距离黎阳以南二十华里的黄河东南岸另有一处津渡，称为白马津，在今河南省滑县以北；在白马津东南，有一座白马城，在今河南省滑县东二十里；黎阳虽属冀州魏郡，白马城却属于兖州东郡。胡三省称，河水经黎阳遮害亭以南而东北流，经黎阳县南，河之西岸为黎阳界，河之东岸为滑台界，其津口为白马津。因此，白马津与黎阳分据黄河东西两岸，白马津以及东南的白马城是袁绍渡过黄河、跨出冀州第一个需要拿下的城池。在白马城一带还有数个较为重要的地理坐标：白马渎（河），向东北流经白马城，过濮阳，东南注入濮水；白马山等。

从白马津再往南四十里，就是延津，在今河南省延津县北，属兖州东郡酸枣县。《水经注》称：（古黄河到酸枣县以西后）“河水又东北，通谓之延津”。因此，延津是指从今河南省延津县以西到今河南省滑县之间数个津渡的统称，这些在古黄河东南岸的这数个渡口，是曹操北抗袁绍的第一道防线。

从延津再往南一百里，就是济水的上游官渡河（又称汴水）。济水河源从黄河河床之下穿过，在荥阳附近潜出，形成荥泽后，又出荥泽，合汜水而东，汇入蒗荡渠，注进圃田泽（在今河南省郑州市与中牟县之间）。据《水经注》记载，圃田泽“西限长城（指春秋时魏国的南长城，经今河南省原阳县折向东南到今河南省新密市），东极官渡，北佩渠水，东西四十里，南北二十里……上下二十四浦”，这里泥泞不堪，难以行军作战，是一道天然的屏障。从圃田泽流出的，就叫官渡河，经中牟后，一分为二，流经今河南省开封市向东北的叫阴沟水，向南的叫鸿沟水以及所谓的鸿沟诸水道，与济水、淮水、泗水、汝水四条水道相交汇，形成巨大的水道网络，在今河南省开封市一带蒹葭丛生，也难以行军作战，因此，只有官渡成为南北要道。这一特殊的地理条件使得官渡成为袁绍突破黄河以后南下许都的唯一一条最近的通道，也使之毫无悬念地成了曹操第二道防线的关键节点。

袁绍南下许都，最直接的道路就是邺城、黎阳、白马、延津、官渡、许都，从理论上，袁绍也可以向东迂回至鄄城，折向西南陈留，走曹操从兖州杀入豫州的老路；还可以向西进入河内，过孟津，入洛阳，再折向东南，走董卓军队进攻颍川、汝南的路线；至于从青州迂回到兖州，距离太远，虽然在理论上是可以，但不具有可行性。

袁绍在其拥有的四州三十个郡国三百多个县里选拔了十万精兵，一万骑兵，而《世语》则称，袁绍军队的总兵力是五万步兵，八千骑兵。关于官渡之战中袁曹二人各自的总兵力究竟是多少，历来是众说纷纭，莫衷一是。台湾三军大学出版的《中国历代战争史》称，袁绍有十万精兵，一万骑兵，另有八千乌桓突骑，并言之凿凿，称分别编为五个步兵校尉营、两个屯骑校尉部、两个越骑校尉营、一个长水校尉营、一个射声校尉及别步骑一部。每营设置一个校尉，共统领11347人；每营的下辖四个曲，每个曲设置军候，每曲2630人；每个曲下辖四个屯，每屯设置一个屯长，每屯570人；每屯下辖四个卒，设置一个卒伯，一卒125人；每个卒下辖四个什，125人；每个什下辖四个伍，25人；每个伍，5人。该书虽然较为精当，但亦有不少错误，比如，在描述孙策击破黄祖、折返豫章，在收降华歆后，留下周瑜镇守巴丘，将该巴丘注释为湖南省岳阳市，就是错误的，从当时的情势判断，孙策根本没有力量深入荆州腹地，此巴丘非彼巴丘，应在今江西省峡江县。尤其是关于这一点的论述，不知出处，我们只能聊作参考，其上所言袁绍的兵制与大陆学者的研究更是相差千里，比如中国军事出版社出版的《中国古代军制史》称，秦汉军队编制有部（又叫校、营）、曲、屯、队、什、伍；部为700—1300人，曲为200人，屯100人，队50人，什10人，伍5人。对照两本书，之所以出现分歧在于队之上是采用二二进制，还是与队下面一样的五五进制？从《后汉书》记载的五校尉的领兵人数在700—1300人来看，再结合《通典·兵二》记载，古代（虽然没有确指为三国）军队编制序列有队（5人）、火（10人）、队（50人）、官（100人）、曲（200人）、部（400人）、校（800人）、禆（1600人）、军（3200人），我们判断，《中国历代战争史》的说法可能有误。

袁绍以三子袁尚驻守邺城，以次子袁熙驻守幽州，以外甥高干驻守并州，以青州别驾王修驻守青州，以军师审配、行军司马逢纪留守后方，负责粮草，其余文武全部投入南征作战。

他以沮授、郭图、淳于琼分别担任监军，各自统领一部。《中国历代战争史》称，袁军下辖：

前锋颜良、步兵校尉马延、越骑别部司马韩定；

骑兵前锋文丑、豫州牧刘备、越骑校尉王摩；

左武卫营淳于琼、步兵校尉睦固（如系眭固之误的话，则非常错误，因眭固已在前一年被史涣、曹仁斩杀）、屯骑校尉韩莒、越骑别部司马赵叡；

右武卫营沮授、步兵校尉蒋奇、长水校尉荀谌；

中垒营袁绍、兼大将军幕府长史袁谭、主簿陈琳、参谋许攸、辛评、苏由；行军司马郭图；步兵校尉高览、屯骑校尉张郃、司马何茂；越骑校尉韩荀、司马韩猛；射声校尉吕旷、司马吕详；

后军蒋义渠，步兵校尉张颉；

运输总管逢纪，督运校尉孟岱；

邺城留后审配。

此表言之甚详，但不知出处，姑且放在此处。

建安五年（公元200年）二月，袁绍率领大军进抵黎阳（今河南省浚县东），《古今刀剑录》称：“袁绍在黎阳，梦神授一宝刀，及觉，果在卧所，铭曰‘思召’。绍解之曰：‘思召，绍字也。’”

临出发时，反对此时用兵的沮授将家财全部散给亲戚们，他沉重地对大家说：“成功了，就会威加四海；失败了，就连性命也难保，真是悲哀啊！”他的弟弟沮宗说：“曹操兵马不敌，哥哥为何如此担心？”沮授回答：“以曹操的智慧和谋略，又挟持天子作为自己的政治资本，我们虽然消灭了公孙瓒，但实际上部队已经非常疲惫了。可是，我们的主公骄傲自满，将领们也傲慢自大，这次战役大军行将瓦解。扬雄曾说过：‘六国愚蠢，为了秦国而不断地削弱周朝。’正是今天的情景啊！”

七一　官渡之战（四）

面对十万袁军，曹操的劣势十分明显。

据说，曹军不仅人数少，而且装备也很差，大铠甲仅有20领，马铠甲仅有10具，而袁军分别为10000领、300具。（出自曹操《军策令》他的自述，至于可信度也只能存疑）

关于曹军的实际参战人数，历来也是人们争论不已的话题。《三国志·武帝纪》称：“时公兵不满万，伤者十二三。”据此有人认为，曹操的军队不足一万。但对此，不少人提出了质疑，比如，裴松之在为《三国志》作注时就指出，曹操起兵之初就已经有了五千人马，从此以后，百战百胜，失败的不过十之一二而已，但击破青州黄巾军后，一下子就接收了三十万降卒，其余吞并的不可胜数，考虑到作战伤亡的，未必如此之少。裴松之的理由是：第一，在后来曹操与袁绍的对垒中，史称：“绍众十余万，屯营东西数十里。”又称曹操能分营据守，如果真是这样，曹操的兵力不至于如此之少；第二，袁绍如果有十倍之众，当并力进攻，切断曹操的出路，实际情况却是曹操还能命徐晃等人进攻袁绍的辎重车，他自己又能去进攻淳于琼等，显然其兵力不会太少；第三，各书称曹操在战后坑杀袁绍部众八万，有的说是七万，如果八万人一齐逃跑，八千人岂能抓获？因此，他得出结论，写史人不过是故意写曹操兵少以显示曹操的战功而已。何焯、林国赞也赞同裴松之的观点，何焯认为曹操的部队至少也有一两万人；林国赞参考了曹仁、曹洪、鲍勋、程昱、任峻、乐进、卫臻、满宠等传，以及《孙坚传》《孙静传》注引的《会稽典录》后，认为，在官渡之战时前来帮助曹操的已不下四万余人。

《三国志》在提及曹操前期时，总会把曹操带兵数字要么降低，要么不写，其目的就是神化曹操，将其描写成君权神授的“真人”，以应汉末以来的种种谶言。比如，《三国志》在写到曹操在汴水惨败时，就对曹操的兵力只字不提，我们只能结合相关传记才发现曹操兵力并不少，并且，那是一场非常惨重的失败；在写到曹操讨伐陶谦时，又对袁绍出兵协助只字不提，只在《徐晃传附朱灵传》一笔带过；在写到曹操反攻吕布时，也没有提及兵力；等等。除此之外，也与当时的社会环境有关，《三国志·国渊传》就曾提到：当时的“破贼文书旧以一为十”的惯例，一些写史人面对这些添加了水分的参考资料，又没有其他旁证推翻，就只能照录下来，这也是我们对于三国时期史书上描写的数字不可全信的一个原因。诸如下面提到的曹操招降百万黄巾男女、收编三十万黄巾军，对比《后汉书·袁绍传》称，“黄巾十万，焚烧青兖”，也极有可能曹操招降了十万黄巾，收编了三万军队。

曹操以五千人起兵后，汴水惨败变成了光杆司令，后又到扬州募兵，再击败于毒，担任东郡太守，至此兵力当在数千人，刘岱战死后，曹操接管兖州，组织的兖州军队应在数万人，才能招降三十万青州黄巾军；徐州陶谦的军队当在十万上下，曹操以青州黄巾军为基干力量，又从袁绍那里借兵，因此，才有了对徐州的压倒性优势，战后，袁绍朱灵所部又归降了曹操。吕布夺占兖州后，兖州一部分军队归降了吕布，对曹操是一个沉重的打击，但曹操亲自率领的讨伐军并没有哗变，人数至少有十万之众。在接下来的大天灾中和与吕布的频繁交手中，算上作战伤亡、因断粮遣散、军中人吃人等因素，能在袁绍的帮助下夺回兖州各地，曹军的人数当不下三万。在把吕布逐出兖州后，曹操趁势西进豫州，收降了豫州汝南、颍川各地的黄巾军何仪等部，每部“各数万人”，此时，曹操的力量在与河东诸将相比已经占有绝对优势，当有十余万之多，而后，他迎接汉献帝、迁都许县、东征袁术、讨伐吕布、进攻张绣，虽然作战有伤亡、也有失利的时候，但总体上来说，胜多败少，力量呈上升趋势，更为重要的是，由于许下屯田取得了成功，曹军不再有断粮之虞，且每次战斗都有收获，部队人数只会上升，下降的可能很小，况且，在官渡之战前，曹操又收编了张绣军队，因此，曹军的兵力不会太少。就算曹操需要在宛（今河南省南阳市）防御刘表、在汝南方向防御孙策，又向青州派出了精兵（但青州方向大概还是臧霸等人的旧部），但曹操深通兵法，也深知集中兵力的重要性，因此，其用于官渡正面的当不会少于五万。

曹操的军队虽然人数相对较少，但正如沮授所言的那样“士卒精练”，都是精兵。《通典·兵》记载，曹操曾颁布《步战令》，内容主要有：一是绝对服从指挥。第一通进军鼓（330下为一通）后，全体做好战斗准备；第二通后，骑兵上马，步兵手持武器，集结待命；第三通后，依次出发；遇到紧急鼓声，各队要按照布阵官指定的位置迅速列好阵形，违反者斩。二是严格战场纪律。临战时不得大声喧哗，按照指令前进、后退、变换阵形，违令者斩；对退缩者，伍长可以杀士兵，什长可以杀伍长，以此类推；督战官可以斩杀退缩者。三是确保协同一致。骑兵部署于军阵两翼，游击骑兵部署于后方；本队士兵必须跟随本队旗帜前进，乱阵者有功不赏；前面的士兵跑到了后面，后面的冲到了前面，有功不赏；一部受到攻击，其他各部不积极营救的，斩杀其部将。四是严惩逃兵。表现胆怯者斩；临阵脱逃者斩；逃兵逃回家中，一天之内家属不报告者，将逃兵与家属一律处斩。后来，到了建安八年，曹操还颁布了《败军令》称：“《司马法》：‘将军死绥。’故赵括之母，乞不坐括。是古之将者，军破于外，而家受罪于内也。自命将征行，但赏功而不罚罪，非国典也。其令诸将出征，败军者抵罪，失利者免官爵。”（见《曹操集》）在曹操的严格训练下，曹军纪律严明，作战力很强，正如曹操后来在《军策令》中说的那样：“是时，士卒精练，不与今时等也。”

鉴于黄河渡口较多和袁曹力量对比悬殊的客观现实，曹操确定了逐次抵抗、后发制人的策略，这是因为，如果曹军将黄河作为主要防线，将备多力分，出现处处防御、处处被动的局面，因此，曹操只能将黄河防线作为次要防线，只是起到牵制、削弱、疲惫、迷惑袁军的作用，而将官渡作为主要防线，将袁军引诱至黄河以南、官渡以北进行决战。古黄河在荥阳折向东北，在黄河西北岸依次为获嘉、汲县、延津、黎阳数个地理坐标，东南则是荥泽、圃田泽、官渡、蒗荡渠（又称渠水），在以荥阳、白马津与官渡三点构成的巨大三角地带里，白马渎、濮水横贯其中，濮水又在封丘一分为二，东南流去的被称为济水，在官渡的西北是原武（今河南省原阳县），北偏东是延津，再往东北又有乌巢泽、白马山、白马城等地理坐标，其间，还有从黄河分流的流经酸枣城北、延津以南的酸水以及南燕县（在延津县东三十里）以东的阳清湖等等，这里有山、有河、有湖泊，能守能攻，正是两军决战的理想地带，于是，曹操在前一年就将两军决战的地点预设在了这里。建安四年八月，曹操亲自前往黎阳视察地形，九月回到许都，分兵驻守官渡，十二月，率领主力进驻官渡，此后，在闪电般击败刘备后，又于次年一月迅速回到了官渡，并在官渡构筑防御工事。据《水经注校·渠水》称：（渠水）“又径曹太祖垒北，有高台，谓之官渡台，渡在中牟，故世又谓之中牟台。建安五年……绍进临官渡，起土山地道以逼垒，公亦起高台以捍之，即中牟台也。今台北土山犹在，山之东，悉绍旧营，遗台并存。”《读史方舆纪要》卷四十七《河南二·官渡城》，称中牟台为官渡城。《元和郡县志》载：“官渡台，俗号中牟台，亦曹公台，在（中牟）县北一十二里，曹操破袁绍于此。”《太平寰宇记》也称：“中牟台在县北十二里，一名官渡台，又名曹公台，故基在河南（当时的汴河之南），是为官渡城。”

策略和预设战场定下来以后，曹操作出如下部署。

一线：以东郡太守刘延率领一千步兵驻守白马；以平虏校尉于禁率领四千步兵驻守原武（今河南省原阳县），分兵守卫获嘉、延津。

右翼：以振威将军程昱率领七百人驻守鄄城。曹操见程昱兵少，想给他增加两千人马，但程昱不肯，说道：“袁绍拥有十万之众，自以为所向无前，今见我这里兵少，肯定非常轻视，不会前来进攻。如果增加我的军队，多了，袁绍就不得不来进攻，只要他发兵前来，一定能攻下鄄城，您的中路和我这里都会遭到无谓的损失，希望大人不要有所疑虑了。”袁绍见程昱的兵少，果然没有派兵前来，曹操对贾诩说：“程昱的胆量赛过古代的猛士孟贲和夏育！”琅邪相臧霸率领徐州精兵进攻青州。

左翼：以河内太守魏种监视袁军，并防止袁军从西面南下孟津，迂回洛阳；以建武将军夏侯惇率领五千人驻守敖仓（在今河南省荥阳市东北敖山，为古黄河与蒗荡渠的分流处，为古代的重要粮仓），分军把守孟津，上据《中国历代战争史》《三国两晋南北朝战争史》等二手资料，不详原始出处。《三国志·夏侯惇传》仅记载：“太祖平河北，为大将军后拒。”夏侯惇在官渡之战中的任务，不见史籍记载，“平河北”作狭义理解应当指曹操建安八年以后进攻河北之事，从广义上理解似也应包括官渡之战。

中路：偏将军徐晃、裨将军张辽率领一万步骑驻守官渡（今河南省中牟县）。曹操率领督军校尉夏侯渊、裨将军关羽、广阳太守曹仁、曹仁弟议郎曹纯（是否此时就已是曹军精锐骑兵虎豹骑的主将不详）、校尉许褚等将与荀攸、郭嘉、贾诩、董昭、毛玠等与徐晃、张辽一起驻扎在官渡。

许都及其周边地区：尚书令荀彧总留后，乐进、李典率领一万人马驻扎许都；扬武将军张绣率军驻扎陈留、己吾（不见《三国志》记载）。

右后方：以阳安都尉李通为征南将军与汝南太守满宠率领一万人马驻守汝南郡（今河南省平舆县），防御孙策。

左后方：以厉锋将军曹洪率领步骑一万驻防宛城（今河南省南阳市），以备刘表（不见《三国志》记载）。以蔡阳率领五千步骑驻扎叶（今河南省叶县），以防豫西黄巾军刘辟、龚都部。

以上据《三国志》以及《中国历代战争史》，个别地方如夏侯惇、张绣的驻地，没有找到原始出处，姑妄听之。

七二　官渡之战（五）

建安五年（公元200年）二月，袁绍命令大将颜良率军东渡黄河，进攻驻扎在一河之隔的白马城的东郡太守刘延。

沮授劝谏袁绍道："颜良性格偏执，心胸狭窄，虽然骁勇，但不可令其担任独当一面的大将。"可袁绍不从。《三国志·武帝纪》则称："二月，绍遣郭图、淳于琼、颜良攻东郡太守刘延于白马，绍引兵至黎阳，将渡河。"因此，袁绍可能采纳了沮授的建议。

白马城是整个曹军阵地的最前沿，这里也是袁绍南下第一个必须扫清的障碍，对此，曹操当然心知肚明。当他去年八月视察黎阳时，一定对白马城的防御作出了周密的安排，做好了一切战备工作。《中国历代战争史》称，颜良率领的部队人数为一万两千人，并称，袁绍又令屯骑司马何民率领屯骑一部、轻骑一部，沿着黄河西岸南下，进攻获嘉，威胁河内。但不知出处。

颜良等人将白马城团团围住，虽然刘延仅有一千曹军，但由于准备充分，袁军竟然被滞留在白马城一个多月，一直无法攻下城池。

四月初，曹操打算从官渡率军北救刘延。当时，袁绍已经在黎阳集结了大军，准备渡过黄河。如果曹军率领主力北上，一旦袁绍领兵渡河，两军势必在白马城一带提前决战，而曹操在战前以白马城为诱饵、迟滞敌人、引诱袁军在官渡一带决战的既定方针就完全泡汤，这对于众寡不敌的曹军来说是非常不利的，而颜良围困白马反而成了袁绍引诱曹操北上决战的一着妙棋了，因此，军师荀攸建议道："如今，我们兵力太少，恐怕难以抵敌，只有将敌人分散开来才行。主公率领先推进到孟津，作出要西渡黄河、从侧翼和后方进攻袁军的架势，袁绍一定会分兵南下抵御，如此一来，主公再率领轻装部队，长途奔袭白马，出其不意，掩其不备，可一战击败颜良。”于是，曹操采纳了荀攸的建议，遂率军北上，来到延津。

来到延津之后，曹军并没有沿着黄河东岸继续北上，而是从这里西渡黄河，来到了黄河西岸。袁绍听说曹操置白马城于不顾，竟然敢率领曹军主力西渡黄河，随即打消了在白马津东渡黄河、增援颜良、伺机在白马城与曹军决战的计划，连忙发兵从黎阳沿黄河西岸南下，抵御曹军。《中国历代战争史》称，袁绍命令骑先锋文丑率军向延津杀来，而袁绍自己则率领大军从黎阳向西南而来，驻扎在朝歌（今河南省淇县）。

据《三国志·于禁传》的记载：（于禁）“复与乐进等将步骑五千，击绍别营，从延津西南缘河至汲、获嘉二县，焚烧保聚三十余屯，斩首获生各数千，降绍将何茂、王摩等二十余人”。《三国志·乐进传》记载：“渡河攻获嘉，还。”于禁原就率领两千人驻扎在延津，而乐进则驻扎在官渡大营。由此可知，曹军在延津西渡黄河之后，的确向驻扎在汲县、获嘉县掩护袁军侧翼安全的袁军发起了攻击。在曹军的凌厉攻势下，袁军何茂、王摩等部大败，何茂、王摩等二十余名袁军将领被擒。曹军的一系列攻势显然打痛了袁绍，在这种情况下，袁绍才判断曹操将主攻方向放在了黄河西岸，而不是白马城。

当曹操发现袁军调动之后，黎阳、白马周边地区的袁军已经不占绝对优势，遂突然率领曹军主力又折返延津，东渡黄河，昼夜兼行，掉头向东北方向的白马城杀来。此时，颜良正组织袁军对白马城发起进攻，根本没有想到远隔在黄河对岸的曹军主力会突然来到白马城下，当曹军行至距离白马城十来里时，颜良率领袁军仓促迎战。曹操命令先锋偏将军关羽、裨将军张辽率领数百精锐骑兵立即向袁军发起了冲锋。关羽望见颜良的主将伞盖，跃马直取颜良，在万众之中将颜良刺于马下，割下脑袋而回，袁军无人能挡。

关羽在万众之中斩杀颜良以及后来水淹七军、生擒于禁、斩杀庞德，是正史明确记载的关羽一生中两件战功，且仅此两件，至于《三国演义》中所云的三英战吕布（吕布是被孙坚击败的）、温酒斩华雄（华雄是孙坚所杀）、千里走单骑等并无正史记载，乃小说家言。

颜良被杀后，袁军遂败，白马城也解围了。曹操上表汉献帝，加封关羽为汉寿亭侯。

曹操解了白马之围后，即将白马县的居民南迁。百姓扶老携幼，带着家中财物，随着曹军沿着黄河东岸向西南缓缓而下。袁绍决定率军渡河追击，沮授劝阻道："胜负变化，不可不深思啊。如今，我军应当驻扎在延津，然后，分兵进攻官渡，如果取胜，回来再迎接大军也不迟，假如出现意外，大军就会在黄河以东以南被全歼了。"但袁绍不从。沮授临渡河时，长叹一声说道："上面的人自高自大，下面的人贪图军功，悠悠黄河，我能否再北渡啊！"遂称病辞职。袁绍没有答应，但对其已非常反感，下令将其统领的军队拨付给了郭图。

这里有几个问题需要讨论：一是曹操在解除白马之围后，为何要携带白马县的百姓缓缓南下？而且还是沿着黄河东岸，唯恐袁绍不知？二是沮授为何在东渡黄河时发出这样悲观的论调？三是在曹操声东击西解除白马之围后，袁绍最佳的应对策略又是什么？

在考察官渡之战中，一个最不应忽视的因素就是已经到了春汛且在延津到黎阳一带高出地面数丈的地上河——黄河。袁绍似乎想把曹操引诱到黄河以北或者距离黎阳大本营较近的白马城一带决战，而曹操则想要吸引袁军渡过黄河决战，其间究竟有何奥妙？显然，黄河是一个无法回避的问题，在当时的条件下，有限的黄河渡船不可能很快就将十余万大军以及辎重全部运过对岸，一旦袁军渡过黄河，等于是自断了后路，这场战役只能取胜，不能失败，如果失败，就有招致全军覆没的危险，这是因为，除非预先构筑了坚固的阻击阵地，安排好阻击部队，唯其如此，才能确保溃败的大军能在十几天里有序地再渡过河，这在全军溃败的情况下几乎是不可想象的。而在官渡地区，曹军的情况则不然。曹操在官渡之战前，早已将两军决战的地点预设在了黄河以南、官渡以北地区，曹军在此地已经经营了数月之久，构筑了大量坚固的工事，况且，即使曹军在官渡失利，亦能向后方转移，起码不致全军覆没。

显然，在解除白马之围后，曹操是在故意引诱袁军渡河，而沮授的哀叹也恰恰是他看出了曹操这一意图。《读史方舆纪要》卷四十九称："延津关，旧在卫辉府新乡县东南，所谓大河北岸之延津也。袁绍以颜良败于白马，自黎阳渡河，追操军屯延津，谓此延津也。"《三国志·于禁传》称，（曹操令于禁）"守延津以拒绍"。《资治通鉴》亦称，曹操在此之前命于禁屯河上。以曹操的善于用兵，于禁率领的曹军极有可能固守的是黄河西岸的延津关，这也是曹操能从容携带白马县的百姓南下的原因。他清楚地知道袁军不可能很快夺取延津关，并由此渡河切断自己的退路。袁军要想追击曹军，还得从黄河西岸掉头北上，回到黎阳，再从白马津渡河，而渡过河来追击的袁军因渡船数量的限制亦不可能是袁军的全部军队。但从《资治通鉴》沮授的话中好像是说袁军是在延津渡河的，至于袁军的确切渡河地点究竟是白马津还是延津，并不十分清楚。

曹操以黄河为依托，声东击西，与袁绍打起了游击战，此时的袁绍又该如何应对呢?

首先要说的是曹操在袁绍与公孙瓒连年苦战之时，煽动河内张杨所部内讧，继而想趁袁军主力被吸引在幽州之时直捣邺城，此举的确阴险、老辣、冒险，然而，出乎曹操预料的是袁绍竟然神奇地截获了公孙瓒写给儿子公孙续的书信，继而连续击败黑山贼援军，诱使公孙瓒出战，并顺利将其主力消灭，不久，就消灭了公孙瓒，这让曹操立即陷于被动。至于史书上袁绍在消灭公孙瓒以后逐渐骄傲自大，向许都进贡次数减少等等，其实不过是替曹操背信弃义的行径开脱而已。在此情况下，袁绍的恼火自然是可以理解的，但是，就当时情形来看，袁军刚刚经历了一场旷日持久的大会战，将骄兵疲，并不是最佳的决战时机，因此，在时机不利的情况下，我们讨论的也只能是相对的最佳方案而已。总体上的指导思想是：不进入曹操经营数月之久的预设阵地，坚持巩固黄河以西以北地区，伺机夺回河内，先自立于不败之地，而后，视情况西出洛阳或者东出鄄城，让曹操在官渡预设的阵地变得毫无用处，并对许都形成四面包围之势。曹操不是最担心徐州和关中吗？敌人最担心的、最害怕的，就是另一方最紧迫需要去捣腾的。在占领洛阳之后，即切断了关中诸将与许都的联系，继而引诱关中诸将加入自己的阵营；在占领兖州以后，与青州连成一片，南可以煽动徐州倒戈，东可以威胁豫州腹地，沿着曹操夺占许都的旧路，再发起进攻。欲速则不达。这样的一个思路虽然看似迟缓，但总比跳入曹操的陷阱要好，因此，在曹操解救白马之围后，袁绍应当采取你走你的、我打我的的办法，继续命令部队在黄河西岸南下，彻底消灭盘踞在延津关的曹军于禁所部，而后，视情况能否从延津截住曹军的退路，如不能，就放弃渡河，分兵西进，避实击虚，夺取河内，以迅速动作夺取孟津，控制黄河桥头堡，进而占领洛阳。

七三　官渡之战（六）

历史不容假设，后世的我们所言也总有隔靴搔痒、纸上谈兵之嫌。

实际情况是，当袁绍看到曹军在黄河东岸优哉游哉地缓慢南下时，仿佛是曹操在对自己说：你看吧，你又一次被我诓骗了吧？你能拿我怎么样？火冒三丈的袁绍遂下令袁军全部东渡黄河，追击曹军。渡过黄河的袁军先头部队随即向曹军发起了追击，并在延津以南赶上了曹军。

曹操命令部队在一座小山包的南坡停下（此时曹军可能是埋伏在小山南侧，而将辎重车辆丢弃于山坡北侧的路旁），而后命人登到高处眺望，侦察兵回报道：“有五六百骑兵。”过了一小会儿，又来报告：“骑兵稍稍增多，步兵数不胜数。”曹操说：“不用再报告了。”遂下令骑兵解下马鞍，下马休息。这时，从白马城南迁的辎重已经上路，众将认为敌人骑兵很多，不如将辎重车撤回军营。荀攸说：“正要用来引诱敌人呢，为何要撤回？”曹操听了，望了荀攸一眼，会心地笑了。

袁绍骑先锋文丑与刘备率领五六千骑兵陆续来到，众将说：“该上马了！”曹操回答：“不到时候。”又过了一会儿，敌人的骑兵逐渐增多，有的开始下马夺取路上的辎重。见状，曹操这才说：“可以了。”当时，曹操的骑兵只有六百多名，其余都是步兵，遂纵兵向袁军发起冲锋，大破袁军，阵斩文丑。据《三国志·徐晃传》记载，此战后徐晃被晋升为偏将军，因此，文丑极有可能是为徐晃所杀。颜良、文丑都是袁绍手下的名将，曹军两战两胜，将二人斩杀，袁军大为震动。两战两捷后，曹操率领曹军又回到了官渡，袁绍则推进到阳武（今河南省原阳县境），并以此为大本营，与曹军相持。

也就是在曹军南撤途中，关羽脱离曹军，投奔身在袁军中的刘备。曹操对关羽的为人非常欣赏，但发现关羽并无久留之意，遂命张辽前去试探。关羽长叹一声，说道："我非常清楚曹公对我十分优厚，但是，我受刘将军厚恩，发誓同生共死，不可背弃。我总有一天会离开此地，但在离开之前，一定会报答曹公的深情厚谊。"张辽想如实向曹操汇报，又担心曹操一怒之下杀了关羽，隐瞒不报，又不是尽忠之道，左思右想后，张辽叹息说："曹公，是我的君父；关羽，只是我的兄弟罢了！"遂如实向曹操做了汇报。曹操听后，说道："侍奉自己的主公，不忘本，此乃天下之义士也！你盘算他几时会离去？"张辽回答："关羽蒙受主公厚恩，一定会立下战功才离去的。"等到关羽斩杀颜良以后，曹操心知其一定会离去，重重犒赏，试图挽回关羽之心。但关羽将曹操赏赐的财物全部封存起来，写下书信告辞而去。曹操身边的诸将打算追杀，曹操却说："人各为其主，不用追了。"

曹操在对待降将方面自有一套办法。比如，对张绣、贾诩，一开始就封张绣为扬武将军，贾诩为冀州牧；对关羽也是如此，上来就封为偏将军。对照追随曹操很久的于禁、乐进、徐晃等将，于禁在官渡之战后才被晋升为偏将军，徐晃也是在击败文丑后才被拜为偏将军的。曹操对待降将就是高官厚禄，但不一定有太多的实权，像张绣，仍然统领着自己的军队，像关羽，虽然是偏将军，但并没有给其配备属于自己的军队。关羽在曹军军中仅有两个多月，主要在官渡前线，其离开曹营也是在这里离去的，因此，《三国演义》上描写的千里走单骑以及相关的一些古迹，应该是后人附会的。

曹操一面应对当前的袁绍，另一面也非常担心江东的孙策。当时，有消息称孙策将要偷袭许都，众人都非常害怕，郭嘉却说："孙策刚刚兼并江东，被其诛杀的都是当地的英雄豪杰，这些人都有很多死党，然而，孙策举动轻佻，平时毫无防备，即使拥有百万之众，也与独自一人走在原野里没什么两样。仓促之间如果遇到刺客，一个人就能结果了他，以我判断，孙策必定会死于刺客之手。"果然，不幸被郭嘉言中，就在颜良、文丑被杀前后，孙策竟然真的被人刺杀了！

当袁绍与曹操在官渡相持之际，江东的孙策也刚刚吞并豫章，并一直密切注视着中原的局势，不过，孙策迫切需要解决的是江北的扬州刺史严象和广陵太守陈登。孙策回到吴郡后，即派遣部将进攻陈登的匡琦城（确址不详，当在今江苏省淮安市附近）。孙策军队进抵匡琦城下，陈登的下属都说："孙策军队十倍于我，恐怕难以抵挡，不如弃城躲避，江东军队擅长水战，离开水面来到陆地，必定不会久留。”陈登严厉呵斥道：“我身受朝廷之命镇守此地，过去马援也曾担任伏波将军一职，能南平百越，北扫群狄，既然我不能扫除群顽，岂能望风而逃！我奉王命以讨伐叛逆，天道助顺，一定能击败敌人！”遂闭城固守，示弱于敌，却在城内厉兵秣马，等到黎明时分，陈登下令大开城门，以步兵向孙策军队正面发起冲锋，以骑兵迂回到敌人背后截击。孙策部将周章所部被阻挡在岸上，无法返回船上，遂被陈登斩杀俘虏上万人。失败后，孙策大怒，又增派军队卷土重来，陈登自知不敌，遂派功曹陈矫向曹操求救。陈登在城外十里偷偷埋伏一支部队，携带很多柴草，每十步安放一堆。夜幕降临后，陈登下令点燃柴草，又让城内守军欢呼鼓噪，仿佛援军已到的样子。孙策军远远望见，信以为真，遂惊慌而逃，又被陈登斩杀了上万人。孙策派遣部将进攻陈登，并被陈登击败，应当是属实的，但史书记载的孙策军的伤亡人数肯定是有水分的。虽然陈登取得了守城战的胜利，但在孙策军的威胁下，不得不从射阳撤离，沿淮河西上，将治所迁至九江郡的东城县（今安徽省怀远县东南），曹操随即任命其为东城太守。前人对此有不同的看法：一种意见是陈登被任命的是兖州的东郡太守，史料将东郡误记作东城；第二种意见是陈登就是被任命的东城太守，曹操将东城县升格了。陈登离开后，东吴遂占据了淮河以南之地。

据《三国志・刘馥传》记载，孙策任命的庐江太守又杀死了朝廷任命的扬州刺史严象，与此同时，当地的豪强梅乾、雷绪、陈兰等人也在江、淮间聚众数万人，四处劫掠。广陵郡功曹陈矫见到曹操后说：“我们郡虽小，但地理位置非常重要，如果大人发兵救援，则江南人就会打消对中原的图谋，徐州也会安全，并让大人的威名远播。”曹操正与袁绍在官渡相持，哪有兵力南下？不过，孙策在江淮之间的动作，也引起了曹操的高度重视，他虽然抽不出兵力救援陈登，但还是任命掾属刘馥担任扬州刺史，将东南防务托付给了他。刘馥受命以后，单人匹马来到合肥（今安徽省合肥市，扬州刺史治所在东汉时期开始在历阳，后来迁到寿春，又迁到曲阿，至此又迁到合肥），安抚变民头领雷绪、陈兰等人，设立学校，实施屯田，兴修水利，数年之间有上万流民来到这里，合肥也成为淮南重镇。后来，魏明帝曾称：“献帝东置合肥，南守襄阳，西固祁山，贼来辄破于三城之下者，地必有所争也。”由此可知，合肥、襄阳、祁山分别是曹操集团和后来的曹魏帝国在东南、西南、西北的三个重镇。

孙策不甘心失败，他亲自率领大军来到丹徒（今江苏省镇江市），等待各地运来粮草，准备一举消灭陈登，并趁曹操与袁绍在官渡相持之际偷袭许都。如前所述，孙策在平定江东时，不管是江东大族还是豪强名士，只要是他感到威胁到了自己的统治，一概诛杀。《江表传》称，当时有位琅邪道士于吉住在东吴，用符咒给人治病，当地人对其非常敬重。一次，孙策召集手下文武宾客在城门上开会，于吉缓缓而来，孙策身边三分之二的下属见到于吉，都把孙策晾在一边，纷纷下楼迎拜，负责礼宾的官员制止不住。孙策见状大怒，当即下令将于吉逮捕。侍奉于吉的诸将让家中妇女前往孙策母亲吴夫人那里求情，吴夫人对孙策说："于吉给军队祈福，又医治伤兵，不可杀。"孙策却说："此人妖言惑众，令我手下文武不顾礼仪，竟然全离开我去迎候他，不能不杀！"遂将于吉处死了。过去，前吴郡太守许贡被孙策部将朱治驱逐，依附于严白虎，后来，许贡给汉献帝上书称："孙策是一代枭雄，与项羽相似，朝廷应当授予其高官厚禄，将其征召到许都，他接到朝廷诏书就不得不回京，如果把他放在外面一定会成为祸患。"许贡的这封书信被孙策属下截获，孙策遂在平定严白虎后将其诛杀。许贡死后，他的门客潜伏在民间，一直想替主人报仇。孙策喜欢打猎，经常出营，他骑的骏马跑得很快，随从追赶不上。突然路上遇到三个人，就是许贡的奴仆，孙策问道："你们是什么人？"三人回答："是韩当的兵，在此射鹿。"孙策说："韩当的兵我都认识，没有见过你们。"遂弯弓射杀一人，另外两人也弯弓射向孙策，一箭正中孙策脸颊。在万分紧急之中，孙策的随从恰好赶到，将剩余二人全部杀死。

《吴历》称，孙策受伤后，医生称能够治愈，只是要静养一百天。孙策拿起镜子，看到自己已经被毁容，对身边的人说："脸成了这样子，岂能再建功立业？"顿时情绪非常激动，奋力推开茶几，脸上的伤口全部迸裂，很快就死了。《搜神记》则称："策既杀于吉，每独坐，仿佛见吉在左右，意深恶之，颇有失常。后治创方瘥，而引镜自照，见吉在镜中，顾而弗见，如是再三，因扑镜大叫，创皆崩裂，须臾而死。"

建安五年四月四日，孙策在临死之前，对张昭等人说："中原大乱，以吴越之众，三江之固，足以观察中原的成败，你们要好好辅佐我的弟弟。"《典略》称，孙策的三弟孙翊性格与孙策相似，张昭等人认为应以孙翊为继承人，但孙策没有同意，他把十九岁的二弟孙权唤到身边，把印绶交到他的手里，说道："举江东之众，在两军阵前拼杀，与天下英雄争个高下，你不如我；然而，举贤任能，令各人都能尽心竭力保护好江东，我不如你！”《吴历》还记载，孙策又对张昭说：“如果仲谋没有能力，君可自取。一旦不能保有江东，就算是离开此地西去，从容投降朝廷，也没什么好担心的。”当天，孙策就死了，死时年仅二十六岁。孙策有一子三女，儿子孙绍继承吴侯爵位，三女，其一后来嫁给顾雍的儿子顾邵；其一嫁给朱治的二儿子朱纪；其一嫁给陆逊。孙绍的儿子孙奉在孙皓时被杀。

七四　官渡之战（七）

曹操在白马、延津两次交手中取得胜利之后，即率军撤回了官渡，于禁则驻扎在阳武（今河南省原阳县境，此地有博浪沙，即张良为韩王复仇，派刺客刺杀秦始皇之处），而袁绍也率军推进到了延津以南。

如果说袁绍完全没有采纳沮授的建议也不是实情。在初战失利以后，袁绍并没有急于向官渡发起进攻，他一方面采取稳扎稳打的策略，先巩固好眼前的阵地，另一方面又派人煽动豫州各地军民发动叛乱，以动摇曹操的后方。

当时，袁绍派人引诱豫州各郡背叛曹操，豫州很多郡都接受了袁绍的指令，唯独阳安郡（今河南省确山县东北）仍服从曹操。袁绍派人拜阳安都尉李通为征南将军，刘表也暗中派人招徕李通，李通都一一拒绝了。李通的亲戚、属下哭着劝说道：“如今我们势单力薄，独自守在此地，很快就会灭亡了，不如赶紧归顺袁绍。”李通手握宝剑，厉声呵斥道：“曹公聪明睿智，必定能平定天下，袁绍虽然强盛，但不会用人，终归会被曹公俘虏，我誓死不二！”当即斩杀了袁绍的使者，将袁绍送来的印绶交给了曹操。李通下令催收百姓们应缴的税赋，朗陵（今河南省确山县）令赵俨面见李通，劝说道：“如今天下不安，各郡纷纷背叛，没有背叛的反而要征收税赋，小人喜乱乐祸，能不心生怨恨？况且，远近都已出现不稳的迹象，不能不三思啊！”李通说：“袁绍与曹公之间的决战已经到了最后关头，豫州各地又纷纷背叛，如果我们郡不及时完成朝廷安排的赋税任务，人们势必说我也心存观望，有所等待啊。”赵俨又说：“你说的当然很对，但是，应该根据实际情况权衡此事的利弊，稍稍延缓百姓们的赋税，我替你搞定此事。”于是，赵俨给尚书令荀彧写信说：“如今，阳安郡应当向朝廷运送布帛，但路上很不太平，肯定会被强盗劫去。本郡百姓穷困潦倒，相邻各城均已背叛，极易发动叛乱，正值安危的关键时刻。况且，本郡百姓身处险境，依然忠贞不二，效忠朝廷。对于小小的善行，一定要进行赏赐，这样一来，就给行善之人树立了榜样。善于治理国家的人会把财富藏在百姓家里，因此，我认为朝廷应该加以抚慰，将征收的布帛全部还给百姓们。”荀彧经曹操同意后，给赵俨复信说：“已经向曹公汇报，并以正式公文颁发各郡，将布帛全部退还百姓。”听了这个消息，阳安郡的百姓们都非常高兴，阳安郡也安定了下来。李通又率军进攻本郡的叛乱分子瞿恭、江宫、沈成等人，全部将其击破，稳定了淮河、汝河一带地区。

汝南郡是袁绍的老家，袁氏家族的宾客、门生布满各县，在袁绍的劝诱下，汝南各县纷纷举兵响应，曹操对此十分担心，遂以满宠为汝南太守。满宠到任后，招募了五百人的军队，攻下了二十多个坞堡，并劝说其余未降的变民头领前来饮宴，当场斩杀了十余人，汝南各地的叛乱就此被平定，而后，满宠又核查了本郡的户口，得到两万户，从中挑选两千人，恢复了本郡的农业生产。当时，城父令何夔刚刚被任命为长广（今山东省莱阳市）太守，长广地处偏僻，郡内尚有黄巾余党，当地大族也都背叛了朝廷，接受了袁谭授予的官位。何夔到任后，恩威并施，一一讨平了叛乱。曹操刚向各地颁布法令，制定了更为严格的赋税征收办法，因长广郡建立不久，且又刚刚经历战乱，何夔向曹操建议说：“自从大乱以来，百姓流离失所，如今，郡内刚刚安定，朝廷的教化还不深；所颁布的新条例都是为了严明法纪、移风易俗啊！不过，我所统辖的六个县境内刚刚安定，加上百姓饥寒，如果完全按照新法令执行，恐怕会有拒不服从的，一旦出现这种人，就不得不予以诛杀，这不符合教化地方、治理百姓的原则。古代的圣王按照距离京师的远近制定了不同的赋税标准，我认为对我们郡应当像对待边地和新归附的地方那样，对于民间的小事，应允许地方官视情况灵活处理，上不违背王法，下又符合民心，等到三年以后百姓们都安居乐业了，再施行新法，一切问题就迎刃而解了。”曹操听从了。

原本已经归降曹操的汝南黄巾军刘辟、龚都所部也在袁绍的煽动下发动叛乱，响应袁绍，袁绍派遣刘备率军渡过黄河接应他们。刘备在汝河、颍水一带打游击，占领了溵强（今河南省临颍县东）等县，许都以南的郡县都深受其害，军民不安，曹操十分忧虑。曹仁说：“南方各地认为大军正有眼前之忧，无法回救，刘备突然以重兵压境，自然会投降。不过，刘备率领的全是袁绍的军队，这些军队未必会替他卖命，我们派兵前去，一定能将其击破。”曹操听了，遂派遣曹仁率领骑兵南下。曹仁将刘备击败，很快又收复了许县以南的各县，把刘备赶出了豫州。《三国志·徐晃传》称：（徐晃）“与曹洪击㶏强贼祝臂，破之”。可知，南下的曹军不只曹仁一部，尚有曹洪、徐晃部。袁绍又派遣部将韩荀切断了许县与洛阳之间的通道，曹仁又率军在鸡洛山（在今河南省新密市境内），大破袁军，此后，袁绍遂不敢再分兵南下了。刘备被曹仁赶跑后，又渡河回到了袁绍那里，但此时的他也看出袁绍可能要失败，暗中盘算着如何脱离此地，就对袁绍建议派自己再次南下，去说服刘表协同作战。袁绍同意了，就交还了刘备的旧部。刘备率领本部人马再次回到了汝南郡，与黄巾军余党龚都等部会合，有数千人马。曹操派蔡阳前去讨伐，结果，蔡阳反为刘备所杀，一说为龚都所杀。

在此期间，民间有张飞落草芒砀山的传说，至今在河南省永城市仍有所谓的张飞寨。据《三国志·夏侯霸传》注引《魏略》称：“初，建安五年，时霸（夏侯渊次子）从妹年十三四，在本郡，出行樵采，为张飞所得。飞知其良家女，遂以为妻，产息女，为刘禅皇后。”建安五年一月，刘备即被曹操击败，逃到了袁绍那里，此后，刘备受命两度南下汝南郡，而在这一年，张飞在沛国的谯县（曹操的老家、今安徽省亳州市）偶遇到了夏侯渊的侄女，并娶为妻子，另外，不论是《三国志·先主传》还是《三国志·张飞传》均对这段时间张飞的下落没有交代，由此可见，张飞落草一事可能并非空穴来风。另据《三国志·夏侯渊传》注引《魏略》称：“时兖、豫大乱，渊以饥乏，弃其幼子，而活亡弟孤女。”张飞的这位妻子夏侯氏，极有可能就是夏侯渊丢弃了的亲生骨肉，当年夏侯渊弃子而选择将亡弟子女抚养成人。此女嫁给张飞后又生下两个女儿，先后都嫁给了刘备的儿子刘禅，夏侯渊还是张飞的伯父（岳父的哥哥）。大约在刘备再次来到汝南后，张飞又回到了刘备身边。

于禁在阳武又出兵杜氏津（今地不详），攻破了袁军一部，因此功，于禁也被晋升为裨将军，但不久，袁绍即率领大军从延津以南推进到阳武，于禁遂奉曹操之命率军撤回到了官渡。沮授对袁绍建议说：“我军人数虽多，但不如敌人强悍，而敌军的粮草没有我们多，因此，速决战对敌军有利，持久战则对我方有利，应当稳扎稳打，拖延时间，消耗对方。”袁绍部将、宁国中郎将张郃也建议道：“大人虽然连连取胜，但不宜再与曹公正面决战，暗中派遣轻装骑兵南下，切断他的粮道，他自然就败了。”但袁绍均不从。张郃，字俊乂，河间鄚（今河北省任丘市）人。黄巾起义时，应召讨伐黄巾军，被冀州牧韩馥任命为军司马；袁绍夺取冀州后，张郃又成了袁绍的部下，被袁绍任命为校尉。在讨伐公孙瓒的战斗中，张郃屡立战功，被晋升为宁国中郎将。

建安五年八月，袁绍下令全军从阳武依次向前推进，依托沙堆构筑工事，东西绵延数十里。曹操也下令军队从官渡出动，一字展开，与袁军遥遥相对。

九月一日，日食。曹操利用兵家忌日，反其道而行之，率军与袁绍交战，结果被袁军击败，只好狼狈退回大营固守，袁军趁势又向前推进到官渡曹军大营外围。袁绍下令修筑土山，在土山之上又建设高楼，曹操也下令在营内修筑土山与袁军相对。袁军从楼上向曹军营中射箭，曹军士兵死伤惨重，官兵们都需要手持盾牌才敢在营内行走，军中一片恐惧。于禁负责驻守土山，指挥士兵们拼死与敌人相抗，不久，曹操下令造出霹雳车，投掷巨石攻击袁军的高楼，一一将高楼摧毁。袁绍又下令向曹营内开挖地道，曹操则在大营周边挖了一道壕沟应对。《水经·渠水注》称："渠水又左迳阳武县故城南，东为官渡水，又迳曹太祖垒。北有高台，谓之官渡台。渡在中牟，故世又谓之中牟台。建安五年，太祖营官渡，袁绍保阳武，绍连营稍前，依沙堆为屯，东西数十里。公亦分营相御，合战不利。绍进临官渡，起土山地道以逼垒。公亦起高台以捍之，即中牟台也。今台北土山犹在，山之东悉绍旧营，遗基并存。"

当时，曹军人数少于袁军，粮食又已吃尽，士兵们都疲惫不堪，被征发运粮的百姓们也纷纷叛逃到袁绍那里，刘备再次回到汝南后，已成为后方的一个大患，曹操深感忧虑，遂给荀彧写信，提出了暂时弃守官渡，南撤许都，引诱袁军南下，在许都附近决战的设想。荀彧回复道："袁绍将他全部的兵力都集中到官渡，想一战与大人决一雌雄。大人以最弱的力量在对抗最强大的军队，如果此战无法取胜，肯定会受制于人，此时正是最关键的时刻。况且，袁绍不过是个平庸之人中的佼佼者而已，能在身边聚拢一些人才，却不知道该怎么样去使用这些人才，依靠大人的聪明睿智，兼以顺讨逆，又有什么不能战胜的呢！如今军粮虽少，但还到不了汉高祖刘邦与项羽在荥阳、成皋之间对峙时的那种程度。当时，刘邦与项羽二人没有一个先退却的，这是因为他们知道谁先退却，形势立刻就会逆转。大人以十分之一的军队画地为守，却扼守住了袁绍的咽喉，令其十万大军不能前进半步，至今已经有半年之久了。从目前的形势上分析，局势将发生突变，已经到了出奇制胜的时候了，千万不可丢掉机会。"曹操又问贾诩，贾诩回答："大人聪明胜过袁绍，勇敢胜过袁绍，用人也胜过袁绍，果断还胜过袁绍，有这四个胜过却与他相持半年没有分出胜负，原因就在于大人想考虑个万全之策啊。一旦大人看准时机出击，立刻就能消灭了他。"曹操说："你说得对！"

七五　官渡之战（八）

曹操听从了荀彧、贾诩的建议，安下心来固守官渡。

袁绍为什么没有采纳张郃的建议分兵渡过济水切断曹操的粮道呢？刘备都能两次南下，这说明不是地理上的障碍，而是袁绍心理障碍。也许，在袁绍看来，刘备也是个像模像样的人物，与其被曹军打得落花流水，自己再分军南下，只能被曹军各个击破，是凶多吉少，做无谓的牺牲，倒不如大军抱成团的好。当然，曹军的军粮问题是一个高度机密，只有曹营中为数极少的上层人物知道，从贾诩空泛的回话中似乎就能看出，当曹操问及该如何战胜袁绍时，可能甚至连贾诩，他也没有告诉实情，因此，袁绍更不知情了。不过，一个优秀的军事家理应作出正确的推测和判断，但袁绍不具备这个能力，而曹操却做到了。

曹操见到运粮的农夫，安慰大家说："从此往后，再过十五天，我替你们击破袁绍，再也不用麻烦你们了！"曹操的话既有虚情假意的一面，也有真诚的一面。写作时间无考的《却东西门行》就反映了曹操对长期在外的征夫们的同情：

> "鸿雁出塞北，乃在无人乡。举翅万余里，行止自成行。冬节食南稻，春日复北翔。田中有转蓬，随风远飘扬。长与故根绝，万岁不相当。奈何此征夫，安得驱四方！戎马不解鞍，铠甲不离傍。冉冉老将至，何时返故乡？神龙藏深泉，猛兽步高冈。狐死归首丘，故乡安可忘！"

袁绍数千辆运粮车来到官渡，荀攸对曹操说："袁绍的运粮车很快就到了，其主将韩猛勇猛而又轻敌，我们发兵进攻，肯定能将其击破。"《孙子兵法》称："军无辎重则亡，无粮食则亡，无委积则亡。"曹操在作注时曾写道："无此三者，亡之道也。”因此，曹操对军粮问题一直是高度重视的，当听到荀攸这番话后，曹操就问：“派谁去合适？”荀攸回答：“徐晃。”稳妥起见，曹操派中领军史涣、广阳太守曹仁、偏将军徐晃在故市（今河南省封丘县西北三十五里，《水经·济水注》：“济渎又东迳酸枣县之乌巢泽，泽北有故市亭”，此处与故市县为两地，后者在今河南省郑州市以北）截击韩猛，将其击败，烧毁了袁军的辎重，袁军因此也出现了粮荒。

十月，袁绍再次组织了一批军粮，命令部将淳于琼等五位将领率领一万多军队护送，驻扎在袁军大营以北四十里处的乌巢（《晋太康地理记》：“乌巢泽在酸枣东南”）。沮授建议道：“应另外派遣蒋奇率领军队部署在淳于琼之军的外围，以防曹操偷袭。”但袁绍不从。参谋许攸建议道：“曹操军队人少，他倾巢出动来官渡抵御我军，许县必定空虚；如果派遣一支轻装部队昼夜兼行，偷袭许县，或许能够攻下。攻克许县后，我军就可以奉迎天子，讨伐曹操，则曹操必为我所擒获。如果曹操还未溃败，也能让其首尾不能兼顾，疲于奔命，一定能将其击破。”袁绍又没听从，却自信地说：“我要先把曹操生擒活捉再说！”正巧，许攸在邺城的家眷犯法了，审配逮捕了他的家人，许攸大怒，遂投奔了曹操。《三国志·武帝纪》则称：“绍谋臣许攸贪财，绍不能足，来奔，因说公击琼等。”

曹操听说许攸来了，顿时喜出望外，他光着脚跑出帐外相迎，激动得鼓掌大笑道：“子远啊！你来了，我的大事可成了呀！”入座后，许攸问曹操：“袁绍军队很强，将如何应对？军中尚有多少粮草？”曹操回答：“还够吃一年。”许攸说：“别胡说八道了，你再说一次。”曹操又说：“够吃半年。”许攸见曹操还是不说实话，就说：“你老兄是不想击破袁绍吗？为何不对我说实话！”曹操被逼到墙角，只好说道：“刚才我说的都是开玩笑的，实话实说吧，还够吃一个月，你说该如何是好？”许攸说：“大人一支孤军守在这里，外无援军，而军粮已经吃完，已经到了生死存亡的危急关头。袁绍如今有一万辆辎重车，就停在故市和乌巢一带，守军戒备不严，如果大人率领轻装部队前去偷袭，袁军猝不及防，一定能将那里的粮草全部焚毁，如此一来，不出三日，袁军将不战自败！”

在曹操征询众人意见时，大家都对许攸的建议深感怀疑，唯独荀攸、贾诩赞成，认为值得冒这个险，于是，曹操留下荀攸、曹洪守卫大营，他亲自率领乐进等众将带上五千步骑，改用袁军的旗帜，人口中噙着小木棍，马绑住嘴巴，每人抱着一捆干柴，趁着夜色从小路径直北上，朝乌巢迤逦而来。半路上，遇到袁军的巡逻兵，曹军回答："袁大人担心曹操偷袭后军，特意派遣我们去加强戒备。"袁军听了，都信以为真，曹军遂顺利穿过了袁军的防线。

等曹军来到淳于琼的大营外面后，即将大营团团包围，从西面八方开始纵火，顿时火光冲天，淳于琼营内一片大乱。不一会儿，天就亮了，淳于琼等将看到曹军人数太少，遂率军出营挑战，曹操集中兵力向袁军发起猛攻，将淳于琼又赶回了营内。

此时，袁绍已得知曹操偷袭淳于琼等，他对儿子袁谭说道："就算曹操能击败淳于琼，我击破了他的大营，也让他无家可归！"遂派遣部将高览、张郃等人率领主力进攻曹操的官渡大营。张郃说："曹公率领的是精锐部队，肯定能击破淳于琼等人，一旦淳于琼等人被击破，则将军大势已去了，应当火速发兵前去救援！"郭图却说："张郃的计策不对。不如直接进攻曹操的大本营，曹操势必回援，这样一来，淳于琼之围将不救自然就解除了。"张郃又说："曹公的大营非常坚固，肯定难以攻克，如果淳于琼等人被曹公擒获，我等将全部被俘了！"郭图坚持请求袁绍进攻曹操的大营，于是，袁绍只派了一支轻装骑兵前去救援淳于琼，而以高览、张郃率领主力猛攻曹操的大营，却无法攻下。

袁绍的骑兵赶到乌巢，曹操身边的人对曹操说："敌人骑兵已经接近了！请分兵抵挡！"曹操大怒，说道："等到他们到了我的背后，再来禀报！"于是，曹军将士人人殊死搏斗，遂大破袁军，将袁军的财宝、粮草全部焚毁，杀死一千多名袁军以及督将睦元进，骑督韩莒子、吕威璜、赵叡等人，全部割下鼻子，牛马割下舌头、嘴巴，向下余的袁军展示，其余袁军都非常害怕。当时，有人（此人可能是讨寇校尉乐进）将袁军主将淳于琼生擒，带到曹操跟前。淳于琼与曹操过去同为西园八校尉，曹操对他说："怎么到了这个地步？"淳于琼回答："胜负在天，有什么好问的！"曹操本来想饶了他一命，但许攸说："等到明天他在镜中看到鼻子被割去，越发不会忘记此仇。"曹操遂下令杀了他。

郭图为自己的计策失误而非常羞愧，为了自保，遂在袁绍面前诬陷张郃说："张郃听说我军失利后，幸灾乐祸，出言不逊。"张郃又是气愤，又是害怕，遂与高览一起烧毁了攻城器械，来到曹营投降。曹洪心生疑虑，不敢接受，荀攸说："袁绍不采纳张郃的计策，张郃生气而向我投降，这有什么可怀疑的呢？"曹洪遂大开营门，接纳了二人，于是，袁军遂相互惊扰，各营四散溃逃，袁绍与袁谭等人用丝巾包住头发，率领身边的八百骑兵仓皇渡过黄河。

曹操很快回到官渡大营，他见到张郃后大喜，对他说道：“过去，伍子胥没有早早觉悟，致使自己陷于危难之中，岂能与弃暗投明的微子、韩信相提并论呢？”遂拜张郃为偏将军，封都亭侯。曹操整军追赶袁绍，却没有追上，将袁军的物资装备、图书、珍宝全部缴获。群龙无首的袁军下余七八万部众来不及渡过黄河，只好全部投降。曹操为了避免出现后患，下令将这七万多袁军全部活埋了。虽然活埋这七万多人，曹操可能是基于如下考虑：一、这些人都是河北人，根本不可能置河北家眷于不顾，一心一意地在河南生活；二、这些人都是成建制的士兵，极有可能再度发动叛乱；三、曹操这里也是粮食奇缺，养活他们很成问题，但是，不管怎么说，就这一点来看，还是难掩曹操嗜杀的本性，这在其两次讨伐徐州就可以看出来。

沮授没有来得及跟随袁绍渡河，被曹军俘虏，他大声呼喊道：“我沮授不是投降，我是被活捉的！”曹操与沮授是老相识，亲自迎接他说：“你我分处不同阵营，遂使得音信断绝，没有想到今日竟然抓住了你。”沮授回答：“袁绍失策，咎由自取，沮授我智慧和力量均已使尽，自然会被你擒获。”曹操说：“本初没有智谋，不采纳你的计策，如今天下尚未安定，我正要与你一起来搞定。”沮授回答：“我的叔父、弟弟都在袁绍手里，如果大人看得起我，就请速速杀了我！”曹操叹息道：“我如果能早一点得到你的帮助，天下之事也不用让我操心了啊！”遂赦免了沮授，并对他非常礼遇。但不久，沮授阴谋逃归河北，曹操这才杀了他。

曹操在袁绍大营的档案中发现了许都朝廷官员以及官渡军中将领写给袁绍的信件，他下令将这些信件全部焚毁，对大家说：“袁绍强盛之时，即便是我本人也感到不能自保，何况是别人呢！”但据《三国志·赵俨传》注引《魏略》称：“太祖北拒袁绍，时远近无不私遗笺记，通意于绍者。（赵）俨与领阳安太守李通同治，通亦欲遣使。俨为陈绍必败意，通乃止。及绍破走，太祖使人搜阅绍记室，惟不见通书疏，阴知俨必为之计，乃曰：‘此必赵伯然（指赵俨）也。’”

由此可知，曹操可能虽然没有逐一查阅这些书信的内容，但对于谁写了信还是要掌握的，只是在心中有数之后才故作大度当众销毁了这些书信，以安抚人心。

七六　官渡之战（九）

袁绍逃到黄河北岸的黎阳。

驻扎在此地的是其部将蒋义渠。袁绍进入蒋义渠的军营后，紧紧握住他的双手，说道：“如今，我将脑袋就交给你了！”蒋义渠将自己的大帐让给袁绍，让袁绍发号施令。听说袁绍还活着，侥幸逃出来的残兵败将逐渐又回到了袁绍的身边。

有人对邺城大牢里的田丰说：“这下大人一定会受到主公的重用了！”田丰却回答：“主公外表宽和，其实内心猜忌，根本不会体谅我的一片忠心，而我却屡屡以直言冒犯他。如果这次战胜，主公心中高兴，或许还能放了我，如今，却被曹操打得大败，内心肯定非常恼火，其妒忌的本性势必发作，我根本没有希望活下去。”袁军将士们都捶胸哭泣，说道：“假如田丰能在军中，也不至于失败啊！”袁绍问逢纪：“冀州人听说我军失利，都会埋怨我的，唯独田别驾过去曾劝阻过我，与众人的意见不同，如今，我也感到很惭愧。”逢纪趁机陷害田丰说：“田丰听说将军失败后，拍着双手哈哈大笑，庆幸自己说中了。”袁绍遂对下属们说：“我没有听从田丰的话，果然令其耻笑！”遂命人将田丰杀了。在官渡之战前，曹操听说田丰没有在军中，非常高兴地说：“这下袁绍一定会失败。”等到袁绍大败后，曹操又说：“假如过去袁绍采纳了田丰的计策，胜负尚未可知啊。”

审配的两个儿子被曹操生擒，袁绍的部将孟岱对袁绍说：“审配占据高位，宗族势力很大，所属部队战斗力很强，况且他的两个儿子又被曹操俘虏了，肯定会怀有二心。”郭图、辛评二人都认为有理。袁绍遂打算以孟岱为监军，代替审配留守邺城。护军逢纪素来与审配不和，袁绍又询问逢纪，逢纪却说：“审配天性刚烈正直，总是仰慕古代义士们的节操，肯定不会因为两个儿子而做出不仁不义之事，请大人不要怀疑了。”袁绍又说：“你不是讨厌他吗？”逢纪回答：“过去我俩之间的冲突，都是私情；而如今我所说的则是国家大事。”袁绍说：“好！”就收回了成命，从此，审配也与逢纪成了好友。

官渡之战后，冀州不少郡县纷纷背叛袁绍，投降了曹操，曹操也曾打算乘胜席卷冀州，但此时的曹军其实已成强弩之末，亦无力继续经营河北，而袁绍又逐一平定了冀州内部的叛乱。

战后，曹操在给汉献帝的告捷奏表（《上言破袁表》）上写道：“大将军邺侯袁绍，过去曾与冀州牧韩馥一起试图拥立前大司马刘虞为帝，私刻玉玺，派遣毕瑜前去劝说刘虞，又给我写信称：‘应迁都鄄城，将有所废立。’擅自刻制金银大印；他的堂弟济阴太守袁叙还给他写信称：‘海内大乱，天意就在我家，上天降下种种征兆，应在尊兄您的身上。南兄（疑指袁术）说，不论是按年龄或是论地位，北兄（指袁绍）都应当称帝，正要送来玉玺，却被曹操切断了道路。’袁绍宗族世代受到皇恩，却大逆不道，竟然到了这个地步！因此，我率领兵马与之在官渡决战。我凭借着陛下的皇威，遂得以斩杀了袁绍大将淳于琼等八人的人头，大破袁军。袁绍与其儿子袁谭单人匹马而逃，共计斩首七万多级，缴获辎重上亿。”

官渡之战是历史上著名的一场以少胜多的战役，虽然后人对曹操的兵力有很多质疑，但起码曹军的兵力是少于袁军的。不过，话又说回来，在这场战役中，曹军并非没有一点优势：一、曹军兵力相对较少，但都是精兵；二、曹军扼守官渡一点，占尽地利；三、曹军机动灵活，善于捕捉战机。相对于曹军而言，袁军采取了拖死对手的办法，这一做法并非没有一点道理，也几乎将曹军拖垮了，只是在最后关头，曹操孤注一掷，冒险一搏，才彻底扭转了战局，这里有必然性，也有偶然性。四、曹操身边为数众多的文臣武将。

截至官渡之战前后，曹操的周围已经聚集了大批优秀人才。

文臣主要有：

一、谋士

一类：

荀彧，初平二年（公元191年）弃袁绍跟随曹操，被曹操誉为自己的张良，时任尚书令。

荀攸，建安元年（公元196年）由荀彧推荐，时任军师。

贾诩，建安四年（公元199年）与张绣一起归降，时任冀州牧（遥领）。

二类：

程昱，初平三年（公元192年）曹操担任兖州牧后被曹操征辟，为寿张令，在兖州背叛的危难关头，与荀彧等人死守东阿等三城；刘备归降时，建议曹操诛杀刘备以免后患，时任振威将军、领济阴太守，都督兖州事。

郭嘉，建安初年投靠曹操，为司空军祭酒，在曹操进攻吕布一直不下、意欲撤离时，建议曹操一举将其消灭。

董昭，建安初年归顺曹操，提出迁都许县；阻止曹操放归刘备；说降河内太守缪尚，时任魏郡太守。

刘晔，大约在官渡之战前投靠了曹操，《傅子》称，曹操征召扬州名士刘晔、蒋济、胡质等五人，曹操唯独对刘晔非常看重，任命其余四人为县令，而以刘晔为贴身参谋，“每有疑事，辄以函问晔，至一夜数十至耳。”

三类：

华歆，议郎，兼参司空军事。

王朗，谏议大夫，兼参司空军事。

二、人事官

毛玠，初平三年（公元192年）曹操担任兖州牧后从鲁阳投靠曹操，提出“守位以财，宜奉天子以令不臣，修耕植，畜军资”的方针，后担任曹操的幕府功曹。

徐奕，字季才，东莞（今山东省莒县）人。曾到江东避难，孙策想征辟他为下属，但他改名换姓逃回老家，被曹操征辟为司空掾属。

陈群，司空西曹掾属。

三、农垦官

任峻，典农中郎将。

四、检察官

杜畿，京兆人，被荀彧推荐，担任司空司直。

五、地方官

钟繇，司隶校尉，持节镇抚关中。

刘馥，现任扬州刺史。

何夔，长广太守。

袁涣，沛南部都尉，梁相。

凉茂，泰山太守。

满宠，汝南太守。

司马朗（司马懿长兄），成皋令。

梁习，下邳令。

张既，新丰令。

郑浑，开封人，避难淮南，后投靠豫章太守华歆，转投曹操，任命为邵陵令。

杜袭，西鄂长。

赵俨，朗陵长，后为司空掾属主簿。于禁驻扎在颍阴（今河南省许昌市），乐进驻扎在阳翟（今河南省禹州市），张辽驻扎在长社（今河南省长葛市），相互之间产生矛盾，幸赖赵俨从中调和，三将才又和睦起来。

武将：

一、夏侯、曹氏诸将

夏侯惇，河南尹，名过于实，但深得曹操信赖，高安乡侯，曹操的女儿嫁给了夏侯惇的儿子夏侯楙。

夏侯渊，夏侯惇族弟，与曹操为连襟，陈留、颍川二郡太守，官渡之战后，因军粮缺乏，负责督运兖州、豫州、徐州军粮，“传馈相继，军以复振”。

曹仁，曹操堂弟，厉锋校尉、骑兵都督、广阳太守。

曹纯，曹仁弟，统领曹军精锐骑兵“虎豹骑”。

曹洪，曹操堂弟，谏议大夫、厉锋将军，封国明亭侯。

曹休，曹操同族侄儿，后为“虎豹骑”将领，负责曹操的安全。

曹真，曹操同族侄儿，后为“虎豹骑”将领。

夏侯尚，夏侯渊的堂侄儿，后为军司马，骑兵将领。

二、心腹武将

韩浩，字元嗣，河内人，原为太守王匡属下，率军在孟津抵御董卓，后被夏侯惇推荐给曹操，他与史涣一样非常忠诚、勇敢，深得曹操的信任，被任命为护军，是他在许都提出要把农业生产作为要务来办，后为中护军，封列侯。

史涣，字公刘，从小行侠仗义，在曹操起兵之初就追随了曹操，为中军校尉，负责管理众将，后被曹操任命为中领军，封列侯。

二人在曹军中的地位非常高，只是由于二人死得较早，功名不显。

三、五子良将（因陈寿在《三国志》五人的合传中评价道：“太祖建兹武功，而时之良将，五子为先”而得名）

张辽，曹操消灭吕布后归降，裨将军，归降时被封为关内侯。

乐进，曹操起兵时追随，讨寇校尉，广昌亭侯。

于禁，曹操为兖州牧时经人推荐，偏将军，先已封为益寿亭侯。

张郃，官渡之战后投降，拜为偏将军，封都亭侯。

徐晃，建安元年归降，破文丑后拜为偏将军，与史涣在故市烧毁袁军辎重后被拜为都亭侯。

四、其余武将

李典，字曼成，巨野县人，其叔父李乾在乘氏（今山东省巨野县西南）聚合了数千家部众，曹操担任兖州牧后归顺了曹操；在曹操与吕布争夺兖州中，李乾被杀，其子李整接管了旧部，后李整死，李典又接管了部队。官渡之战，李典负责转运军粮。战后，被升为裨将军，驻扎在安民。此处的安民为安民亭，在今山东省东平县西南十五里，《读史方舆纪要》卷三十三称：“安民亭在州西南安民山南。《水经注》：汶水西南至安民亭，入于济亭，北对安民山，东邻济水，水东即无盐县界。汉建安六年，曹操破袁绍，就谷于安民。即此。今为安山镇。”

李通，建安初年归顺曹操，被拜为振威中郎将，驻扎在汝南郡的西界；在与张绣的作战中立下战功，被升为裨将军，封建功侯；后为阳安都尉。

臧霸，曹操消灭吕布后归降，被拜为琅邪相。

吕虔，曹操担任兖州牧时任命为从事，参与平定了兖州各地的叛乱，后为泰山太守。

许褚，都尉。

七七　官渡战后

对比曹操集团，江东孙氏集团和流亡中的刘备集团就逊色了不少。

先说孙氏集团。

一、孙氏家族。

孙羌，孙坚同父同母哥哥，早死，生下孙贲、孙辅。

孙贲，字伯阳，是孙权的堂兄。孙坚死后，孙贲代领孙坚的旧部，后与吴景一起被袁术任命为丹阳都尉；从史料上看，孙策与孙贲兄弟之间的关系也很平淡。一是在孙策只身从江都到寿春面见袁术索要其父旧部时，袁术让其到丹阳去见舅舅吴景和堂兄孙贲，暗示孙坚的旧部在二人手中，但孙策到丹阳以后，吴景、孙贲并没有将军权交还给孙策，孙策是“因缘召募”了数百人，并且又被祖郎打散。二是孙策只好第二次北上寿春，请求袁术，可能就在这种情况下，袁术向孙策索要了传国玉玺，这才把孙坚的“余兵千余人”（《吴历》原文）交还给了孙策。这里所说的余兵，应该是吴景、孙贲带走余下的孙坚旧部。三是在孙策跨过长江，赶跑刘繇之后，孙策却把吴景和孙贲二人打发回到了袁术那里，美其名为“向袁术汇报情况”（《三国志·孙贲传》原文为：“策遣贲、景还寿春报术”），显然，这种情况十分异常。四是孙策逐渐平定江东后，袁术也称帝了，令吴景驻守广陵，任命孙贲为将军，任命孙策的另一个族弟孙香为汝南太守，孙策这才给二人写信道：“如今我要讨平江东，不知你们二三位有何打算？”吴景当即渡江南下，孙贲费了一番周折才回到江东，而孙香因路途遥远，未能回来，后死在寿春。孙香的父亲孙孺是孙坚的再从弟，也随孙坚征战，因此，他们三位的部下应该都是孙坚旧部的一部分。五是在孙策占领豫章后，虽然任命了孙贲、孙辅兄弟为豫章太守、庐陵太守，却让周瑜领重兵驻扎巴丘，名为协同二地，实则分割并监视二人。

孙辅，孙贲的弟弟，庐陵太守，后担心孙权不能保有江东，与曹操暗地联络，被孙权发现后软禁了起来。

孙静，孙坚幼弟，孙策叔父，奋武校尉，孙权继位后，升任昭义中郎将，一直在老家富春。生下五子：孙暠、孙瑜、孙皎、孙奂、孙谦，五人系孙权的堂兄弟。孙静可能是孙坚的同父异母弟弟，从他离开曲阿回到老家这一点来看，与其兄孙坚以及孙策兄弟的关系一般，《三国志·孙贲传》在提及其父孙羌时，特意指出孙羌是孙坚的同产兄似乎就能说明这一点。

其中，孙暠生子：孙绰、孙超、孙恭；

孙瑜生子：孙弥、孙熙、孙燿、孙曼、孙纮；

孙皎生子：孙胤、孙晞、孙咨、孙弥、孙仪；

孙奂生子：孙承、孙壹（后投奔曹魏）；

孙谦史书无传，生平不详，他与孙皓的弟弟同名，但不是一人。

孙绰生孙红綝；

孙恭生孙峻。

孙翊，字叔弼，孙权三弟，性格与孙策相似，后为下属所杀。生子孙松，也早死。

孙匡，字季佐，孙权四弟，娶曹操弟弟（名字不详）的女儿为妻，生子孙泰，孙泰生子孙秀，后投奔西晋；孙匡父子均早死。

孙权另有庶弟孙朗，又名孙仁，后为定武中郎将，在与曹魏作战时故意烧毁已方茅草，致使军用短缺，孙权大怒，将其革除宗室户籍，改姓丁氏，并禁锢终身。

孙河，本姓俞，是孙策的心腹，被孙策改姓孙。孙策在击败庐江太守李术后，任命孙河领庐江太守。

孙韶是孙河的侄儿，后在孙权迁都武昌后，为广陵太守，负责镇守长江下游。

孙韶有子：孙楷（后逃奔西晋）、孙越、孙异、孙奕、孙恢。

孙桓是孙河的儿子，拜为安东中郎将，后与陆逊一起抵御刘备。孙桓弟弟孙浚的孙子孙丞在孙皓时代任黄门侍郎，西晋统一后，被西晋任命为涿县县令，八王之乱时为成都王司马颖的司马，与陆机一起被杀。

二、文臣武将

与曹操不同的是，在孙策创业过程中，孙氏家族给予他的帮助十分有限，孙策重点依靠的文臣武将主要是：

（一）文臣

张昭，时任孙策长史、抚军中郎将；张昭有子：张承、张休，张承与诸葛瑾、步骘、严畯是好友，后在孙权的说合下，又娶诸葛瑾的女儿为后妻，生女，孙权为儿子孙和娶为妻子。

张纮，原为孙策的正议校尉。建安四年，张纮受孙策之命前往许都进贡，却被曹操留了下来，任命为侍御史。张纮忠于孙氏集团，时时想再回江东。官渡之战后，曹操听说孙策突然死亡，曾产生了趁机讨伐江东的打算，张纮劝谏道："趁人遇到丧事讨伐，这不仅违背了古代的礼仪，而且，一旦失手，将反目成仇，不如借着这个机会厚待人家。"其实，此时的曹操也根本无力南下江东，遂就势任命孙权为讨虏将军，领会稽太守。曹操想让张纮劝导孙权投靠朝廷，遂任命其为会稽东部都尉，将他放回了江东。

虞翻，会稽功曹。孙策在平定豫章后，就回到了吴郡（今江苏省苏州市）。他对虞翻说："我两次去寿春，曾在那里拜见了前太傅马日磾，并与中原的士大夫们见面，他们都对我说江东的人才并不少，只是学问不渊博，言谈之间，往往不如他们，当时，我就不以为然。你博学多闻，我前不久曾想派你去许都一趟，与朝廷士大夫们见见，挫挫中原那些信口开河的家伙们的傲气。你不愿前去，我就派了张纮，只是担心张纮不能堵住那些人的嘴巴。"虞翻回答："我虞翻是大人你家的一个宝贝，却想让别人观赏，一旦人家留下了我，大人就失去了一个好的辅佐，所以，我才没去。"孙策说："确实如此。"又说："我还要领兵打仗，无法回到会稽郡，你继续以会稽郡功曹的身份充当我的萧何，帮助我守好会稽郡。"三天后，就让虞翻回到了会稽。

（二）武将

周瑜，中护军，领江夏太守。

朱治，领吴郡太守事，朱治的义子（朱治的外甥）朱然，与孙权是同学。

吕范，与孙河二人是孙策最初的追随者，孙策过江后，任命其为湖熟相，后拜为都督，又晋升为征虏中郎将。

吴景，孙策舅舅，丹阳太守。

徐琨，吴郡富春人，其父徐真与孙坚是密友，孙坚将妹妹嫁给了徐真，生下徐琨，因此，徐琨是孙策兄弟的姑表兄。徐琨追随舅舅孙坚征伐，被拜为偏将军。孙策在当利口进攻张英时，因船只不多，曾打算停下搜罗更多的船，徐琨之母、孙策的姑姑说："我担心人家会增派战船前来，就不好了，岂能停留？应砍伐芦苇做成木筏，速速过江。"徐琨向孙策报告后，孙策同意了。过江后，孙策任命徐琨为丹阳太守，正巧，吴景从袁术那里逃归。孙策考虑到徐琨所部人数很多，也不愿其留在丹阳，遂就势任命吴景为丹阳太守，而令徐琨率军跟在自己身边，就又任命他为督军中郎将。攻破庐江太守李术后，徐琨被封广德侯，晋升为平虏将军。后孙权又娶了徐琨的女儿（他的表侄女），是为孙权的徐夫人。

程普，字德谋，右北平郡土垠（今河北省唐山市丰润区东）人，是孙坚的旧部，后又追随孙策，屡立战功。孙策占领会稽后，任命其吴郡都尉，治所设在钱唐（今浙江省杭州市）。孙策在进攻祖郎时，陷于敌人的重重包围，身边只有程普和另外一名骑兵，二人策马狂呼，手持长矛左右奋击，用身体保护着孙策，最终冲出了重围，后被孙策拜为荡寇中郎将，领零陵太守。击破刘勋后，程普率军驻守在石城（今安徽省池州市贵池区西）。

黄盖，字公覆，零陵泉陵（今湖南省永州市零陵区）人。孙坚起兵讨伐董卓时就追随了孙坚，后又追随孙策，常为军锋。凡是难以治理的县，都让黄盖担任县长，往往能治理得很好。

韩当，字义公，辽西令支（今河北省迁安市西）人。弓马娴熟，臂力过人，深受孙坚的喜爱，为别部司马。后随孙策平定江东，为先登校尉，他与周瑜、程普、吕范等人都因战功而被授予“增兵二千，骑五十匹”的殊荣。

蒋钦，字公奕，九江寿春（今安徽省寿县）人。孙策依附袁术时投靠了孙策，孙策过江后，蒋钦被任命为别部司马。孙策夺取豫章郡后，蒋钦被任命为西部都尉。

周泰，字幼平，九江下蔡（今安徽省凤台县）人。与蒋钦一起追随孙策左右，对孙策非常恭顺，孙策占领会稽后，任命其为别部司马，让他开始带兵。孙权非常喜爱周泰的为人，把周泰要到了自己身边。孙策进攻泾县等地时，孙权留守宣城，身边的卫队不足千人，也没有戒备。数千变民突然来到，孙权刚爬上战马，变民就已经砍中了马鞍，仓促之际，孙权的部下也都惊慌失措，不知如何是好。周泰挺身而出，拼死保护着孙权，在他的感召下，孙权的卫士们也都勇气百倍，将敌人击退。周泰身中十二刀，昏倒在地，很久才苏醒过来。当天，如果没有周泰，孙权几乎丧命。事后，孙策对周泰非常感激，任命其为春谷（今安徽省繁昌县）长。

陈武，字子烈，庐江松滋（今安徽省宿松县）人。孙策在寿春时，时年十八岁的陈武前去投军，身高七尺七寸（1.78米），过江后被拜为别部司马。孙策击败刘勋后，选拔庐江人组成精锐部队，命陈武担任督将。

董袭，字元代，会稽余姚（今浙江省杭州市余姚区）人，身高八尺（1.84米），武力过人。孙策占领会稽后，董袭在高迁亭迎接孙策大军，孙策当即任命其为门下贼曹。当时，山阴的变民黄龙罗、周勃聚集了数千部众，孙策亲自率军讨伐，董袭亲手斩杀了黄龙罗、周勃二人，被拜为别部司马，带兵数千，后晋升为扬武都尉。

凌操，吴郡余杭（今浙江省杭州市余杭区）人。孙策过江后，凌操经常充当先锋。后被孙策任命为破贼校尉。

全柔，吴郡钱唐人，孙策到吴郡后，全柔最先投降，被孙策任命为丹阳都尉。其子全琮。

再说刘备集团。

刘备在官渡之战中脱离袁绍后，驻扎在汝南一带。

他的部下有：

关羽、张飞、赵云；

糜竺（字子仲）、糜芳兄弟二人，陶谦死后追随刘备；

孙乾，字公祐，北海人，刘备担任豫州刺史时追随刘备；

简雍，字宪和，涿郡人，是刘备的小伙伴，一直追随着刘备；

刘琰，字威硕，鲁国人，刘备在豫州（应为在小沛）时，征辟为从事，因二人是同姓，且刘琰举止风流，善于清谈，所以，刘备对他非常亲近。

与曹操、孙权相比，刘备可谓兵微将寡，还没有栖身之地，而此时的刘备已经四十岁了，却仍然在颠沛流离，不过，好在是在乱世之中，一个最有效的法则就是要有一种锲而不舍、顽强拼搏的精神，说不定能够闯出一条生路，如果一味地保境自守、苟安一时，美其名曰坐山观虎斗，其实，最终等来的只能是灭亡。而刘备就具备前者这种精神，这大约就是曹操看好刘备的原因之一。

官渡之战后，曹操也已精疲力竭，虽然想趁机踏平江东，但那也仅仅是停留在幻想之中，并不具备现实可行性。建安六年（公元201年）年初，曹操为了解决军粮问题，只得率军前往安民。在这里，曹操打算趁着袁绍新败，无力南下，趁这个间隙，自己南下荆州，解决了刘表。荀彧反对说："既然袁绍刚刚战败，部众离心离德，应当趁着这个时机，彻底扫平河北。如今，大人却想率军远下长江、汉水，一旦袁绍整顿残兵败将，乘虚偷袭我方的背后，则大事去矣。"曹操最终听从了荀彧的建议，确定了继续打击袁绍的策略。四月，曹操率军在黄河南岸耀武扬威，并顺势击破了袁绍在仓亭的驻军，将袁军击败。仓亭，《一统志》称："仓亭津在今山东曹州府范县东北，古大河济渡处，久湮。"《水经·河水注》称："河水于范县东北流为仓亭津。"《述征记》称："仓亭津在范县界，去东阿六十里。"但《读史方舆纪要》则指出："仓亭在直隶大名府南乐县西三十五里，其地有仓帝陵及造书台亭，因以名。或以为山东范县之仓亭津，误矣。”也就是说，曹操这次率军进攻的是仓亭（今河南省南乐县西），而不是范县东北的仓亭津。九月，曹操才回到了许都。

卧榻之侧岂容他人鼾睡。曹操回到许都后，即部署对刘备的打击。他亲自率军南下汝南，进攻刘备。刘备听说曹操亲自前来，不禁大惊，他自知不敌，遂不战而逃，派遣糜竺、孙乾与刘表联系，前往投奔刘表，龚都等人也都狼狈溃散。而后，曹操还没有忘记远在东海的昌豨，他命令夏侯渊、张辽率军东征，将昌豨团团包围于东海城内。数月过后，曹军粮食吃尽，打算撤军，张辽对夏侯渊说：“数月以来，我每次在包围圈外巡视，总会看见昌豨用眼睛直盯盯地看我，并且，城内向外射的箭也越来越稀少了，我判断昌豨肯定心存犹豫，所以，才不肯死战。我打算用言语试探一下他，说不定可以招降他。”遂命人给城内传话说：“曹公有命，让张辽将军代为传达。”昌豨果然与张辽搭话。张辽就盛赞曹操英武，正要以德招抚四方豪杰，先归顺的将受到重赏，听了张辽的一席话，昌豨许诺投降。张辽遂单人匹马登上三公山，来到昌豨家里，拜见了昌豨的妻子，昌豨非常高兴，就跟着张辽一起回到了许都。曹操又把昌豨放回了东海。

官渡之战的胜利给曹操赢得了巨大的声誉，在当时许都四面受敌的情况下，借助于这次胜利，曹操集团势必要大肆渲染曹操这次神奇的战功，进而起到神化曹操、威慑周边潜在对手的作用，因此，有关曹军的真实兵力以及荀彧、贾诩、郭嘉等人在战前的对曹操近乎献媚的夸耀，等等，都需要打一个大大的问号。

在官渡之战前后，全国各地的局势也发生了一系列的变化，除了前述的江东孙策被杀以及关中诸将群龙无首、没有什么作为之外，荆州的刘表已经消灭了叛乱的长沙太守张羡集团，实力大大增强，而一向平静的益州也出现了动荡。

从汉献帝兴平元年（公元194年）刘焉去世以后，其子刘璋已经担任了六年的益州牧了。刘焉在世时，张鲁还听命于益州，等刘焉死后，张鲁看到刘璋昏庸无能，就不再听命于他了。张鲁的部下大多是巴郡（今重庆市）人，当地的土著杜濩、朴胡、袁约等人相约叛逃到汉中，刘璋大怒，就处死了留在益州的张鲁母亲和弟弟，由此，刘璋与张鲁反目成仇。和德中郎将庞羲不仅是刘璋亡兄的岳父，而且还从长安救下了刘璋的儿子们，因此，刘璋对其非常看重，令其率军进攻张鲁，然而，庞羲却被张鲁屡屡击败。

巴郡原为秦朝设置，为秦统一中国以后的三十六郡之一，两汉时期辖地又有变更。据《华阳国志》记载，到汉献帝兴平元年（原文为初平元年，误）刘璋刚当上益州牧时，赵韪建议将巴郡一分为三：从垫江（今重庆市合川区）、到安汉（今四川省南充市北）、再到阆中（今四川省阆中市），成为巴郡，以庞羲为巴郡太守，治所设在安汉；以江州（今重庆市）、到临江（今重庆市忠县）这一带为永宁郡；以朐忍（今重庆市云阳县）至鱼复（今重庆市奉节县）为固陵郡。后来，到建安六年，鱼复人蹇胤争巴郡这个名字，刘璋又将永宁郡改为巴郡，治所设在江州（严颜后为巴郡太守），而改垫江以北的巴郡为巴西郡，改固陵郡为巴东郡，这就是“三巴”的由来。

为了对付张鲁，刘璋命巴郡太守庞羲将治所从安汉迁到阆中，庞羲以需要扩充兵力为由，未经报告就擅自招募汉昌（今四川省苍溪县）的賨民（四川省北部的少数民族）入伍。有人向刘璋打小报告，诬陷庞羲图谋不轨，这引起了刘璋的猜疑。赵韪多次劝谏刘璋，可刘璋就是不听，引得赵韪非常恼火。当初，南阳、关中百姓有数万家流落到益州，刘焉把这些流民全部征召入伍，号称“东州兵”；刘璋性格柔弱、宽和，没有什么威严，东州兵经常欺负益州本地人，刘璋也无可奈何，流民与土著之间的矛盾很深。赵韪素来就很得民心，借着民怨发动叛乱，率领数万人进攻刘璋，又与荆州的刘表结好，蜀郡（今四川省成都市）、广汉郡（今四川省遂宁市）、犍为郡（今四川省宜宾市）均纷纷响应，益州一片大乱。

赵韪将刘璋团团围在了成都城内。东州兵担心被杀，遂殊死抵抗，赵韪战败。刘璋派兵一直追到江州，将其诛杀。赵韪被杀后，庞羲非常害怕，派遣部下程祁向其父、汉昌县令程畿宣布征调賨兵，程畿严词拒绝说：“我们郡征召賨兵，原本并非为了作乱，即使有人向主公进谗言，我们也应当始终抱有一颗忠心，如果就此怀有二心，我不会从命！”庞羲再次让程祁回到县里劝说，但程畿毫不动摇，他对儿子说：“我受主公厚恩，理当向主公尽忠，你身为太守的属官，当然可以对太守忠诚。至于不义之事，我即使去死，也是不会干的！”庞羲大怒，命人给程畿传话说：“你如果不听太守的，你们家就会大祸临头了！”程畿坦然回答：“战国时的魏将乐羊子曾吃下儿子尸体做成的肉羹，这并非他没有父子之情，只是为了坚守大义。如今，即使你把我的儿子程祁也做成一碗肉羹，我也会吃下的！”没有程畿的协助，庞羲自知无力与刘璋作对，遂诚恳地向刘璋道歉。乐羊子，为乐毅的先祖，为魏国大将，中山国曾进攻魏国，乐羊子的儿子乐舒为中山国将领，中山国将乐舒杀死做成肉羹，为了表示对魏国的忠心，乐羊子还是忍痛喝下了，关于乐羊子的典故还有我们熟悉的《乐羊子之妻》的故事，在此不赘。

事后，刘璋提拔程畿为江阳（今四川省泸州市）太守。

许都朝廷听说益州大乱，遂以五官中郎将牛亶为益州刺史，征召刘璋为卿，但刘璋拒绝应征。